ŒUVRES COMPLÈTES DE J. MICHELET

HISTOIRE
DE FRANCE

MOYEN AGE

ÉDITION DÉFINITIVE, REVUE ET CORRIGÉE

TOME SIXIÈME

PARIS
ERNEST FLAMMARION, ÉDITEUR
26, RUE RACINE, PRÈS L'ODÉON

Tous droits réservés.

HISTOIRE

DE FRANCE

VI

IMPRIMERIE E. FLAMMARION, 26, RUE RACINE, PARIS

ŒUVRES COMPLÈTES DE J. MICHELET

HISTOIRE
DE FRANCE

MOYEN AGE

ÉDITION DÉFINITIVE, REVUE ET CORRIGÉE

TOME SIXIÈME

PARIS
ERNEST FLAMMARION, ÉDITEUR
26, RUE RACINE, PRÈS L'ODÉON

Tous droits réservés.

tout au contraire, c'est qu'il avait perdu son gouvernement de Guyenne.

Les grands s'étaient crus forts, mais le roi, pour leur lier les mains, n'eut qu'à parler aux villes. En Normandie, il remet Rouen à la garde de Rouen[1]; en Guyenne, il appelle à lui les notables[2]; en Auvergne, en Touraine, il autorise les gens de Clermont[3] et de Tours à s'assembler « par cri public », sans consulter personne. En Gascogne, son messager, en passant, fait ouvrir les prisons. A Reims, et dans plus d'une ville, le bruit court que, sous le roi Louis, il n'y aura plus ni taxe ni taille[4].

Dès son arrivée dans le royaume, sur la route, et sans perdre de temps, il change les grands officiers; en arrivant, tous les sénéchaux et baillis, les juges d'épée. Il fait poursuivre son ennemi Dammartin[5], l'ancien chef d'*écorcheurs*, qui avait fait tous les capitaines royaux, et pouvait tout sur eux. M. de Brezé, grand sénéchal de Normandie et de Poitou,

---

1. *App.* 3.
2. « Faites assembler tous les habitants, nobles, gens d'Église et autres... De ce que fait aura esté, nous faictes faire réponse par deux des plus notables bourgeois des principales villes de Guyenne. » Maubeuge, 27 juillet (Lenglet.) La lettre adressée aux gens de Rouen doit être aussi du 26 ou 27, puisqu'elle arriva à Rouen le 29. Charles VII était mort le 22. L'arrestation de Somerset est du 3 août.
3. *Ordonnances*, XV, XVIII.
4. Voir plus bas les révoltes des villes. — « Ses povres subjects cuidoient avoir trouvé Dieu par les pieds... » (Chastellain.)
5. Voir le beau et naïf récit dans les preuves de Comines, de Lenglet-Dufresnoy. — Rien de plus curieux. Les sots croient le pauvre homme décidément à terre, et ils se mettent à piaffer dessus; le très fin Reilhac, qui connaît mieux le maître, sait bien que la rancune cédera à l'intérêt, qu'un homme si utile sera relevé tôt ou tard; il accueille le messager du proscrit, secrètement, bien entendu, et sans se compromettre.

n'était pas moins puissant du côté de la mer; lui seul tenait en main le fil brouillé des affaires anglaises; il avait toujours des agents là-bas qui suivaient la guerre civile, assistaient aux batailles[1]. Les Anglais l'estimaient, parce qu'il leur avait fait beaucoup de mal. Il aurait fort bien pu, se voyant perdu, les faire descendre dans sa Normandie, où il avait à commandement les évêques et les seigneurs[2].

Il se trouvait justement que l'Angleterre pouvait agir. La Rose rouge venait d'être abattue à Towton; que restait-il à faire au vainqueur pour affermir la Rose blanche? Ce qui avait consacré la Rouge et le droit de Lancastre, une belle descente en France. Il fallait seulement que le jeune Édouard, ou son *faiseur de rois*, Warwick, trouvât un moment pour passer à Calais. Il n'y eût pas eu grand obstacle : le vieux duc de Bourgogne, hôte et ami d'Édouard, et qui lui élevait ses frères, eût fait comme Jean-sans-Peur, il eût réclamé plutôt que résisté. L'Anglais, tout en parlementant, eût avancé jusqu'à Abbeville, jusqu'à Péronne, jusqu'à Paris peut-être... Que cette route des guerres où les haltes s'appellent Azincourt et Créci, que notre faible gardienne, la Somme, eût elle-même pour gardien le duc de Bourgogne, l'ami de l'ennemi, c'était là une terrible *servitude*... Tant que la France était ainsi ouverte, à peine pouvait-on dire qu'il y eût une France.

---

1. Particulièrement son agent Doucereau, qui fut pris à la bataille de Northampton. (*Mss. Legrand.*) — 2. Surtout (selon toute apparence) les évêques de Bayeux et de Lisieux. *App.* 4.

Le roi de ce royaume si mal gardé du dehors n'avait lui-même nulle sûreté au dedans. Il apprit de bonne heure à connaître, non la malveillance de ses ennemis, mais celle de ses amis. Ses intimes, ceux qui l'avaient suivi, n'étaient rien moins que sûrs[1]. Ceux qu'il gracia à son avènement, les Alençon, les Armagnac, furent bientôt contre lui. Dès le commencement, et de plus en plus, il sentit bien qu'il était seul, que, dans le désordre où l'on voulait tenir le royaume, le roi serait l'ennemi commun, partant qu'il ne devait se fier à personne. Tous les grands étaient au fond contre lui, et les petits même allaient tourner contre, dès qu'il demanderait de l'argent.

La première charge du nouveau règne, la plus lourde à porter, c'était l'amitié bourguignonne. Dans ce roi qu'ils ramenaient, les gens du duc de Bourgogne ne voyaient qu'un homme à eux, au nom duquel ils allaient prendre possession du royaume. Comment leur eût-il rien refusé? N'était-il pas leur ami et compère? N'avait-il pas causé avec celui-ci, chassé avec celui-là[2]?... C'étaient là sans nul doute des titres à tout obtenir; seulement il fallait se hâter, demander des premiers... Chacun montait à cheval.

Le duc y était bien monté, malgré son âge; il se sentait tout rajeuni pour cette expédition de France. Il voyait arriver tout ce qu'il y avait de nobles de Bourgogne et des Pays-Bas; il en venait d'Allemagne. Ils n'avaient pas besoin d'être sommés de leur service

---

1. *App.* 5. — 2. *App.* 6.

féodal, ils accouraient d'eux-mêmes. « Je me fais fort, disait-il, de mener le roi sacrer à Reims avec cent mille hommes. »

Le roi trouvait que c'était trop d'amis, il n'avait pas l'air de se soucier qu'on lui fît tant d'honneur. Il dit assez sèchement à l'homme de confiance du duc, au sire de Croy : « Mais pourquoi bel oncle veut-il donc amener tant de gens ? Ne suis-je pas roi ? de quoi a-t-il peur ? »

Au fait, il n'était besoin d'une croisade, ni d'un Godefroi de Bouillon. La seule armée qu'on risquait de rencontrer à la frontière et sur toute la route, c'était celle des harangueurs, complimenteurs et solliciteurs qui accouraient au-devant, barraient le passage. Le roi avait assez de mal à s'en défendre. Aux uns, il faisait dire de ne pas approcher; les autres, il leur tournait le dos. Tel qui avait sué à préparer une docte harangue n'en tirait qu'un mot : « Soyez bref. »

Il semble pourtant avoir écouté patiemment un de ses ennemis personnels, Thomas Bazin, évêque de Lisieux[1], qui a écrit depuis une histoire, une satire de Louis XI. Le malveillant prélat lui fit un grand sermon sur la nécessité d'alléger les taxes, c'est-à-dire de désarmer la royauté, comme le souhaitaient les grands. Le roi n'en reçut pas moins bien la leçon, et pria l'évêque de la lui coucher par écrit, afin qu'il pût la lire en temps et lieu, et s'en rafraîchir la mémoire.

Le sacre de Reims fut le triomphe du duc de Bour-

---

1. *App.* 7.

gogne ; le roi n'y brilla que par l'humilité. Le duc, du haut de son cheval, et dominant la foule de ses pages, de ses archers à pied, « avoit la mine d'un empereur » ; le roi, pauvre figure et pauvrement vêtu, allait devant, comme pour l'annoncer. Il semblait être là pour faire valoir par le contraste cette pompe orgueilleuse. On démêlait à peine les nobles Bourguignons, les gras Flamands, enterrés qu'ils étaient, hommes et chevaux, dans leur épais velours, sous leurs pierreries, sous leur pesante orfèvrerie massive. En tête, à la première entrée, sonnaient des sonnettes d'argent au col des bêtes de somme, habillées elles-mêmes de velours aux armes du duc ; ses bannières flottaient sur cent quarante chariots magnifiques qui portaient la vaisselle d'or, l'argenterie, l'argent à jeter au peuple, et jusqu'au vin de Beaune qui devait se boire à la fête[1]. Dans le cortège figurait, marchant et vivant, le banquet du sacre, petits moutons d'Ardennes, gros bœufs de Flandre ; la joyeuse et barbare pompe flamande sentait quelque peu sa kermesse.

Le roi, tout au revers, semblait homme de l'autre monde. Il se montrait fort humble, pénitent, âprement dévôt. Dès minuit, la veille du sacre, il alla ouïr matines, communia. Le matin il était au chœur, il attendait la Sainte Ampoule qui devait venir de Saint-Remi, apportée sous un dais. A peine sut-il qu'elle était arrivée aux portes, vite il y courut, « et se rua à genoux. » A deux genoux, mains jointes, il adora. Il

---

1. *App.* 8.

accompagna le saint vase à l'autel, et « il se rua encore à genoux. » L'évêque de Laon le relevait pour la lui faire baiser, mais trop grande était sa dévotion, il restait sur les genoux, toujours en oraison, les yeux fixés sur la Sainte Ampoule.

Il endura en roi chrétien tous les honneurs du sacre. Les pairs prélats et les pairs princes l'ayant placé entre des rideaux, il fut dépouillé, puis, dans sa naturelle figure d'Adam, présenté à l'autel. « Il s'y rua à genoux », et reçut l'onction des mains de l'archevêque ; il fut, selon le rituel, oint au front, aux yeux, à la bouche, de plus au pli des bras, au nombril, aux reins. Alors ils lui passèrent la chemise, l'habillèrent en roi, et l'assirent sur son siège royal.

Ce siège était élevé à une hauteur de vingt-sept pieds. Tous se tinrent un peu en arrière, sauf le premier pair, le duc de Bourgogne, « lequel lui assit en tête son bonnet ; puis il prit la couronne, et, la levant en haut à deux mains, afin que tout chacun la vît, la soutint un peu longuement au-dessus de la tête du Roi, puis lui assit bien doucement au chef, criant : « Vive le Roi ! Montjoie Saint-Denis ! » La foule cria après le duc de Bourgogne.

Toute la cérémonie se faisait par le duc de Bourgogne, « comme de le mener à l'offrande, de lui ôter et remettre sa couronne à l'heure du lever-Dieu, puis de le descendre en bas et le ramener au grand autel. » Longue et laborieuse cérémonie ; le plus pénible, c'est que le roi, voulant faire des chevaliers, dut l'être d'abord, de la main de son oncle. Il fallut qu'il se mît à genoux devant lui, qu'il reçût de lui le coup de plat d'épée... « Le roi enfin se tanna. »

Au banquet, il dîna, couronne en tête ; mais comme cette couronne du sacre était large et ne tenait pas juste, il la mit tout bonnement sur la table, et, sans faire attention aux princes, il causa tout le temps avec Philippe Pot, qui était au dos de sa chaise, un gentil et subtil esprit. Cependant à grand bruit arrivèrent, au travers du banquet, des gens chargés qui portaient des « nefs, drageoir et tasses d'or » ; c'était le don que faisait le duc de Bourgogne pour le joyeux avènement. Il ne s'en tint pas là ; il voulut faire hommage au roi de ce qu'il avait au royaume, et promit service même pour ce qui était terre d'Empire[1]. Il risquait peu de faire hommage à celui chez qui il avait garnison si près de Paris.

Et Paris même n'était-il pas à lui ? Quoiqu'il n'y eût pas été depuis vingt-neuf ans, le vieux quartier des halles, où il avait son hôtel d'Artois, ne l'avait jamais oublié. A l'entrée, un boucher lui cria : « O franc et noble duc de Bourgogne, soyez le bienvenu en la ville de Paris ! il y a longtemps que vous n'y fûtes, quoiqu'on vous ait bien désiré. »

Le duc fit justice à Paris par son maréchal de Bourgogne, et sans appel ; mais il y fit bien plus grâce et plaisir. Il donna tant à tant de gens, qu'on aurait dit qu'il était venu acheter Paris et le royaume. Tous venaient demander, comme si Dieu fût descendu sur

---

1. *App.* 9.

terre. C'étaient de bonnes dames ruinées, des églises en mauvais état, des couvents de Mendiants, tout ce qu'il y avait de souffreteux chez les nobles et les gens d'église. On voyait comme une procession à la porte de l'hôtel d'Artois ; à toute heure, table ouverte, et trois chevaliers pour recevoir tout le monde honorablement. Cet hôtel était une merveille pour les meubles, la riche vaisselle, les belles tapisseries. Le peuple de Paris de toute condition, dames et damoiselles, depuis le matin jusqu'au soir, y venait à la file, voyait, béait... Il y avait, entre autres choses, la fameuse tapisserie de Gédéon, la plus riche de toute la terre, le fameux pavillon de velours, qui contenait salle, vestibule, oratoire et chapelle.

Toutes ces magnificences flamandes étaient trop à l'étroit ; il fallut, pour déployer la splendeur de la maison de Bourgogne et des princes du Nord, un grand et solennel tournoi. Rare bonheur pour les Parisiens. Le duc de Bourgogne y enleva les cœurs. Au départ de l'hôtel d'Artois, son cheval n'étant prêt, il monta sans façon sur la haquenée de sa nièce, la duchesse d'Orléans, ayant sa nièce derrière lui, mais devant (le joyeux compère) une fille de quinze ans, qui était à la duchesse et qu'elle avait prise pour sa jolie figure. Il trotta ainsi jusqu'aux lices de la rue Saint-Antoine. Tout le peuple criait : « Et velà un humain prince ! velà un seigneur dont le monde seroit heureux de l'avoir tel ! Que benoît soit-il et tous ceux qui l'aiment ! Et que n'est tel notre roi et ainsi humain, qui ne se vête que d'une pauvre robe grise avec un méchant chapelet, et ne hait rien que joie[1]. »

Ils avaient tort, le roi Louis avait ses joies aussi. Quand le comte de Charolais, messire Adolphe de Clèves, le bâtard de Bourgogne, Philippe de Crèvecœur, toute la haute seigneurie flamande et wallonne, eurent jouté et ravi la foule, un rude homme d'armes parut, que le roi payait tout exprès, sauvagement « houssé et couvert, homme et cheval, de peaux de chevreuils armés de bois », mais fièrement monté, lequel « vint riflant parmi les jouteurs... et ne dura rien devant lui. » Le roi regardait, caché, à une fenêtre, derrière certaines dames de Paris.

Il était étrange qu'il ne se montrât pas; le tournoi se donnait justement à sa porte, tout contre les Tournelles, où il résidait. Apparemment le triste hôtel s'égayait peu de ces bruits de fêtes. Le roi y vivait seul et chichement; petit état, froide cuisine. Il avait eu la bizarrerie de s'en tenir aux quelques serviteurs qu'il amenait de Brabant; il vivait là comme à Genappe. Au fait, il n'avait pas besoin d'établissement; sa vie devait être un voyage, une course par tout le royaume. A peine roi, il prit l'habit de pèlerin, la cape de gros drap gris, avec les housseaux de voyage, et il ne les ôta qu'à la mort. Campé plus que logé dans ce vaste hôtel des Tournelles, s'agitant[2], s'ingéniant de mille

---

1. Chastellain.
2. On aurait pu l'appeler, comme on appelait cet Auguste de Thou, à qui Richelieu coupa la tête : *Votre Inquiétude.* — C'est le vrai nom de l'esprit moderne.

sortes, « subtiliant jour et nuit nouvelles pensées », personne ne l'eût pris pour l'héritier dans la maison de ses pères. Il avait plutôt l'air d'une âme en peine qui, à regret, hantait le vieux logis ; à regret, loin d'être un revenant, il semblait bien plutôt possédé du démon de l'avenir.

S'il sortait des Tournelles, c'était le soir, en hibou, dans sa triste cape grise. Son compère, compagnon et ami (il avait un ami), était un certain Bische, qu'il avait mis jadis comme espion près de son père, et qu'alors il tenait près du comte de Charolais pour lui faire trahir aussi son père, le duc de Bourgogne, pour faire consentir le vieux duc au rachat des places de la Somme. Louis XI aimait incroyablement ce fils ; il le choyait, le couvait. Bische, qui avait plus d'un talent, les menait la nuit, tous les deux, le comte et le roi, voir les belles dames. Ce cher Bische, l'intime ami du roi, pouvait entrer chez lui jour et nuit ; les sergents et huissiers en avaient l'ordre pour lui, pour nul autre ; c'était le seul homme pour qui le roi fût toujours visible, pour qui il ne dormît jamais.

Ce qui l'empêchait de dormir, c'étaient les villes de la Somme. De Calais, qui alors était Angleterre, le duc de Bourgogne pouvait amener l'ennemi sur la Somme en deux jours ; les logis étaient prêts, les étapes prévues. Par cela seul que le duc avait ces places, il commandait, menaçait sans mot dire, tenait l'épée levée... Comment espérer que jamais il voulût la rendre, cette épée ? Qui eût osé lui donner le conseil de se dessaisir d'une telle arme, de lâcher cette forte prise par où il tenait le royaume... Le roi ne désespéra pas; il s'adressa au fils, au favori, il tâta le sire de Croy, le comte de Charolais. Il offrit, donna des choses énormes, terres, pensions, charges de confiance. Dès son avènement, il nomma Croy grand maître de son hôtel, livrant la clef de sa maison pour avoir celle de la France, hasardant presque le roi pour l'affranchissement du royaume. Quant au comte de Charolais, il lui fit faire un voyage triomphal dans les pays du centre[1], lui donna à Paris hôtel et domicile[2], lui assigna une grosse pension de trente-six mille livres; il alla jusqu'à lui donner (de titre au moins) le gouvernement de la Normandie, et flatta sa vanité d'une royale entrée dans Rouen[3].

La grande affaire intérieure ne pouvait que mûrir lentement; il fallait attendre. Mais il s'en présentait d'autres autour du royaume, où il semblait qu'il y eût à gagner.

La maison d'Anjou se chargeait de continuer, dans ce sage quinzième siècle, les folies héroïques du moyen âge. Le monde ne parlait que du frère et de la sœur, de Jean de Calabre et de Marguerite d'Anjou, de leurs fameux exploits, qui finissaient toujours par des défaites; la sœur traînant dans vingt batailles son pacifique époux, dressant les échafauds au nom d'un saint, s'acharnant malgré lui à lui regagner son royaume... Le frère en réclamait quatre ou cinq à lui seul, les royaumes de Jérusalem, de Naples, de Sicile,

---

1. *App.* 10. — 2. L'hôtel de Nesle. (*Archives, Mémoriaux de la Chambre des comptes*, III, 18 septembre 1461.) — 3. *App.* 11.

de Catalogne et d'Aragon ; esprit mobile, d'espérance légère, partout appelé, partout chassé, courant, sans argent ni ressources, d'une aventure à l'autre... Louis XI parut prendre intérêt à ces guerres romanesques, dont il comptait bien profiter. Les chevaliers, les paladins, plaisaient à l'homme d'affaires, comme des *prodigues* sur lesquels on pouvait faire de beaux bénéfices. De toutes parts, il y avait à gagner avec eux. Gênes était un si beau poste vers l'Italie, Perpignan une si bonne barrière vers l'Espagne ; mais quoi ! si l'on eût pris Calais !

Calais était une trop belle affaire ; on osait à peine espérer. Pour que la fière Marguerite en vînt à vendre ce premier diamant de la Couronne, à trahir l'Angleterre, il fallait que, de misère ou de fureur, elle perdît l'esprit... Louis XI crut avoir ce bonheur. Le parti de Marguerite fut exterminé à Towton ; elle n'eut plus de ressource que chez l'étranger.

Cette bataille de Towton n'avait pas été, comme les autres, une rencontre de grands seigneurs ; ce fut une vraie bataille, et la plus sanglante peut-être que l'Angleterre ait livrée jamais. Il resta sur la place trente-six mille sept cent soixante-seize morts[1]. Ce carnage indique assez qu'ici le peuple combattit pour son compte, non pas tant pour York ou Lancastre, mais chacun pour soi. Marguerite, l'année d'avant, pour accabler son ennemi, avait appelé à la guerre, au pillage, les bandits du *Border*[2], les affamés d'Écosse ;

---

1. Hall ; Turner. — 2. *App.* 12.

dans une course d'York à Londres, ils raflèrent tout, jusqu'aux vases d'autel. Alors la forte Angleterre du midi, tout ce qui possédait, se leva, et marcha au nord, Édouard et Warwick en tête ; tous aimaient mieux périr que d'être pillés une seconde fois. Nulle grâce à faire ni demander ; et c'était pourtant la semaine sainte... Le temps était celui d'un vrai printemps anglais, affreux ; la neige aveuglait, on ne voyait goutte à midi, on se tuait à tâtons. Ils n'en continuèrent pas moins consciencieusement leur sanglante besogne, le jour, la nuit, et tout le second jour. L'idée fixe de la propriété en péril, le *home and property* les tint inébranlables. Au soir enfin, les gens de la Rose sanglante, quand les bras leur tombaient, virent venir encore un bataillon de pâles Roses, et ils comprirent qu'ils étaient morts ; ils reculèrent lentement, mais ils reculaient dans une rivière ; le Corck roulait derrière eux.

Édouard fut roi. Dès lors celui qui l'avait fait roi, Warwick, se fiant peu à sa reconnaissance, regarda au dehors et se mit à calculer s'il trouverait mieux son compte à le servir ou à le vendre.

Louis XI avait une sincère estime pour les hommes de ruse, pour ceux du moins qui réussissaient ; il semble avoir aimé Warwick, à sa manière, comme il aimait Sforza. L'Anglais, selon toute apparence, reçut de solides gages de cette amitié. Qui fouillerait bien Warwick-Castle trouverait peut-être dans cette royale fondation l'argent de Louis XI. On le croirait volontiers quand on voit celui-ci peu inquiet de l'immense armement que l'Angleterre faisait contre lui, deux cents vaisseaux, quinze mille hommes[1]; Henri V n'en avait guère eu davantage pour conquérir la France. Mais le roi savait longtemps d'avance le jour où Warwick ferait sortir la flotte. Il alla paisiblement voyager dans tout le Midi, ne craignit pas d'engager une armée en Catalogne et fit fort à son aise sa belle affaire de Roussillon.

Il se passait en Espagne une tragédie qui promettait d'être lucrative, elle devait sourire à Louis XI. Le monde en pleurait; des peuples entiers avaient couru aux armes, d'indignation et de pitié. Un père remarié, don Juan d'Aragon, pour plaire à la marâtre, avait dépouillé son fils[2], don Carlos de Viana, héritier de Navarre; il l'avait emprisonné, tué de chagrin, peut-être de poison. Le pauvre prince, qui, vivant, ne s'était guère plaint, se plaignit mort; les Catalans l'entendaient la nuit dans les rues de Barcelone. Le mauvais père eut tous les cœurs contre lui; il vit comme « la terre se soulever et crier les pierres du chemin... » Le misérable eut peur; il appela les Français, puis, ayant peur des Français, il appela les Anglais contre eux. Son gendre, le comte de Foix, qui, avec ses grandes espérances d'Espagne, n'en avait pas moins jusque-là

---

1. *App.* 13.
2. Et quel fils! Un des hommes les plus aimables de l'Espagne, qui respecta toujours son père, même en luttant contre lui, et qui, si son parti l'eût permis, aurait laissé là la Navarre, comme il refusa le trône de Naples, oubliant le monde avec son Homère et son Platon, dans un monastère au pied de l'Etna. — Il était poète, ami des poètes du temps; il a traduit l'*Éthique* d'Aristote, et fait une chronique de Navarre. (Prescott.)

tout son bien en France, ne pouvait s'adresser qu'au roi; sans son aide, il ne pouvait guère hériter de l'autre côté des monts. Il avertit donc Louis XI, qui profita de l'avis pour son compte. Les Catalans, encouragés sous main[1], vinrent à Paris dire au roi que don Carlos de Viana, poursuivi par son père, ainsi qu'il l'avait été lui-même par Charles VII, le priait en mourant d'avoir pitié d'eux, de prendre leur défense. Le roi accepta ce legs pieux, et déclara qu'il défendrait envers et contre tous les sujets de son ancien ami.

La partie était bien engagée; seulement il fallait des avances, une armée, de l'argent, de l'argent à l'heure même. Il fallait, pour joyeuses prémices du nouveau règne, frapper des taxes, et cela au moment où les bonnes gens, pleins d'espérance, disaient qu'on ne payerait plus rien, au moment où le duc de Bourgogne priait solennellement le roi de ménager le pauvre peuple, tout en exigeant de grosses pensions pour les grands.

Le roi, aux expédients, s'en prit à la vendange qu'on allait faire, et mit un impôt sur les vins, pour être perçu aux portes des villes. Reims, Angers, d'autres villes encore n'en voulurent rien croire[2], et soutinrent que l'édit était controuvé. A Reims, les vignerons, le petit peuple et les enfants pillèrent les receveurs, brûlèrent les registres et les bancs des élus. Le roi, sans bruit, coula des soldats déguisés dans la ville, fit justice, puis vendit son pardon. Il pardonna lorsqu'on

1. *App.* 14. — 2. *App.* 15.

eut coupé les oreilles aux uns, la tête aux autres, sans compter les pendus. Et ils pendent encore au clocher de la cathédrale, où leur triste effigie, registres au col, fut mise aux frais de la ville, en mémoire de la clémence du roi.

Une taxe sur les vins, assez mal payée, était peu de chose. Les villes n'étaient pas riches. Les campagnes étaient aux seigneurs. Le clergé seul eût pu aider. Au lieu de disputer avec les bénéficiers pour quelque faible don gratuit, le roi imagina de mettre la main sur les bénéfices mêmes, de s'arranger avec le pape pour faire entre eux les nominations[1]. La Pragmatique, les élections où dominaient les grands, il les supprima hardiment par une simple lettre. Il comptait avoir près de lui un légat de Rome, au moyen duquel il disposerait des bénéfices[2], les emploierait à acquitter ses dettes, à contenter ses serviteurs, payant, par exemple, le chancelier d'un évêché, le président d'une abbaye, parfois un capitaine d'une cure ou d'un canonicat.

L'abolition de la Pragmatique fut une bonne scène. Le roi, en Parlement, devant le comte de Charolais et les grands du royaume, déclara que cette horrible Pragmatique, cette guerre au Saint-Siège, pesait trop à sa conscience, qu'il ne voulait plus seulement en entendre le nom. Il exhiba ensuite la bulle d'abolition,

---

1. Le roi espérait aussi que Pie II l'aiderait à reprendre Gênes. Tout ce qu'il tira du spirituel pontife, ce fut une épée bénite et quatre vers à sa louange.
2. *App.* 16.

la lut dévotement, l'admira, la baisa, et dit qu'à tout jamais il la garderait dans une boîte d'or.

Il avait préparé cette farce dévote par une autre, impie et tragique, où le mauvais cœur n'avait que trop paru. Il crut ou parut croire que son père était damné pour la Pragmatique ; il pleura sur cette pauvre âme. Le mort, à peine refroidi, eut à Saint-Denis l'outrage public d'une absolution pontificale ; il fut, qu'il le voulût ou non, absous sur sa tombe par le légat. Acte grave, qui désignait au simple peuple, comme damnés d'avance, tous ceux qui avaient été pour quelque chose dans la Pragmatique : or c'étaient à peu près tous les grands et prélats du royaume, c'étaient tous les bénéficiers nommés sous ce régime, c'étaient toutes les âmes qui depuis vingt ans auraient reçu la nourriture spirituelle d'un clergé entaché de schisme. Il était difficile de produire une plus générale agitation.

Le Parlement réclamait, Paris était ému. D'autre part, le duc de Bourgogne s'en allait fort mal content[1] : le roi semblait s'être moqué de lui ; il l'avait remercié, caressé, comblé, accablé ; mais rien que des paroles, pas un effet. Il lui fit par honneur nommer vingt-quatre conseillers au Parlement, dont aucun ne siégea. Il lui accorda le libre cours des marchandises d'une frontière à l'autre ; mais le Parlement n'enregistra point. Il lui donna la grâce d'Alençon, mais en gardant au gracié ses places et ses enfants. Ainsi le

---

1. *App.* 17.

magnifique duc, de sa croisade de Reims et de Paris, ne rapportait rien que l'honneur. Pour l'honorer encore, dès qu'il fut hors Paris, le capitaine de la Bastille courut après lui dans les champs, et lui offrit de la part du roi les clefs du fort. C'était un peu tard.

Le duc de Bourgogne était resté assez pour voir à Paris ses ennemis de Liège[1], et le roi traiter avec eux. Ces rudes Liégeois s'étaient mal conduits avec Louis XI quand il était dauphin. Devenu roi, il avait dit contre eux de grosses paroles, envoyé même des troupes du côté de Liège; il voulait seulement leur montrer qu'il avait les bras longs, qu'il était fort. Les Liégeois l'aimèrent d'autant plus; ils envoyèrent à Paris, et les envoyés furent reçus à merveille. Le roi dit qu'il était leur compère, qu'il les protégerait envers et contre tous.

A force de pousser ainsi la maison de Bourgogne, il était probable qu'elle finirait par se rapprocher de la maison de Bretagne. Il ne manquait pas de gens pour s'entremettre de ce rapprochement, sous les

---

[1]. Qu'on juge s'ils avaient sujet de l'être. « Nostre évesque fut mandé par le duc Philippe à la Haye... où il alla en bon estat et fust reçeu par le duc à la manière de la cour, et après l'avoir esté quelque espace de temps, faisant bonne chère sans autre chose, demanda congé de revenir à Liège, ce qui lui fut *refusé*, et il *fut contraint*, avant de partir, de lui promettre et jurer de résigner l'évesché au profit de Louis de Bourbon. (*Chronique ms. de Jean de Stavelot*, ann. 1455, n° 183 *de la Bibliothèque de Liège*.) — Je lis dans un autre manuscrit de la même bibliothèque qu'Heinsberg résigna : au proffit de noble sieur Louys de Bourbon, quy estoit jeune et bel homme; quelques jours après qu'il eust ce fait, il pensa à ce qu'il avoit fait en pleurant amèrement, puis retourna à Liège; mais quand la commune sceut sa résignation, ils furent moult désolés et en menèrent grand deuil... et à lui fut demandé pour quelle raison il avoit ce fait et s'il avoit esté contraint. Mais leur répondit qu'il l'avoit fait de son bon gré. » (*Bibl. de Liège*, ms. 180, f° 152.)

yeux même du roi. Il n'imagina d'autre moyen pour l'empêcher que de nommer le duc de Bretagne son lieutenant pour huit mois (pendant sa tournée du Midi) dans les provinces entre Seine et Loire; c'était lui mettre entre les mains moitié de la Normandie, qu'il avait fait semblant de donner tout entière au comte de Charolais.

Il essayait du même moyen pour brouiller les maisons de Bourbon et d'Anjou. La Guyenne, qu'il retirait au duc de Bourbon, il la donna au comte du Maine, frère de René d'Anjou, et comme ce comte était un homme peu à craindre, il lui donna encore le Languedoc. Tout cela au reste de titre et d'honneur; quant à la force, il croyait la garder : il était sûr des grandes villes de la plaine, Toulouse et Bordeaux; il avait acheté l'amitié des deux maisons de la montagne, Armagnac et Foix; enfin, dans la Guyenne, dans le Comminges, il avait mis un homme à lui, qui n'était que par lui, le bâtard d'Armagnac.

Toutes choses ainsi préparées, avant de mettre la main aux affaires du Midi, il commença par le vrai commencement, par Dieu et les saints, les intéressant dans ses affaires, leur faisant part d'avance, par de belles offrandes, qui témoignaient partout de la dévotion du roi très chrétien : offrandes à sainte Pétronille de Rome pour aider à bâtir l'église; offrandes à saint Jacques en Galice; offrandes à saint Sauveur de Redon, à Notre-Dame de Boulogne. Notre-Dame ne fut pas ingrate, comme on verra plus tard.

Les pèlerinages bretons, hantés d'une si grande

foule et si dévote, avaient pour Louis XI un merveilleux attrait. Situés, la plupart, sur les Marches de France, ils lui donnaient occasion de rôder tout autour, au grand effroi du duc de Bretagne. Tantôt c'était Saint-Michel-en-Grève qu'il voulait visiter, tantôt Saint-Sauveur de Redon. Cette fois, de Redon il alla à Nantes, et le duc crut qu'il voulait enlever la douairière de Bretagne, la marier, s'approprier son bien [1].

Le moyen pourtant de se défier? le pèlerin voyageait presque seul, ne voulant pas être troublé dans ses dévotions. Au départ (18 déc.), il s'était débarrassé un peu rudement de l'amour des sujets, en faisant crier à son de trompe que personne ne s'avisât de suivre le roi, sous peine de mort. Pour aller remercier son patron, saint Sauveur de Redon, qui l'avait protégé dans ses infortunes, il voulait cheminer tel qu'il avait été alors, comme un pauvre homme, avec cinq pauvres serviteurs, mal vêtus comme lui, tous six portant au col de grosses patenôtres de bois. Si sa garde suivait, c'était de loin ; de loin suivaient aussi canons et couleuvrines, paisiblement, sans bruit, sous Jean Bureau, le bon maître des comptes. Tout cela filait vers le Midi. Le roi allait toujours. De Nantes, il voulut voir cette petite république de La Rochelle. A La Rochelle, il eut envie de voir Bordeaux, une belle ville ; mais comme il la regardait du côté de la Gironde, il fut lui-même aperçu d'un vaisseau anglais qui heu-

1. *App.* 18.

reusement ne put suivre son batelet dans les eaux basses. Pour voir et savoir par lui-même, il hasardait tout.

Sur le chemin, de Tours jusqu'à Bayonne, il allait confirmant, augmentant les franchises des villes, caressant les bourgeois, anoblissant les consuls, les échevins ; pour tous, enfin, bonhomme et facile. Les gens de la Guyenne, traités par Charles VII à peu près comme Anglais, eurent lieu d'être surpris de la bonté de Louis XI. Dès son avènement, il avait appelé à lui leurs notables ; venu chez eux lui-même, il sembla se remettre à eux, rendit à Bordeaux toutes ses libertés. Il dit de plus qu'il n'était pas juste que Bordeaux plaidât à Toulouse, qu'il voulait que désormais on vînt plaider chez elle de toute la Guyenne, de la Saintonge, de l'Angoumois, du Quercy, du Limousin. Il fit de Bayonne un port franc. Il rappela le comte de Candale, Jean de Foix, banni comme ami des Anglais ; il lui rendit ses biens.

Ayant ainsi assuré ses derrières, il put agir sérieusement vers l'Espagne. Il avait déjà traité, chemin faisant, avec le gendre du roi d'Aragon, le comte de Foix, en avait pris des arrhes. Le beau-père, troublé de sa mauvaise conscience, tergiversait, appelait, renvoyait les Français, les menaçait de la descente anglaise. Le roi, pour en finir, écrivit durement au gendre qu'il savait tout, que les Anglais se moquaient de lui ; que quand même ils viendraient, ils ne resteraient pas, tandis que le roi de France « sera toujours là pour le châtier... Il faut que vous sachiez sa volonté, qu'il ne nous amuse pas jusqu'à ce que le comte de Warwick soit en mer... Au reste, le comte de Warwick ne nous peut déranger; notre artillerie est toute à La Réole. »

Il avançait toujours, et plus il avançait, plus les Catalans encouragés serraient leur roi; il n'en pouvait plus[1]. La marâtre, avec ses enfants, s'était jetée dans Girone; elle y fut assiégée, affamée. Il fallut bien alors que D. Juan vînt où l'attendait Louis XI (3 mai); il engagea pour un secours le Roussillon, qui n'était pas à lui, mais bien aux Catalans. L'horreur du pacte, c'est que pour échapper à la punition d'un premier crime, le coupable en faisait un autre; après avoir tué son fils, il tuait sa fille, la livrait à l'autre fille, du second lit, à la comtesse de Foix. La pauvre Blanche, héritière de Navarre après don Carlos, fut attirée par son père, qui voulait, disait-il, lui faire épouser le frère de Louis XI, et elle épousa un cachot du donjon d'Orthez, où sa sœur l'empoisonna bientôt.

L'Aragonais ne désespérait pas de duper Louis XI, d'avoir le secours sans remettre le gage. Mais le roi, qui connaissait son homme, ne fit rien sans être nanti. « Maréchal, écrit-il, avant tout, requérez au roi d'Aragon Perpignan et Collioures; s'il les refuse, allez les prendre. »

Ainsi se fit l'affaire du Roussillon. Elle était assurée, et le roi revenu dans le Nord, quand s'ébranla enfin

---

1. *App.* 19.

la fameuse flotte anglaise. Cette flotte avait attendu qu'il eût loisir de s'occuper d'elle. Des falaises, il la vit passer, lui fit la conduite par terre, en Normandie et jusqu'en Poitou. Tout le long de la côte, les villes étaient garnies, gardées, tout le monde armé. Les Anglais, voyant ce bel ordre, crurent prudent de rester en mer[1]. Seulement Warwick, pour qu'il ne fût pas dit qu'il n'eût rien fait, fit une petite descente à côté de Brest. De tout cet orage qui devait écraser Louis XI, ce qui tomba, tomba sur le duc de Bretagne; les Bretons en restèrent furieux contre les Anglais.

Une lettre que le roi écrit vers cette époque, après sa capture du Roussillon, respire la joie sauvage du chasseur. Pas un mot de Warwick, qui apparemment l'inquiétait peu : « Je m'en vais bien bagué, dit-il, je n'ai pas perdu mon estoc; je pique des deux; il faut que je me récompense de la peine que j'ai eue, que je fasse bonne chère!... La reine d'Angleterre est arrivée[2]... »

La *bonne chère,* c'eût été de reprendre Calais, de le reprendre au moins par mains anglaises, au nom d'Henri VI et de Marguerite. La triste reine d'Angleterre, malade de honte et de vengeance, depuis sa grande défaite, suivait partout le roi, à Bordeaux, à Chinon, mendiant un secours. Elle n'avait rien à attendre de son père ni de son frère, qui, à ce moment, perdaient l'Italie. Louis XI le savait bien et

---

1. Pas un mot dans Lingard, ni dans Turner. — 2. *App.* 20.

n'en faisait que mieux la sourde oreille : il la laissait languir¹... Qu'avait-elle à donner? rien que l'honneur et l'espérance. Elle promit pour quelque argent que, si jamais elle reprenait Calais, elle en nommerait capitaine un Anglo-Gascon qui était au roi², et qui, à défaut de payement, remettrait le gage au prêteur. Nul doute qu'en signant ce contrat de Shylock, cette dernière folie de joueur, elle n'ait senti qu'elle mettait contre elle ses amis, comme sa conscience, qu'elle périssait, et, qui pis est, méritait de périr.

Tout en tirant de Marguerite ce gage contre les Anglais, le roi ne voulait pas se fâcher avec l'Angleterre, avec son bon ami Warwick. Il ne donnait rien à Marguerite, il prêtait. Et combien? Vingt mille livres, une aumône, du neveu à la tante; il est vrai qu'il lui fît donner soixante mille écus par la Bretagne. Il ne lui donnait pas un soldat; qu'elle en levât si elle voulait. Par qui en levait-elle? Par un homme qui passait pour l'ennemi du roi, par M. de Brezé, naguère grand sénéchal de Normandie, qui sortait à peine de prison. Sans mission et comme aventurier, il menait en Écosse les nobles et les marins normands; c'était une affaire normande, écossaise, à peine française; si Brezé voulait se faire tuer là-bas, le roi s'en lavait les mains³.

1. « J'ay appris de vous, monsieur, qu'il faut manger les viandes lors-« qu'elles sont mortifiées, et profiter sur les hommes, quand ils sont attendris « par leurs misères. » (D'Aubigné, *Confession de Sancy*.)

2. Cet Anglo-Gascon était Jean de Foix, comte de Candale, que Louis XI venait d'acheter. *App.* 21.

3. Chastellain y est pris; il croit que le roi « l'envoyoit ainsi que Peleus Jason en Colcos, pour en estre quitte ».

Française ou non, l'affaire venait à point pour la France. Tandis que l'Angleterre en masse se tournait vers le Nord, tandis que cette désespérée Marguerite se faisait tuer ou prendre, le roi prenait Calais. Il intimidait les Anglais de la garnison sans espoir de secours; il leur montrait la signature de Marguerite, leur offrait un prétexte *légal* (ce qui est grave dans toute affaire anglaise); il mettait surtout en avant et jetait dans la place son Anglo-Gascon, qui était des leurs, et qui, d'amitié ou de force, se serait fait leur capitaine, ou pour Louis XI ou pour Henri VI.

A tout cela il manquait une chose. C'était que Louis XI disposât de quelques vaisseaux de Hollande pour fermer Calais, comme Charles VII en avait eu pour fermer Bordeaux. Il en demanda au duc de Bourgogne, qui ne voulut pas se brouiller avec la maison d'York, et refusa net.

Tout fut manqué. Non seulement le roi n'eut point Calais, mais, de l'avoir espéré seulement, d'avoir cru que Warwick, alors capitaine de cette place pour la maison d'York, la laisserait surprendre, cela dut compromettre l'équivoque personnage, déjà suspect depuis sa promenade maritime[1]. Il l'était d'ailleurs par les siens, par son frère et son oncle[2], deux évêques, dont l'un avait des relations avec Brezé.

---

1. Édouard IV semble marquer sa défiance à l'égard de Warwick en créant, à son retour, un grand amiral d'Angleterre. (Rymer, 30 juill. 1462.)

2. Ce bon évêque voulant travailler, disait-il, à la canonisation de saint Osmond, avait obtenu un passeport pour venir en Normandie chercher des renseignements sur la naissance et la vie du bienheureux. Il rencontra à point le nommé Doucereau, secrétaire intime de M. de Brezé, et son agent en

Warwick ne pouvait se laver qu'en faisant la guerre, et une guerre heureuse. Il y réussit par ses moyens ordinaires[1]. Brezé, ayant perdu partie de ses vaisseaux, brûlé les autres, s'était jeté dans une place et attendait le secours de Douglas et de Somerset. Warwick les pratiqua habilement. Il acheta Douglas. Il gagna (pour cela il ne fallait pas moins qu'un miracle du diable) Lancastre même contre Lancastre, je veux dire Somerset, qui était de cette branche, qui avait intérêt à la défendre, puisque par elle il avait droit au trône. Il l'amena à combattre son droit, son honneur, le drapeau qu'il tenait depuis quarante ans. Puis le misérable changea encore, et on lui coupa la tête.

Les affaires du roi de France allaient mal. Il avait provoqué l'Angleterre, manqué Calais. Ses plus faibles ennemis s'enhardissaient, jusqu'au roi d'Aragon. Le Roussillon se refit espagnol. Il fallut que le roi y courût en personne : il reprit Perpignan[2], intimida l'Aragonais, qui envoya vite faire des soumissions. Louis XI menaçait de régler l'Espagne à ses dépens, de concert avec la Castille; il parlait d'occuper la Navarre. Il avait acheté, homme à homme, tout le conseil du roi de Castille, Henri l'*Impuissant*. Ils le lui amenèrent jusqu'en France, de ce côté de la Bidas-

---

Angleterre, qui avait été pris à la bataille de Northampton, était resté quelque temps prisonnier, et revenait par Calais. L'évêque, lui ayant fait jurer le secret sur l'Évangile, lui dit que les Anglais ne se fiaient pas au duc de Bourgogne, qu'ils aimeraient mieux l'alliance du roi, etc. (Rapport de Douccereau, cité par Legrand.)

1. *App.* 22. — 2. *App.* 23.

soa. Ce fut un étrange spectacle. De toute la plaine on vit sur une éminence les deux rois, l'Impuissant, dans un faste incroyable, entouré des grandesses, de sa brillante et barbare garde moresque; et à côté, houssé de sa cape grise, siégeait le roi de France, partageant les royaumes (23 avril 1463).

Les envoyés d'Angleterre, de Milan et de Bourgogne attendaient curieusement, pour voir comment il se tirerait de cet imbroglio d'Espagne. Il s'en tira par un partage. C'était par un partage qu'il eût voulu finir l'affaire de Naples[1], qu'il avait fini celle de Catalogne, en détachant le Roussillon. Cette fois il coupait la Navarre, en donnait part à la Castille. La Navarre cria d'être coupée; l'Aragon cria de n'avoir pas tout; combien plus le comte de Foix, qui avait si bien travaillé pour le roi dans l'affaire du Roussillon! Ce Roussillon, Louis XI, au grand étonnement de tout le monde, parut n'y pas tenir; il le donna au comte de Foix. Il le lui donna par écrit, s'entend, lui laissant, pour l'amuser, la jouissance d'un beau morceau de Languedoc[2].

Il était dans un moment de générosité admirable. Il donna au Dauphiné exemption des règlements sur la chasse; à Toulouse incendiée exemption de tailles pour cent années[3]. En passant à Bordeaux, il fit grâce de la mort à Dammartin, qui vint se jeter à ses

---

1. *App.* 24.
2. Le roi engage Carcassonne au comte de Foix, jusqu'à ce qu'il l'ait mis en possession du Roussillon. (*Archives, registre* 199, 23 mai 1463.)
3. D. Vaissette.

genoux[1]. Ce qui surprit bien plus, c'est qu'il fit à un ennemi, à celui qui chassait d'Italie la maison d'Anjou, à celui détenait le patrimoine des Visconti contre la maison d'Orléans, il fit, dis-je, à Sforza cadeau de Savone et de Gênes, lui permettant en outre de racheter Asti au vieux Charles d'Orléans, fils de Valentine. C'était se fermer l'Italie, en même temps qu'il semblait se fermer l'Espagne. Tout cela de sa tête, sans consulter personne. Ses conseillers étaient désespérés.

Et rien pourtant n'était plus raisonnable.

Une crise allait éclater dans le Nord; l'Angleterre, la Bourgogne et la Bretagne[2] semblaient près de s'unir. Le roi devait tourner le dos au Midi : seulement, aux Pyrénées, tenir le Roussillon; aux Alpes, s'assurer de la Savoie, qu'il pratiquait de longue date; obtenir que le duc de Milan ne s'en mêlerait point. Sforza, s'avouant son vassal pour Gênes et Savone, allait lui prêter ses excellents cavaliers lombards. Le roi avait besoin de l'amitié du tyran italien, dans un moment où il fallait peut-être qu'il pérît lui-même ou devînt tyran.

Il prit ainsi son parti vivement, contre l'avis de tout

---

1. « Voulez-vous justice ou grâce? dit le roi à son ennemi. — Justice. — Eh bien! je vous bannis, et vous donne 1,500 écus d'or pour aller en Allemagne. » Dammartin venait d'être condamné à mort par le Parlement; ce qu'il avait acquis ou volé fut en partie rendu aux héritiers de sa victime, Jacques Cœur, en partie volé par son juge et commissaire, Charles de Melun. (Bonamy.) L'ancien *écorcheur*, qui était un homme ferme, ne se tint pas pour battu, il ne laissa pas le champ libre à ses ennemis. Au lieu de se rendre en Allemagne, il vint se remettre en prison, et il attendit.

2. *App.* 25.

le monde. Cette résolution hardie, cette générosité habile, si différente de la petite politique chicaneuse du temps[1], lui donna une grande force ; il pesa d'autant plus au Nord. Il emporta d'emblée son affaire capitale, le rachat de la Somme.

1. Elle fut admirée de Sforza. Son remerciement, tout emphatique qu'il est et quelque intéressée qu'y soit la flatterie, ne laisse pas d'avoir un côté sérieux. Le froid et ferme esprit, italien pourtant, et, comme tel, artiste en politique, dut prendre plaisir à voir une politique si nouvelle : « Animi magnitudine, sapientia, justitia, felicitate et mente probe cœlesti... (*Archives, Trésor des chartes*, J, 496.)

CHAPITRE II

Louis XI. Ses tentatives de révolution. (1462-1464.)

Depuis longtemps, il suivait l'affaire de la Somme avec une ardente passion, si ardente qu'elle se nuisait et manquait son but. Il caressait, tourmentait le vieux duc, pressait les Croy. Si le vieil homme, d'asthme ou de goutte, leur mourait dans les mains, tout était fini. On le crut un moment, quand le duc, revenu de Paris, las de fêtes, de repas et de faire le jeune homme, tomba tout d'un coup et se mit au lit.[1] Son excellente femme sortit du béguinage où elle vivait pour soigner son mari; le fils accourut pour soigner son père. Ils le soignèrent si bien que, s'il ne se fût remis, les Croy périssaient, et les affaires du roi devenaient fort malades.

Le duc avait beaucoup à faire entre son fils et Louis XI, deux tyrans. Le roi, mécontent pour Calais, impatient pour la Somme, le vexait, le rendait misé-

---

1. *App.* 26.

rable, réveillant toutes les vieilles querelles de salines, de juridiction[1]. Par cette imprudente âpreté, il compromettait ainsi ses amis de Flandre, comme il avait fait ceux d'Angleterre. L'un des Croy vint à Paris se plaindre, et parla durement, comme peut faire un homme indispensable[2]. Le roi eut le bon esprit de bien recevoir la leçon; il se mit à l'amende, cédant au duc le peu qu'il avait dans le Luxembourg; au duc toutefois moins qu'aux Croy, lesquels occupèrent les places par eux ou par des gens à eux.

Ce qui les rendait si forts près du vieux maître, c'est qu'il avait peur de retomber sous le gouvernement de ses gardes-malades, de son fils et de sa femme; celle-ci une sainte sans doute, mais avec toute sa dévotion et son béguinage la mère du Téméraire, la fille des violents, bâtards du Portugal ou cadets de Lancastre[3].

1. Il lui fit une sorte de petite guerre sur toutes ses frontières. Du côté de la Comté, il défendit qu'on achetât du sel à ses salines. En Bourgogne, il poussa âprement contre lui la vieille chicane des juridictions, lui volant ses sujets, comme *bourgeois royaux*. Au Nord, il fit crier des ordonnances royales dans les pays cédés au duc. Le président de Bourgogne vint se plaindre au Parlement, on lui rit au nez; il insista, on le jeta en prison; le pauvre homme y serait resté, si les Bourguignons n'eussent enlevé un lieutenant du bailli de Sens; il sortit de prison, mais malade, et il en mourut. Voir sur ces brutalités de Louis XI les lamentations des Bourguignons. (Chastellain, Du Clercq, etc.)

2. « Et sy disoit-on que le roy Loys de prime face dict au seigneur de Chimay... : « Quel homme est-ce le duc de Bourgoingne ? est-il aultre ou d'aultre nature et métail que les autres princes et seigneurs du royaulme d'environ ? » A quoi ledict seigneur de Chimay lui répondit... que oui, et que le duc estoit d'aultre métail..., car il l'avoit gardé, porté et soustenu contre la vollonté du roy Charles, son père, et touts ceux du royaulme... Prestement que le Roy ouyt ces paroles, sy se partit sans mot dire et rentra dans sa chambre. » (Du Clercq.)

3. Fille de Jean-le-Bâtard, roi de Portugal, et de Philippe de Lancastre. Voy. notre tome V, livre XII, ch. I, et celui-ci, plus bas.

La mère et le fils prirent le moment où le malade, à peine rétabli, n'avait pas la tête bien forte, pour le faire consentir à la mort d'un valet de chambre favori[1], qu'ils prétendaient vouloir empoisonner le fils. Ceci n'était qu'un commencement. Le valet tué, on allait essayer davantage; on accusa bientôt le comte d'Étampes. Les Croy voyaient venir leur tour. Heureusement pour eux, leur ennemi alla trop vite; on prit le secrétaire du comte de Charolais qui courait la Hollande, et, profitant de la haine hollandaise contre les favoris wallons[2], engageait doucement les villes à prendre le fils pour seigneur du vivant du père.

Mais on connaissait trop d'avance ce que serait le nouveau maître pour laisser aisément l'ancien. Le peuple, dès qu'il le sut malade, montra une extrême frayeur. Dans certaines villes, la nouvelle étant arrivée la nuit, tout le monde se releva; on courut aux églises, on exposa les reliques; beaucoup pleuraient. Cela faisait assez entendre ce qu'on pensait du successeur. Quand le bonhomme, un peu remis, fut montré en public, conduit de ville en ville, une joie folle éclata; on fit des feux comme à la Saint-Jean, des danses. Il fallait se hâter de danser et de rire; un autre allait venir, rude et sombre, sous lequel on ne rirait guère.

1. C'était un valet, serf d'origine, grossier, et qui, sans doute par sa grossièreté même, délassait le duc de la fadeur des cours. Le comte de Charolais vint se jeter aux pieds de son père, le pria de sauver son fils unique que ce valet voulait empoisonner. Il lui arracha ainsi son consentement à la mort du pauvre diable, et fit exécuter en même temps (chose étrange) celui qui l'avait dénoncé. Voir le récit de Chastellain, récit violent, âcre, horriblement passionné contre le parvenu. — 2. *App.* 27.

Le malade, ayant perdu ses cheveux, avait exprimé la fantaisie bizarre de ne plus voir que des têtes tondues ; à l'instant chacun se fit tondre ; on se serait vieilli volontiers pour le rajeunir. C'est que celui-ci était l'homme du bon temps qui s'en allait, l'homme des fêtes et des galas passés ; en voyant ce bon vieux mannequin de kermesse[1] qu'on promenait encore, et qui bientôt ne paraîtrait plus, on croyait voir la paix elle-même, souriante et mourante, la paix des anciens jours.

Que de choses pendaient à ce fil usé ! La vie des Croy d'abord. Ils le savaient. Sûrs de ne pas vivre plus que le vieillard, ils suivaient leur chance en desespérés, jouaient serré, à mort, contre l'héritier. Ils ne s'amusaient plus à prendre de l'argent ; ils prenaient des armes pour se défendre, des places où se réfugier. Leur péril les forçait d'augmenter leur péril, de devenir coupables ; ils périssaient s'ils restaient loyaux sujets du duc ; mais s'ils devenaient ducs eux-mêmes ? S'ils défaisaient à leur profit la maison qui les avait faits ?... Certainement le démembrement des Pays-Bas, une petite royauté wallonne qui, sous la sauvegarde du roi, se serait étendue le long des Marches, laissant la Hollande aux Anglais[2], la Picardie et l'Artois aux Français, c'eût été chose agréable à tous. Ce qui est sûr, c'est que les Croy l'avaient déjà presque, cette royauté ; ils occupaient toutes les Marches, l'allemande,

---

1. Est-il nécessaire de rappeler la tendresse des Flamands pour leurs poupées municipales, leurs géants d'osier, leurs mannekenpiss, etc. ?
2. *App.* 28.

le Luxembourg, l'anglaise, Boulogne et Guines, la française enfin sur la Somme. Leur centre, le Hainaut, la grosse province aux douze pairs, était tout à fait dans leurs mains; à Valenciennes, ils se faisaient donner le vin royal et seigneurial.

Presque tout cela leur était venu en deux ans, coup sur coup; le roi y avait poussé violemment[1]; sous son souffle invisible, ils avançaient sans respirer; c'était comme un ouragan de bonne fortune. Volant plutôt qu'ils ne marchaient, ils se trouvèrent un matin sur le précipice où il fallait sauter, sinon s'appuyer, tout autre appui manquant, sur la froide main de Louis XI.

A quel prix? Cette main ne faisait rien gratis. Il fallait d'abord qu'ils se déclarassent, demandant protection du roi et s'avouant de lui. Ce pas fait, tout retour impossible, il exigeait d'eux les villes de la Somme. Comme ils faisaient encore les difficiles et les vertueux, le roi sut lever leurs scrupules. Il profita du mécontentement qu'excitaient les nouveaux impôts. L'Artois était inquiet de ce qu'on avait demandé à ses états de voter les tailles pour dix ans[2]. Les villes de la Somme, jusque-là ménagées, caressées, habituées à ne donner presque rien, s'étonnaient fort qu'on leur parlât d'argent. La colérique et formidable Gand, sans doute bien travaillée en dessous, ne voulait

---

1. « En 1461, il leur donne Guisnes; il leur livre ce qu'il a dans le Luxembourg; en 1463, il ajoute à Guisnes Ardre, Angle, et ce que le comte de Guisnes avait sur Saint-Omer, etc. Dans la même année (mai 1463), il leur donne encore Bar-sur-Aube. » (*Archives du royaume*, J, *registres* 193-199, et *Mémoriaux de la Chambre des comptes*, III, 91.)

2. *App.* 29.

plus payer et prenait les armes. Le roi avait trouvé moyen de gagner (pour un temps) le principal capitaine et seigneur des Marches picardes, le mortel ennemi des Croy, le comte de Saint-Pol. Ce fut lui qu'il leur détacha, pour les terrifier, en leur dénonçant que le roi se portait pour arbitre, pour juge, entre le duc et Gand.

Les Croy perdirent cœur, entre ces deux dangers ; leur ami, Louis XI, leur ennemi, le comte de Charolais, agissaient à la fois contre eux. Celui-ci, au moment même, commençait un affreux procès de sorcellerie contre son cousin Jean de Nevers. La terreur gagnait ; évidemment le violent jeune homme voulait le sang de ses ennemis ; s'il demandait la mort d'un prince du sang, son parent, les pauvres Croy avaient bien sujet d'avoir peur.

Livrés au roi par cette peur, bridés par lui et sous l'éperon, ils allèrent en avant. Ils tâchèrent de faire croire au duc qu'il était de son intérêt de perdre le plus beau de son bien, de laisser le roi reprendre la Somme. Il n'en crut rien, et il y consentit, à la longue, vaincu d'ennui, d'obsession ; il signa, on lui mena la main. Encore, s'il signa, c'est qu'il espérait que l'affaire traînerait, que l'argent ne pourrait venir. Il ne fallait pas moins de quatre cent mille écus ; où trouver tant d'argent ?

Louis XI en trouva ou en fit. Il courut, mendia par les villes, mendia en roi, mettant hardiment la main aux bourses. Les uns s'exécutèrent de bonne grâce ; Tournay, à elle seule, donna vingt mille écus. D'autres, comme Paris, se firent tirer l'oreille ; les bourgeois avaient tous des raisons de ne pas payer, tous avaient privilège. Mais le roi ne voulait rien entendre. Il ordonna à ses trésoriers de trouver l'argent, disant que, sur une telle affaire, on prêterait sans difficulté ; s'il manquait quelque chose, il lui semblait qu'on dût le trouver *en un pas d'âne*[1]... Ce pas, c'était d'aller à Notre-Dame, d'en fouiller les caveaux, d'en tirer les dépôts de confiance que l'on faisait au Parlement et qu'il déposait lui-même sous l'autel, à côté des morts[2].

Le premier paiement arriva en un moment, à la grande surprise du duc (12 septembre), le second suivit (8 octobre), chaque fois deux cent mille écus sonnants et bien comptés. Il n'y avait rien à dire ; il ne restait qu'à recevoir. Le duc s'en prit doucement à ses gouverneurs : « Croy, Croy, disait-il, on ne peut servir deux maîtres. » Et il emboursait tristement.

Les bons amis de Louis XI régnaient en Angleterre, comme aux Pays-Bas ; ici les Croy, là-bas les Warwick. Ceux-ci avaient pris le dessus, sans doute avec l'appui de l'épiscopat, des propriétaires, de ceux qui ne voulaient pas payer la guerre plus longtemps. Édouard savait ce qu'il en avait coûté à la fin aux Lancastre pour n'avoir plus ménagé l'*Établissement*. Il caressa les

---

1. *App.* 30.
2. Louis XI s'en excuse fort habilement dans sa commission du 2 novembre (*Preuves de Comines*, éd. Lenglet-Dufresnoy.) Il explique qu'il s'est épuisé pour acquérir le Roussillon, qu'il n'a pu trouver le premier paiement du rachat des places de la Somme qu'en retenant un trimestre de la solde des gens de guerre, que, s'ils ne sont payés, ils vont piller le pays, etc. A vrai dire, il s'agissait de la rançon de la France.

évêques, reconnut l'indépendance de leurs justices[1], et laissa l'évêque d'Exeter, frère de Warwick, traiter d'une trêve à Hesdin. La trêve, ménagée par les Croy, fut signée entre Édouard et Louis XI par-devant le duc de Bourgogne (27 octobre 1463).

En signant une trêve, Louis XI commençait une guerre. Rassuré du côté de l'étranger, il agissait d'autant plus hardiment à l'intérieur, heurtant la Bretagne après la Bourgogne, et de cette querelle bretonne faisant un vaste procès des grands, des nobles, de l'Église, moins un procès qu'une révolution.

La Bretagne, sous forme de duché, et comme telle classée parmi les grands fiefs, était au fond tout autre chose, une chose si spéciale, si antique, que personne ne la comprenait. Le fief du moyen âge s'y compliquait du vieil esprit de clan. Le vasselage n'y était pas un simple rapport de terre, de service militaire, mais une relation intime entre le chef et ses hommes, non sans analogie avec le *cousinage* fictif des *highlander* écossais. Dans une relation si personnelle nul n'avait rien à voir. Chaque seigneur, tout en rendant hommage et service, sentait au fond qu'il *tenait* de Dieu[2]. Le duc, à plus forte raison, ne croyait *tenir* de nul autre, il s'intitulait duc par la grâce de Dieu. Il disait : « Nos pouvoirs *royaux* et ducaux[3]. » Il le disait d'autant plus hardiment que l'autre royauté, la grande de France, avait été sauvée, à en croire les Bretons, non par la Pucelle,

---

1. Rymer, 2 nov. 1462.
2. « Sicut heremita in deserto », dit admirablement le *Cartulaire de Redon*.
3. C'était l'un des principaux griefs du roi. (*Ms. Legrand.*)

mais par leur Arthur (Richemont). Le duc de Bretagne, ayant raffermi la couronne, portait couronne aussi, il dédaignait le chapeau ducal. Cette majesté bretonne, ayant son parlement de barons, ne souffrait pas l'appel au Parlement du roi ; comment pouvait-elle prendre ce que lui soutenait Louis XI, que la haute justice ducale devait être jugée par les simples baillis royaux de la Touraine et du Cotentin ?

Cette question de juridiction, de souveraineté, n'était pas simplement d'honneur ou d'amour-propre ; c'était une question d'argent. Il s'agissait de savoir si le duc payerait au roi certains droits que le vassal, en bonne féodalité, devait au suzerain, l'énorme droit de rachat, par exemple, dû par ceux qui succédaient en ligne collatérale, de frère à frère, d'oncle à neveu, et le cas s'était présenté plusieurs fois dans les derniers temps ; cette famille de Bretagne, comme la plupart des grandes familles d'alors, tendait à s'éteindre ; peu d'enfants, et qui mouraient jeunes.

Ce n'est pas tout : les évêques de Bretagne, à raison de leur temporel, siégeaient parmi les barons du pays ; étaient-ils vraiment barons, vassaux du duc et lui devant hommage ? ou bien, comme le roi le prétendait, les évêques étaient-ils égaux au duc, et relevaient-ils du roi seul ? Dans ce cas, le roi, ayant supprimé la Pragmatique et les élections, aurait conféré les évêchés de Bretagne comme les autres, donné en Bretagne, comme ailleurs, les bénéfices vacants en régale, administré dans les vacances, perçu les fruits, etc. Il soutenait l'évêque de Nantes qui refusait l'hommage au duc. Le duc, sans se soucier du roi, s'adressait directement au pape pour mettre son évêque à la raison.

La plus grande affaire du royaume était sans nul doute celle de l'Église et des biens d'Église. En supprimant les élections où dominaient les grands, Louis XI avait cru disposer des nominations d'accord avec le pape[1]. Mais ce pape, le rusé Silvio (Pie II), ayant une fois soustrait au roi l'abolition de la Pragmatique, s'était moqué de lui, réglant tout sans le consulter, donnant ou vendant, attirant les appels, voulant juger entre le roi et ses sujets, entre le Parlement et le duc de Bretagne. Le roi, au retour des Pyrénées, chemin faisant et de halte en halte (24 mai, 19 juin, 30 juin), lança trois ou quatre ordonnances, autant de coups sur le pape et sur ses amis. Il y reproduit et sanctionne en quelque sorte du nom royal les violentes invectives du Parlement contre l'avidité de Rome, contre l'émigration des plaideurs et demandeurs qui désertent le royaume, passent les monts par bandes et portent tout l'argent de France au grand marché spirituel. Il déclare hardiment que toutes les questions de possessoire en matière ecclésiastique seront réglées par lui-même, par ses juges ; que pour les bénéfices donnés en régale (conférés par le roi pendant la vacance d'un évêché), on ne plaidera qu'au Parlement, autant dire devant le roi même. Ainsi le roi prenait, et, si l'on contestait, le roi jugeait qu'il avait bien pris.

Quelque vifs et violents que fussent en tout ceci

---

1. *App.* 31.

les actes du roi, personne ne s'étonnait; on n'y voyait qu'une reprise de la vieille guerre gallicane contre le pape. Mais au 20 juillet un acte parut, qui surprit tout le monde, un acte qui ne touchait plus le pape ni le duc de Bretagne, mais tout ce qu'il y avait d'ecclésiastiques, une foule de nobles.

A ce moment, le roi se sentait fort; il avait bien regardé tout autour, il croyait tenir tous les fils des affaires par Warwick, Croy et Sforza; il venait de s'assurer des soldats italiens, il pratiquait les Suisses.

Ordre aux gens d'Église de donner sous un an déclaration des biens d'Église[1], « en sorte qu'ils n'empiètent plus sur nos droits seigneuriaux et ceux de nos vassaux ». Ordre aux vicomtes et receveurs de percevoir les fruits des fiefs, terres et seigneuries, qui seront mis en la main du roi, faute d'hommage et droits non payés. » Ces grandes mesures furent prises par simple arrêt de la Chambre des comptes. Celle qui regardait les gens d'Église devint une Ordonnance adressée (sans doute comme essai) au prévôt de Paris. Quant à l'autre, le roi envoya dans les provinces des commissaires pour faire recherche de la noblesse[2], c'est-à-dire apparemment pour soumettre les faux nobles aux taxes, pour s'enquérir des fiefs qui devaient les droits, pour s'informer des nouveaux acquêts, des rachats, etc., pour lesquels on oubliait de payer.

Cette nouveauté au nom du vieux droit, cette auda-

---

1. *App.* 32. — 2. *Ms. Legrand.*

cieuse inquisition produisit d'abord un effet. On crut que celui qui osait de telles choses était bien fort; les Croy se donnèrent ouvertement à lui, comme on a vu, et lui livrèrent la Somme; le duc de Savoie se jeta dans ses bras, les Suisses lui envoyèrent une ambassade, le frère de Warwick vint traiter avec lui. On crut l'embarrasser en lançant dans la Catalogne un neveu de la duchesse de Bourgogne, D. Pedro de Portugal, qui prit le titre de roi et vint tâter le Roussillon[1]; mais rien ne bougea.

Il allait grand train dans sa guerre d'Église[2]. D'abord, pour empêcher l'argent de fuir à Rome, il bannit les collecteurs du pape. Puis il attaque, et met la main sur trois cardinaux, saisit leur temporel. Justice lucrative. Avec un simple arrêt de son Parlement, un petit parchemin, il faisait ainsi telle conquête en son propre royaume, qui valait parfois le revenu d'une province. L'attrait de cette chasse aux prêtres allait croissant. Du seul cardinal d'Avignon, un des plus gras bénéficiers, le roi eut les revenus des évêchés de Carcassonne, d'Uzès, de l'abbaye de Saint-Jean-d'Angely, je ne sais combien d'autres. Il ne tint pas au neveu du cardinal[3] que le roi ne prît Avignon même; le bon neveu donnait avis que son oncle, légat d'Avignon pour le pape, était vieux, maladif, quasi-mourant, qu'à son agonie on pourrait saisir.

Louis XI se trouvait engagé dans une étrange voie,

---

1. *App.* 33. — 2. *App.* 34.
3. C'était Jehan de Foix, comte de Candale. *App.* 35.

celle d'un séquestre universel ; il y allait de lui-même sans doute et par l'âpre instinct du chasseur. Mais quand il eût voulu s'arrêter, il ne l'aurait pu. Il n'avait pu élargir le duc d'Alençon, l'ami des Anglais, qu'en s'assurant des places qu'il leur aurait ouvertes. Il n'avait pu s'aventurer dans la Catalogne qu'en prenant pour sûreté au comte de Foix une ville forte. Les Armagnac, à qui il avait fait à son avènement, le don énorme du duché de Nemours, le trahissaient au bout d'un an ; le comte d'Armagnac, sachant que le roi en avait vent, craignit de sembler craindre, il vint se justifier, jura, selon son habitude, et, pour mieux se faire croire, offrit ses places : « J'accepte », dit le roi. Et il lui prit Lectoure et Saint-Sever.

Il prenait souvent des gages, souvent des otages. Il aimait les gages vivants. Jamais ni roi, ni père, n'eut tant d'enfants autour de lui. Il en avait une petite bande, enfants de princes et de seigneurs, qu'il élevait, choyait, le bon père de famille, dont il ne pouvait se passer. Il gardait avec lui l'héritier d'Albret, les enfants d'Alençon, comme ami de leur père, qu'il avait réhabilité ; le petit comte de Foix, dont il avait fait son beau-frère, et le petit d'Orléans qui devait être son gendre. Il ne pouvait guère l'être de longtemps, il naissait ; mais le roi avait cru plus sûr de tenir l'enfant entre ses mains, au moment où il irritait toute sa maison, livrant son héritage au delà des monts pour s'assurer à lui-même ce côté-ci des monts, la Savoie. Il aimait cette Savoie de longue date, comme voisine de son Dauphiné : il y avait pris femme, il y maria sa sœur; il tenait près de lui tout ce qu'il y avait de princes ou princesses de Savoie ; il fit enfin venir le vieux duc en personne. Des princes savoyards, un lui manquait, et le meilleur à prendre, le jeune et violent Philippe de Bresse, qui, d'abord caressé par lui, avait tourné, au point de chasser de Savoie son père, beau-père de Louis XI. Il attira l'étourdi à Lyon, et, le mettant sous bonne garde, il le logea royalement à son château de Loches.

Au moyen d'une de ces Savoyardes, il comptait faire une belle capture, rien moins que le nouveau roi d'Angleterre. Ce jeune homme, vieux de guerres et d'avoir tant tué, voulait vivre à la fin. Il fallait une femme. Non pas une Anglaise, ennuyeusement belle, mais une femme aimable, qui fît oublier. Une Française eût réussi, une Française de montagnes, gracieuse, naïve et rusée, comme sont volontiers celles de Savoie. Une fois pris, enchaîné, muselé, l'Anglais, tout en grondant, eût été ici, là, partout où le roi et le *Faiseur de rois* auraient voulu le mener.

A cette Française de Savoie, le parti bourguignon opposa une Anglaise de Picardie, du moins dont la mère était Picarde, sortant des Saint-Pol de la maison de Luxembourg[1]. La chose fut évidemment préparée, et d'une manière habile; on arrangea un hasard romanesque, une aventure de chasse où ce rude

---

1. La mère d'Élisabeth Rivers était fille du comte de Saint-Pol; elle avait épousé à dix-sept ans le duc de Bedford, qui en avait plus de cinquante. A sa mort, elle s'en dédommagea en épousant, malgré tous ses parents et amis, un simple chevalier, le beau Rivers, qui était son *domestique*. App. 36.

chasseur d'hommes vint se prendre à l'aveugle. Entré dans un château pour se rafraîchir, il est reçu par une jeune dame en deuil qui se jette à genoux avec ses enfants; ils sont, la dame l'avoue, du parti de Lancastre; le mari a été tué, le bien confisqué, elle demande grâce pour les orphelins. Cette belle femme qui pleurait, cette figure touchante de l'Angleterre après la guerre civile, troubla le jeune vainqueur; ce fut lui qui pria... Néanmoins, ceci était grave; la dame n'était pas de celles qu'on a sans mariage. Il fallait rompre la négociation commencée par Warwick, rompre avec Warwick, avec ce grand parti, avec Londres même; le lord-maire avait dit : Avant qu'il l'épouse, il en coûtera la vie à dix mille hommes. Mais dût-il lui en coûter la vie à lui-même, il passa outre, il épousa. C'était se jeter dans la guerre, dans l'alliance du comte de Charolais contre Louis XI. Le comte, pour le faire savoir à tous et le dire bien haut, envoya aux noces l'oncle de la reine, Jacques de Luxembourg, frère du comte de Saint-Pol et de la duchesse de Bretagne, avec une magnifique troupe de cent chevaliers.

Ainsi, quelque part qu'il se tournât, en Angleterre, en Bretagne, en Espagne, le roi trouvait toujours devant lui le comte de Charolais. Que lui servait donc d'avoir les Croy, de gouverner par eux le duc de Bourgogne? Il voulut faire un grand effort, s'emparer lui-même de l'esprit du vieux duc, et, s'étant rendu maître du père, avec le père écraser le fils.

Il ne bougea plus guère de la frontière du Nord,

allant, venant, le long de la Somme, poussant jusqu'à Tournay[1], puis se confiant, s'en allant tout seul chez le duc en Artois, lui rendant à tout moment visite, l'attirant par la douce et innocente séduction de la reine, des princesses et des dames. Elles vinrent surprendre un matin le bonhomme, réchauffèrent le vieux cœur, l'obligèrent de se montrer galant, de leur donner des fêtes. Il en fut si aise et si rajeuni qu'il les retint trois jours de plus que le roi ne le permettait.

Charmé d'être désobéi, il prit ce bon moment près de l'oncle, accourut à Hesdin, l'enveloppa, tournant tout autour, l'éblouissant de sa mobilité, avec cent jeux de chat ou de renard... A la longue, le croyant étourdi, fasciné, il se hasarda à parler, il demanda Boulogne. Puis, la passion l'emportant, il avoua l'envie qu'il aurait d'avoir Lille... C'était dans une belle forêt ; le roi promenait le duc, qui le laissait causer... Enfin, enhardi par sa patience, il lâcha le grand mot : « Bel oncle, laissez-moi *mettre à la raison* beau-frère de Charolais ; qu'il soit en Hollande ou en Frise, par la Pâque-Dieu, je vous le ferai venir à commandement... » Ici il allait trop loin ; le mauvais cœur avait aveuglé le subtil esprit. Le père se réveilla, et il eut horreur... Il appela ses gens, pour se rassurer, et sans dire adieu, il prit brusquement un autre chemin de la forêt[2].

---

1. *App.* 37.
2. Chastellain embellit probablement la scène. Il suppose que Louis XI amusait le vieillard maladif du grand voyage d'outre-mer, des souvenirs du

Au reste, on ne négligeait rien pour augmenter ses défiances et l'éloigner de la frontière. On lui assurait que s'il restait à Hesdin, il y mourrait, les astres le disaient ainsi ; le roi, qui le savait, était là pour guetter sa mort. Son fils lui donnait avis, en bon fils, de bien prendre garde à lui, le roi voulait s'emparer de sa personne. Rien de moins vraisemblable ; Louis XI, apparemment, n'avait pas hâte de détrôner les Croy pour faire succéder Charolais.

Une chose, à vrai dire, accusait le roi : c'est qu'il venait d'établir gouverneur entre Seine et Somme, sur cette frontière reprise d'hier, l'ennemi capital de la maison de Bourgogne, cet homme noir, ce sorcier, cet *envoûteur* ; c'étaient les noms que le comte de Charolais donnait à son cousin Jean de Nevers, dit le comte d'Étampes, et mieux dit Jean-*sans-Terre*.

Jean était né dans un jour de malheur, le jour de la bataille d'Azincourt, où son père fut tué. Son oncle, Philippe-le-Bon, se hâta d'épouser la veuve pour avoir la garde des deux orphelins qui restaient. Cette garde consista à les frustrer de la succession du Brabant, en leur assignant une rente qu'ils ne touchèrent point ;

---

vœu du faisan. Il lui fait dire : « Bel oncle, vous avez entrepris une haute, glorieuse et sainte chose ; Dieu vous la laisse bien mettre à fin ! je suis joyeux, à cause de vous, que l'honneur en revienne à votre maison. Si j'avois entrepris la même chose, je ne la ferois que sous confiance de vous, je vous constituerois régent, vous gouverneriez mon royaume ; et que n'en ai-je dix pour vous les confier ! J'espère bien aussi que vous en ferez autant si vous partez ; laissez-moi gouverner vos pays, je vous les garderai comme miens, et vous en rendrai bon compte. » — A quoi le duc aurait répondu assez froidement : « Il n'est besoin, monseigneur. Quand il faudra que je m'en aille, je les recommanderai à Dieu et à la bonne provision que j'y aurai mise. »

puis, à la place de la rente, Étampes, Auxerre, Péronne enfin, qu'on ne leur donna pas[1]. Ils n'en servirent pas moins leur oncle avec zèle; l'un lui conquit le Luxembourg, l'autre lui gagna sa bataille de Gavre. Pour récompense, le comte de Charolais voulait encore, sur leur pauvre héritage de Nevers et de Rethel, avoir Rethel, fort à sa convenance. Puis il voulut leur vie, celle de Jean du moins, auquel il intenta cette horrible accusation de sorcellerie. Il le jeta ainsi, comme les Croy, dans les bras de Louis XI, qui le mit à son avant-garde, et qui dès lors, par Nevers, par Rethel, par la Somme, montra à la maison de Bourgogne, sur toutes ses frontières, un ennemi acharné.

Ce n'étaient pas des guerres seulement qu'on avait à attendre de haines si furieuses, c'étaient des crimes. Il ne tenait pas au comte de Charolais que les Croy ne fussent tués, Jean de Nevers brûlé. Le duc de Bretagne essayait de perdre le roi par une atroce calomnie; dans un pays tout plein encore de l'horreur des guerres anglaises, il l'accusait d'appeler les Anglais, tandis que lui-même il leur demandait sous main six mille archers. Pour appuyer les archers par des bulles, il faisait venir de Rome un nonce du pape qui devait juger entre le roi et lui; ce juge fut reçu, mais comme prisonnier; expédié au Parlement, pour siéger, mais sur la sellette. Le roi fit arrêter en même temps, à la prière du duc de Savoie, son fils Philippe qui l'avait chassé. Il eût bien

---

[1]. Quelquefois le revenu, mais non la possession.

voulu que le duc de Bourgogne lui fît la même prière. Mais, à ce moment même, un événement s'était passé qui rompait tout entre eux.

Sur la frontière de la Picardie, dans ce pays de désordres, à peine revenu au roi, et où l'homme du roi, Jean de Nevers, ramassait les gens de guerre, les *bravi* du temps, il y en avait un, un bâtard, un aventurier amphibie, qui, rôdant sur la Marche ou vaguant par la Manche, cherchait son aventure. Ce bandit était de bonne maison, frère d'un Rubempré, cousin des Croy. Un jour, prenant au Crotoy un petit baleinier, il s'en alla, non pêcher la baleine, mais prendre, s'il pouvait, en mer un faux moine, un Breton déguisé qui portait le traité de son duc avec les Anglais. Ayant manqué son moine, et revenant à vide, cet homme de proie, plutôt que de ne rien prendre, se hasarda à flairer le gîte même du lion, un château de Hollande, où se tenait le grand ennemi des Croy, de Jean de Nevers, du roi, le comte de Charolais. Le bâtard n'avait que quarante hommes; ce n'était pas avec cela qu'il aurait emporté la place. Il laissa ses gens, débarqua seul, entra dans les tavernes, s'informa : Le comte allait-il quelquefois se promener en mer? Sortait-il bien accompagné? A quelle heure?... Et il ne s'en tint pas à cette enquête, il alla au château, entra, monta sur les murailles, reconnut la côte. Il en fit tant qu'il fut remarqué et suivi; jusque-là sottement hardi, il prit sottement peur, s'accusa lui-même en se jetant à quartier dans l'église. Interrogé, il varia pitoyablement; il revenait d'Écosse, il y allait, il passait pour voir sa cousine de Croy ; il ne savait que dire.

Le comte de Charolais eût acheté l'aventure à tout prix ; elle le servait à point contre Louis XI ; le roi semblait avoir voulu l'enlever, comme le prince de Savoie. Il envoya vite son serviteur Olivier de La Marche avertir son père du danger qu'il avait couru, l'effrayer pour lui-même. Cela réussit si bien que le vieux duc manqua au rendez-vous du roi, quitta la frontière, et ne se crut en sûreté que lorsqu'il fut dans Lille.

La grande nouvelle, l'enlèvement du comte, l'infamie du roi, furent partout répandus, criés, comme à son de trompe, prêchés en chaire, à Bruges, par un frère Prêcheur ; ces Mendiants étaient fort utiles pour colporter et crier les nouvelles. Le roi, qui sentit le coup, se plaignit à son tour, il demanda réparation, somma le duc de condamner son fils. Les Croy auraient voulu qu'il laissât assoupir l'affaire ; cela allait à leurs intérêts, non à ceux du roi, qui se voyait perdu d'honneur. Il envoya au contraire une grande ambassade pour accuser, récriminer hautement. D'une part le chancelier Morvilliers, de l'autre le comte de Charolais, plaidèrent en quelque sorte par-devant le vieux duc. Le chancelier demandait si l'on pouvait dire que le bâtard, avec sa barque, fût armé, équipé comme il fallait pour un tel coup, si c'était avec quelques hommes qu'il aurait emporté un fort, saisi un tel seigneur au milieu d'un monde de gens qui l'entouraient. Puis, le prenant de haut, il disait que le duc aurait dû s'adresser au roi pour avoir justice du bâtard. On ne pouvait lui donner satisfaction, à moins de lui livrer ceux qui avaient semé la nouvelle, défiguré l'affaire, Olivier de La Marche et le frère Prêcheur[1].

Le chancelier allait loin, dans l'excès de son zèle. Il accusait le comte même du crime de lèse-majesté, pour avoir traité avec le duc de Bretagne et le roi d'Angleterre, pour appeler l'Anglais. Plus il avait raison, plus le bouillant jeune homme s'irrita ; au départ, il dit à l'un des ambassadeurs, à l'archevêque de Narbonne : « Recommandez-moi très humblement à la bonne grâce du roi, et dites-lui qu'il m'a bien fait laver la tête par le chancelier, mais qu'avant qu'il soit un an il s'en repentira[2]. »

Il n'eût pas laissé échapper cette violente parole s'il ne se fût cru en mesure d'agir. Déjà, selon toute apparence, les grands s'étaient donné parole. Le moment semblait bon. Les trêves anglaises allaient expirer ; Warwick baissait ; Croy baissait. Warwick avait perdu son pupille ; Croy gardait encore le sien, commandait toujours en son nom, et peu à peu l'on n'obéissait plus, tous regardaient vers l'héritier. En France, l'héritier présomptif était jusque-là le jeune frère du roi ; le roi prétendait que la reine était grosse ; s'il naissait un fils, le frère descendait et devenait moins propre à servir les vues des seigneurs ; il fallait se hâter.

Si l'on en croit Olivier de La Marche, chroniqueur peu sérieux, mais qui enfin joua alors, comme on l'a vu, son petit rôle : « Une journée fut tenue à Notre-

---

1. *App.* 38. — 2. *App.* 39.

Dame de Paris, où furent envoyés les scellés de tous les seigneurs qui voulurent faire alliance avec le frère du roi ; et ceux qui avoient les scellés secrètement portoient chacun une aiguillette de soie à la ceinture, à quoi ils se connoissoient les uns les autres. Ainsi fut faite cette alliance, dont le roi ne put rien savoir ; et toutefois il y avoit plus de cinq cents, que princes, que chevaliers, que dames et damoiselles, et escuyers, qui étoient tous acertenés de cette alliance. »

Que les agents de la noblesse se soient réunis dans la cathédrale de Paris, dont le roi avait récemment méconnu la franchise, enlevé les dépôts, cela en dit beaucoup. L'évêque[1] et le chapitre ne peuvent guère avoir ignoré qu'une telle réunion eût lieu dans leur église. Louis XI venait de fermer son Parlement aux évêques ; il devait peu s'étonner qu'ils ouvrissent leurs églises aux ligués.

Ce roi qui, pour donner les bénéfices, s'était passé d'abord des élections de chapitres, puis des nominations pontificales, qui d'abord avait au nom du pape condamné le clergé de France, puis saisi le nonce du pape, les cardinaux, eut naturellement le clergé contre lui, non seulement le clergé, mais tout ce qu'il y avait de conseillers clercs, juges clercs, au Parlement, dans tous les sièges de judicature, tous les clercs de l'Université, tout ce qui dans la bourgeoisie, par confréries, offices, par petits profits, comme marchands, clients, parasites, mendiants honorables, tenait à l'Église ; tout

1. *App.* 40.

ce que le clergé confessait, dirigeait... Or, c'était tout le monde.

Dans les longs siècles du moyen âge, dans ces temps de faible mémoire et de demi-sommeil, l'Église seule veilla; seule elle écrivit, garda ses écritures. Quand elle ne les gardait pas, c'était tant mieux; elle refaisait ses actes, en les amplifiant[1]. Les terres d'Église avaient cela d'admirable qu'elles allaient gagnant toujours; les haies saintes voyageaient par miracle. Puis, l'antiquité venait tout couvrir de prescription, de vénération. On sait la belle légende : Pendant que le roi dort, l'évêque sur son petit ânon trotte, trotte, et toute terre dont il fait le tour est pour lui; en un moment, il gagne une province. On éveille le roi en sursaut : « Seigneur, si vous dormez encore, il va faire le tour de votre royaume[2]. »

Ce brusque réveil de la royauté, c'est précisément Louis XI. Il arrête l'Église en train d'aller; il la prie d'indiquer ce qui est à elle, autrement dit, de s'interdire le reste. Ce qu'elle a, il veut qu'elle prouve qu'elle a droit de l'avoir.

Avec les nobles autre compte à régler. Ceux-ci n'auraient jamais pensé qu'on osât compter avec eux. De longue date, ils ne savaient plus ce que c'étaient qu'aides nobles, que rachats dus au roi. Ils se faisaient payer de leurs vassaux, mais ne donnaient plus rien au suzerain. A leur grand étonnement, ce nouveau roi

---

1. *App.* 41.
2. Voy. le texte dans ma *Symbolique du droit* (*Origines*, etc., p. xxiv, et 79.)

s'avise d'attester la loi féodale. Il réclame, comme suzerain et seigneur des seigneurs, les droits arriérés, non ce qui vient d'échoir seulement, mais toute somme échue, en remontant. Il présenta ainsi un compte énorme au duc de Bretagne.

Si les nobles, les seigneurs des campagnes, n'*aidaient* plus le roi, qui donc aidait? Les villes. Et cela était d'autant plus dur qu'elles payaient fort inégalement, au caprice de ceux qui ne payaient pas. Ceux qui savent de quel poids pesaient au quinzième siècle la noblesse et l'Église ne peuvent douter que les bourgeois *élus* pour répartir les taxes n'aient été leurs dociles et tremblants serviteurs, qu'ils n'aient obéi sans souffler, rayant du rôle quiconque tenait de près ou de loin à ces hautes puissances, parent ou serviteur, cousin de cousin, bâtard de bâtard. Au reste, les *élus* étaient récompensés de leur docilité en ce qu'ils n'étaient plus vraiment *élus*, mais toujours les mêmes et de mêmes familles; ils formaient peu à peu une classe, une sorte de noblesse bourgeoise, unie à l'autre par une connivence héréditaire. Entre nobles et notables bourgeois, la rude affaire des taxes se réglait à l'amiable et comme en famille; tout tombait d'aplomb sur le pauvre, tout sur celui qui ne pouvait payer.

Charles VII avait essayé de remédier à ces abus en nommant les élus lui-même; mais probablement il n'avait pu nommer que les hommes désignés par les puissances locales. Louis XI n'eut point d'égard à ces arrangements. Il déclare durement dans son ordonnance « que tous les *élus* du royaume sont destitués pour leurs fautes et négligences ». Par grâce, il les commet encore pour un an. Nommés désormais d'année en année, ils sont responsables devant la Chambre des comptes. Ils décident, mais on appelle de leurs décisions aux généraux des aides. Leur importance tombe à rien ; leur dignité de petites villes est annulée.

Il ne faut pas s'étonner si les gens d'Église, les hommes d'épée, les notables bourgeois, se trouvèrent ligués, avant d'avoir parlé de ligue. Les gens mêmes du roi étaient contre le roi ; ses amés et féaux du Parlement, ces hommes qui avaient fait la royauté, pour ainsi dire, aux treizième et quatorzième siècles, qui l'avaient suivie, par delà leur conscience, par delà l'autel, ils s'arrêtèrent ici. Ce n'était pas là le roi auquel ils étaient accoutumés, leur roi grave et rusé, le roi des précédents, du passé, de la lettre, qu'il maintenait, sauf à changer l'esprit. Celui-ci ne s'en informait guère ; il allait seul, sans consulter personne, par la voie scabreuse des nouveautés, tournant le dos à l'antiquité, s'en moquant. Aux solennelles harangues de ses plus vénérables représentants, il riait, haussait les épaules.

C'est ce qui arriva à l'archevêque de Reims, chancelier de France, qui le complimentait à son avènement ; il l'arrêta au premier mot. Le pape, s'imaginant faire sur lui grand effet, lui avait envoyé son fameux cardinal grec Bessarion, la gloire des deux Églises. Le docte Byzantin lui débitant sa pesante harangue, Louis XI trouva plaisant de le prendre à la barbe, à sa longue barbe orientale... Et pour tout compliment, il lui dit un mauvais vers technique de la grammaire[1], qui renvoyait le pauvre homme à l'école.

Il y renvoya l'Université elle-même, en lui faisant défendre par le pape de se mêler désormais des affaires du roi et de la ville, d'exercer son bizarre *veto* de fermeture des classes[2]. L'Université finit, comme corps politique; elle finissait d'ailleurs comme école, perdant ce qui avait été son âme et sa vie, l'esprit de dispute.

Si Louis XI aimait peu les scolastiques, ce n'était pas seulement par mépris pour leur radotage, mais c'est qu'il connaissait la tendance de tous ces tonsurés à se faire valets des seigneurs, des patrons des églises, pour avoir part aux bénéfices. Il les affranchit malgré eux de cette servitude en supprimant les élections ecclésiastiques, que leurs nobles protecteurs réglaient à leur gré. Les élections étaient le point délicat où les parlementaires eux-mêmes, naguère si âpres contre les grands, semblaient faire leur paix avec eux. Sous le nom de *libertés gallicanes*, ils se mirent à défendre de toute leur faconde la tyrannie féodale sur les biens d'Église; ils y trouvèrent leur compte. Les deux noblesses, d'épée et de robe, se rapprochaient pour le profit commun.

Louis XI, tout en se servant des parlementaires contre le pape, ménagea peu ces rois de la basoche. Il limita leur royauté, d'abord en proclamant l'indépendance, la souveraineté rivale de l'honnête et paisible

---

1. Barbara græca genus retinent quod habere solebant.
App. 42.

2. *App.* 43.

Chambre des comptes[1]. Puis il restreignit les juridictions monstrueusement étendues des Parlements de Paris et de Toulouse, étendues jusqu'à l'impossible ; des appels qu'il fallait porter à cent lieues, à cent cinquante lieues dans un pays sans routes, ne se portaient jamais. Le roi ramena ces vastes souverainetés judiciaires à des limites un peu plus raisonnables ; aux dépens de Paris et de Toulouse, il créa Grenoble et Bordeaux, auxquels d'heureuses acquisitions ajoutèrent Perpignan, Dijon, Aix, Rennes. L'Échiquier de Normandie reçut, nonobstant toute clameur normande, son procureur du roi[2].

Ce n'étaient pas seulement les primitives vieilleries du moyen âge, c'étaient les parlements et universités, secondes antiquités ennemies des premières, que ce rude roi maltraitait. Naguère importants, redoutables, ces corps se voyaient écartés, bientôt peut-être, comme outils rouillés, jetés au garde-meuble... Les machines révolutionnaires les plus utiles aux siècles précédents risquaient fort d'être à la réforme sous un roi qui était lui-même la Révolution en vie.

Et pourtant de les laisser là, de repousser (dans un temps où tout était privilèges et corps) les corps et les privilégiés, c'était vouloir être tout seul. Méfiant, non sans cause, pour les gens classés, les *honnêtes gens*, il lui fallait, dans la foule inconnue, trouver des hommes, y démêler quelque hardi compère, de ces gens qui, sans avoir appris, réussissent d'instinct, ayant plus

---

1. *Ordonnances*, XVI, 7 février 1464. — 2. *App.* 44.

d'habileté que de scrupules, jamais d'hésitation, marchant droit, même à la potence. Pour tant de choses nouvelles qu'il avait en tête, il voulait de tels hommes, tout neufs et sans passé. Il n'aimait que ceux qu'il créait, et qui autrement n'étaient point ; pour lui plaire, il fallait n'être rien, et que, de ce rien, il fît un homme, une chose à lui, où, tout étant vide, il remplît tout de sa volonté.

Au défaut d'un homme neuf, un homme ruiné, perdu, ne lui déplaisait pas ; souvent tel qu'il avait défait, il trouvait bon de le refaire. Il releva ainsi ses deux ennemis capitaux qui l'avaient chassé du royaume, Brezé et Dammartin. Ils avaient un titre auprès de cet homme singulier, d'avoir été assez habiles, assez forts pour lui faire du mal ; il estimait la force [1]. Quand il eut bien prouvé la sienne à ceux-ci, qu'il leur eut fait sentir la griffe, il crut les tenir et les employa.

Parfois, quand il voyait un homme en péril et qui enfonçait, il prenait ce moment pour l'acquérir ; il le soulevait de sa puissante main, le sauvait, le comblait. Un homme d'esprit et de talent, un légiste habile, Morvilliers, avait une fâcheuse affaire au Parlement ; ses

---

1. Louis XI savait oublier à propos. Rien n'indique qu'il ait été rancuneux au moins dans cette première époque. Il se réconcilia, dès qu'il y eut intérêt, avec tous ceux dont il avait eu à se plaindre, avec Liège et Tournay, qui, pour plaire à son père, s'étaient mal conduites avec lui pendant son exil. Il s'arrangea sans difficulté avec Sforza, qui depuis deux ans tenait en échec la maison d'Anjou, et l'empêchait lui-même de reprendre Gênes ; il lui livra Savone, et lui céda ses droits sur Gênes même, etc. — A peine fut-il sur le trône que les chanoines de Loches, croyant lui faire leur cour, le prièrent de faire enlever le monument de leur bienfaitrice Agnès Sorel. « J'y consens, dit-il, mais vous rendrez tout ce que vous tenez d'elle. » Ils n'insistèrent plus.

confrères croyaient le perdre en l'accusant de n'avoir pas les mains nettes. Louis XI se fait remettre le sac du procès ; il fait venir l'homme : « Voulez-vous justice ou grâce ? — Justice. » — Sur cette réponse, le roi jette le sac au feu, et dit : « Faites justice aux autres, je vous fais chancelier de France. » C'était chose incroyable de remettre ainsi les sceaux à un homme non lavé, de faire siéger un accusé parmi ses juges et au-dessus. Le roi avait l'air de dire que tout droit était en lui, dans sa volonté, et cette volonté il la mettait à la place suprême de justice dans l'odieuse figure de son âme damnée.

Avec cette manière de choisir et placer ses hommes, qui parfois lui réussissait, parfois aussi il se trouvait avoir pris des gens de sac et de corde, des voleurs. Ne pouvant les payer, il les laissait voler ; s'ils volaient trop, on dit qu'il partageait [1]. Il n'était pas difficile sur les moyens de faire de l'argent [2] ; il se trouvait toujours à sec. Avec la faible ressource d'un roi du moyen âge, il avait déjà les mille embarras d'un gouvernement moderne ; mille dépenses, publiques, cachées, honteuses, glorieuses. Peu de dépenses personnelles ; il n'avait pas le moyen de s'acheter un chapeau, et il trouva de l'argent pour acquérir le Roussillon, racheter la Somme.

1. *App.* 45.
2. « Touchant Jehan Marcel, nous le tenons au petit Chastellet, et n'est pour que les commissaires n'y besognent ; et touchant ses biens-meubles, j'ay entendu dire que l'inventaire se monte à dix ou douze mille livres parisis, et *se Dieu veut qu'il soit condamné*, Sire, on en trouvera beaucoup plus... A mon souverain Seigneur, le bailly de Sens (Charles de Melun). » (Lenglet-Dufresnoy.)

Ses serviteurs vivaient comme ils pouvaient, se payaient de leurs mains. A la longue, un jour de bonne humeur, ils tiraient de lui quelque confiscation¹, un évêché, une abbaye. Mainte fois, n'ayant rien à donner, il donnait une femme. Mais les héritières ne se laissaient pas toujours donner; la douairière de Bretagne échappa; une riche bourgeoise de Rouen, dont il voulait payer un sien valet de chambre, ajourna, éluda, en Normande².

Ces procédés violents sentaient leur tyran d'Italie. Louis XI, fils de sa mère bien plus que de Charles VII, était par elle de la maison d'Anjou, c'est-à-dire, comme tous les princes de cette maison, un peu Italien. De son Dauphiné, il avait longtemps regardé, par-dessus les monts, les belles tyrannies lombardes, la gloire du grand Sforza³. Il admirait, comme Philippe de Comines, comme tout le monde alors, la sagesse de Venise. La *Dominante* était, au quinzième siècle, ce que l'Angleterre devint au dix-huitième, l'objet d'une

1. Le roi avait promis à Charles de Melun de lui donner les biens de Dammartin, si celui-ci était condamné. La chose ne pouvait manquer, Charles de Melun étant un des commissaires qui jugeaient. Cependant il ne put pas attendre le jugement pour entrer en possession; il enleva tous les biens-meubles de l'accusé, jusqu'à une grille de fer qu'il emporta sur des charrettes et qu'il fit servir à sa maison de Paris. La comtesse de Dammartin fut contrainte de vivre chez un de ses fermiers pendant trois mois. (Lenglet.)

2. La réponse de la mère au roi est jolie et adroite; son mari est absent, dit-elle, « à la foire du Lendit ». Elle remercie très humblement « de ce qu'il Vous a plu nous escripre de l'advancement de nostre dicte fillle; toutefois, Sire, il y a longtemps que... elle a faict response qu'elle n'avoit aucun vouloir de soy marier... »

3. Si l'on en croit un de ses ennemis, il aurait exprimé un jour dans son exil, en présence des chanoines de Liège, combien il enviait à Ferdinand-le-Bâtard et à Édouard IV leurs immenses confiscations, l'extermination des barons de Naples et d'Angleterre, etc. (*Ms. Amelgardi.*)

aveugle imitation. Dès son avènement, Louis XI avait fait venir deux *sages* du Sénat de Venise, selon toute apparence deux maîtres en tyrannie[1].

Ces Italiens différaient du Français en bien des choses, en une surtout : ils étaient patients. Venise alla toujours lentement, sûrement ; le sage et ferme Sforza ne se hâta jamais. Louis XI, moins prudent, moins heureux, plus grand peut-être comme révolution, aurait voulu, ce semble, dans son impatience, anticiper sur la lenteur des âges, supprimer le temps, cet indispensable élément dont il faut toujours tenir compte. Il avait ce grave défaut en politique d'avoir la vue trop longue, de trop prévoir[2] ; par trop d'esprit et de subtilité, il voyait comme présentes et possibles les choses de lointain avenir.

Rien n'était mûr alors ; la France n'était pas l'Italie. Celle-ci, en comparaison, était dissoute, en poudre ; il y avait des classes et des corps en apparence ; en réalité, ce n'était plus qu'individus.

La France, au contraire, était toute hérissée d'agglomérations diverses, fiefs et arrière-fiefs, corps et confréries. Si par-dessus ces associations, gothiques et surannées, mais fortes encore, par-dessus les privilèges et tyrannies partielles, on essayait d'élever une haute et impartiale tyrannie (seul moyen d'ordre alors), tous allaient s'unir contre ; on allait voir immanqua-

---

1. « Fist deux chevaliers de Venise à grand mistère venir. » (Chastellain.)
2. C'est l'histoire de l'illustre et infortuné Jean de Witt, qui vit très bien dans l'avenir que la Hollande finirait par n'être qu'une chaloupe à la remorque de l'Angleterre, et qui, tout préoccupé de cette idée lointaine, s'obstina à croire que la France suivrait son véritable intérêt, qu'elle ménagerait la Hollande.

blement les discordances concorder un instant, et la ligue unanime contre un pouvoir vivant de tous ceux qui devaient mourir.

Nous avons dit combien en un moment il avait déjà séquestré, amorti dans ses mains de seigneuries et de seigneurs, de bénéfices et de bénéficiers, de choses et d'hommes. Chacun craignait pour soi ; chacun, sous ce regard inquiet, rapide, auquel rien n'échappait, se croyait regardé. Il semblait qu'il connût tout le monde, qu'il sût le royaume, homme par homme... Cela faisait trembler.

Le moyen âge avait une chose dont plusieurs remerciaient Dieu, c'est que, dans cette confusion obscure, on passait souvent ignoré ; bien des gens vivaient, mouraient inaperçus... Cette fois, l'on crut sentir qu'il n'y aurait plus rien d'inconnu, qu'un esprit voyait tout, un esprit malveillant. La science qui, à l'origine du monde, apparut comme Diable, reparaissait telle à la fin.

Cette vague terreur s'exprime et se précise dans l'accusation que le fils du duc de Bourgogne porta contre Jean de Nevers, l'homme de Louis XI, qui, disait-il, sans le toucher, le faisait mourir, fondre à petit feu, lui perçait le cœur[1]... Il se sentait malade, impuissant, lié et pris de toutes parts au filet invisible « de l'universelle araignée[2] ».

Cette puissance nouvelle, inouïe, le roi, ce dieu?

---

1. *App.* 46.
2. Ce mot violent est de Chastellain. Il fait dire au lion de Flandre : « J'ay combattu l'universel araigne. »

ce diable? se trouvait partout. Sur chaque point du royaume il pesait du poids d'un royaume. La paix qu'il imposait à tous à main armée, leur semblait une guerre. Les batailleurs du Dauphiné (*l'écarlate des gentilshommes*) ne lui pardonnèrent pas d'avoir interdit les batailles. La même défense souleva le Roussillon ; Perpignan déclara vouloir garder ses bons usages, la franchise de l'épée, la liberté du couteau, surtout cette belle justice qui donnait pour épices au noble juge le tiers de l'objet disputé.

Les compagnies, les confréries non nobles ne lui furent guère plus amies que les nobles. Pourquoi, au lieu d'avoir recours à celles de Dieppe ou de La Rochelle, se mêlait-il de construire des vaisseaux, d'avoir une marine[1]? Pourquoi, dans sa malignité pour l'Université de Paris, en fondait-il une autre à Bourges, qui arrêtait comme au passage tous les écoliers du Midi? Pourquoi faisait-il venir des ouvriers étrangers dans le royaume, des marchands de tous pays à ses nouvelles foires de Lyon, supprimant pour les Hollandais et Flamands le droit d'aubaine, qui jusque-là les empêchait de s'établir en France?

On lui avait reproché en Dauphiné la foule des nobles qu'il avait tirés de la basoche, de la gabelle, de la charrue peut-être, ces *nobles du Dauphin*, ayant pour fief la *rouillarde* au côté. Que dut-on penser, quand on le vit dès son premier voyage décrasser

---

1. « Simon de Phares, qui vivoit alors, dit que le vice-amiral de Louis XI, Coulon, n'acquit pas moins de réputation par mer que Bertrand Duguesclin par terre. » (*Ms. Legrand.*)

tout un peuple de rustres, qui, comme consuls des bourgades, des moindres bastilles du Midi[1], venaient le haranguer ; lorsqu'il jeta la noblesse aux marchands, « à tous ceulx qui voudroient marchander au royaulme ». Toulouse, la vieille Rome gasconne, se crut prise d'assaut, quand elle vit des soudards entrer de par le roi dans ses honorables corporations, des maréchaux ferrants, des cordonniers, monter au Capitole[2].

Ennoblir les manants, c'était désennoblir les nobles. Et il osa encore davantage. Sous prétexte de réglementer la chasse, il allait toucher la *seigneurie* même en son point le plus délicat, gêner le noble en sa plus chère liberté, celle de vexer le paysan.

Rappelons ici le principe de la seigneurie, ses formules sacramentelles : « Le seigneur enferme ses manants, comme sous portes et gonds, du ciel à la terre... Tout est à lui, forêt chenue, oiseau dans l'air, poisson dans l'eau, bête au buisson, l'onde qui coule, la cloche dont le son au loin roule[3]... »

Si le seigneur a droit, l'oiseau, la bête ont droit, puisqu'ils sont du seigneur. Aussi était-ce un usage antique et respecté que le gibier seigneurial mangeât le paysan. Le noble était sacré, sacrée la noble bête. Le laboureur semait ; la semence levée, le lièvre, le lapin des garennes, venaient lever dîme et censive. S'il réchappait quelques maigres épis, le manant voyait, chapeau bas, s'y promener le cerf féodal. Un

---

1. Voy. notre tome V, livre XI, ch. III. — 2. *App.* 47. — 3. *App.* 48.

matin, pour chasser le cerf, à grand renfort de cors et de cris, fondait sur la contrée une tempête de chasseurs, de chevaux et de chiens, la terre était rasée.

Louis XI, ce tyran qui ne respectait rien, eut l'idée de changer cela. En Dauphiné, il avait hasardé de défendre la chasse[1]. A son avènement, il trahit imprudemment l'intention d'étendre la défense au royaume, sauf à vendre sans doute les permissions à qui il voudrait. Le sire de Montmorency, ayant l'honneur de recevoir le roi chez lui, voulait le régaler d'une grande chasse, et pour cela il avait rassemblé de toutes parts des filets, des épieux, toutes sortes d'armes, d'instruments de ce genre. Au grand étonnement de son hôte, Louis XI fit tout ramasser en un tas, tout brûler.

Si l'on en croit deux chroniqueurs hostiles, mais qui souvent sont très bien instruits, il aurait ordonné que, sous quatre jours, tous ceux qui avaient des filets, des rets ou des pièges, eussent à les remettre aux baillis royaux, il aurait interdit les forêts « aux princes et seigneurs », et défendu expressément la chasse aux personnes *de toute condition*, sous peines corporelles et pécuniaires. L'ordonnance peut avoir été faite, mais j'ai peine à croire qu'il ait osé la promulguer[2]. Les mêmes chroniqueurs assurent qu'un gentilhomme de Normandie ayant, au mépris de la volonté du roi, chassé et pris un lièvre, il le fit prendre lui-même, et lui fit couper l'oreille. Ils ne manquent pas d'assurer

---

1. *App.* 49. — 2. Elle ne se trouve point. *App.* 50.

que le pauvre homme n'avait chassé que sur sa propre terre, et pour rendre l'histoire plus croyable, ils ajoutent cette glose absurde, que ce roi Louis aimait tant la chasse qu'il voulait désormais chasser seul dans tout le royaume.

Que les gens du roi, comme on le dit encore, aient fait ce que le roi défendait aux seigneurs, qu'ils aient vexé les pauvres gens, c'est chose assez probable. Ce qui est authentique et certain, ce sont les articles suivants qu'on lit dans les comptes de Louis XI (dans le peu de registres qui en restent encore) : « Un écu à une pauvre femme dont les lévriers du roi ont étranglé la brebis ; — à une femme dont un chien du roi a tué une oie ; — à une autre dont les chiens et lévriers ont tué le chat. Autant à un pauvre homme dont les archers ont gâté le blé en traversant son champ[1]. »

Ces petits articles en disent beaucoup. D'après de telles réparations aux pauvres gens, d'après les nombreuses charités qu'on trouve dans les mêmes comptes, on serait tenté de croire que ce politique avisé aura eu souvent velléité, dans sa guerre contre les grands, de se faire le roi des petits. Ou bien, faudrait-il supposer que dans ses spéculations dévotes, où il prenait pour associés les saints et Notre-Dame, tenant avec eux compte ouvert et travaillant ensemble à perte et gain, il aura cru, par des charités, de petites avances, les intéresser dans quelque grosse affaire ? Peut-être

---

1. *App.* 51.

enfin, et cette explication en vaut une autre, le méchant homme était parfois un homme[1], et, parmi ses iniquités politiques, ses cruelles justices royales, il se donnait la récréation d'une justice privée, qui, après tout, ne coûtait pas grand'chose.

Quoi qu'il en soit, d'avoir menacé le droit de chasse, touché à l'épée même, cela suffisait pour le perdre. C'est, selon toute apparence, ce qui donna aux princes une armée contre lui. Autrement, il est douteux que les nobles et petits seigneurs eussent suivi contre le roi la bannière des grands, une bannière depuis bien des années roulée, poudreuse. Mais ce mot, *plus de chasse*, les forêts interdites, l'historiette surtout de l'oreille coupée[2], c'était un épouvantail à faire sortir de chez lui le plus paresseux hobereau ; il se voyait attaqué dans sa royauté sauvage, dans son plus cher caprice, chassé lui-même sur sa terre, déjà forcé au gîte... Quoi! aux dernières Marches, aux landes de Bretagne ou d'Ardenne, partout le roi, toujours le roi! Partout, à côté du château, un bailli qui vous force à descendre, à répondre aux clabauderies d'en bas, qui poussera au besoin vos hommes à parler contre vous... jusqu'à ce que, de guerre lasse, vous ayez tué chiens et faucons, renvoyé vos vieux serviteurs...

---

1. Il faut distinguer les époques. Louis XI n'était pas alors ce qu'il fut depuis ; c'était encore un homme. Il aimait beaucoup sa mère, et la pleura sincèrement. Il avait annoncé des intentions douces et pacifiques. « On lui a souvent entendu dire que, comme il tiroit beaucoup de ses peuples, il vouloit, en épuisant leurs bourses, *épargner leur sang.* » *App.* 52.

2. *App.* 53.

Dès lors, ni cor ni cris, toujours même silence, sauf la grenouille du fossé qui coasse après vous... Toute la joie du manoir, tout le sel de la vie, c'était la chasse ; au matin le réveil du cor, le jour la course au bois, et la fatigue ; au soir, le retour, le triomphe, quand le vainqueur siégeait à la longue table avec sa bande joyeuse. Cette table où le chasseur posait la tête superbement ramée, la hure énorme, où il refaisait son courage avec la chair des nobles bêtes[1], tuées à son péril, qu'y servir désormais ?... Qu'il fasse donc pénitence, le triste seigneur, qu'il descende aux viandes roturières, ou bien qu'il mange la chair blanche[2] avec les femmes, et vive de basse-cour...

Qui s'y fût résigné, se serait senti déchu de noblesse. Quiconque portait l'épée, devait tirer l'épée.

---

1. Telle est partout la croyance barbare ou héroïque. Achille fut, comme on sait, nourri de la moëlle des lions. Les Caraïbes mangeaient de la chair humaine, malgré leur répugnance, afin de s'approprier la bravoure de leurs plus braves ennemis. Voy. aussi le sublime chant grec, où l'aigle dialogue avec la tête du Klephte dont il se repaît : « Mange, oiseau, c'est la tête d'un brave, mange ma jeunesse, mange ma vaillance, etc. » *App.* 54.

2. Le héros ne doit manger que de la viande rouge, afin d'avoir le cœur rouge, comme l'ont les braves. Le lâche a le cœur pâle, dans les traditions barbares.

LIVRE XIV

CHAPITRE PREMIER

Contre-révolution féodale : *Bien public*. (1465.)

Louis XI voyait venir la crise[1], et il se trouvait seul, seul dans le royaume, seul dans la chrétienté.

Il fallait qu'il sentît bien son isolement pour aller chercher, comme il le fit, l'alliance lointaine du Bohémien et de Venise; alliance contre le Grand Turc, assez bizarre dans un pareil moment. Mais, en réalité, si les affaires n'eussent marché trop vite, le Bohémien eût probablement attaqué le Luxembourg[2], Venise eût fourni des galères[3].

---

1. A ce moment solennel, il se fait comme un silence dans les monuments de l'histoire. Pas une ordonnance royale en dix mois, de mars 1464 en mai 1465 (sauf deux ordonnances sans date qu'on a placées là sans raison.) Les trois années précédentes viennent de remplir un énorme volume.

2. Comme il offrit de le faire plus tard.

3. Pour juger ce traité, il faut peut-être encore tenir compte du droit du

Nos grands amis et alliés, les Écossais, nous menacèrent, loin de nous secourir. Et les Anglais semblaient près d'attaquer. Warwick seul peut-être sauva à la France une descente anglaise, et à Édouard la folie d'une guerre étrangère après la guerre civile ; folie trop vraisemblable, au moment où nos ennemis venaient de marier ce jeune Édouard, de placer dans son lit et à son oreille une douce solliciteuse pour mettre la France à feu et à sang.

Louis XI craignait fort que le pape, lui gardant rancune, n'autorisât la ligue. Il se hâta de lui écrire que ses ennemis étaient ceux du Saint-Siège, que les princes et seigneurs voulaient, par-dessus tout, rétablir la Pragmatique, les élections, disposer à leur gré des bénéfices. Le pape, sans se déclarer, lui répondit gracieusement, et lui envoya, pour lui et la reine, des *Agnus dei*[1].

Les seuls secours que reçut Louis XI lui vinrent de Milan et de Naples. Sforza et Ferdinand-le-Bâtard[2] comprirent très bien que si les Provençaux suivaient Jean de Calabre, comme ils prétendaient le faire, à la conquête de la France, le tour de l'Italie viendrait. Sforza envoya dans le Dauphiné son propre fils Galéas avec huit cents hommes d'armes, et quelques mille piétons. Ferdinand fit croiser des galères, qui, passant

---

moyen âge, qui (dans l'esprit du peuple au moins) n'était pas encore effacé : c'était chose injuste, impie, d'attaquer un croisé. Louis XI se mettait sous la protection de ce droit, en déclarant s'unir contre le Turc avec Venise et la Bohême. *App.* 55.

1. Lettre de maître Pierre Gruel au Roy. (*Ms. Legrand*, 14 septembre 1463.)
2. *App.* 56.

et repassant le long des côtes, tinrent les Provençaux en alerte. Faibles secours, indirects, mais non sans efficacité.

Les Italiens de Lyon rendirent au roi un autre service : ce fut de fournir des armures aux gentilshommes qui lui venaient du Dauphiné, de Savoie et de Piémont ; ces armures se tiraient surtout de Milan. Il est probable aussi que les Médicis lui firent passer quelque argent par leurs commis de Lyon. Sa flatteuse lettre à Pierre de Médicis, son « ami et féal conseiller », où il lui permet de mettre les lis de France dans ses armes, a bien l'air d'une quittance.

Au dedans, les ressources du roi étaient faibles, incertaines. Sur les vingt-sept provinces du royaume, il n'y en avait que quatorze ; dans ces quatorze même, il était probable que l'appel féodal du ban et de l'arrière-ban grossirait l'armée des princes plutôt que la sienne. Il avait çà et là des francs-archers ; il avait quelques compagnies d'ordonnance bien armées, bien montées et lestes. Seulement, ces compagnies, formées par Dunois, Dammartin et autres ennemis du roi, ne reconnaîtraient-elles pas en bataille la voix de leurs vieux chefs ?... Il venait de faire une belle ordonnance qui protégeait l'homme d'armes contre la tyrannie du capitaine, l'habitant contre celle de l'homme d'armes. Mais ce bon ordre même semblait tyrannie.

Autre nouveauté peu agréable aux troupes. Il mit près d'elles des inspecteurs qui tous les trois mois inspecteraient hommes, chevaux et armes, et qui informeraient le roi de tout, principalement « des dispositions et volontés[1] ».

Le premier besoin, dans une telle crise, c'était de savoir tout, de savoir vite. Il établit la poste[2] : de quatre lieues en quatre lieues, un relai, où l'on fournirait des chevaux aux courriers du roi, à nul autre, sous peine de mort. Grande et nouvelle chose! dès lors, tout allait retentir au centre; le centre pouvait réagir à temps[3].

A l'appui de ces moyens matériels, il ne dédaigna pas d'en employer un moral, tout nouveau, et qui parut étrange : il fit sa justification publique, s'adressa à l'opinion, au peuple. Mais alors y avait-il un peuple?

Outre la prétendue tentative d'enlèvement, on l'accusait d'un crime absurde, d'un guet-apens envers lui-même. On disait, on répétait qu'il appelait l'Anglais dans le royaume. Pour se laver de ces imputations, il convoqua à Rouen les envoyés des villes du nord, surtout des villes de la Somme. Il fit son apologie par-devant ces bourgeois; il en tira promesse qu'ils se

---

1. *App.* 57.
2. Non plus la poste de tortue, les messagers boiteux, au moyen desquels l'Université traînait ses écoliers. La poste royale était plutôt imitée des anciennes postes de l'empire romain. Louis XI assura le service en payant au maître de poste le prix, alors énorme, de dix sols par cheval pour une course de quatre lieues. (Duclos, 19 juin 1464.)
3. Pour la poste, pour l'armée, pour mille besoins, il fallait de l'argent. N'osant augmenter les taxes, il voulut assurer les rentrées, y suppléer par des expédients. Il rétablit le haut tribunal des finances, la cour des aides. Il essaya (d'abord en Languedoc) une meilleure répartition d'impôts; il obligea les clercs et les nobles qui acquéraient des biens roturiers, à payer la taille, mesure fiscale, mais fort utile; les gens exempts d'impôts, achetant avec avantage des biens qui devenaient exempts, auraient fini par tout acheter. Le bourgeois n'aurait plus rien possédé, pas même sa banlieue.

fortifieraient et se défendraient. Seulement ils stipulèrent qu'on ne les appellerait pas hors de leurs murs, qu'ils seraient dispensés du ban et de l'arrière-ban.

La Guyenne, si bien traitée par Louis XI, se montra assez froide. Les Bordelais prirent ce moment pour écrire que le frère du roi n'était pas suffisamment apanagé; ils n'osaient dire expressément qu'il fallait refaire un roi d'Aquitaine, un autre Prince noir, dont Bordeaux eût été la capitale. Plus tard, craignant de s'être compromis, ils adressèrent au roi une lettre touchante, lui offrirent deux cents arbalétriers, « payés pour un quartier », s'offrirent eux-mêmes et restèrent chez eux.

Si les villes furent peu sensibles à l'apologie royale, combien moins les princes ! Il les assembla pourtant, leur parla, comme à ses parents, avec une effusion à laquelle ils ne s'attendaient guère. Il rappela toute sa vie, son exil, sa misère jusqu'à son avènement. Il dit que le roi son père avait laissé, vers la fin, tellement appauvrir la chose publique, qu'il devait bien remercier Dieu de l'avoir pu relever. Il n'ignorait pas ce que pesait la couronne de France, et que, sans les princes qui en étaient les appuis naturels, il n'y avait roi pour la soutenir. Au reste, il n'oubliait pas ce qu'il avait juré à son sacre : « De garder ses sujets, les droicts aussy et prérogatives de sa couronne, *et de faire justice*[1]. »

Dans ce discours et dans ses manifestes, il prend les

---

1. *App.* 58.

princes à témoin de la sécurité et du bon ordre qu'il a établis ; il a étendu le royaume, l'a augmenté du Roussillon et de la Cerdagne ; il a racheté les villes de Somme, « grandes fortifications à la Couronne ». Tout cela, « *sans tirer du peuple plus que ne faisoit le Roi son père* ». Enfin, « grâce à Notre-Seigneur, il a peiné et travaillé, en visitant toutes les parties de son royaume, plus que ne fit jamais, en si peu de temps, aucun roi de France, depuis Charlemagne ».

Ce discours éloquent était très propre à confirmer les princes dans leur mauvais vouloir. Le roi avait relevé la royauté ; mais c'était là justement ce qu'ils lui reprochaient tout bas. Le comte de Saint-Pol ne lui savait aucun gré apparemment d'avoir repris la Picardie, ni les Armagnac d'avoir mis à côté d'eux, au-dessus d'eux, le parlement de Bordeaux.

Il avait prouvé dans ce discours que le vrai coupable, celui qui appelait l'Anglais, c'était le duc de Bretagne. Nul n'alla à l'encontre ; seulement, le vieux Charles d'Orléans, enhardi par son âge, hasarda quelque excuse en faveur du duc, son neveu. Le pauvre poète n'était plus de ce monde, s'il en avait été jamais ; cinquante ans auparavant, son corps avait été retiré de dessous les morts d'Azincourt ; son bon sens y était resté. Louis XI ne lui répondit qu'un mot, mais tel que le faible vieillard, frappé au cœur, en mourut quelques jours après.

Les autres, mieux appris, applaudirent tous le roi : « On n'avoit jamais vu homme parler en françois mieux ni plus honnestement... Il n'y en avoit pas de dix l'un qui ne plorast. » Tous ces pleureurs avaient en poche leur traité contre lui[1]... Ils lui jurèrent, par la voix du vieux René[2], qu'ils étaient à lui, corps et biens.

Cependant, le duc de Bretagne, pour endormir encore le roi quelques moments, lui envoya une grande ambassade, son favori en tête. Le roi caressa fort le favori, et il croyait l'avoir gagné, lorsqu'il apprit que cet honnête ambassadeur était parti, lui enlevant son frère, un mineur, un enfant.

Le petit prince, charmé d'être important, était entré de tout son cœur dans le rôle qu'on lui faisait jouer. Le roi lui avait pourtant déjà donné le Berri, et promis mieux; il venait d'ajouter à sa pension dix mille livres par an.

Des lettres, des manifestes coururent, sous le nom du jeune duc, où il faisait entendre que son frère, dont il était l'unique héritier, en voulait à sa vie[3]. Il disait que le royaume, faute de bon gouvernement, de justice et police, allait se perdre, à moins que lui (ce garçon de dix-huit ans !) n'y apportât remède. Il sommait ses

---

1. Le faux Amelgard, l'ami des princes, nous apprend lui-même que le vieux Dunois refusait d'aller négocier en Bretagne pour le roi, la goutte le retenait : à peine parti, il se trouva si bien que personne ne montra plus d'activité pour faire entrer tout le monde dans la ligue : « per varios nuntios et epistolas, etc. ».

2. René d'Anjou répondit pour tous, avec beaucoup de chaleur. L'innocent acteur répétait la pièce toute faite que lui avait apprise son faiseur, l'évêque de Verdun, payé par le roi.

3. Le roi répond : « Comme chascun peut connoistre et a veu par expérience, le Roi, depuis son advènement à la couronne, *n'a monstré aucune cruauté* à personne, quelque faute ou offense qu'on eust faite envers luy. » (Lenglet.) Cependant, dans une lettre de Louis XI où il parle de la fuite de son frère, il lui échappe ce mot sinistre, qui semble une menace : « S'il a bien fait, *il le trouvera.* » (Du Clercq.)

vassaux de prendre les armes « pour faire des remonstrances ». Il invitait les princes et seigneurs à pourvoir (par l'épée) au soulagement du pauvre peuple, « au bien de la chose publique ».

Le manifeste du duc de Berri est du 15 mars ; le 22, le Breton se déclare ennemi de tout ennemi du Bourguignon, « sans en excepter Monseigneur le roi ». Dès le 12, le comte de Charolais avait fini le règne des Croy, saisi le pouvoir. Longtemps ballotté par l'hésitation du malade, qui se livrait aujourd'hui à son fils, demain aux Croy, il perdit patience, leur déclara guerre à mort dans un manifeste qu'il répandit partout. Il fit dire au dernier, qui s'obstinait à rester encore, que s'il ne partait pas au plus vite, « il ne lui en viendroit bien ». Croy se sauve aux genoux du vieux maître, qui s'emporte, prend un épieu, sort, crie... Mais personne ne vient. Son fils, son maître désormais, voulut bien pourtant lui demander pardon. Le vieillard pardonna, pleura... Tout est fini pour Philippe-le-Bon ; nous n'avons à parler maintenant que de Charles-le-Téméraire.

Ce Téméraire, ou ce Terrible, comme on l'appela d'abord, commença son violent règne par le procès et la mort d'un trésorier de son père, par une brusque demande aux États, une demande du 24 avril pour payer en mai. Ordre à toute la noblesse de Bourgogne et des Pays-Bas d'être présente et sous bannières au 7 mai... Et pourtant, peu firent faute ; on savait à quel homme on avait affaire. Il eut quatorze cents gens d'armes, huit mille archers, sans compter tout un monde de couleuvriers, cranequiniers, les coutiliers, les gens du charroi, etc.

Il fallut du temps au duc de Bretagne pour faire entendre l'affaire aux têtes bretonnes; il en fallut à Jean de Calabre pour ramasser ses hommes des quatre coins de la France. Le duc de Bourbon trouva si peu de zèle dans sa noblesse qu'il put à peine bouger.

Louis XI avait vu parfaitement que la grosse et incohérente machine féodale ne jouerait pas d'ensemble; il crut qu'il aurait le temps de la briser, pièce à pièce. Il comptait que, s'il arrêtait seulement deux mois le Bourguignon sur la Somme, le Breton sur la Loire, il pourrait accabler le duc de Bourbon, l'étouffer comme dans un cercle, le serrant entre ses Italiens, ses Dauphinois et ce qu'on lui enverrait du Languedoc; les Gascons d'Armagnac portaient le dernier coup, et le roi revenait à temps pour combattre le Bourguignon seul, pendant que le Breton était encore en route. Tout cela supposait une célérité inouïe; mais le roi la rendait possible par l'ordre qu'il mettait dans les troupes[1].

Le duc de Bourbon croyait que le roi allait, selon la vieille routine de nos guerres, s'embourber devant Bourges, qu'il s'endormirait au siège, n'osant laisser derrière lui une telle place. Donc, le duc garnit Bourges. Mais le roi passa à côté, poussa en Bourbonnais, emporta Saint-Amand. Le commandant de Saint-Amand s'enfuit à Montrond, et il y est pris en vingt-quatre heures. Montrond était une place réputée très

---

1. *App.* 59.

forte et qui devait arrêter. Avant qu'ils se remettent de leur surprise, le roi, en vingt-quatre heures encore, prend Montluçon, malgré sa résistance ; il n'en traite pas moins la ville avec douceur, renvoie les troupes avec armes et bagages. Cette douceur tente et gagne Sancerre. Au bout d'un mois de guerre, au 13 mai, tout semble fini en Bourbonnais, en Auvergne, en Berri, moins Bourges ; et tout était fini effectivement, si le maréchal de Bourgogne n'était venu garder Moulins avec douze cents cavaliers.

Le roi attendait encore les Gascons, qui n'arrivaient pas. Il comptait sur eux. Dès le 15 mars, il avait écrit au comte d'Armagnac, et le Gascon avait répondu vivement que les comtes d'Armagnac avaient toujours bien servi la couronne de France, que, certes, il ne dégénérerait pas ; seulement, il avait encore peu de gens et mal habillés ; il allait assembler ses États.

Louis XI avait fait beaucoup de bien à la Guyenne et aux Gascons. Il se fiait en eux, beaucoup trop. Dans son premier voyage du Midi, il n'avait voulu confier sa personne qu'à une garde gasconne. Il avait eu quinze ans pour compagnon et confident le bâtard d'Armagnac ; il lui avait donné le Comminges, tant disputé entre Armagnac et Foix, de plus les deux grands gouvernements de Guyenne et de Dauphiné, nos frontières des Pyrénées et des Alpes. Il avait, dès son avènement, signé au comte d'Armagnac une grâce de tous ses crimes, qui elle-même était un crime ; il avait, sans souci du droit ni de Dieu, accordé abolition complète à cet homme effroyable, condamné pour meurtre et pour faux, marié publiquement avec sa sœur. Et au bout d'un an, le brigand mettait les Anglais dans ses places, si le roi n'en eût pris les clefs.

Tout cela n'était rien en comparaison des folies qu'il avait faites pour les cadets d'Armagnac, se dépouillant pour leur faire une monstrueuse fortune, détachant du domaine en leur faveur ce qui avait été donné à la branche de Champagne-Navarre en dédommagement de tant de provinces : le duché de Nemours. Sous le nom de Nemours, c'étaient des biens infinis autour de Paris, et dans tout le Nord[1]. Mais ce ne fut pas assez; ce qui avait suffi à un roi, ne suffit pas au favori gascon; il fallut que Nemours devînt duché-pairie, que ce duc d'hier eût siège entre Bourgogne et Bretagne. Le Parlement réclama, résista; le roi s'entêta à croire que ce grand domaine royal serait mieux dans des mains si dévouées.

Ce Nemours, cet ami du roi, tant attendu, arrive enfin. Il arrive, mais à distance. Il lui faut une sûreté, un sauf-conduit; il envoie au camp royal, comme pour le demander, mais en réalité pour s'entendre avec l'évêque de Bayeux. Celui-ci, qui était le prêtre le plus intrigant du royaume, était venu comme pour voir la guerre, il s'était fait soldat du roi pour le livrer. Normand et Gascon, ils s'entendent entre eux, et avec le duc de Bourbon, avec M. de Châteauneuf, un intime de Louis XI, qui de longue date vendait ses secrets. Ils se faisaient forts de le surprendre dans Montluçon;

---

1. Dans les diocèses de Meaux, de Châlons, de Langres, de Sens, etc.

si les habitants avaient remué pour lui, l'évêque aurait prêché de la fenêtre et juré que tout se faisait par ordre de Sa Majesté. Le duc de Bourbon, trouvant ce plan trop hardi, le bon évêque ouvrit l'avis étrange de mettre le feu aux poudres ; mais les hommes d'épée eurent horreur de l'idée du prêtre, ils se rabattirent sur une autre ; ils crurent qu'ils pourraient faire peur au roi, lui remontrer qu'il avait trop d'ennemis, qu'il n'échapperait pas, qu'il lui fallait se livrer lui-même avec l'Ile-de-France au duc de Nemours, donner la Normandie à Dunois, la Picardie à Saint-Pol, la Champagne à Jean de Calabre, Lyon et le Nivernais au duc de Bourbon. Le roi eût été mis sous la tutelle d'un conseil ainsi composé : deux évêques (dont l'évêque de Bayeux), huit maîtres des requêtes et douze chevaliers [1].

Pour rêver un pareil traité, il fallait qu'ils se crussent vainqueurs, et le roi sans ressources. Tout le monde en effet le jugea perdu, lorsque, après la trahison de Nemours, on vit le comte d'Armagnac amener aux princes son armée de six mille Gascons. Chose remarquable, celle du roi n'en fut point découragée. Il alla son chemin, prit Verneuil, le rasa, emporta Gannat en quatre heures, atteignit les princes à Riom et leur offrit bataille. Ils furent bien étonnés. Le duc de Bourbon alla se cacher dans Moulins. Les Armagnac s'en tirèrent en jurant, comme d'habitude, en protestant de leur fidélité. Ils ménagèrent une trêve générale

---

1. *App.* 60.

du Midi, jusqu'en août ; tout devait alors s'arranger à Paris. Jusque-là personne ne pouvait porter les armes contre le roi.

Cette petite campagne, qui n'avait réussi que par miracle, devait bien donner à penser. Si le duc de Nemours avait trahi, tous devaient trahir.

Le roi était dans les mains de deux hommes peu sûrs, du duc de Nevers et du comte du Maine. Il pouvait périr, avec tout son succès du Midi, si l'un n'arrêtait quelque temps les Bourguignons, l'autre les Bretons, si l'ennemi, opérant sa jonction, entrait avant lui dans Paris.

Le comte du Maine s'était payé d'avance, en se faisant donner les biens de Dunois. Il avait gardé la meilleure part de l'argent qu'il recevait pour armer la noblesse ; et avec tout cela, il agit mollement, à moitié, à regret. Il n'avait garde de faire la guerre dans l'Anjou, sur les terres de sa famille ; il recula tout le long de la Loire devant le duc de Bretagne, en sorte que les Bretons qui servaient dans l'armée royale, voyant toujours en face la bannière bretonne, leurs parents et amis, leur seigneur *naturel*, finirent par aller le rejoindre.

Le duc de Nevers ne défendit pas mieux la Somme. Il se souvint qu'après tout il était de la maison de Bourgogne, neveu de Philippe-le-Bon, cousin du comte de Charolais. Il crut sottement qu'il ferait sa paix à part. Avant même que la campagne ne commençât, dès le 3 mai, il envoya prier pour lui. C'était décourager tout le monde ; les villes qui se fortifiaient furent refroidies ; les grands seigneurs terriens craignirent pour leurs terres et s'y tinrent, ou bien ils allèrent trouver le comte de Charolais. Tout ce que ce malheureux Nevers tira du comte, ce fut un ordre de ne pas mettre garnison dans Péronne, c'est-à dire de se laisser prendre. Il avisa alors un peu tard que son cousin était son ennemi mortel, son persécuteur, son accusateur, et il n'osa se livrer à lui ; il n'eut pas même le courage de sa lâcheté.

Le comte de Charolais avançait avec sa grosse armée, sa formidable artillerie, mais sans trouver sur qui tirer[1]. Les villes ouvraient sans peine[2], recevaient ses gens, en petit nombre, il est vrai, et leur donnaient des vivres pour leur argent. Il ne prenait rien sans payer. Partout, sur son passage, il faisait crier qu'il venait pour le bien du royaume ; qu'en sa qualité de lieutenant du duc de Berri, il abolissait les tailles, les gabelles. A Lagny, il ouvrit les greniers à sel, brûla les registres des taxes. Ce fut le plus grand exploit de cette armée, qui, le 5 juillet, occupa Saint-Denis.

Le 10, les ducs de Berri et de Bretagne étaient encore à Vendôme. Le 11, le roi, qui revenait en toute hâte, n'avait atteint que Cléry. Il était à croire qu'avant l'arrivée des uns et des autres, le Bourguignon finirait tout, que le roi n'arriverait jamais à temps pour sauver Paris.

Paris voulait-il être sauvé ? c'était douteux. Le roi

---

1. Excepté à Beaulieu, près Nesle.
2. Tournai, cette sentinelle avancée du royaume, perdue en pays ennemi, resta obstinément fidèle.

lui avait refusé une exemption qu'il accordait aux villes de la Somme. Il eut beau écrire du Bourbonnais mille tendresses pour cette chère ville ; il voulait, disait-il, confier la reine aux Parisiens, et qu'elle accouchât chez eux ; il aimait tant Paris qu'il perdrait plus volontiers moitié du royaume. Paris fut peu touché. L'Université, pressée d'armer ses écoliers, maintint son privilège. Ce qu'on accorda libéralement, ce furent des processions, des sermons ; on sortit la châsse de sainte Geneviève ; le fameux docteur L'Olive prêcha, recommanda de prier pour la reine, pour le fruit de la reine, pour les fruits de la terre... Ce n'était sermon de croisade.

Voilà les Bourguignons devant Paris. Comines, qui y était, avoue avec une naïveté malicieuse la confiance, l'outrecuidance de cette jeune armée[1] qui n'avait jamais vu la guerre, mais qui se sentait invincible sous le plus grand prince du monde. A peine à Saint-Denis, ils voulurent faire peur à la ville ; ils mirent en batterie deux serpentines, firent grand bruit, « un beau *hurtibilis* ». Le lendemain, étonnés de voir que Paris n'envoyait pas les clefs, ils imaginèrent une fallacieuse tentative. Quatre hérauts vinrent pacifiquement à la porte Saint-Denis, et demandèrent vivres et passage, « Monseigneur de Charolais n'étant venu attaquer personne, ni prendre aucune ville du roi, mais pour aviser avec les princes au *Bien public*, et pour qu'on lui livrât

---

[1]. La plupart n'étaient jamais venus en France ; c'était pour eux un voyage de découvertes. *App.* 61.

deux hommes[1] ». Pendant que les capitaines bourgeois Poupaincourt et Lorfèvre écoutent à la porte Saint-Denis, les Bourguignons attaquent à Saint-Lazare. Grande alarme dans la ville. Cependant ils avaient trouvé à qui parler ; le maréchal de Rouault, qui s'était jeté dans Paris, les repoussa rudement.

Cela les fit songer. Ils trouvèrent qu'ils étaient loin de chez eux, qu'ils avaient laissé bien du pays derrière, bien des rivières, la Somme, l'Oise. M. de Charolais en avait fait assez ; il avait tenu sa journée devant Paris, et personne n'avait osé sortir en bataille. S'il n'en faisait davantage, c'était la faute des Bretons, qui n'étaient pas venus. Mais le roi venait, et au plus vite ; on le savait pour sûr, une grande dame l'avait écrit de sa main.

La retraite ne convenait pas aux intérêts du grand meneur, Saint-Pol, qui avait poussé à la guerre pour se faire connétable[2]. Il n'avait pas conduit le comte de Charolais jusqu'à Paris pour retourner si vite. Au défaut des Bretons qui n'arrivaient pas, il avait près du comte un homme pour dire qu'ils arrivaient, un Normand très avisé, vice-chancelier du duc de Bretagne, qui, ayant des blancs-seings de son maître, les remplissait pour lui et le faisait parler ; chaque jour le duc venait demain, après-demain, il ne pouvait tarder.

Saint-Pol gagna, il obtint qu'on irait au-devant, qu'on passerait la Seine ; aussi bien, cette dévorante

---

1. Probablement le duc de Nevers et le chancelier Morvilliers, qui avait manqué au comte de Charolais.
2. *App.* 62.

armée ne pouvait rester là sans vivres¹. Il prit le pont de Saint-Cloud.

Les Parisiens, effrayés de n'avoir plus la basse Seine, de ne pouvoir plus compter sur les arrivages d'en bas, se sentaient déjà « la faim aux dents ». Ils trouvèrent bon dès lors qu'on reçût les hérauts, qu'on envoyât des gens honorables à qui M. de Charolais déclarerait en confidence pourquoi il était venu. Longuement, lentement parlementaient les hérauts à la porte Saint-Honoré, sous mille prétextes; ils demandaient à acheter du papier, du parchemin, de l'encre, puis du sucre, puis des drogues. Les gens du roi furent obligés de faire fermer la porte.

Le roi, qui savait tout, se hâtait d'autant plus. Il écrivit le 14 qu'il arrivait le 16. Il accourait pour se jeter dans Paris, sentant qu'avec Paris, quoi qu'il arrivât, il serait encore roi de France². Il aimait mieux ne pas combattre, s'il pouvait, mais à tout prix il voulait passer. Il prévoyait que les Bourguignons, plus forts que lui d'un tiers, se mettraient entre lui et la ville. Il avait mandé de Paris deux cents lances (mille ou douze cents cavaliers); son lieutenant général, Charles de Melun, devait les lui envoyer avec le maréchal de Rouault³. Les Bourguignons campaient fort

1. *App.* 63.
2. « Il disoit que : « S'il y pouvoit entrer le premier, il se sauveroit, et avec sa couronne sur la tête. » Plusieurs fois, m'a-t-il dit, que s'il n'eust pu entrer dans Paris, et qu'il eust trouvé la ville murée, il se fust retiré vers les Suisses, ou devers le duc de Milan, Francisque, qu'il réputoit son grand amy. » (Comines.) — Le duc de Bedford disait déjà : De la possession de cette ville « despend cette seigneurie (de France) ».
3. Charles de Melun empêcha « le maréchal de Rouault de sortir de Paris,

éloignés les uns des autres ; leur avant-garde était vers Paris, à deux lieues des autres corps. Si le roi les prenait d'un côté, Rouault de l'autre, ils étaient détruits ; détruits ou non, le roi passait.

Arrivé à Montlhéry le matin, il voit la route occupée par l'avant-garde bourguignonne, que le reste rejoint en toute hâte. Rouault ne paraît pas. Le roi attend sur la hauteur, occupant la vieille tour, se couvrant d'une haie et d'un fossé. Il attend deux heures, quatre heures (de six à dix), mais Rouault ne vient pas.

Le roi avait de meilleures troupes, plus aguerries, mais il n'était nullement sûr des chefs. Le fossé seul faisait leur loyauté ; ils n'osaient le passer sous l'œil du roi. Mais une fois passés, M. de Brezé, qui menait l'avant-garde, eût fort bien pu se trouver Bourguignon, auquel cas le comte du Maine, qui avait l'arrière-garde, fût peut-être tombé sur le roi[1]. Que Paris se déclarât, qu'on vît venir seulement cent cavaliers de ce côté, tous étaient loyaux et fidèles.

Le roi envoie à Paris en toute hâte ; il est en présence, il n'y a pas un moment à perdre. Charles de Melun répond froidement que le roi lui a confié Paris, qu'il en répond, qu'il ne peut dégarnir sa place[2]. Les

---

quoique le roy luy eust escrit que le LENDEMAIN IL DONNEROIT BATAILLE *au comte de Charolois, et qu'il vinst avec deux cents lances, pour prendre l'ennemy par derrière...* » (Lenglet.) La note de Louis XI qui termine l'accusation de Charles de Melun, prouve assez que ce n'était pas une vaine imputation de ses ennemis.

1. Comines ne croit pas que le comte du Maine ni Charles de Melun aient trahi, mais Louis XI le croit. Comines, qui était alors un jeune homme de dix-huit ans, a pu ne pas bien connaître les faits de ce temps.

2. Ce sont du moins les excuses qu'il fit valoir au procès.

messagers, en désespoir de cause, s'adressent aux bourgeois, courent les rues, crient que le roi est en danger, qu'il faut aller au secours. Chacun ferme sa porte et reste chez soi [1].

Les Bourguignons, rangés en bataille, avaient, comme le roi, des raisons pour attendre. Leurs amis, dans l'armée royale, ne se décidaient pas. Brezé, le comte du Maine, restaient immobiles. Celui-ci reçut en vain un héraut de Saint-Pol.

Les Bourguignons sentaient qu'à la longue cette grande ville, qu'ils avaient à dos, pourrait bien s'ébranler ; ils résolurent de forcer la main à leurs amis, d'aller à eux, puisqu'ils n'osaient venir. Ils marchèrent sur Brezé, lequel, docile à cet appel, descendit en bataille, contre l'ordre du roi.

Le roi croyait pourtant avoir gagné Brezé. Il venait de lui rendre l'autorité en Normandie, de le faire de nouveau capitaine de Rouen, grand sénéchal, et plus grand que jamais, ses jugements étant désormais sans appel. Il se l'était attaché de très près, lui donnant une de ses sœurs, fille naturelle de Charles VII, pour son fils, avec une dot royale [2].

Un moment avant la bataille, il le fait venir et lui demande s'il est vrai qu'il a donné sa signature aux princes. Brezé, qui plaisantait toujours, répond en souriant [3] : « Ils ont l'écrit, le corps vous res-

---

1. « Mais oncques pour cris qu'ils fissent, la commune ne se bougea. » (Du Clercq.) — 2. *App.* 64.

3. « Et le dit en gaudissant, car ainsi estoit-il accoustumé de parler. Au moment de la bataille, il dit encore : « Je les mettray aujourd'hui si près « l'un de l'autre, qu'il sera bien habile qui les pourra desmesler. » (Co-

tera. » Il resta en effet; il fut le premier homme tué[1].

Le mouvement donné, il fallait suivre; le roi chargea; il renversa Saint-Pol, qui, trouvant un bois derrière lui, s'y enfonça, se réserva et attendit la fin. Le comte de Charolais, avec le gros de la bataille, ramena le roi vers la hauteur; puis, passant à côté, il chargea violemment, sans s'arrêter, une aile du roi, tout à la débandade; le comte du Maine, au lieu de soutenir, avait emmené l'arrière-garde, huit cents hommes d'armes.

Le comte de Charolais alla, alla toujours, jusqu'à ce qu'il eût passé d'une demi-lieue Montlhéry et le roi; deux traits d'arc plus loin, il était pris. Et le retour ne fut pas sans danger; un piéton, serré de trop près, lui porta un coup dans l'estomac. Puis, voilà des hommes d'armes qui tombent sur lui; il reçoit un coup d'épée à la gorge. Il était reconnu, entouré, saisi, quand un de ses cavaliers, homme lourd et sur un lourd cheval, donna tout au travers, et le dégagea. Il se trouva que ce libérateur était un Jean Cadet, fils d'un médecin de Paris, qui s'était donné au comte; il le fit chevalier sur la place[2].

---

mines.) — Allait-il combattre pour ou contre Louis XI, quand il fut tué? rien ne l'indique. Peut-être ne le savait-il pas lui-même, les chances étant assez égales. Ce politique indifférent, qui avait tant vu et tant fait, n'en était que plus disposé à se moquer de tout. On cite un autre mot qu'il dit un jour au roi, le voyant monter sur un petit cheval : « Votre Majesté est très bien montée; car je ne pense pas qu'il se puisse trouver cheval de si grande force que cette haquenée. — Comment cela? dit le roi. — Pour ce que elle porte Vostre Majesté et tout son conseil. » (Lenglet.

1. *App.* 65.

2. Olivier de La Marche le nomme autrement : le fils de son médecin, nommé Robert Cotereau.

La situation était bizarre. Le roi était sur Montlhéry, n'ayant plus que sa garde, le comte dans la plaine, si mal accompagné qu'il lui eût fallu fuir s'il était venu seulement cent hommes contre lui. Les deux princes étaient restés, les deux armées s'étaient enfuies.

Qui avait vaincu? on n'eût pu le dire. Les Bourguignons, ralliés en petit nombre, serrés et clos de leurs charrois, voyaient à côté les feux ennemis, et croyaient le roi en force. Plutôt que de rester ainsi sans vivres, entre le roi et Paris, ils voulaient partir, brûler les bagages. Saint-Pol lui-même, qui avait tant poussé en avant, revenait à cet avis. Ce fut une grande joie quand on sut que le roi avait délogé[1].

Le roi, fort alarmé de l'immobilité de Paris, et ne sachant plus même pour qui était la ville, n'eut garde de s'y mettre. Il alla attendre à Corbeil, s'informa. Si, dans ce moment décisif le comte de Charolais eût osé aborder Paris, il finissait la guerre, selon toute apparence. Il aima mieux prouver que le champ lui restait; il en prit possession, à la vieille manière féodale et chevaleresque, faisant sonner et crier aux carrefours du camp « que s'il estoit quelqu'un qui le requist de bataille, il estoit prest de le recepvoir ». Il passa le temps à enterrer les morts; il reçut, en vainqueur clément, la supplique de ceux qui réclamaient le corps de M. de Brezé.

Paris resta immobile; le roi y rentra, et fut encore

---

1. *App.* 66.

roi. Tous revinrent à lui peu à peu, tous protestèrent de leur fidélité. Il reçut les excuses, ne fit mauvaise mine à personne, fit semblant de croire. En arrivant, il alla souper tout d'abord chez son fidèle Charles de Melun, avec force bourgeois et bourgeoises. Il leur conta la bataille à sa manière, comment il avait attaqué le premier, gagné la journée. Les Parisiens, de leur côté, se félicitaient d'avoir achevé la victoire. En effet, la bataille finie, ils étaient allés, pleins d'ardeur, tomber sur les fuyards, ramasser les bagages : « Chariots, bahuts, malles, boistes. » Le greffier chroniqueur dit que, ce jour, ils sortirent trente mille.

Le roi avait beau se dire vainqueur; on l'avait vu revenir bien mal accompagné, cela enhardit la haute bourgeoisie. Tous les *honnêtes* gens, serviteurs et valets des seigneurs devinrent audacieux contre le roi. Ils l'obligèrent de garder pour lieutenant ce Charles de Melun qui l'avait laissé sans secours à Montlhéry [1]. L'évêque, des conseillers, des gens d'Église, vinrent le trouver aux Tournelles et le prièrent tout doucement de laisser conduire désormais les affaires « par bon conseil ». Ce conseil devait lui être donné par six bourgeois, six conseillers du Parlement, six clercs de l'Université. Le roi accorda tout, se montra confiant, plus même que les bourgeois ne voulaient, assurant qu'il allait les armer et prendre deux hommes par dizaine.

Ce fut son salut que pendant tout ce temps ses

---

1. *App.* 67.

ennemis ne surent rien faire. Le comte de Charolais n'approcha pas de Paris ; il était occupé à garder son champ de bataille, à sonner la victoire, à défier l'air. Les ducs de Berri et de Bretagne, jeunes princes de santé délicate, venaient à petites journées. La jonction se fit à Étampes. Étampes devait plaire au duc de Bretagne ; c'était son apanage de jeunesse dont il avait longtemps porté le nom, en dépit des cadets de Bourgogne, qui le portaient aussi. On s'y arrêta quinze grands jours, pour attendre le duc de Bourbon et les Armagnac. Puis il fallut attendre le maréchal de Bourgogne, qui, ayant été battu en route, traînait, boitait. L'on attendit encore le duc de Calabre et les Lorrains, qui ne venaient pas ; ce n'était pas leur faute, suivis de près par les troupes du roi, ils avaient été obligés d'éviter la Champagne et de faire le tour par Auxerre[1].

Les voilà réunis, et leur réunion leur apprend une chose, la difficulté de rester ensemble. Il n'y avait pas moyen de nourrir en même lieu cette immense cohue de cavalerie ; il fallut tout d'abord, pour ne pas s'affamer, qu'ils se tournassent le dos, et s'en allassent, comme Abraham et Loth, paître l'un à l'orient, l'autre à l'occident. Ils se répandirent dans la Brie, jusqu'à Provins, jusqu'à Sens et plus loin.

Avant d'avoir rien fait, ils semblaient avoir hâte de se quitter. Dès le premier coup d'œil, tous déplaisaient à tous. Le monde féodal, dans cette dernière revue

1. *App.* 68.

qu'il faisait de lui-même, s'était trouvé tout autre qu'il ne se figurait, étrange, baroque et monstrueux. Ces quatre ou cinq armées étaient autant de peuples; mais dans chaque armée même, la variété de races et de langues, les bigarrures d'habits, d'armes et d'armoiries réveillaient les vieilles querelles. Sous le nom seul de Bourguignons, le comte de Charolais amenait une Babel, tout ce qu'il y avait de diversités, d'oppositions, de la Frise au Jura. Ceux qu'on appelait les Calabrais, du nom de Jean de Calabre, c'étaient tout à la fois des Provençaux, des Lorrains, des Allemands, de barbares hallebardiers et couleuvriniers suisses[1], aux hocquetons bariolés, écorchant l'allemand à faire frémir l'Allemagne, à quoi répondaient dans leur douceur suspecte des Italiens masqués d'acier.

Armagnac et Bourguignons, ces noms juraient ensemble. La rancune de parti était-elle éteinte? On peut en douter. Une chose, à coup sûr, subsistait, l'aversion instinctive du Nord et du Midi, le contraste des habitudes. Les Gascons d'Armagnac, sales piétons, sans paye ni discipline, demi-soldats, demi-brigands, semblèrent si sauvages et si effrénés, que personne ne voulut les souffrir près de soi; il leur fallut camper à part.

Mais l'opposition la plus dangereuse, et qui pouvait d'un moment à l'autre mettre les alliés aux prises, c'était celle des Bourguignons et des Bretons, des

1. *App.* 69.

deux grands peuples et des deux grands princes. Les Bretons venaient tard, après la bataille, et de mauvaise humeur. Leur vieille réputation souffrait de la jeune gloire des Bourguignons. Ceux-ci avaient parfaitement oublié leur fuite à Montlhéry[1]; ils triomphaient de bonne foi. Depuis que le comte de Charolais, resté seul dans la plaine, avait cru gagner la bataille, on ne le reconnaissait point; ce n'était plus un homme, ou, si c'en était un, c'était Nemrod, Nabuchodonosor. Il parlait à peine, ne riait plus, tout au plus, quand on lui disait que les jeunes ducs de Berri et de Bretagne portaient par délicatesse des cuirasses de soie qui simulaient le fer[2]. Les Bretons, peu plaisants, se demandaient entre eux s'ils ne feraient pas bien de tomber sur ces Bourguignons, de s'en défaire, de ne pas partager dans ce grand butin du royaume; car enfin, à qui le royaume, sinon à ceux qui amenaient avec eux le futur régent ou le futur roi?

Et comme tel, le duc de Berri était suspect à tous; pour tous ses confédérés, alliés et amis, il était déjà l'ennemi commun. Le roi dont ils se défiaient, c'était celui qui ne l'était pas encore, qui pouvait l'être; ils semblaient avoir oublié Louis XI. Cela alla si loin que, malgré l'aversion mutuelle, le Bourguignon fit secrètement une ligue partielle avec le Breton (24 juillet), et lui paya comptant le secours qu'il en pourrait

---

1. *App.* 70.
2. « Armés de petites brigandines fort légères. Encore disoient aucuns qu'il n'y avoit que petits cloux dorés par-dessus le satin, afin de moins leur peser. » (Comines.)

tirer un jour contre le duc de Berri. C'est-à-dire que, tout en le faisant, ils s'occupaient à le défaire. Cette folle imagination domina le comte de Charolais au point qu'il envoyait déjà demander secours aux Anglais contre ce roi possible.

Le vrai roi, pendant ce temps, se remettait et ressaisissait Paris. Il eut d'abord deux cents lances, puis quatre cents lances, puis le comte d'Eu, un prince du sang, qu'il mit à la place de Charles de Melun. Il dédommagea celui-ci magnifiquement, ne pouvant encore lui couper la tête.

Il avait fait venir de Normandie des francs-archers; mais la noblesse ne venait pas, contenue qu'elle était sans doute par les grands seigneurs et les évêques. Le roi prit le parti d'aller lui-même chercher les Normands (10 août) : résolution hardie; Paris branlait; mais justement, pour assurer Paris, il fallait avoir un point d'appui ailleurs. Au reste, les ligués, égarés dans la Brie, dans la Champagne et jusqu'en Auxerrois, avaient bien l'air, avec leurs longs détours, de n'arriver jamais.

Ils se rapprochèrent néanmoins, plus tôt qu'on n'aurait cru, avertis sans doute du départ du roi par leurs bons amis de Paris. Dès qu'ils furent à Lagny, les parlementaires et notables bourgeois ne manquèrent pas de tâter le nouveau lieutenant royal, le comte d'Eu, le priant d'envoyer aux princes et de moyenner une bonne paix. A quoi il répondit que c'était son devoir, et que, le cas échéant, il n'enverrait pas, il irait lui-même.

Bientôt arrivent aux portes les hérauts du duc de Berri, avec quatre lettres, aux bourgeois, à l'Université, à l'Église, au Parlement. Les princes, venant pour aviser au bien du royaume, demandent que la ville leur envoie six notables. Elle en envoya douze le jour même; en tête, l'évêque Guillaume Chartier, le lieutenant civil, le fameux doyen de Paris, Thomas Courcelles (l'un des Pères de Bâle et des juges de la Pucelle), le prédicateur L'Olive, les trois Luillier, le théologien, l'avocat, le changeur; sur douze députés, six chanoines. Celui qu'on mettait en avant et qui devait parler, c'était l'évêque, un pieux idiot.

La pacifique députation, prêtres et bourgeois, fut admise devant le duc de Berri au château de Beauté-sur-Marne. Il les reçut assis, mais debout près de lui se tenait le farouche vainqueur de Montlhéry, armé de toutes pièces. Pour surcroît de terreur, le héros populaire des guerres anglaises, Dunois, tout vieux et goutteux qu'il était, traita ces pauvres gens comme eût fait Suffolk ou Talbot. Il leur signifia que si la ville avait le malheur de ne pas recevoir les princes avant dimanche (on était au vendredi), ils protestaient contre elle de tout ce qui pouvait en advenir; mais que lundi, sans faute, on donnerait un assaut général.

Le samedi de bonne heure, grande assemblée à l'hôtel de ville. Le lieutenant civil répète mot pour mot la terrible menace. L'effroi gagne; plusieurs opinent que ce serait manquer au respect qu'on doit à la personne des princes du sang, que de leur fermer malhonnêtement les portes de la ville; on ne pouvait se dispenser de les recevoir, eux-mêmes, bien entendu, et non leur armée, seulement une petite garde, quatre cents hommes pour chacun des quatre princes, en tout seize cents hommes d'armes.

Ce qui donnait le courage d'ouvrir un tel avis, c'est qu'on voyait sous les fenêtres de l'hôtel de ville les archers et arbalétriers de Paris rangés en bataille, « pour garder les opinants d'oppression ». Ils étaient dans la Grève. Mais plus loin que la Grève, les troupes royales faisaient, le jour même, une grande revue devant le comte d'Eu; le prévôt des marchands en fit part au conseil de ville, pour guérir la peur par la peur; ce n'était pas moins que cinq cents bonnes lances (3,000 cavaliers), quinze cents piétons, archers à cheval, archers à pied normands, etc. Il fallait prendre garde de rien faire sans l'aveu du lieutenant royal; autrement, on courait risque de causer dans Paris une horrible boucherie!

Cela rendit les bourgeois bien pensifs. Mais que devinrent-ils, quand ils entendirent dans la rue le petit peuple qui courait, criait, cherchant, pour leur couper la gorge, ces traîtres députés qui voulaient mettre les pillards dans Paris?... Les députés, plus morts que vifs, se laissèrent renvoyer aux princes, et parlèrent, non plus pour la ville, mais pour le comte d'Eu; l'évêque dit ces propres paroles : « Il ne plaît point aux *gens du roi* qui sont à Paris de rendre response, qu'ils n'aient su quel est le plaisir du roi. » Dunois répéta qu'alors il y aurait donc assaut le lendemain... Il n'y eut rien du tout; ce furent, tout au contraire, les troupes royales qui sortirent, allèrent reconnaître l'ennemi, et ramenèrent soixante chevaux.

Il était temps que le roi arrivât. Le 28 août, il rentra avec toute une armée, douze mille hommes, soixante chariots de poudre et d'artillerie, sept cents muids de farine. Il connaissait Paris; il eut soin que rien n'y manquât pendant tout ce temps, ni pain, ni vin, aucune sorte de vivres. Les arrivages furent toujours abondants; deux cents charges de marée en une fois, jusqu'à des pâtés d'anguille qu'il fit venir de Nantes, et vendre à la criée du Châtelet.

C'étaient les assiégeants qui mouraient de faim. N'ayant su, avec leur grand nombre, s'assurer la Seine d'en haut, ni même celle d'en bas, loin d'affamer Paris, ils ne pouvaient se nourrir. Les malheureux erraient, vendangeant en août les raisins verts. Il aurait fallu que les assiégés eussent la charité de les nourrir. Le comte du Maine envoya à son neveu de Berri une charge de pommes, de choux et de raves. Lorsqu'il y eut trêve, le Parisien allait à Saint-Antoine vendre des vivres, et rançonnait sans pitié l'assiégeant[1].

Le roi était résolu de laisser faire la faim et la division. Mais avec ses deux mille cinq cents hommes d'armes et des milliers d'archers, il fallait bien qu'il

---

[1]. Ils ne marchandaient pas : « Les joues velues, pendantes de malheureuseté, sans chausses ni souliers, pleins de poux et d'ordure... ils avoient telle rage de faim aux dents qu'ils prenoient fromage sans peler, mordoient à même. » (Jean de Troyes.) — « La cité de Paris... fist grandement son proffit de l'armée. » (Olivier de La Marche.)

eût l'air de vouloir combattre. Il alla à Sainte-Catherine prendre l'oriflamme des mains du cardinal abbé de Saint-Denis; il en reçut l'instruction d'usage en pareil cas, ouït la messe et resta longtemps en prière. En sortant, il remit la fameuse bannière, non au porte-étendard, mais à son aumônier, pour la bien serrer aux Tournelles.

La prière de Louis XI, selon toute apparence, c'était de pouvoir diviser ses ennemis, les gagner un à un et se moquer de tous : « Ce qui est, dit Comines, une grant grâce que Dieu faict au prince qui le sçait faire. » Les négociations, publiques et secrètes, allaient leur train; sous mille prétextes, on parlait et parlementait sans cesse entre Charenton et Saint-Antoine. On appela ce lieu le Marché ; là, en effet, on marchandait les hommes, on brocantait les serments, on tâtait les fidélités. Un jour, il en passait dix du côté du roi, le lendemain autant du côté des seigneurs. Le roi avait quelque raison de croire qu'au total il gagnerait à ce négoce. Humble en paroles et en habits, donnant beaucoup, promettant davantage, achetant ou rachetant, sans marchander, ceux dont il avait besoin, « et ne les ayant en nulle haine pour les choses passées ».

Il y parut à son retour; les bourgeois de Paris, voyant le tyran revenir en force, attendaient des vengeances de Marius et de Sylla. Tout se borna à mettre hors de la ville trois ou quatre de ces députés qui, dans son absence, avaient si bien travaillé à faire qu'il n'y revînt jamais. Quant à l'évêque, le roi ne lui dit pas un mot, sa vie durant; seulement, quand il mourut, il lui fit de sa main une malicieuse épitaphe. Ses sévérités tombèrent sur des espions qu'il fit noyer. Au grand amusement du populaire, « on fouetta et battit au cul d'une charrette un paillard de sergent à verge », qui, lors de la première alarme, avait couru les rues, en criant que l'ennemi était entré, de quoi plus d'une femme accoucha de peur.

On croyait le roi si peu rancuneux, que les premiers qui lui envoyèrent ambassade furent justement ceux dont il avait le plus à se plaindre, les Armagnac. Eux-mêmes se plaignaient des princes qui, les tenant éloignés de Paris, montraient assez qu'ils voulaient se passer d'eux et leur faire petite part au butin. Après les Armagnac vint le comte de Saint-Pol, qui avait tout mis en mouvement, mais qui au fond ne voulait qu'une chose, l'épée de connétable; il causa longuement avec le roi, et sans doute en tira parole. Jean de Calabre n'était peut-être pas loin de faire aussi son traité à part, comme le lui conseillait son père, et de laisser là les deux tyrans de la ligue, le Bourguignon et le Breton.

Ce qui aidait à rendre bien des gens pacifiques, c'est qu'après tout les plus terribles ne faisaient pas grand'chose. Une fois, un capitaine vient tirer à leurs tranchées, et leur tue un canonnier. Tous s'arment, Jean de Calabre d'abord et le comte de Charolais; ils descendent en plaine, armés, bardés de fer, le duc de Berri lui-même, tout faible qu'il était. Le temps est un peu obscur, mais les éclaireurs ont vu nombre de lances ; ce sont toutes les bannières du roi, toutes celles de Paris ; un avis qu'ils avaient reçu les portait d'ailleurs à le croire. L'affaire devenant sûre, Jean de Calabre, comme tout héros de roman ou d'histoire[1], harangue sa chevalerie. « Nos chevaucheurs, dit Comines, avaient repris cœur un petit, voyant que les autres étaient faibles et qu'ils ne bougeaient pas. » Le jour s'éclaircissant, les lances se trouvèrent n'être que des chardons. Les seigneurs, pour se consoler de la bataille, s'en allèrent ouïr messe et dîner.

Le roi ne voulait nullement d'une bataille devant Paris. Il faisait la guerre de plus loin. Dès le mois de juin, il avait traité avec les Liégeois ; le 26 août, il leur fit passer de l'argent, et le 30, ils défièrent le duc de Bourgogne à feu et à sang. Le contre-coup fut senti à Paris ; le 4, le 10 septembre, les princes demandèrent trêve, prolongation de trêve. On songea à la paix ; mais d'abord ils demandaient des choses exorbitantes : pour le duc de Berri, la Normandie ou la Guyenne, une Guyenne arrondie à leur façon, l'ancien royaume d'Aquitaine ; le comte de Charolais voulait toute la Picardie.

Les négociations traînant, il devait arriver, ou que les princes découragés se laisseraient gagner aux belles paroles du roi, ou bien que les amis si nombreux qu'ils avaient dans les villes s'enhardiraient à travailler pour eux et trouveraient moyen de leur livrer

---

[1]. C'est à ce prince chevaleresque qu'est dédié le *Petit Jehan de Saintré*. C'est lui-même qui l'avait fait écrire. L'auteur, Antoine De la Salle, lui dit : « Pour obéir à voz prières qui me sont entiers commandemens... »

les places qui entouraient Paris, et Paris peut-être. Le roi, dans chaque ville, avait des soldats, mais les seigneurs y avaient les habitants, du moins les principaux; ils y pesaient de leur antiquité, de leurs grands biens, de leurs serviteurs, *domestiques* et protégés; leur protection onéreuse y était acceptée de longue date. La gent routinière des bourgeois les servait, quoi qu'ils fissent; vexée remerciait, battue baisait la main.

Tout cela, sans doute, faisait croire aux habiles que les princes et seigneurs prévaudraient sur le roi, qu'avec tout son esprit, toute sa vigueur, il n'en était pas moins un homme perdu. Le 21 septembre, un gentilhomme qui commandait à Pontoise écrit au maréchal de Rouault qu'il vient d'ouvrir sa place aux princes; il le prie de l'excuser près du roi, il a fait la chose à regret. En même temps, le comte du Maine, sans quitter le parti du roi, croit pourtant devoir s'assurer ses charges, en se les faisant donner par le duc de Berri. Le sage Doriole, général des finances, serviteur spécial du roi, quel qu'il fût, crut que le roi, c'était dès lors le frère du roi, et il alla soigner ses finances.

Louis XI croyait tenir Rouen. Madame de Brezé, qui gardait le château, venait de lui écrire qu'elle en avait fait sortir des gens suspects qui l'auraient livré. Dans la ville, un homme avait une grande influence, l'ancien général des finances de Normandie, un homme de Dieu, qui, disait-on, ne couchait jamais dans un lit, portait la haire à nu, et se confessait tous les jours. L'évêque de Bayeux, patriarche de Jérusalem, et qui de plus était des Harcourt, fit tout ce qu'il voulut de la veuve et du dévot financier; ils livrèrent le château et la ville; le duc de Bourbon entra sans coup férir (27 septembre)[1].

Rouen entraîna Évreux, puis Caen; puis, indirectement, ce qui tenait encore sur la Somme. Le comte de Nevers, qui jusque-là attendait, enfermé dans Péronne, n'hésita plus; il n'ouvrit pas les portes, mais il se fit escalader, surprendre, emmener prisonnier (7 octobre).

Ce que n'avaient pu tous les princes de France, avec une armée de cent mille hommes, un prêtre, une femme, une trahison, l'avaient accompli. A vrai dire, l'évêque de Bayeux et madame de Brezé mirent fin à la guerre du *Bien public*.

Le roi se hâta de traiter; autrement Paris suivait Rouen. Le jour où le château de Rouen fut livré, la Bastille de Paris se trouva ouverte, des canons encloués. La Bastille était dans les mains très suspectes du père de Charles de Melun.

Qui agissait ici contre le roi? Personne et tout le monde. L'Église de Paris ne disait plus rien, depuis l'étrange démarche qu'elle avait fait faire par son évêque. Le Parlement, le Châtelet[2], ne parlaient pas non plus; mais de temps à autre, tel et tel, un

---

1. *App.* 71.
2. Les gens du roi, les officiers royaux, semblaient les plus malveillants. Obligé dans son besoin pressant de leur demander un emprunt, il n'en tira pas grand'chose. Ils auraient plutôt donné à l'ennemi. Un conseiller au Par-

conseiller, un notaire, un procureur, passaient aux princes. Sous les masses sombres et muettes du Palais et de Notre-Dame remuaient, frétillaient, chaque jour plus hardis, les enfants perdus, procureurs, petits clercs tonsurés et non tonsurés, qui disaient haut ce que pensaient leurs maîtres; tout cela parlait, rimait contre le roi. La *Ménippée*, le *Lutrin*, Voltaire même, sont, comme on sait, nés dans cette ombre humide et sale, tout près de la Sainte-Chapelle. Le roi avait là, dans Paris, une armée pour tirer sur lui par derrière[1]. Les chansons, les ballades satiriques couraient la ville; on les envoyait même aux princes, comme encouragement, deux pièces entre autres, très âcres, qu'on croirait écrites au temps de la Ligue.

Le roi avait fait pourtant de grandes caresses aux Parisiens. Quoique l'Université eût refusé d'armer pour lui, il lui rendit ses privilèges. Il se fit frère et compagnon « de la grant'confrérie aux bourgeois de Paris ». Il appela les quarteniers, cinquanteniers, et six notables par quartier, à ouïr, avec le Parlement et

---

lement et un avocat allèrent joindre le duc de Berri. Le clerc d'un autre conseiller était allé, avec un notaire, chercher le duc jusqu'en Bretagne; clerc et notaire furent noyés pour l'exemple.

1. Et par devant quelquefois. La personne du roi ne leur imposait guère, à en juger par le petit récit du greffier chroniqueur. Un jour qu'il revenait de conférer avec les princes, il dit à ceux qui gardaient la barrière que désormais les Bourguignons leur donneraient moins de mal, qu'il saurait bien les en garder. Sur quoi, un procureur du Châtelet dit hardiment : « Voire, Sire, mais en attendant, ils vendangent nos vignes et mangent nos raisins, sans y sçavoir remédier. » — « Mieux vaut, répliqua Louis XI, qu'ils vendangent vos vignes que de venir prendre ici vos tasses et l'argent que vous cachez dans vos caves et celliers. »

les grands corps, les conditions que proposaient les princes.

La ville n'en était pas moins mécontente, agitée. Ces Normands que le roi avait mis dans Paris pourraient-ils bien jusqu'au bout contenir leurs mains normandes? On craignait le pillage. Une nuit, les rues s'illuminent, partout des feux; les bourgeois s'arment et courent à leurs bannières. Qui a donné l'ordre? personne ne peut le dire. Le roi mande « sire Jehan Luillier, clerc de la ville[1] », lequel dit froidement, et sans rien excuser, que tout cela se fait de bonne intention. Le roi fait dire, de rue en rue, qu'on éteigne et qu'on aille se coucher; personne n'obéit, tout reste armé. Une batterie n'était pas improbable entre les bourgeois et les troupes. Déjà l'on avait attaqué le soir l'évêque Balue, le factotum du roi[2].

Il n'y avait pas un moment à perdre. Le roi demanda une entrevue, alla trouver le comte de Charolais[3] et

---

1. Jean de Troyes dit pourtant que le roi, loin de laisser piller les Normands, fit punir sévèrement ceux d'entre eux qui avaient manqué en paroles à la dignité de la ville de Paris : « Vint à Paris plusieurs des nobles de Normandie et injurièrent les Parisiens; et, veue la plainte des bourgeois, le principal malfaicteur et prononceur desdites parolles fut condemné à faire amende honorable devant l'ostel de ladicte ville, teste nue, desceint, une torche au poing, en disant par luy que faulsement et mauvaisement il avoit menty en disant lesdictes parolles... Et après eut la langue percée, et ce fait, fut banny. »

2. Ce drôle d'évêque, qui était propre à tout, servait au besoin de capitaine. Il avait mécontenté les Parisiens, en se mettant une nuit à la tête du guet, et le menant tout autour des murs, à grand renfort de clairons et de trompettes. Au moment où il fut attaqué, il sortait de chez une femme.

3. Dans une première entrevue, le roi avait essayé de ramener le comte de Charolais; il lui dit : « Mon frère, je cognois que estes gentilhomme, et de

lui dit que la paix était faite : « Les Normands veulent un duc; eh bien! ils l'auront. »

Céder la Normandie, c'était se ruiner. Cette province payait à elle seule le tiers des impôts du royaume[1]; seule, elle était riche et de toute richesse, pâturage, labourage et commerce. La Normandie était comme la bonne vache nourricière qui allaitait tout à l'entour.

Le roi, du même trait de plume, livrait aux amis de l'Anglais nos meilleurs marins, comme si, de sa main, il eût comblé, détruit Dieppe et Honfleur. L'ennemi débarquait dès lors à volonté, trouvait la Seine ouverte, « la grand'rue qui mène à Paris ». Il pouvait se promener de long et en large par la Seine, par la côte, de Calais jusqu'à Nantes. Sur tout ce rivage, l'Anglais n'eût rencontré que des amis ou vassaux de l'Angleterre.

Le Bourguignon acquérait Boulogne et Guines pour toujours; les villes de Somme, sous la condition d'un rachat lointain, improbable. Le duc de Bretagne, maître chez lui désormais, maître de ses évêques, comme de ses barons, devenait un petit roi, sous pro-

la maison de France. — Pourquoy, Monseigneur? — Pour ce que, quant j'envoyay mes ambassadeurs à l'Isle devers mon oncle, votre père et vous, et que ce fol Morvilliers parla si bien à vous, vous me mandastes par l'archevesque de Narbonne (qui est gentilhomme, et il le monstra bien, car chascun se contenta de luy), que je me repentiroye des parolles que vous avoit dict ledict Morvillier, avant qu'il fust le bout de l'an. Vous m'avez tenu promesse, et encores beaucoup plus tost que le bout de l'an... Avec telz gens veulx-je avoir à besongner, qui tiennent ce qu'ilz promettent. » « Et désavoua ledict Morviller... » (Comines.)

1. Attesté par Louis XI lui-même, dans une lettre au comte de Charolais. (Bibl. royale, Ms. Legrand, *Histoire*, VIII, 28.)

tection anglaise. Il demandait, en outre, la Saintonge pour les Écossais[1], c'est-à-dire pour les Anglais qui dans ce moment gouvernaient l'Écosse. Dans ce cas, La Rochelle, prise à dos, n'aurait pas tenu longtemps, la Guyenne eût suivi, tout l'Ouest.

En créant un duc de Normandie, chacun des princes croyait travailler pour lui-même. Jeunes étaient le duc et le duché, ils avaient besoin d'un tuteur. Chacun prétendait l'être. Divisés sur ce point, ils s'entendaient mieux pour enrichir leur création. Ils dotaient, douaient paternellement l'enfant nouveau-né. Chaque jour, ils arrachaient quelque chose au roi pour y ajouter encore. Il fallut qu'il dépouillât le comte du Maine, le comte d'Eu, de ce qu'ils avaient dans le duché. Le dernier, tout pair qu'il était, dépendit de la Normandie et ressortit de l'Échiquier. Le comte d'Alençon, qui, par ses trahisons du moins, avait bien gagné que les ennemis du roi le ménageassent, fut ajouté comme accessoire à cet insatiable duché de Normandie[2].

Ce n'était pas seulement le royaume qui était au pillage, c'était la royauté, les droits royaux. Le Normand eut les fruits des régales et la nomination aux offices, le Breton les régales et les monnaies. Le Lorrain ne rendit point hommage pour la Marche de Champagne, que le roi lui cédait.

---

1. Les Écossais, appelés par les Bretons, vinrent, la guerre faite, au partage des dépouilles ; ils prirent ce moment pour réclamer *leur* comté de Saintonge, un don absurde de Charles VII, qui, dans sa détresse, avait donné une province pour une armée d'Écosse, mais l'armée ne vint pas. — *App.* 72.

2. *App.* 73.

On exigeait de lui qu'il livrât, non pas ses sujets seulement, mais ses alliés. Le duc de Lorraine se fît donner la garde des trois évêchés [1], la garde de ceux qui depuis des siècles se gardaient contre lui.

Le roi faisait bonne mine, mais il était inquiet. Pendant qu'il donnait tant, on prenait encore. Beauvais, Péronne, furent surpris pendant les négociations.

Où les exigences s'arrêteraient-elles? on ne pouvait le dire. Chaque jour, on s'avisait d'un article oublié, on l'ajoutait. Le comte de Charolais eut à peine conclu son traité pour Boulogne et la Somme, qu'il en exigea un pour la cession des trois prévôtés qui lui étaient indispensables, disait-il, pour assurer la possession d'Amiens. Et il ne s'en alla pas encore qu'il n'eût extorqué autre chose. Le 3 novembre, au moment où le roi lui disait adieu à Villiers-le-Bel, il lui fit signer un étrange traité de mariage, entre lui, Charolais, qui avait trente ans, et la fille aînée du roi, qui en avait deux. Elle devait apporter en dot la Champagne, avec tout ce qu'on peut y rattacher de près ou de loin, Langres et Sens, Laon et le Vermandois! Pour consoler l'époux d'attendre si longtemps sa future, le roi dès ce moment lui donnait le Ponthieu.

Les ligués, en partant, n'oubliaient que deux choses, les deux principales : la grande question ecclésiastique [2] et les États généraux.

De Pragmatique, plus un mot. Les princes, deve-

---

1. *App.* 74. — 2. *App.* 75.

nant rois chez eux, pensaient, comme le roi l'avait pensé pour lui, qu'il valait mieux s'entendre avec le pape pour la collation des bénéfices que de courir les chances des élections.

Les grands sacrifièrent sans difficulté les intérêts de la noblesse, ceux de la haute bourgoisie, ceux des parlementaires, qui n'arrivaient guère que par les élections à la jouissance des biens d'église.

Point d'États généraux. Seulement trente-six notables, présidés par Dunois, doivent aviser au bien public, ouïr les remontrances, décider « les réparations ». Leurs décisions sont souveraines, absolues; le roi les sanctionnera (pour la forme) quinze jours, sans faute, après qu'elles auront été rendues. Ce règne des trente-six doit durer deux mois.

Voilà le roi bien lié. Pour plus de sûreté, il a des gardes : le Bourguignon à Amiens, le Gascon à Nemours, le Breton à Étampes, à Montfort-l'Amaury. Il était ainsi serré dans Paris, et il avait à peine Paris, n'en tirant rien, depuis l'abolition des taxes. Il ne pouvait guère donner ni vendre de charges; le Parlement désormais se recrutait lui-même, présentant au roi les candidats parmi lesquels il devait choisir[1].

On ne voyait pas trop d'où il allait tirer les monstrueuses pensions qu'il promettait aux grands. Il était dans la position d'un pauvre homme saisi, qui ne peut se relever ni payer, ayant chez lui, pour

---

1. *Ordonnances*, XVI, 12 novembre 1465.

vivre à discrétion, des huissiers garnisaires et *mangeurs d'office*.

Mais, tout abattu qu'il parût et décidément ruiné, les ligués prirent contre lui en partant une étrange précaution; ils lui firent écrire que désormais il ne pourrait les contraindre de venir le trouver, et que s'il allait les voir, il les préviendrait trois jours au moins d'avance. Cela fait, ils crurent pouvoir aller en repos se cantonner chez eux.

Auparavant, le comte de Charolais promena le roi, venu sans garde, aimable et souriant, par-devant les seigneurs et toute cette grande armée, de Charenton jusqu'à Vincennes, et il dit : « Messieurs, vous et moi, nous sommes au roi, mon souverain seigneur, pour le servir, toutes les fois que besoin sera. »

LIVRE XV

CHAPITRE PREMIER

Louis XI reprend la Normandie. — Charles-le-Téméraire ruine Dinant et Liège.
(1466-1468.)

Un royaume à deux têtes, un roi de Rouen[1] et un roi de Paris, c'était l'enterrement de la France. Le traité était nul[2]; personne ne peut s'engager à mourir.

Il était nul et inexécutable. Le frère du roi, les ducs de Bretagne et de Bourbon, intéressés à divers

1. Les Normands ne demandaient pas mieux que de l'entendre ainsi. Ils firent lire au duc dans leurs *Chroniques* : « Que jadis y ot ung roy de France qui voulut ravoir la Normandie (*donnée en apanage à son plus jeune frère*); ceux de la dicte duché guerroyèrent tellement le dict roy que par puissance d'armes, ils mirent en exil le roy de France, et firent leur duc roy. » (Jean de Troyes.) — Le 28 déc., Jean de Harcourt livre à M. le duc les *Chroniques de Normandie* que l'on conservait à la maison de ville; il s'engage à les reudre à la ville, quand Monseigneur les aura lues, sous peu de jours. (Communiqué par M. Chéruel. *Archives munic. de Rouen, Reg. des délibérations.*)

2. Le Parlement avait protesté contre les traités; ils n'avaient pas été légalement enregistrés ni publiés. Les ligués eux-mêmes avaient fait leurs réserves

titres dans l'affaire de la Normandie, ne purent jamais s'entendre.

Le 25 novembre, six semaines après le traité, le roi, alors en pèlerinage à Notre-Dame de Cléry[1], reçut des lettres de son frère. Il les montra au duc de Bourbon : « Voyez, dit-il, mon frère ne peut s'arranger avec mon cousin de Bretagne ; il faudra bien que j'aille à son secours, et que je reprenne mon duché de Normandie. »

Ce qui facilitait la chose, c'est que les Bourguignons venaient de s'embarquer dans une grosse affaire qui pouvait les tenir longtemps ; ils s'en allaient en plein hiver châtier, ruiner Dinant et Liège. Le comte de Charolais, levant le 3 novembre son camp de Paris, avait signifié à ses gens, qui croyaient retourner chez eux, « qu'ils eussent à se trouver le 15 à Mézières, sur peine de la hart ».

Liège, poussée à la guerre par Louis XI, allait

---

contre certains articles ; par exemple, le duc de Bretagne contre celui des trente-six réformateurs. Quant aux régales, le roi, un mois avant le traité, avait eu la précaution de les donner pour sa vie à la Sainte-Chapelle : les détourner de là, c'était un cas de conscience. (*Ordonnances*, XVI, 14 septembre 1465.)

[1]. Pensant qu'il n'aurait jamais échappé à de tels périls sans l'aide de Notre-Dame de Cléry, il alla lui rendre grâces. C'est probablement à elle qu'il offre à cette époque un Louis XI d'argent : « Paié à André Mangot, nostre orfèvre... reste de certain vœu d'argent, représentant nostre personne. » (*Bibl. royale, ms. Legrand*, 17 mars 1466.) — Autre œuvre pie : le 31 oct. 1466, il exempte d'impôts tous les chartreux du royaume. (*Ordonn.*, XVI.) — Il devient tout à coup bon et clément ; il accorde rémission à un certain Pierre Huy, qui a dit : « Que Nous avions destruit et mengé nostre pais du Dauphiné et que nous destruisions tout nostre royaume, et n'estions que ung follatre, et que nous avions ung cheval qui nous portoit et tout nostre conseil. » (*Archives, Trésor des chartes, J, registre* CCVIII, ann. 1466.)

payer pour lui. Quand il eût voulu la secourir, il ne le pouvait. Pour reprendre la Normandie malgré les ducs de Bourgogne et de Bretagne, il lui fallait au moins regagner le duc de Bourbon, et c'était justement pour rétablir le frère du duc de Bourbon, évêque de Liège, que le comte de Charolais allait faire la guerre aux Liégeois?

J'ai dit avec quelle impatience, quelle âpreté, Louis XI, dès son avènement, avait saisi de gré ou de force le fil des affaires de Liège. Il les avait trouvées en pleine révolution, et cette révolution terrible, où la vie et la mort d'un peuple étaient en jeu, il l'avait prise en main, comme tout autre instrument politique, comme simple moyen d'amuser l'ennemi.

Il m'en coûte de m'arrêter ici. Mais l'historien de la France doit au peuple qui la servit tant, de sa vie et de sa mort, de dire une fois ce que fut ce peuple, de lui restituer (s'il pouvait!) sa vie historique. Ce peuple, au reste, c'était la France encore, c'était nous-mêmes. Le sang versé, ce fut notre sang.

Liège et Dinant, notre brave petite France de Meuse[1], aventurée si loin de nous dans ces rudes Marches d'Allemagne, serrée et étouffée dans un

___

1. Une des grâces de la France, qui en a tant, c'est qu'elle n'est pas seule, mais entourée de plusieurs Frances. Elle siège au milieu de ses filles, la Wallonne, la Savoyarde, etc. La France mère a changé; ses filles ont peu changé (au moins relativement); chacune d'elles représente encore quelqu'un des âges maternels. C'est chose touchante de revoir la mère toujours jeune en ses filles, d'y retrouver, en face de celle-ci, sérieuse et soucieuse, la gaieté, la vivacité, la grâce du cœur, tous les charmants défauts dont nous nous corrigeons et que le monde aimait en nous, avant que nous fussions des sages.

cercle ennemi de princes d'Empire, regardait toujours vers la France. On avait beau dire à Liège qu'elle était allemande et du cercle de Westphalie, elle n'en voulait rien croire. Elle laissait sa Meuse descendre aux Pays-Bas[1]; elle, sa tendance était de remonter. Outre la communauté de langue et d'esprit, il y avait sans doute à cela un autre intérêt, et non moins puissant. C'est que Liège et Dinant trafiquaient avec la haute Meuse, avec nos provinces du Nord; elles y trouvaient sans doute meilleur débit de leurs fers et de leurs cuivres, de leur taillanderie et *dinanderie*[2], qu'elles n'auraient eu dans les pays allemands, qui furent toujours des pays de mines et de forges. Un mot d'explication.

La fortune de l'industrie et du commerce de Liège date du temps où la France commença d'acheter. Lorsque nos rois mirent fin peu à peu à la vieille misère des guerres privées, et pacifièrent les campagnes, l'homme de la glèbe, qui jusque-là vivait, comme le lièvre, entre deux sillons, hasarda de bâtir; il se bâtit un âtre, inaugura la crémaillère[3], à laquelle il pendit un pot, une marmite de fer, comme les colporteurs les apportaient des forges de Meuse.

1. Il est juste de dire que la Meuse reste française, tant qu'elle peut. Elle tourne à Sedan, à Mézières, comme pour s'éloigner du Luxembourg. Entraînée par sa pente, il lui faut bien couler aux Pays-Bas, se mêler, bon gré, mal gré, d'eaux allemandes; n'importe, elle est toujours française jusqu'à ce qu'elle ait porté sa grande Liège, dernière alluvion de la patrie.

2. Ce mot de *dinanderie* indique assez que nous ne tirions guère la chaudronnerie d'ailleurs. Voy. Carpentier, verb. *dynan*, usité en 1404.

3. Cérémonie importante dans nos anciennes mœurs. — Le chat, comme on sait, ne s'attache à la maison que lorsqu'on lui a soigneusement frotté les

L'ambition croissant, la femme économisant quelque monnaie à l'insu du mari, il arrivait parfois qu'un matin les enfants admiraient dans la cheminée une marmite d'or, un de ces brillants chaudrons tels qu'on les battait à Dinant.

Ce pot, ce chaudron héréditaire, qui pendant de longs âges avaient fait l'honneur du foyer, n'étaient guère moins sacrés que lui, moins chers à la famille. Une alarme venant, le paysan laissait piller, brûler le reste, il emportait son pot, comme Énée ses dieux. Le pot semblait constituer la famille dans nos vieilles coutumes ; ceux-là sont réputés parents, qui vivent « à un pain et à un pot[1] ».

Ceux qui forgeaient ce pot ne pouvaient manquer d'être tout au moins les cousins de France. Ils le prouvèrent lorsque, dans nos affreuses guerres anglaises, tant de pauvres Français affamés s'enfuirent dans les Ardennes, et qu'ils trouvèrent au pays de Liége un bon accueil, un cœur fraternel[2].

Quoi de plus français que ce pays wallon ? Il faut bien qu'il en soit ainsi, pour que là justement, au plus rude combat des races et des langues, parmi le bruit des forges, des mineurs et des armuriers, éclate,

---

pattes à la crémaillère. — La sainteté du foyer au moyen âge tient moins à l'âtre qu'à la crémaillère qui y est suspendue. « Les soldats se détroupèrent pour piller et griffer, n'espargnant ni aage, ni ordre, ny sexe, femmes, filles et enfans, *s'attachans à la crémaillère des cheminées, pensans échapper à leur fureur.* » (Mélart, *Hist. de la ville et du chasteau de Huy.*)

1. *App.* 76.
2. « Omnes pauperes, a regno profugos propter inopiam, liberalissime sustentasse. » C'est l'aveu même du roi de France. (Zantfliet, ap. Martène.)

en son charme si pur, notre vieux génie mélodique[1]. Sans parler de Grétry, de Méhul, dès le quinzième siècle, les maîtres de la mélodie ont été les enfants de chœur de Mons ou de Nivelle[2].

Aimable, léger filet de voix, chant d'oiseau le long de la Meuse... Ce fut la vraie voix de la France, la voix même de la liberté... et sans la liberté, qui eût chanté sous ce climat sévère, dans ce pays sérieux? Seule, elle pouvait peupler les tristes clairières des Ardennes. Liberté des personnes, ou du moins servage adouci[3] ; vastes libertés de pâtures, immenses communaux, liberté sur la terre, sous la terre, pour les mineurs et les forgerons.

Deux églises, le pèlerinage de Saint-Hubert[4] et

---

1. Comme mélodistes, les Wallons et les Vaudois, Lyonnais, Savoyards, semblent se répondre de la Meuse aux Alpes. Rousseau a son écho dans Grétry. Même art, né de sociétés analogues ; Genève et Lyon, comme Liège, furent des républiques épiscopales d'ouvriers. *App.* 77.

2. Les plus anciens de ces musiciens sont : Josquin des Prez, doyen du chapitre de *Condé;* Aubert Ockergan, du *Hainaut*, trésorier de Saint-Martin de Tours (m. 1515) ; Jean le teinturier, de *Nivelle* (qui vivait encore en 1495), appelé par Ferdinand, roi de Naples, et fondateur de l'école napolitaine ; Jean Fuisnier d'*Ath*, directeur de musique de l'archevêque de Cologne, précepteur des pages de Charles-Quint ; Roland de Lattre, né à *Mons* en 1520, directeur de musique du duc de Bavière (Mons lui éleva une statue), etc. On sait que Grétry était de *Liège*, Gossec de *Vergnies* en Hainaut, Méhul de *Givet*. Le physicien de la musique, Savart, est de *Mézières*. — Quant à la peinture, c'est la Meuse qui en a produit le rénovateur : Jean le Wallon (Joannes Gallicus), autrement dit Jean de Eyck, et très mal nommé Jean de Bruges. Il naquit à *Maseyck*, mais probablement d'une famille wallonne. Voir notre tome V. *App.* 78.

3. Les guerres continuelles donnaient une grande valeur à l'homme, et obligeaient de le ménager. La culture, déjà fort difficile, ne pouvait avoir lieu qu'autant que le serf même serait, en réalité, à peu près libre. Le servage disparut de bonne heure dans certaines parties des Ardennes. *App.* 79.

4. L'image naïve de l'Église transformant en hommes, en chrétiens, les bêtes

pays, fut malheureusement faible et lâche; faible entre les villes, entre les fiefs ou les familles, au sein de la famille même. Ce fut une cause de ruine. Le chroniqueur de la noblesse de Liège, qui écrit tard et comme au soir de la bataille du quatorzième siècle pour compter les morts, nous dit avec simplicité un mot profond qui n'explique que trop l'histoire de Liège (et bien d'autres histoires!) : « Il y avait dans ce temps-là, à Visé-sur-Meuse, un prud'homme qui faisait des selles et des brides, et qui peignait des blasons de toute sorte. Les nobles allaient souvent le voir pour son talent, et lui demandaient des blasons. Ce qu'il y avait d'étrange, c'est que les frères ne prenaient pas les mêmes, mais de tout contraires d'emblèmes et de couleurs; pourquoi? je ne le sais, si ce n'est peut-être que chacun d'eux *voulait être chef* de sa branche, et que l'autre n'eût pas seigneurie sur lui. »

Chacun *voulait être chef*, et chacun périssait. Au bout d'un demi-siècle de domination, la haute bourgeoisie est si affaiblie, qu'il lui faut abdiquer (1384). Liège présenta alors l'image de la plus complète égalité qui se soit peut-être rencontrée jamais; les petits métiers votent comme les grands, les ouvriers comme les maîtres; les apprentis même ont suffrage. Si les femmes et les enfants ne votaient pas, ils n'agissaient pas moins. En émeute, parfois même en guerre, la femme était terrible, plus violente que les hommes, aussi forte, endurcie à la peine, à porter la houille, à tirer les bateaux[1].

1. On sait le proverbe sur Liège : *Le paradis des prêtres, l'enfer des*

l'asile de Saint-Lambert, c'est là le vrai fond des Ardennes. A Saint-Lambert de Liège, douze abbés, devenus chanoines, ouvrirent un asile, une ville aux populations d'alentour, et dressèrent un tribunal pour le maintien de la paix de Dieu. Ce chapitre se fit, en son évêque, le grand juge des Marches. La juridiction de *l'anneau* fut redoutée au loin. A trente lieues autour, le plus fier chevalier, fût-il des quatre fils Aymon, tremblait de tous ses membres, quand il était cité à la ville noire; et qu'il lui fallait comparaître au *péron* de Liège[1].

Forte justice et liberté, sous la garde d'un peuple qui n'avait peur de rien; c'était, autant que la bonne humeur des habitants, autant que leur ardente industrie, le grand attrait de Liège; c'est pour cela que le monde y affluait, y demeurait et voulait y vivre. Le voyageur qui, à grand'peine, ayant franchi tant de pas difficiles, voyait enfin fumer au loin la grande forge, la trouvait belle et rendait grâces à Dieu. La cendre de houille, les scories de fer lui semblaient plus douces à marcher que les prairies de Meuse... L'Anglais Mandeville, ayant fait le tour du monde,

sauvages de ces déserts, se trouve dans les légendes des Ardennes. Le loup de Stavelot devient serviteur de l'évêque; ce loup ayant mangé l'âne de saint Remacle, le saint homme fait du loup son âne et l'oblige de porter les pierres dont il bâtit l'église : dans les armes de la ville, le loup porte la crosse à la patte. — Au bois du cerf de saint Hubert fleurit la croix du Christ; le chevalier auquel il apparaît est guéri des passions mondaines. *App.* 80.

1. Le *péron* était, comme on sait, la colonne au pied de laquelle se rendaient les jugements. Elle était surmontée d'une croix et d'une pomme de pin (symbole de l'association dans le Nord, comme la grenade dans le Midi?). Je retrouve la pomme de pin à l'hôtel de ville d'Augsbourg et ailleurs.

s'en vint à Liège, et s'y trouva si bien, qu'il n'en sortit jamais[1]. Doux lotos de la liberté!

Liberté orageuse, sans doute, ville d'agitations et d'imprévus caprices. Eh bien, malgré cela, pour cela peut-être, on l'aimait. C'était le mouvement, mais, à coup sûr, c'était la vie (chose si rare dans cette langueur du moyen âge!), une forte et joyeuse vie, mêlée de travail, de factions, de batailles : on pouvait souffrir beaucoup dans une telle ville, s'ennuyer? jamais.

Le caractère le plus fixe de Liège, à coup sûr, c'était le mouvement. La base de la cité, son *tréfoncier* chapitre, était, dans sa constance apparente, une personne mobile, variée sans cesse par l'élection, mêlée de tous les peuples, et qui s'appuyait contre la noblesse indigène d'une population d'ouvriers non moins mobile et renouvelée.

Curieuse expérience dans tout le moyen âge : une ville qui se défait, se refait, sans jamais se lasser. Elle sait bien qu'elle ne peut périr; ses fleuves lui rapportent chaque fois plus qu'elle n'a détruit; chaque fois la terre est plus fertile encore, et du fond de la terre, la Liège souterraine, ce noir volcan de vie et de richesse[2], a bientôt jeté, par-dessus les ruines, une autre Liège, jeune et oublieuse, non moins ardente que l'ancienne, et prête au combat.

Liège avait cru d'abord exterminer ses nobles; le

1. *App.* 81.
2. On tire la houille de dessous Liège même. Un ange a indiqué la première houillère. Une de celles du Limbourg s'appelle vulgairement *Heemlich*, autrefois *Hemelryck* (royaume du ciel), à cause de sa richesse. *App.* 82.

chapitre avait lancé sur eux le peuple, et restait s'était achevé dans la folie d'un outrance[1]. Il avait été dit que l'on ne prend les magistrats que dans les métiers[2]; que, p consul, il faudrait être charron, forgeron, et voilà que des métiers mêmes pullulent des innombrables, de nobles drapiers et tailleur lustres marchands de vins, d'honorables houille

Liège fut une grande fabrique, non de drap fer seulement, mais d'hommes; je veux dire facile et rapide initiation du paysan à la vie url de l'ouvrier à la vie bourgeoise, de la bourge à la noblesse. Je ne vois pas ici l'immobile hiérar des classes flamandes. Entre les villes du Liégeois rapports de subordination ne sont pas non plu fortement marqués. Liège n'est pas, ainsi que G ou Bruges, la ville mère de la contrée, qui pèse s les jeunes villes d'alentour, comme mère ou marâtr Elle est pour les villes liégeoises une sœur du mêm âge ou plus jeune, qui, comme Église dominante comme armée toujours prête, leur garantit la paix publique. Quoiqu'elle ait elle-même par moments troublé cette paix, abusé de sa force, on la voit, dans telles de ses institutions juridiques les plus importantes, limiter son pouvoir et s'associer les villes secondaires sur le pied de l'égalité.

Le lien hiérarchique, loin d'être trop fort dans ce

1. *App.* 83.
2. Les exemples abondent dans Hemricourt, pour les changements de condition, pour les alliances de bas en haut, et de haut en bas. *App.* 84.

La chronique a jugé durement cette Liège ouvrière du quatorzième siècle; mais l'histoire, qui ne se laisse pas dominer par la chronique, et qui la juge elle-même, dira que jamais peuple ne fut plus entouré de malveillances, qu'aucun n'arriva dans de plus défavorables circonstances à la vie politique. S'il périt, la faute en fut moins à lui qu'à sa situation, au principe même dont il était né et qui avait fait sa subite grandeur.

Quel principe? Nul autre qu'un ardent génie d'action, qui, ne se reposant jamais, ne pouvait cesser un moment de produire sans détruire.

La tentation de détruire n'était que trop naturelle pour un peuple qui se savait haï, qui connaissait parfaitement la malveillance unanime des grandes classes du temps, le prêtre, le baron et l'homme de loi. Ce peuple enfermé dans une seule ville, et par conséquent pouvant être trahi, livré en une fois, avait mille alarmes, et souvent fondées. Son arme en pareil cas, son moyen de guerre légale contre un homme, un corps qu'il suspectait, c'était que les métiers *chômassent* à son égard, déclarassent qu'ils ne voulaient plus travailler pour lui. Celui qui recevait cet avertissement, s'il était prudent, fuyait au plus vite.

Liège, assise au travail sur sa triple rivière, est, comme on sait, dominée par les hauteurs voisines. Les seigneurs qui y avaient leurs tours, qui d'en haut épiaient la ville, qui ouvraient ou fermaient à volonté

---

femmes (elles y travaillent rudement), *le purgatoire des hommes* (les femmes y sont maîtresses). *App.* 85.

le passage des vivres, lui étaient justement suspects. Un matin, la montagne n'entendait plus rien de la ville, ne voyait ni feu ni fumée; le peuple *chômait*, il allait sortir, tout tremblait... Bientôt, en effet, vingt à trente mille ouvriers passaient les portes, marchaient sur tel château, le défaisaient en un tour de main et le mettaient en plaine[1]; on donnait au seigneur des terres en bas, et une bonne maison dans Liège.

L'un après l'autre descendirent ainsi tours et châteaux. Les Liégeois prirent plaisir à tout niveler, à démolir eux-mêmes ce qui couvrait leur ville, à faire de belles routes pour l'ennemi, s'il était assez hardi pour venir à eux. Dans ce cas, ils ne se laissaient jamais enfermer; ils sortaient, tous à pied, sans chevaliers, n'importe. De même que la ville de pierre n'aimait point les châteaux autour d'elle, la ville vivante croyait n'avoir que faire de ces pesants gendarmes, qui, pour les armées du temps, étaient des tours mouvantes. Ils n'en allaient pas moins gaiement, lestes piétons, dans leurs courtes jaquettes, accrocher, renverser les cavaliers de fer.

Et pourtant, que servait cette bravoure? Ce vaillant peuple, rangé en bataille, pouvait apprendre qu'il était, lui et sa ville, donné par une bulle à quelqu'un de

---

[1]. C'est ce qui arriva au chevalier Radus. Au retour d'un voyage qu'il avait fait avec l'évêque de Liège, il chercha son château des yeux, et ne le trouva plus : « Par ma foi ! s'écria-t-il, sire évêque, ne sais si je rêve ou si je veille, mais j'avois accoutumance de voir d'ici ma maison sylvestre, et ne l'aperçois point aujourd'hui. — Or, ne vous courroucez, mon bon Radus, répliqua doucement l'évêque; de votre château j'ai fait faire un moustier; mais vous n'y perdrez rien. *App.* 86.

ceux qu'il allait combattre, que son ennemi devenait son évêque. Dans sa plus grande force et ses plus fiers triomphes, la pauvre cité était durement avertie qu'elle était terre d'Église. Comme telle, il lui fallut mainte fois s'ouvrir à ses plus odieux voisins; s'ils n'étaient pas assez braves pour forcer l'entrée par l'épée, ils entraient déguisés en prêtres.

Le nom suffisait, sans le déguisement. On donnait souvent cette Église à un laïque, à tel jeune baron, violent et dissolu, qui prenait évêché comme il eût pris maîtresse, en attendant son mariage. L'évêché lui donnait droit sur la ville. Cette ville, ce monde de travail, n'avait de vie légale qu'autant que l'évêque autorisait les juges. Au moindre mécontentement, il emportait à Huy, à Maëstricht[1], le bâton de justice, fermait églises et tribunaux : tout ce peuple restait sans culte et sans loi.

Au reste, la discorde et la guerre où Liège va s'enfonçant toujours ne s'expliqueraient pas assez, si l'on n'y voulait voir que la tyrannie des uns, l'esprit brouillon des autres. Non, il y a à cela une cause plus profonde. C'est qu'une ville qui se renouvelait sans cesse devait perdre tout rapport avec le monde immobile qui l'environnait. N'ayant plus d'intermédiaire avec lui[2], ni de langue commune, elle ne comprenait plus,

1. *App.* 87.
2. Les chevaliers leur faisaient faute en paix plus encore qu'en guerre. S'agissait-il d'envoyer une ambassade à un prince, ils ne savaient souvent qui employer. Louis XI les priant de lui envoyer des ambassadeurs avec qui il pût s'entendre, ils répondent qu'ils ont peu de noblesse du parti de la cité, et que ce peu de nobles est occupé à Liège dans les emplois publics. (*Bibl. royale*, ms. Baluze, 165, 1er août 1467.)

n'était plus comprise. Elle repoussait les mœurs et les lois de ses voisins, les siennes même peu à peu. Le vieux monde (féodal ou juriste), incapable de rien entendre à cette vie rapide, appela les Liégeois *haï-droits*[1], sans voir qu'ils avaient droit de haïr un droit mort, fait pour une autre Liége, et qui était pour la nouvelle le contraire du droit et de l'équité.

Apparaissant au dehors comme l'ennemie de l'antiquité, comme la *nouveauté* elle-même, Liége déplaisait à tous. Ses alliés ne l'aimaient guère plus que ses ennemis. Personne ne se croyait obligé de lui tenir parole.

Politiquement, elle se trouva seule, et devint comme une île. Elle le devint encore sous le rapport commercial, à mesure que tous ses voisins, se trouvant sujets d'un même prince, apprirent à se connaître, à échanger leurs produits, à soutenir la concurrence contre elle. Le duc de Bourgogne, devenu en dix ans maître du Limbourg, du Brabant et de Namur, se trouve être l'ennemi des Liégeois, et comme leur concurrent, pour les houilles et les fers, les draps et les cuivres[2]. Étrange rapprochement des deux esprits féodal et industriel! Le prince chevaleresque, le chef de la croisade, le fondateur de la Toison d'or, épouse contre Liége les rancunes mercantiles des forgerons et des chaudronniers.

Il ne fallait pas moins qu'une alliance inouïe d'États et de principes jusque-là opposés pour accabler un

---

1. *App.* 88. — 2. *App.* 89.

l'asile de Saint-Lambert, c'est là le vrai fond des Ardennes. A Saint-Lambert de Liège, douze abbés, devenus chanoines, ouvrirent un asile, une ville aux populations d'alentour, et dressèrent un tribunal pour le maintien de la paix de Dieu. Ce chapitre se fit, en son évêque, le grand juge des Marches. La juridiction de l'*anneau* fut redoutée au loin. A trente lieues autour, le plus fier chevalier, fût-il des quatre fils Aymon, tremblait de tous ses membres, quand il était cité à la ville noire, et qu'il lui fallait comparaître au *péron* de Liège[1].

Forte justice et liberté, sous la garde d'un peuple qui n'avait peur de rien; c'était, autant que la bonne humeur des habitants, autant que leur ardente industrie, le grand attrait de Liège; c'est pour cela que le monde y affluait, y demeurait et voulait y vivre. Le voyageur qui, à grand'peine, ayant franchi tant de pas difficiles, voyait enfin fumer au loin la grande forge, la trouvait belle et rendait grâces à Dieu. La cendre de houille, les scories de fer lui semblaient plus douces à marcher que les prairies de Meuse... L'Anglais Mandeville, ayant fait le tour du monde,

---

sauvages de ces déserts, se trouve dans les légendes des Ardennes. Le loup de Stavelot devient serviteur de l'évêque; ce loup ayant mangé l'âne de saint Remacle, le saint homme fait du loup son âne et l'oblige de porter les pierres dont il bâtit l'église : dans les armes de la ville, le loup porte la crosse à la patte. — Au bois du cerf de saint Hubert fleurit la croix du Christ; le chevalier auquel il apparaît est guéri des passions mondaines. *App.* 80.

1. Le *péron* était, comme on sait, la colonne au pied de laquelle se rendaient les jugements. Elle était surmontée d'une croix et d'une pomme de pin (symbole de l'association dans le Nord, comme la grenade dans le Midi?). Je retrouve la pomme de pin à l'hôtel de ville d'Augsbourg et ailleurs.

s'en vint à Liège, et s'y trouva si bien, qu'il n'en sortit jamais[1]. Doux lotos de la liberté !

Liberté orageuse, sans doute, ville d'agitations et d'imprévus caprices. Eh bien, malgré cela, pour cela peut-être, on l'aimait. C'était le mouvement, mais, à coup sûr, c'était la vie (chose si rare dans cette langueur du moyen âge!), une forte et joyeuse vie, mêlée de travail, de factions, de batailles : on pouvait souffrir beaucoup dans une telle ville, s'ennuyer ? jamais.

Le caractère le plus fixe de Liège, à coup sûr, c'était le mouvement. La base de la cité, son *tréfoncier* chapitre, était, dans sa constance apparente, une personne mobile, variée sans cesse par l'élection, mêlée de tous les peuples, et qui s'appuyait contre la noblesse indigène d'une population d'ouvriers non moins mobile et renouvelée.

Curieuse expérience dans tout le moyen âge : une ville qui se défait, se refait, sans jamais se lasser. Elle sait bien qu'elle ne peut périr ; ses fleuves lui rapportent chaque fois plus qu'elle n'a détruit ; chaque fois la terre est plus fertile encore, et du fond de la terre, la Liège souterraine, ce noir volcan de vie et de richesse[2], a bientôt jeté, par-dessus les ruines, une autre Liège, jeune et oublieuse, non moins ardente que l'ancienne, et prête au combat.

Liège avait cru d'abord exterminer ses nobles ; le

1. *App.* 81.
2. On tire la houille de dessous Liège même. Un ange a indiqué la première houillère. Une de celles du Limbourg s'appelle vulgairement *Heemlich*, autrefois *Hemelryck* (royaume du ciel), à cause de sa richesse. *App.* 82.

chapitre avait lancé sur eux le peuple, et ce qui en restait s'était achevé dans la folie d'un combat à outrance [1]. Il avait été dit que l'on ne prendrait plus les magistrats que dans les métiers [2]; que, pour être consul, il faudrait être charron, forgeron, etc. Mais voilà que des métiers mêmes pullulent des nobles innombrables, de nobles drapiers et tailleurs, d'illustres marchands de vins, d'honorables houillers.

Liège fut une grande fabrique, non de drap ou de fer seulement, mais d'hommes; je veux dire une facile et rapide initiation du paysan à la vie urbaine, de l'ouvrier à la vie bourgeoise, de la bourgeoisie à la noblesse. Je ne vois pas ici l'immobile hiérarchie des classes flamandes. Entre les villes du Liégeois, les rapports de subordination ne sont pas non plus si fortement marqués. Liège n'est pas, ainsi que Gand ou Bruges, la ville mère de la contrée, qui pèse sur les jeunes villes d'alentour, comme mère ou marâtre. Elle est pour les villes liégeoises une sœur du même âge ou plus jeune, qui, comme Église dominante, comme armée toujours prête, leur garantit la paix publique. Quoiqu'elle ait elle-même par moments troublé cette paix, abusé de sa force, on la voit, dans telles de ses institutions juridiques les plus importantes, limiter son pouvoir et s'associer les villes secondaires sur le pied de l'égalité.

Le lien hiérarchique, loin d'être trop fort dans ce

---

1. *App.* 83.
2. Les exemples abondent dans Hemricourt, pour les changements de condition, pour les alliances de bas en haut, et de haut en bas. *App.* 84.

pays, fut malheureusement faible et lâche; faible entre les villes, entre les fiefs ou les familles, au sein de la famille même. Ce fut une cause de ruine. Le chroniqueur de la noblesse de Liège, qui écrit tard et comme au soir de la bataille du quatorzième siècle pour compter les morts, nous dit avec simplicité un mot profond qui n'explique que trop l'histoire de Liège (et bien d'autres histoires !) : « Il y avait dans ce temps-là, à Visé-sur-Meuse, un prud'homme qui faisait des selles et des brides, et qui peignait des blasons de toute sorte. Les nobles allaient souvent le voir pour son talent, et lui demandaient des blasons. Ce qu'il y avait d'étrange, c'est que les frères ne prenaient pas les mêmes, mais de tout contraires d'emblèmes et de couleurs; pourquoi? je ne le sais, si ce n'est peut-être que chacun d'eux *voulait être chef* de sa branche, et que l'autre n'eût pas seigneurie sur lui. »

Chacun *voulait être chef*, et chacun périssait. Au bout d'un demi-siècle de domination, la haute bourgeoisie est si affaiblie, qu'il lui faut abdiquer (1384). Liège présenta alors l'image de la plus complète égalité qui se soit peut-être rencontrée jamais; les petits métiers votent comme les grands, les ouvriers comme les maîtres; les apprentis même ont suffrage. Si les femmes et les enfants ne votaient pas, ils n'agissaient pas moins. En émeute, parfois même en guerre, la femme était terrible, plus violente que les hommes, aussi forte, endurcie à la peine, à porter la houille, à tirer les bateaux [1].

1. On sait le proverbe sur Liège : *Le paradis des prêtres, l'enfer des*

La chronique a jugé durement cette Liège ouvrière du quatorzième siècle ; mais l'histoire, qui ne se laisse pas dominer par la chronique, et qui la juge elle-même, dira que jamais peuple ne fut plus entouré de malveillances, qu'aucun n'arriva dans de plus défavorables circonstances à la vie politique. S'il périt, la faute en fut moins à lui qu'à sa situation, au principe même dont il était né et qui avait fait sa subite grandeur.

Quel principe ? Nul autre qu'un ardent génie d'action, qui, ne se reposant jamais, ne pouvait cesser un moment de produire sans détruire.

La tentation de détruire n'était que trop naturelle pour un peuple qui se savait haï, qui connaissait parfaitement la malveillance unanime des grandes classes du temps, le prêtre, le baron et l'homme de loi. Ce peuple enfermé dans une seule ville, et par conséquent pouvant être trahi, livré en une fois, avait mille alarmes, et souvent fondées. Son arme en pareil cas, son moyen de guerre légale contre un homme, un corps qu'il suspectait, c'était que les métiers *chômassent* à son égard, déclarassent qu'ils ne voulaient plus travailler pour lui. Celui qui recevait cet avertissement, s'il était prudent, fuyait au plus vite.

Liège, assise au travail sur sa triple rivière, est, comme on sait, dominée par les hauteurs voisines. Les seigneurs qui y avaient leurs tours, qui d'en haut épiaient la ville, qui ouvraient ou fermaient à volonté

---

femmes (elles y travaillent rudement), *le purgatoire des hommes* (les femmes y sont maîtresses). *App.* 85.

le passage des vivres, lui étaient justement suspects. Un matin, la montagne n'entendait plus rien de la ville, ne voyait ni feu ni fumée; le peuple *chômait*, il allait sortir, tout tremblait... Bientôt, en effet, vingt à trente mille ouvriers passaient les portes, marchaient sur tel château, le défaisaient en un tour de main et le mettaient en plaine [1]; on donnait au seigneur des terres en bas, et une bonne maison dans Liège.

L'un après l'autre descendirent ainsi tours et châteaux. Les Liégeois prirent plaisir à tout niveler, à démolir eux-mêmes ce qui couvrait leur ville, à faire de belles routes pour l'ennemi, s'il était assez hardi pour venir à eux. Dans ce cas, ils ne se laissaient jamais enfermer; ils sortaient, tous à pied, sans chevaliers, n'importe. De même que la ville de pierre n'aimait point les châteaux autour d'elle, la ville vivante croyait n'avoir que faire de ces pesants gendarmes, qui, pour les armées du temps, étaient des tours mouvantes. Ils n'en allaient pas moins gaiement, lestes piétons, dans leurs courtes jaquettes, accrocher, renverser les cavaliers de fer.

Et pourtant, que servait cette bravoure? Ce vaillant peuple, rangé en bataille, pouvait apprendre qu'il était, lui et sa ville, donné par une bulle à quelqu'un de

---

1. C'est ce qui arriva au chevalier Radus. Au retour d'un voyage qu'il avait fait avec l'évêque de Liège, il chercha son château des yeux, et ne le trouva plus : « Par ma foi! s'écria-t-il, sire évêque, ne sais si je rêve ou si je veille, mais j'avois accoutumance de voir d'ici ma maison sylvestre, et ne l'aperçois point aujourd'hui. — Or, ne vous courroucez, mon bon Radus, répliqua doucement l'évêque; de votre château j'ai fait faire un moustier; mais vous n'y perdrez rien. *App.* 86.

ceux qu'il allait combattre, que son ennemi devenait son évêque. Dans sa plus grande force et ses plus fiers triomphes, la pauvre cité était durement avertie qu'elle était terre d'Église. Comme telle, il lui fallut mainte fois s'ouvrir à ses plus odieux voisins; s'ils n'étaient pas assez braves pour forcer l'entrée par l'épée, ils entraient déguisés en prêtres.

Le nom suffisait, sans le déguisement. On donnait souvent cette Église à un laïque, à tel jeune baron, violent et dissolu, qui prenait évêché comme il eût pris maîtresse, en attendant son mariage. L'évêché lui donnait droit sur la ville. Cette ville, ce monde de travail, n'avait de vie légale qu'autant que l'évêque autorisait les juges. Au moindre mécontentement, il emportait à Huy, à Maëstricht[1], le bâton de justice, fermait églises et tribunaux : tout ce peuple restait sans culte et sans loi.

Au reste, la discorde et la guerre où Liège va s'enfonçant toujours ne s'expliqueraient pas assez, si l'on n'y voulait voir que la tyrannie des uns, l'esprit brouillon des autres. Non, il y a à cela une cause plus profonde. C'est qu'une ville qui se renouvelait sans cesse devait perdre tout rapport avec le monde immobile qui l'environnait. N'ayant plus d'intermédiaire avec lui[2], ni de langue commune, elle ne comprenait plus,

---

1. *App.* 87.
2. Les chevaliers leur faisaient faute en paix plus encore qu'en guerre. S'agissait-il d'envoyer une ambassade à un prince, ils ne savaient souvent qui employer. Louis XI les priant de lui envoyer des ambassadeurs avec qui il pût s'entendre, ils répondent qu'ils ont peu de noblesse du parti de la cité, et que ce peu de nobles est occupé à Liège dans les emplois publics. (*Bibl. royale*, ms. Baluze, 165, 1ᵉʳ août 1467.)

n'était plus comprise. Elle repoussait les mœurs et les lois de ses voisins, les siennes même peu à peu. Le vieux monde (féodal ou juriste), incapable de rien entendre à cette vie rapide, appela les Liégeois *haï-droits*[1], sans voir qu'ils avaient droit de haïr un droit mort, fait pour une autre Liège, et qui était pour la nouvelle le contraire du droit et de l'équité.

Apparaissant au dehors comme l'ennemie de l'antiquité, comme la *nouveauté* elle-même, Liège déplaisait à tous. Ses alliés ne l'aimaient guère plus que ses ennemis. Personne ne se croyait obligé de lui tenir parole.

Politiquement, elle se trouva seule, et devint comme une île. Elle le devint encore sous le rapport commercial, à mesure que tous ses voisins, se trouvant sujets d'un même prince, apprirent à se connaître, à échanger leurs produits, à soutenir la concurrence contre elle. Le duc de Bourgogne, devenu en dix ans maître du Limbourg, du Brabant et de Namur, se trouve être l'ennemi des Liégeois, et comme leur concurrent, pour les houilles et les fers, les draps et les cuivres[2]. Étrange rapprochement des deux esprits féodal et industriel! Le prince chevaleresque, le chef de la croisade, le fondateur de la Toison d'or, épouse contre Liège les rancunes mercantiles des forgerons et des chaudronniers.

Il ne fallait pas moins qu'une alliance inouïe d'États et de principes jusque-là opposés pour accabler un

---

1. *App.* 88. — 2. *App.* 89.

peuple si vivace. Pour en venir à bout, il fallait que de longue date, de loin et tout autour, on fermât les canaux de sa prospérité, qu'on le fît peu à peu dépérir. C'est à quoi la maison de Bourgogne travailla pendant un demi-siècle.

D'abord elle tint à Liège, trente ans durant, un évêque à elle, Jean de Heinsberg, parasite, *domestique* de Philippe-le-Bon. Ce Jean, par lâcheté, mollesse et connivence, énerva la cité, en attendant qu'il la livrât. Lorsque le Bourguignon, ayant acquis les pays d'alentour et presque enfermé l'évêché, commença d'y parler en maître, Liège prit les armes; l'évêque invoqua l'arbitrage de son archevêque, celui de Cologne, et souscrivit à sa sentence paternelle, qui ruinait Liège au profit du duc de Bourgogne, la frappant d'une amende monstrueuse de deux cent mille florins du Rhin (1431)[1].

Liège baissa la tête, s'engagea à payer tant par terme; il y en avait pour de longues années. Elle se fit tributaire, afin de travailler en paix. Mais c'était pour l'ennemi qu'elle travaillait, une bonne part du gain était pour lui. Ajoutez qu'elle vendait bien moins; les marchés des Pays-Bas se fermaient pour elle, et la France n'achetait plus, épuisée qu'elle était par la guerre.

Il résulta de cette misère une misère plus grande. C'est que Liège, ruinée d'argent, le fut presque de cœur. Voir à chaque terme le créancier à la porte,

---

1. *App.* 90.

qui gronde et menace, si vous ne payez, cela met bien bas les courages. Cette malheureuse ville, pour n'avoir pas la guerre, se la fit à elle-même ; le pauvre s'en prit au riche, proscrivant, confisquant, faisant ressource du sang liégeois, alléché peu à peu aux justices lucratives[1]. Et tout cela pour gorger l'ennemi.

La France voyait périr Liège, et semblait ne rien voir. Ce n'est pas là ce qui eût eu lieu au treizième ou quatorzième siècle; les deux pays se tenaient bien autrement alors. A travers mille périls, nos Français allaient visiter en foule le grand saint Hubert. Les Liégeois, de leur part, n'étaient guère moins dévots au roi de France, leur pèlerinage était Vincennes.

C'est là qu'ils venaient faire leurs lamentations, leurs terribles histoires des nobles brigands de Meuse, qui, non contents de piller leurs marchands, mettaient la main sur leurs évêques, témoin celui qu'ils lièrent sur un cheval et firent courir à mort... Parfois, la terreur lointaine de la France suffisait pour protéger Liège ; en 1276, lorsque toute la grosse féodalité des Pays-Bas s'était unie pour l'écraser, un mot du fils de saint Louis les fit reculer tous. Nos rois enfin s'avisèrent d'avoir sur la Meuse contre ces brigands un brigand à eux, le sire de La Marche, prévôt de Bouillon pour l'évêque, quelquefois évêque lui-même, par la

---

[1]. C'est là, selon toute apparence, la triste explication qu'il faut donner de l'affaire si obscure de Wathieu d'Athin, de la proscription de ses amis, les maîtres des houillères, d'où résulta un conflit déplorable entre les métiers de Liège et les ouvriers des fosses voisines. La ville, déjà isolée des campagnes par la ruine de la noblesse, le devint encore plus, lorsque l'alliance antique se rompit, entre le houiller et le forgeron.

grâce de Philippe-le-Bel ou de Philippe-de-Valois.

Ce fut aussi La Marche qu'employa Charles VII. N'ayant repris encore ni la Normandie ni la Guyenne, il ne pouvait rien, sinon créer au Bourguignon une petite guerre d'Ardennes, lui lancer le Sanglier[1]. Lorsque ce Bourguignon insatiable, ayant presque tout pris autour de Liège, prit encore le Luxembourg, comme pour fermer son filet, La Marche mit garnison française dans ses châteaux, défia le duc. Qui n'aurait cru que Liège eût saisi cette dernière chance d'affranchissement? Mais elle était tellement abattue de cœur ou dévoyée de sens, qu'elle se laissa induire par son évêque à combattre son allié naturel[2], à détruire celui qui, par Bouillon et Sedan, lui gardait la haute Meuse, la route de la France (1445).

L'évêque, désormais moins utile, et sans doute moins ménagé, semble avoir regretté sa triste politique. Il eut l'idée de relever La Marche, lui rendit

---

1. Il serait curieux de suivre l'action progressive de la France dans les Ardennes, depuis le temps où un fils du comte de Rethel fonda Château-Renaud. Nos rois, de bonne heure, achetèrent Mouzon à l'archevêque de Reims. Suzerains de Bouillon, et de Liège pour Bouillon, voulant fonder sur la Meuse la juridiction de la France, ils y prirent pour agents les La Marche (et non La Mark, puisque La Marche est en pays wallon), les fameux *Sangliers*. Nous les tenions par une chaîne d'argent, et nous les lâchions au besoin. Ils grossirent peu à peu de la bonne nourriture qu'ils tirèrent de France. Par force ou par amour, par vol ou mariage, ils eurent les châteaux des montagnes. Lorsque Robert de Braquemont quitta la Meuse pour la Normandie (la mer et les Canaries), il vendit Sedan aux La Marche, qui le fortifièrent, et en firent un grand asile entre la France et l'Empire. De ce fort ils défiaient hardiment un Philippe-le-Bon, un Charles-Quint. Le terrible ban de l'Empire les terrifiait peu. Ces *Sangliers*, comme on les appelait du côté allemand, donnèrent à la France plus d'un excellent capitaine; sous François Ier, le brave Fleuranges qui, avec ses lansquenets, fit justice des Suisses. Par mariage enfin, les La Marche aboutissent glorieusement à Turenne. App. 91. — 2. App. 92.

le gouvernement de Bouillon. Le Bourguignon, voyant bien que son évêque tournait, ne lui en donna pas le temps ; il le fit venir et lui fit une telle peur qu'il résigna en faveur d'un neveu du duc, le jeune Louis de Bourbon. Au même moment, il forçait l'élu d'Utrecht de résigner aussi en faveur d'un sien bâtard, et ce bâtard, il l'établissait à Utrecht par la force des armes, en dépit du chapitre et du peuple.

Le duc de Bourgogne ne sollicita pas davantage pour son protégé le chapitre de Liège, qui pourtant était non seulement électeur naturel de l'évêque, mais de plus originairement souverain du pays et prince avant le prince. Il s'adressa au pape, et obtint sans difficulté une bulle de Calixte Borgia.

Liège fut peu édifiée de l'entrée du prélat : celui qu'on lui donnait pour père spirituel était un écolier de Louvain ; il avait dix-huit ans. Il entra avec un cortège de quinze cents gentilshommes, lui-même galamment vêtu, habit rouge et petit chapeau[1].

On voyait bien, au reste, d'où il venait : il avait un Bourguignon à droite et un à gauche. Tout ce qui suivait était Bourguignon, Brabançon ; pas un Français, personne de la maison de Bourbon. Autre n'eût été l'entrée si le Bourguignon lui-même fût entré par la brèche.

S'ils ne crièrent pas : *Ville prise*, ils essayèrent du moins de prendre ce qu'ils purent, coururent à l'argent, aux trésors des abbayes, aux comptoirs des

1. *App.* 93.

Lombards; ils venaient, disaient-ils, emprunter *pour le prince*. Après avoir si longtemps extorqué l'argent par tribut, l'ennemi voulait, par emprunt, escamoter le reste.

L'évêque de Liège résidait partout plutôt qu'à Liège; il vivait à Huy, à Maëstricht, à Louvain. C'est là qu'il eût fallu lui envoyer son argent, en pays étranger, chez le duc de Bourgogne. La ville n'envoya point; elle se chargea de percevoir les droits de l'évêché, droits sur la bière, droits sur la justice, etc.

L'évêque seul avait le bâton de justice, le droit d'autoriser les juges. Il retint le bâton, laissant les tribunaux fermés, la ville et l'évêché sans droit ni loi. De là, de grands désordres[1]; une justice étrange s'organise, des tribunaux burlesques; partout, dans la campagne, de petits compagnons, des garçons de dix-huit ou vingt ans, se mettent à juger; ils jugent surtout les agents de l'évêque. Puis, la licence croissant, ils tiennent cour au coin de la rue, arrêtent le passant et le jugent : on riait, mais en tremblant, et pour être absous il fallait payer.

Le plus comique (et le plus odieux), c'est qu'apprenant que Liège allait faire rendre gorge aux procureurs de l'évêché, l'évêque vint en hâte... intercéder? — non, mais demander sa part. Il siégea, de bonne grâce, avec les magistrats, jugea avec eux ses propres agents, et en tira profit; on lui donna les deux tiers des amendes.

En tout ceci, Liège était menée par le parti français;

1. *App.* 94.

plusieurs de ses magistrats étaient pensionnés de Charles VII. La maison de Bourbon, puissante sous ce règne, avait, selon toute apparence, ménagé cet étrange compromis entre la ville et Louis de Bourbon. Le duc de Bourgogne patientait, parce qu'il avait alors le dauphin chez lui, et croyait que, Charles VII mourant, son protégé arrivant au trône, la France tomberait dans sa main, et Liège avec la France.

On sait ce qui en fut. Louis XI, à peine roi, fit venir les meneurs de Liège, leur fit peur[1], les força de mettre la ville sous sa sauvegarde ; mais il n'en fit pas davantage pour eux. Préoccupé du rachat de la Somme, il avait trop de raison de ménager le duc de Bourgogne. S'il servit Liège, ce fut indirectement, en achetant les Croy, qui, comme capitaines et baillis du Hainaut, comme gouverneurs de Namur et du Luxembourg, auraient certainement vexé Liège de bien des manières, s'ils n'eussent été d'intelligence avec le roi.

Dans cette situation même, Liège, sans être attaquée, pouvait mourir de faim. L'évêque, s'éloignant de nouveau, avait jeté l'interdit, emporté la clé des églises et des tribunaux. Cette affluence de plaideurs, de gens de toute sorte, que la ville attirait à elle, comme haute cour ecclésiastique, avait cessé. Ni plaideurs, ni marchands, dans une ville en révolution. Les riches partaient un à un, quand ils pouvaient ; les pauvres ne partaient pas, un peuple innombrable de pauvres, d'ouvriers sans ouvrage.

1. *App.* 95.

État intolérable, et qui néanmoins pouvait durer. Il y avait dans Liège une masse inerte de modérés, de prêtres. Saint-Lambert, avec son vaste cloître, son asile, son *avoué* féodal, sa bannière redoutée, était une ville dans la ville, une ville immobile, opposée à tout mouvement. Les chanoines ne voulaient point, quelque prière ou menace que leur fît la ville, officier malgré l'interdit de l'évêque. D'autre part, comme *tréfonciers*, c'est-à-dire propriétaires du fond, souverains originaires de la cité, ils ne voulaient point la quitter, et n'obéissaient nullement aux injonctions de l'évêque, qui les sommait d'abandonner un lieu soumis à l'interdit.

A toute prière de la ville le chapitre répondait froidement : Attendons. De même, le roi de France disait aux envoyés liégeois : « Allons doucement, attendons ; quand le vieux duc mourra... » Mais Liège mourait elle-même, si elle attendait.

Dans cette situation, le rôle des modérés, des anciens meneurs, agents de Charles VII, cessait de lui-même. Un autre homme surgit, le chevalier Raes, homme de violence et de ruse, d'une bravoure douteuse, mais d'une grande audace d'esprit. Peu de scrupules ; il avait, dit-on, commencé (à peu près comme Louis XI) par voler son père et l'attaquer dans son château.

Raes, tout chevalier qu'il était, et de grande noblesse[1] (les modérés qu'il remplaçait étaient au contraire des bourgeois), se fit inscrire au métier des *febvres* ou

---

1. *App.* 96.

forgerons. Les batteurs de fer, par le nombre et la force, tenaient le haut du pavé dans la ville ; c'était le *métier-roi*. Ils prirent à grand honneur d'avoir à leur tête *un chevalier aux éperons d'or*, qui, dans ses armes, avait trois grosses fleurs de lis.

Il s'agissait de refaire la loi dans une ville sans loi, d'y recommencer le culte et la justice (sans quoi les villes ne vivent point). Avec quoi fonder la justice ? avec la violence et la terreur ? Raes n'avait guère d'autres moyens.

La légalité dont il essaya d'abord ne lui réussit pas. Il s'adressa au supérieur immédiat de l'évêque de Liège, à l'archevêque de Cologne ; il eut l'adresse d'en tirer sentence pour lever l'interdit. Simple délai : le duc de Bourgogne, tout-puissant à Rome, fit confirmer l'interdit par un légat : puis, Liège appelant du légat, le pape fit plaider devant lui : plaider pour la forme, tout le monde savait qu'il ne refuserait rien au duc de Bourgogne.

Raes, prévoyant bien la sentence, fit venir des docteurs de Cologne[1] pour rassurer le peuple, et en tira cet avis qu'on pouvait appeler du pape au pape mieux informé. Il essayait en même temps d'un spectacle, d'une machine populaire, qui pouvait faire effet. Il gagna les Mendiants, les enfants perdus du clergé, leur fit dresser leur autel sous le ciel, dire la messe en plein vent.

Le clergé, le noble chapitre, qui n'avaient pas cou-

---

1. « *Des jurisconsultes*, dit le jésuite Fisen, pour déguiser la dissidence de l'autorité ecclésiastique. »

tume de se mettre à la queue des Mendiants, s'enveloppèrent de majesté, de silence et de mépris. Les portes de Saint-Lambert restèrent fermées, les chanoines muets; il fallait autre chose pour leur rendre la voix.

Le premier coup de violence fut frappé sur un certain Bérart, homme double et justement haï, qui, envoyé au roi par la ville, avait parlé contre elle. Les échevins le déclarèrent banni *pour cent ans*, les forgerons détruisirent de fond en comble une de ses maisons.

Bérart était un ami de l'évêque. Peu de mois après, c'est un ennemi de l'évêque qui est arrêté, un des premiers auteurs de la révolution, des violents d'alors, mais des modérés d'aujourd'hui. Ce modéré, Gilles d'Huy, est décapité sans jugement régulier, sur l'ordre de l'*avoué* ou capitaine de la ville, Jean le Ruyt, un de ses anciens collègues, qui prêtait alors aux violents son épée et sa conscience.

Pour mieux étendre la terreur, Raes s'avisa de rechercher ce qu'était devenue une vieille confiscation qui datait de trente ans. Bien des gens en détenaient encore certaines parts. Un modéré, Baré de Surlet, qui de ce côté ne se sentait pas net, passa aux violents, se cachant pour ainsi dire parmi eux, et dépassa tout le monde, Raes lui-même, en violence.

Ces actes, justes ou injustes, eurent du moins cet effet, que Raes se trouva assez fort pour rétablir la justice, l'appuyant sur une base nouvelle, inouïe dans Liège : l'autorité du peuple. Un matin, les forgerons dressent leur bannière sur la place, et déclarent que le métier *chôme*, qu'il chômera jusqu'à ce que la justice soit rétablie. Ils somment les échevins d'ouvrir les tribunaux. Ceux-ci, simples magistrats municipaux, assurent qu'ils n'ont point ce pouvoir. A la longue, un des échevins, un vieux tisserand, s'avise d'un moyen : « Que les métiers nous garantissent indemnité, et nous vous donnerons des juges. » Sur trente-deux métiers, trente signèrent; la justice reprit son cours.

Raes emporta encore une grande chose, non moins difficile, non moins nécessaire dans cette ville ruinée : le séquestre des biens de l'évêque. Le roi de France donnait bon exemple. Cette année même, il saisissait des évêchés, des abbayes, le temporel de trois cardinaux; il demandait aux églises la description des biens.

Louis XI se croyait très fort, et sa sécurité gagnait les Liégeois. Il avait du côté du Nord une double assurance : en première ligne, sur toute la frontière, le duc de Nevers, possesseur de Mézières et de Rethel, gouverneur de la Somme, prétendant du Hainaut; en seconde ligne, du côté bourguignon, il avait les Croy, grands baillis de Hainaut, gouverneurs de Boulogne, de Namur et de Luxembourg. Il avait dans la main Nevers pour attaquer, les Croy pour ne point défendre. Le duc vivant, les Croy continuaient de régner; le duc mourant, on espérait que les Wallons, les hommes des Croy, fermeraient leurs places à ce violent Charolais, l'ami de la Hollande[1]. Une chose bizarre

1. *App.* 97.

arriva, imprévue et la pire pour les Croy et pour Louis XI, c'est que le duc mourut sans mourir; je veux dire qu'il fut très malade et désormais mort aux affaires. Son fils les prit en main. Tel gouverneur ou capitaine, qui peut-être eût résisté au fils, n'eut pas le cœur de déchirer la bannière de son vieux maître qui vivait encore, et reçut le fils comme lieutenant du père.

Le 12 mars tombèrent les Croy; le comte de Charolais entra dans leurs places sans coup férir, changea leurs garnisons. Au même moment, Louis XI reçut les manifestes et les défis des ducs de Berri, de Bretagne et de Bourbon. Terribles nouvelles pour Liège. La guerre infaillible, l'ennemi aux portes; l'ami impuissant, en péril, peut-être accablé.

La campagne s'ouvrait, et la ville, loin d'être en défense, avait à peine un gouvernement; si elle ne se donnait vite un chef, elle était perdue. Il lui fallait non plus un simple capitaine, comme avaient été les La Marche, mais un protecteur efficace, un puissant prince qui l'appuyât de fortes alliances. La France ne pouvant rien, il fallait demander ce protecteur à l'Allemagne, aux princes du Rhin. Ces princes, qui voyaient avec inquiétude la maison de Bourgogne s'étendre toujours et venir à eux, devaient saisir vivement l'occasion de prendre poste à Liège.

Raes court à Cologne. L'archevêque était fils du palatin Louis-le-Barbu, qui avait vaincu en bataille la moitié de l'Allemagne; et néanmoins il n'osa accepter. Voisin, comme il était, des Pays-Bas, il eût donné une belle occasion à cette terrible maison de Bourgogne d'établir la guerre dans les électorats ecclésiastiques. Il connaissait trop bien d'ailleurs ce qu'on lui proposait; il avait été voir de près ce peuple ingouvernable. Il aimait mieux un bon traité, une bonne pension du duc de Bourgogne, que d'aller se faire le capitaine en robe des terribles milices de Liège.

Raes, au défaut des Palatins, se rabattit sur Bade, leur rival naturel, et s'en assura. Le 24 mars, il convoque l'assemblée et pose la question : « Faut-il faire un régent ? — Tous disent *oui*. » La Marche seul, qui était présent, s'obstina à garder le silence. « Eh bien ! dit Raes, je suis prêt à jurer que celui que je vais nommer est, de tous, le meilleur à prendre dans l'intérêt de la patrie; c'est le seigneur Marc de Bade, frère du margrave, qui a épousé la sœur de l'Empereur, le frère de l'archevêque de Trèves et de l'évêque de Metz. » Marc de Bade était Français par sa mère, fille du duc de Lorraine. Il fut nommé sans difficulté. La Marche, qui se figurait avoir un droit héréditaire à commander dans la vacance, passa du côté de Louis de Bourbon.

Raes n'avait pu brusquer l'affaire qu'en trompant des deux parts. D'un côté, il faisait croire aux Liégeois que l'Allemand serait soutenu de ses frères, les puissants évêques de Trèves et de Metz, qui, au contraire, firent tout pour l'éloigner de Liège. De l'autre, il parlait au margrave au nom du roi de France[1], et lui

---

1. Suffridus Petrus.

promettait son appui. Loin de là, Louis XI proposait aux Liégois de prendre pour régent son homme, Jean de Nevers[1], leur voisin par Mézières, et que le sire de La Marche eût peut-être accepté.

La *joyeuse entrée* du Badois n'eut rien qui pût le rassurer. Peu de nobles, point de prêtres. Les cloches ne sonnèrent point. A Saint-Lambert, rien de préparé, pas même un baldaquin ; Raes en envoya chercher un à une autre église. Plusieurs chanoines sortirent du chœur.

Cependant, la sentence du pape contre Liège avait été publiée[2] ; les délais qu'elle accordait expirent. Au dernier jour, le doyen de Saint-Pierre essaie de s'enfuir, est pris aux portes, à grand'peine sauvé du peuple, qui voulait l'égorger. Raes et les maîtres des métiers le mènent à la Violette (hôtel de ville), le montrent au balcon, et là, devant la foule, Raes l'interroge : « Cette bulle qui parle des excès de la ville, sans dire un mot des excès de l'évêque, qui l'a faite? qui l'a dictée? Est-ce le pape lui-même? » — Le doyen répondit : « Ce n'est pas le pape en personne, c'est celui qui a charge de ces choses. — Vous l'entendez, ce n'est pas le pape ! » Une clameur terrible partit du peuple : « La bulle est fausse, l'interdit est nul. » Ils coururent de la place aux maisons des chanoines ; toutes celles dont on trouva les maîtres absents furent pillées. La nuit, plusieurs se tenaient en armes aux portes des couvents, pour

---

1. Adrianus de Veteri Bosco.
2. La bulle est tout au long dans Suffridus Petrus.

écouter si les moines chanteraient matines. Malheur à qui n'eût pas chanté! Les chanoines chantèrent, en protestant. Plusieurs s'enfuirent. Leurs biens furent vendus, moitié pour le régent, moitié pour la cité.

Cependant la guerre commence. Dès le 21 avril, le roi courant au Midi, au duc de Bourbon, veut s'assurer la diversion du Nord. Il reconnaît Marc de Bade pour régent de Liége, s'engage à le faire confirmer par le pape, « à ne prester aucune obéissance à nostre Très-Saint-Père » jusqu'à ce qu'il l'ait confirmé. Il paiera et « souldoyera » aux Liégeois deux cents lances complètes (1,200 cavaliers). Les Liégeois entreront en Brabant, le roi en Hainaut (21 avril 1465)[1].

Le roi croyait que Jean de Nevers, prétendant de Hainaut et de Brabant, avait, dans ces provinces, de fortes intelligences qui n'attendaient qu'une occasion pour se déclarer. Nevers l'avait trompé (ou s'était trompé) sur cela, et sur tout[2]. La noblesse picarde, dont il répondait, lui manqua au moment. Ce conquérant des Pays-Bas n'eut plus qu'à s'enfermer dans Péronne; dès le 3 mai, il demandait grâce au comte de Charolais.

D'autre part, les Allemands, si peu solides à Liége, n'avaient pas hâte d'attirer sur eux la grosse armée destinée pour Paris. Pour qui d'ailleurs allaient-ils guerroyer en Brabant? Pour le duc de Nevers, pour celui que le roi avait conseillé aux Liégeois de nommer régent, de préférence à Marc de Bade.

---

1. *Archives du royaume, Trésor des chartes*, J, 527.
2. *App.* 98.

Le roi avait beau gagner la partie au Midi, il la perdait au Nord. Le 16 mai, de Montluçon, qu'il vient d'emporter l'épée à la main, il écrit encore au régent qui ne bouge. Les Badois ne voulaient point armer, même pour leur salut, à moins d'être payés d'avance. Sans doute aussi, dans leur prudence, voyant que le roi n'entrait point en Hainaut, ils voulaient n'entrer en Brabant que quand ils sauraient l'armée bourguignonne loin d'eux, très loin, et qu'il n'y aurait plus personne à combattre. Ils ne se décidèrent à signer le traité que le 17 juin, et alors même ils ne firent rien encore; ils songèrent un peu tard qu'ils n'avaient que des milices, point d'artillerie ni de troupes réglées, et le margrave partit pour en aller chercher en Allemagne.

Le 4 août, grandes nouvelles du roi. Il mande à ses bons amis de Liège que, grâces à Dieu, il a, près du Mont-le-Héry, défait son adversaire; que le comte de Charolais est blessé, tous ses gens enfermés, affamés; s'ils ne se sont pas rendus encore, sans faute ils vont se rendre. Tout cela proclamé par un certain Renard (que le roi avait fait chevalier pour porter la nouvelle), et par un maître Petrus Jodii, professeur en droit civil et canonique, qui, pour faire l'homme d'armes, brandissait toujours un trait d'arbalète.

Comment ne pas croire ces braves? Ils arrivaient, les mains pleines : argent pour la cité, argent pour les métiers, sans compter l'argent à donner sous main. Louis XI, dans sa situation désespérée, avait ramassé ce qui lui restait pour acheter, à tout prix, la diversion de Liège.

Jamais fausse nouvelle n'eut un plus grand effet. Il n'y eut pas moyen de tenir le peuple; malgré ses chefs, il sortit en armes : ce fut un mouvement tumultuaire, nul ensemble; métier par métier : les vignerons d'abord; puis les drapiers, puis tous. Raes courut après eux pour les diriger sur Louvain, où ils auraient peut-être été accueillis par les mécontents; ils ne l'écoutèrent pas, et s'en allèrent follement brûler leurs voisins du Limbourg. Limbourg ou Brabant, l'essentiel pour le roi était qu'ils attaquassent; ses deux hommes suivaient pour voir de leurs yeux si la guerre commençait. Au premier village pillé, brûlé, l'église en feu : « C'est bien, enfants, dirent-ils, nous allons dire au roi que vous êtes des gens de parole; vous en faites encore plus que vous ne promettez. »

Ils n'en faisaient que trop. Plus fiers de cette belle bataille du roi que s'ils l'avaient gagnée, ils envoient leur héraut dénoncer la guerre au vieux duc à Bruxelles, une guerre à feu et à sang. Autre provocation, telle que Louis XI (s'il n'y eut part), la demandait sans doute à Dieu, une provocation propre à rendre la guerre implacable et *inexpiable :* les menus métiers de Dinant, les compagnons, les apprentis, firent pour Montlhéry des réjouissances furieuses, un affreux sabbat d'insultes au Bourguignon.

Tout cela, en réalité, était moins contre lui que pour faire dépit à Bouvignes, ville du duc, qui était en face, de l'autre côté de la Meuse. Il y avait des siècles que Dinant et Bouvignes aboyaient ainsi l'une à l'autre : c'était une haine envieillie. Dinant n'avait pas tout le tort; elle paraît avoir été la première établie; dès l'an 1112, elle avait fait du métier de battre le cuivre un art qu'on n'a point surpassé[1]. Elle n'en avait pas moins vu, en face d'elle, sous la protection de Namur, une autre Dinant ouvrir boutique, ses propres ouvriers probablement, ses apprentis, fabriquer sans maîtrise, appeler la pratique, vendre au rabais[2].

Une chose qui devait rapprocher, avait tout au contraire multiplié, compliqué les haines. A force de se regarder d'un bord à l'autre, les jeunes gens des deux villes s'aimaient parfois et s'épousaient. Le pays d'alentour était si mal peuplé, qu'ils ne pouvaient guère se marier que chez leurs ennemis[3]. Cela amenait mille oppositions d'intérêt, mille procès, pardessus la querelle publique. Se connaissant tous et se détestant, ils passaient leur vie à s'observer, à s'épier. Pour voir dans l'autre ville et prévoir les attaques, Bouvignes s'avisa, en 1321[4], de bâtir une tour qu'elle

---

1. *App.* 99.
2. Rivalité sans doute analogue à celle des drapiers d'Ypres et de Poperinghen, de Liège et de Verviers. Ceux de Liège reprochaient aux autres « que leurs marchandises de drapperie n'estoient ny fidelles ny loyalles ny aulcunement justifiées ».
3. « Et si ne fesoient gueres de mariaiges de leurs enfans, sinon les ungz avec les aultres, car ils estoient loing de toutes aultres bonnes villes. » (Comines.)
4. La date est importante. L'historien du Namurois, naturellement favorable à Bouvignes, avoue pourtant qu'elle bâtit la première sa tour de Crèvecœur. (Galliot.)

baptisa du nom de Crèvecœur ; en réponse, l'année suivante, Dinant dressa sa tour de Montorgueil. D'une tour à l'autre, d'un bord à l'autre, ce n'était qu'outrages et qu'insultes.

Le comte de Charolais n'avait pas encore commencé la campagne, que déjà Bouvignes tirait sur Dinant, lui plantait des pieux dans la Meuse, pour rendre le passage impraticable de son côté (10 mai 1465) [1]. Ceux de Dinant ne commencèrent pourtant la guerre qu'en juin ou juillet, poussés par les agents du roi. Vers le 1er août, quand il fit dire à Liège qu'il avait gagné la bataille, quelques compagnons de Dinant, menés par un certain Conart le *clerc* ou le *chanteur* [2], passent la Meuse avec un mannequin aux armes du comte de Charolais ; le mannequin avait au cou une clochette de vache ; ils dressent devant Bouvignes une croix de Saint-André (c'était, comme on sait, la croix de Bourgogne), pendent le mannequin, et, tirant la clochette, ils crient aux gens de la ville : « Larronailles, n'entendez-vous pas votre M. de Charolais qui vous appelle ? que ne venez-vous ?... Le voilà, ce faux traître ! Le roi l'a fait ou fera pendre, comme vous le voyez... Il se disait fils de duc, et ce n'était qu'un fils de prêtre, bâtard de notre évêque... Ah ! il croyait donc mettre à bas le roi de France ! » Les Bouvignois,

1. Dinant s'en plaint au duc dans sa lettre du 16 juillet.
2. *Le clerc, Conart, le chanteur*, ces deux mots rappellent *l'abbé des cornards*, qu'on trouve dans d'autres villes des Pays-Bas. Celui-ci peut fort bien avoir été un chanteur ou ménétrier, un fol patenté de la ville, comme ceux qui jouaient, chantaient et *ballaient*, quand on proclamait un traité de paix ou qu'on faisait quelque autre acte public (?)

furieux, crièrent du haut des murs mille injures contre le roi, et, pour venger dignement la pendaison du Charolais de paille, ils envoyèrent, au moyen d'une grosse bombarde, dans Dinant même, un Louis XI pendu [1].

Cependant on commençait à savoir partout la vérité sur Montlhéry, et que Paris était assiégé. A Liège, quoique l'argent de France opérât encore, l'inquiétude venait, les réflexions, les scrupules. Le peuple craignait que la guerre n'eût pas été bien déclarée en forme, qu'elle ne fût pas régulière, et il voulut qu'on accomplît, pour la seconde fois, cette formalité. D'autre part, les Allemands se firent conscience d'assister aux violences impies des Liégeois, à leurs saccagements d'églises; ils crurent qu'il n'était pas prudent de faire plus longtemps la guerre avec ces sacrilèges. Un de leurs comtes dit à Raes : « Je suis chrétien, je ne puis voir de telles choses [2]... » Leurs scrupules augmentèrent encore quand ils surent que le Bourguignon négociait un traité avec le Palatin et son frère, l'archevêque de Cologne. A la première occasion, dès qu'ils se virent un peu moins observés, régent, margrave [3], comtes, gens d'armes, ils se sauvèrent tous.

Telle était, avec tout cela, l'outrecuidance de ce peuple de Liège, que, délaissés des Allemands, sans espoir du côté des Français, ils s'acharnaient encore au Limbourg, et refusaient de revenir. L'ennemi approchait, une nombreuse noblesse qui, sommée par

---

1. *App.* 100. — 2. Adrianus de Veteri Bosco.
3. « Qui vir prudens erat. » (Suffridus Petrus.)

le vieux duc, comme pour un outrage personnel, s'était hâtée de monter à cheval. Raes n'eut que le temps de ramasser quatre mille hommes pour barrer la route. Cette cavalerie leur passa sur le ventre, il n'en rentra pas moitié dans la ville (19 octobre 1465).

Cependant un chevalier arrive de Paris : « Le roi a fait la paix; vous en êtes [1]. » Puis vient aussi de France un magistrat de Liège : « Le comte a dicté la paix; il est maître de la campagne : je n'ai pu revenir qu'avec son sauf-conduit. » — Tout le peuple crie : « La paix ! » On envoie à Bruxelles demander une trêve.

Grande était l'alarme à Liège, plus grande à Dinant. Les maîtres fondeurs et batteurs en cuivre, qui, par leurs forges, leurs formes, leur pesant matériel, étaient comme scellés et rivés à la ville, ne pouvaient fuir comme les compagnons; ils attendaient, dans la stupeur, les châtiments terribles que la folie de ceux-ci allait leur attirer. Dès le 18 septembre, ils avaient humblement remercié la ville de Huy, qui leur conseillait de punir les coupables [2]. Le 5 novembre, ils écrivent à la petite ville de Ciney d'arrêter ce maudit Conart, auteur de tout le mal, qui s'y était sauvé. Le même jour, insultés, attaqués par les gens de Bouvignes, mais n'osant plus bouger, immobiles de peur, ils s'adressent au gouverneur de Namur, et le prient

---

[1]. Le roi avait peut-être intercédé de vive voix; mais dans le traité, il n'y a rien pour eux, sauf que le roi avoue qu'ils ont agi par suite des « sollicitations d'aulcuns nos serviteurs ». (Lenglet.) — Il leur écrit : « Audict appointement estes comprins... Seroit difficile à nous de vous secourir. » (*Ms. Legrand.*)

[2]. Documents publiés par M. Gachard.

de les protéger contre la petite ville. Le 13, ils supplient les Liégeois de venir à leur secours; ils ont appris que le comte de Charolais embarque son artillerie à Mézières pour lui faire descendre la Meuse.

Il arrivait, en effet, ce Terrible, comme on l'appela bientôt. La saison ne l'arrêtait pas. Les folles paroles du *chanteur* de Dinant, ces noms de *bâtard* et de *fils de prêtre*[1] avaient été charitablement rapportés par ceux de Bouvignes au vieux duc et à Madame de Bourgogne. Celle-ci, prude et dévote dame et du sang de Lancastre, prit aigrement la chose; elle jura, s'il faut en croire le bruit qui courut[2], que « s'il luy devoit couster tout son vaillant, elle feroit ruyner ceste ville en mettant toutes personnes à l'espée ». Le duc et la duchesse pressèrent leur fils de revenir de France, sous peine d'encourir leur indignation[3]. Lui-même en avait hâte; le trait, jeté au hasard par un fol, n'avait que trop porté; le comte n'était pas bâtard, il est vrai, mais bien notoirement petit-fils de *bâtard* du côté maternel[4]. La bâtardise était le côté par où cette fière maison de Bourgogne, avec sa chevalerie, sa croisade

1. *App.* 101.
2. Nous apprenons, disent les Dinantais, qu'elle est à l'Écluse, attendant des gens d'armes de divers pays. » (*Documents Gachard.*)
3. « Sub pœna paternæ indignationis. » (*Ms. pseudo-Amelgardi.*)
4. Voy. plus haut, p. 33, note 3. Il est curieux de voir les efforts maladroits du bonhomme Olivier de La Marche (Préface), pour rassurer là-dessus son jeune maître Philippe, petit-fils de Charles-le-Téméraire : « J'ay entrepris de vous monstrer que vostre lignée du costé du Portugal *n'est pas seule issue de bastards...* Jephté est mis au nombre des saincts, et toutefois il estoit fils *d'une femme publique...* De Salmon et de Raab, *femme publique*, fut fils Booz... » Puis arrivent Alexandre, Bacchus, Perseus, Minos, Herculès, Romulus, Artus, Guillaume de Normandie, Henri, roi d'Espagne, Jean, roi de Portugal, père de Madame de Bourgogne.

et sa Toison d'or, souffrait sensiblement. Les Allemands là-dessus étaient impitoyables; le fils du fondateur de la Toison n'aurait pu entrer dans la plupart des ordres ou chapitres d'Allemagne. Aussi, ce mot de *bâtard*, entendu pour la première fois, entendu dans le triomphe même, au moment où il dictait la paix au roi de France, était profondément entré... Il se croyait sali tant que les vilains n'avaient pas ravalé leur vilaine parole, lavé cette boue de leur sang.

Donc, il revenait à marches forcées avec sa grosse armée, qui grossissait encore. Sur le chemin, chacun accourait et se mettait à la suite; on tremblait d'être noté comme absent. Les villes de Flandre envoyaient leurs archers; les chevaliers picards, flottants jusque-là, venait pour s'excuser. Tels vinrent même de l'armée du roi.

On tremblait pour Dinant, on la voyait déjà réduite en poudre; et l'orage tomba sur Liège. Le comte, quelle que fût son ardeur de vengeance, n'était pas encore le Téméraire; il se laissait conduire. Ses conseillers, sages et froides têtes, les Saint-Pol, les Contay, les Humbercourt, ne lui permirent pas d'aller perdre de si grandes forces contre une si petite ville. Ils le menèrent à Liège; Liège réduite, on avait Dinant.

Encore se gardèrent-ils d'attaquer immédiatement. Ils savaient ce que c'était que Liège, quel terrible guêpier, et que, si l'on mettait le pied trop brusquement dessus, on risquait, fort ou faible, d'être piqué à mort. Ils restèrent à Saint-Trond, d'où le comte accorda une trêve aux Liégeois[1]. Il fallait, sur toutes choses, ne pas pousser ce peuple colérique, le laisser s'abattre et s'amortir, languir l'hiver sans travail ni combat; il y avait à parier qu'il se battrait avec lui-même. Il fallait surtout l'isoler, lui fermant la Meuse d'en haut et d'en bas, lui ôter le secours des campagnes[2] en s'assurant des seigneurs, le secours des villes en occupant Saint-Trond, regagnant Huy, amusant Dinant, bien entendu, sans rien promettre.

Le comte avait dans son armée les grands seigneurs de l'évêché, les Horne, les Meurs, et les La Marche, qui craignaient pour leurs terres; il défendit aux siens de piller le pays, laissant plutôt piller, manger les États de son père, les sujets paisibles et loyaux.

Dès le 12 novembre, les seigneurs avaient préparé la soumission de Liège; ils avaient minuté pour elle un premier projet de traité où elle se soumettait à l'évêque, et indemnisait le duc. Ce n'était pas le compte de celui-ci, qui pour indemnité ne voulait pas moins que Liège elle-même; de plus, pour guérir son orgueil, il lui fallait du sang, qu'on lui livrât des hommes, que Dinant surtout restât à sa merci. A quoi la grande ville ne voulait pour rien consentir[3]; il ne lui convenait pas de faire comme Huy, qui obtint grâce en s'exécutant et faisant elle-même ses noyades. Liège ne voulait se sauver qu'en sauvant les siens, ses citoyens, ses amis et alliés. Le 29 novembre, lorsque

---

1. *App.* 102.
2. Il est probable que la banlieue elle-même n'était pas sûre, depuis que les forgerons de la ville avaient battu les houillers. — 3. *App.* 103.

la terre tremblait sous cette terrible armée, et qu'on ne savait encore sur qui elle allait fondre, les Liégeois promirent secours à Dinant.

Pour celle-ci, il n'était pas difficile de la tromper ; elle ne demandait qu'à se tromper elle-même, dans l'agonie de peur où elle était. Elle implorait tout le monde, écrivait de toutes parts des supplications, des amendes honorables, à l'évêque, au comte (18, 22 nov.). Elle rappelait au roi de France qu'elle n'avait fait la guerre que sur la parole de ses envoyés. Elle chargeait l'abbé de Saint-Hubert et autres grands abbés d'intercéder pour elle, de prier le comte pour elle, comme on prie Dieu pour les mourants... Nulle réponse. Seulement, les seigneurs de l'armée, ceux même du pays, endormaient de paroles la pauvre ville, tremblante et crédule, s'en jouaient ; tel essayait d'en tirer de l'argent[1].

Dinant avait reçu quelques hommes de Liège, elle avait foi en Liège, et regardait toujours de ce côté si le secours ne venait pas. Elle ne l'avait pas encore reçu au 2 décembre. Elle était consternée... C'est qu'à Liège, comme en bien d'autres villes, il ne manquait pas d'*honnêtes gens*, de modérés, de riches, pour désirer la paix à tout prix, au prix de la foi donnée, au prix du sang humain. S'obstiner à protéger Dinant, à défendre Liège, c'était s'imposer de lourdes charges d'argent. Aussi, dès que les notables virent que le peuple commençait à s'abattre, ils prirent cœur, se firent forts d'avoir un bon traité, et obtinrent des

1. *App.* 104.

pouvoirs pour aller trouver le comte de Charolais.

Ils n'étaient pas trop rassurés en allant voir ce redouté seigneur, ce fléau de Dieu... Mais les premières paroles furent douces, à leur grande surprise; il les envoya dîner; puis (chose inattendue, inouïe, dont ils furent confondus), lui-même, ce grand comte, les mena voir son armée en bataille... Quelle armée! vingt-huit mille hommes à cheval (on ne comptait pas les piétons), et tout cela couvert de fer et d'or, tant de blasons, tant de couleurs, les étendards de tant de nations... Les pauvres gens furent terrifiés; le comte en eut pitié, et leur dit, pour les remettre : « Avant que vous ne nous fissiez la guerre, j'ai toujours eu bon cœur pour les Liégeois; la paix faite, je l'aurai encore. Mais comme vous avez dit que tous mes hommes avaient été tués en France, j'ai voulu vous en montrer le reste. »

Au fond, les députés le tiraient d'un grand embarras. L'hiver venait dans son plus dur (22 décembre); peu de vivres; une armée affamée, qu'il fallait laisser se diviser, courir pour chercher sa vie, puisqu'on ne ne lui donnait rien.

Les députés de Liège n'en signèrent pas moins le traité, tel que le comte l'eût dicté s'il eût campé dans la ville devant Saint-Lambert. Ce traité est justement nommé dans les actes la *piteuse paix de Liège* : Liège fait amende honorable, et bâtit chapelle en mémoire perpétuelle de l'amende. Le duc et ses hoirs à jamais sont, comme ducs de Brabant, *avoués* de la ville, c'est-à-dire qu'ils y ont l'épée. Liège n'a plus sur ses voisins le ressort et la haute cour, ni la cour d'évêché, ni celle de cité, ni *anneau*, ni *péron*. Elle paye au duc trois cent quatre-vingt-dix mille florins, cent quatre vingt-dix mille au comte; cela pour eux seuls; quant aux réclamations de leurs sujets, quant à l'indemnité de l'évêque, on verra plus tard. La ville renonce à l'alliance du roi, livre les lettres et actes du traité. Elle restitue obédience à l'évêque, au pape. Défense de fortifier le Liégeois du côté du Hainaut, pas même de villettes murées. Le duc passe et repasse la Meuse, quand et comme il veut, avec ou sans armes; quand il passe, on lui doit les vivres. Moyennant cela, il y aura paix entre le duc et tout le Liégeois, *excepté Dinant;* entre le comte et tout le Liégeois, *excepté Dinant.*

Ce n'était pas une chose sans péril que de rapporter à Liège un tel traité. Le premier des députés, celui qui se hasarda à parler, Gilles de Mès, était un homme aimé dans le peuple, un bon bourgeois, fort riche; jadis pensionnaire de Charles VII, il avait commencé le mouvement contre l'évêque, et avait eu l'honneur d'être armé chevalier de la main de Louis XI. Il monte au balcon de la Violette, et dit sans embarras : « La paix est faite; nous ne livrons personne; seulement quelques-uns s'absenteront pour un peu de temps; je pars avec eux, si l'on veut, et que je ne revienne jamais, s'ils ne reviennent!... Après tout, que faire? Nous ne pouvons résister. »

Alors un grand cri s'élève de la place : « Traîtres ! vendeurs de sang chrétien ! » Dans ce danger, les partisans de la paix essayaient de se défendre par un mensonge : « Dinant pourrait avoir la paix; c'est elle qui n'en veut pas [1]. »

Gilles n'en fut pas moins poursuivi. Les métiers voulurent qu'on le jugeât; mais comme c'était un homme doux et aimé, tous les juges trouvaient des raisons pour ne pas juger, tous se récusaient. Faute de juges, il aurait peut-être échappé, au moins pour ce jour. Malheureusement ce pacifique Gilles avait dit jadis une parole guerrière, violente; il y avait dix ans, mais l'on s'en souvint : « Si l'évêque ne nomme plus de juges, nous aurons l'*avoué* (le capitaine de la ville) [2]. » Ce mot servit contre lui-même. On força ce capitaine de juger, et de juger à mort. Alors, le pauvre homme se tournant vers le peuple : « Bonnes gens, j'ai servi cinquante ans la cité, sans reproche. Laissez-moi vivre aux Chartreux ou ailleurs... Je donnerai, pour chaque métier, cent florins du Rhin, je vous referai, à mes dépens, les canons que vous avez perdus... » Son juge même se joignait à lui : « Bonnes gens, grâce pour lui, miséricorde!... » Au plus haut de l'hôtel de ville, à une fenêtre, se tenaient Raes et Bare, qui avaient l'air de rire. Un des bourgmestres, qui était leur homme, dit durement : « Allons, qu'on en finisse; nous ne vendrons pas les franchises de la cité. » On lui coupa la tête. Le bourreau lui-même était si troublé qu'il n'en pouvait venir à bout.

La tête tombée, la trompette sonne, on proclame la paix, dont on vient de tuer l'auteur, et personne ne contredit.

1. *App.* 105. — 2. Adrianus de Veteri Bosco.

Pendant ces fluctuations de Liège, ce long combat de la misère et de l'honneur, le comte de Charolais se morfondait tout l'hiver à Saint-Trond. Il ne pouvait rien finir de ce côté, et chaque jour il recevait de France les plus mauvaises nouvelles. Chaque jour, il lui venait des lettres lamentables du nouveau duc de Normandie, que le roi tenait à la gorge... Ce duc avait à peine *épousé sa duché*[1], que déjà Louis XI travaillait au divorce, y employant ceux mêmes qui avaient fait faire le mariage, les ducs de Bretagne et de Bourbon.

Il n'avait pas marchandé avec ceux-ci. Pour obtenir seulement du Breton qu'il ne bougeât pas, il lui donna un mont d'or, cent vingt mille écus d'or. Quant au duc de Bourbon qui, plus que personne, avait fait le duc de Normandie[2], et sans y rien gagner, il eut, pour le défaire, des avantages énormes[3]. Le roi le nomma son lieutenant dans tout le Midi. A ce prix, il l'emmena, et s'en servit pour ouvrir une à une les places de Normandie, Évreux, Vernon, Louviers.

Il avait déjà Louviers, le 7 janvier (1466). Rouen tenait encore; mais de Rouen à Louviers, tous venaient, un à un, faire leur paix, demander sûreté. Le roi souriait, et disait : « Qu'en avez-vous besoin ? Vous n'avez point failli[4]. » Il excepta un petit nombre

---

1. *App.* 106.
2. Le duc de Bourbon s'était montré l'un des plus acharnés, l'un de ceux qui craignaient le plus qu'on ne se fiât au roi. *App.* 107.
3. Le roi ébranla d'abord le duc de Bourbon, en lui faisant peur d'une attaque de Sforza en Lyonnais et Forez. (Bernardino Corio.) Quant au Breton, le roi le prit aigri, fâché, lorsque ses amis les Normands l'avaient mis hors de chez eux, lorsqu'il regrettait amèrement d'avoir refait un duc de Normandie à qui la Bretagne devrait hommage. — 4. *App.* 108.

d'hommes, dont quelques-uns, pris en fuite, furent décapités ou noyés. Plusieurs vinrent le trouver, qui furent comblés et se donnèrent à lui, entre autres son grand ennemi Dammartin, désormais son grand serviteur.

Le comte de Charolais savait tout cela, et n'y pouvait rien. Il était fixé devant Liège ; il écrivit seulement au roi en faveur de Monsieur, et encore bien doucement, « en toute humilité[1] ». Tout doucement aussi, le roi lui écrivit en faveur de Dinant. Il fallut un grand mois pour que le traité revint de Liège au camp, pour que le comte, enfin délivré, pût s'occuper sérieusement des affaires de Normandie. Mais alors tout était fini. Monsieur était en fuite ; il s'était retiré et Bretagne, non en Flandre, préférant l'hospitalité d'un ennemi à celle d'un si froid protecteur. Celui-ci perdait, pour toujours, la précieuse occasion d'avoir chez lui un frère du roi, un prétendant qui, dans ses mains, eût été une si bonne machine à troubler la France.

Le 22 janvier, cent notables de Liège lui avaient enfin rapporté la *piteuse paix*, scellée et confirmée. Il semblait que le froid, la misère, l'abandon, eussent brisé les cœurs... Quand le peuple vit cette lugubre procession de cent hommes, emportant le testament de la cité, il pleura sur lui-même. Les cent partaient armés, cuirassés, contre qui ? Contre leurs concitoyens, contre les pauvres bannis de Liège[2], qui, sans

---

1. *Ms. Baluze*, 9675 B, 15 janvier 1466. — 2. Du Clercq.

toit ni foyer, erraient en plein hiver, vivant de proie, comme des loups.

Alors il se fit dans les âmes, par la douleur et la pitié, une vive réaction de courage. Le peuple déclara que si Dinant n'avait pas la paix, il n'en voulait pas pour lui-même, qu'il résisterait. Le comte de Charolais se garda bien de s'enquérir du changement. Il ne pouvait pas tenir davantage : il licencia son armée, sans la payer (24 janvier), et emporta, pour dépouilles opimes, son traité à Bruxelles.

Il y reçut une lettre du roi [1], lettre amicale, où le roi pour le calmer, lui donnait la Picardie, qu'il avait déjà. Quant à la Normandie, il exposait la nécessité où il s'était vu d'en débarrasser son frère, qui l'avait désiré lui-même. Il n'avait pu légalement donner la Normandie en apanage, cela étant positivement défendu par une ordonnance de Charles V. Cette province portait près d'un tiers des charges de la couronne. Par la Seine, elle pouvait mettre directement l'ennemi à Paris. Au reste, Rouen ayant été pris en pleine trêve, le roi avait bien pu le reprendre. Il s'était remis de toute l'affaire à l'arbitrage des ducs de Bretagne et de Bourbon. Il avait fait des efforts inimaginables pour contenter son frère; si les conférences étaient rompues, ce n'était pas sa faute; il en était bien affligé... Affligé ou non, il entrait dans Rouen (7 février 1466).

1. Legrand, *Hist. ms. de Louis XI*, livre IX, fol. 37.

CHAPITRE II

Sac de Dinant. (1466.)

La Normandie nous coûta cher. Pour la reprendre, pour sauver la royauté et le royaume, Louis XI fit sans scrupule ce qui se faisait aux temps anciens dans les grandes extrémités, un sacrifice humain : il immola, ou du moins laissa périr un peuple, une autre France, notre pauvre petite France wallonne de Dinant et de Liège.

Il était lui-même en péril. Il avait repris Rouen, et il était à peine sûr de Paris. Il attendait une descente anglaise.

Il ne savait pas seulement s'il avait la Bastille. Ces tours dont il voyait le canon sur sa tête, de l'hôtel des Tournelles, elles étaient encore entre les mains de Charles de Melun, de l'homme qui, au moment critique, le roi étant devant l'ennemi, avait hardiment méconnu ses ordres, et qui, autant qu'il était en lui, l'avait fait périr. Néanmoins, le roi n'avait pu lui retirer la garde de la Bastille[1] ; il la gardait si bien, qu'une certaine nuit les portes se trouvèrent ouvertes, les canons encloués : il ne tenait qu'aux princes d'entrer. Ce ne fut que six mois après, à la fin de mai, que « Maistre Jehan le Prévost, notaire et secrétaire du Roy, entra dedans la bastille Saint-Antoine, *par moyens subtils* », et mit dehors le gouverneur.

D'avoir si *subtilement*, si vivement repris la Normandie, c'était, dans ce siècle de ruse, un tour à faire envie à tous les princes. Ils n'en étaient que plus mortifiés. Le Breton même, payé pour laisser faire, quand il vit la chose faite, fut plus en colère que les autres. Breton et Bourguignon, ils recoururent à un remède extrême qui, depuis nos affreuses guerres anglaises, faisait horreur à tout le monde : ils appelèrent l'Anglais.

Jusque-là, deux choses rassuraient le roi. D'abord, son bon ami Warwick, gouverneur de Calais, tenait fermée la porte de la France. Puis, le comte de Charolais étant Lancastre par sa mère et ami des Lancastre, il y avait peu d'apparence qu'il s'entendît avec la maison d'York, avec Édouard.

Toutefois, on a vu qu'Édouard avait épousé une nièce de Saint-Pol (serviteur du duc de Bourgogne), épousé malgré Warwick, dont il eût voulu se débarrasser. Ce roi d'hier, qui déjà reniait son auteur et créateur, Warwick, aliénait son propre parti, et

---

1. Ni la garde de Melun. (Jean de Troyes, ann. 1466, fin mai.)

voyait dès lors son trône porter sur le vide, entre York et Lancastre. Sa femme et les parents de sa femme, pour qui il hasardait l'Angleterre, avaient hâte de s'appuyer sur l'étranger. Ils faisaient leur cour au duc de Bourgogne; ils présentaient aux Flamands, aux Bretons, l'appât d'un traité de commerce[1]. Madame de Bourgogne elle-même, bien plus homme que femme, immola la haine pour York qu'elle avait dans le sang, à une haine plus forte, celle de la France. Elle fit accueillir les démarches d'Édouard, agréa pour son fils la jeune sœur de l'ennemi, comptant bien la former, la faire à son image. La digne bru d'Isabelle de Lancastre, Marguerite d'York, doit former à son tour Marie, grand'mère de Charles-Quint.

Louis XI, qui savait que ce mariage se brassait contre lui, armait en hâte; il fondait des canons, prenait des cloches pour en faire. Ce qui lui manquait le plus, c'était l'argent. On était épouvanté des monstrueuses sommes qu'il lui fallait pour préparer la guerre, ou acheter la paix, dans le royaume, hors du royaume. Le peuple, qui n'avait pas bien su ce que les princes voulaient dire avec leur *Bien public*[2], ne le comprit que trop, quand il lui fallut payer les dons et gratifications, pensions, indemnités, qu'ils avaient extorqués. Les trésoriers du roi, sommés par lui de

---

1. Rymer, 22 mars 1466. Le même jour, Édouard donne pouvoir pour traiter d'un double mariage entre sa sœur et le comte de Charolais, entre la fille du comte et son frère Clarence.

2. « Sy ne sçavoient la pluspart la cause pourquoy ne quy les mouvoit. » (Du Clercq.)

payer l'impossible, trouvèrent, au défaut d'argent, du courage, et lui dirent « qu'ils avaient ouï dire à Messieurs (c'étaient les Trente-six, nommés pour réformer l'État) *qu'il perdrait son peuple*, le fonds même d'où il tirait l'argent...; que la paroisse, qui payait jusque-là deux cents livres, allait être obligée d'en payer six cents ; que cela ne se pouvait faire [1] ! » Il ne s'arrêta point à cela, et dit : « Il faut doubler, tripler les taxes sur les villes, et que la répartition s'étende au plat pays. » Le plat pays, les campagnes, c'étaient généralement les terres de l'Église, qui ne payait pas, et celles des seigneurs, à qui l'on payait.

On ne peut se dissimuler une chose, c'est qu'il fallait périr, ou, contre l'Angleterre, contre les maisons de Bourgogne et de Bretagne, acheter l'alliance des maisons de Bourbon, d'Anjou, d'Orléans, de Saint-Pol.

L'alliance des Bourbons, frères de l'évêque de Liège, était à bien haut prix. Elle impliquait une condition misérable et déshonorante, une honte terrible à boire : l'abandon des Liégeois. Et pourtant, sans cette alliance, point de Normandie, plus de France peut-être. La dernière guerre avait prouvé du reste qu'avec toute la vigueur et la célérité possibles le roi succomberait s'il avait à combattre à la fois le Midi et le Nord, que pour faire tête au Nord il lui fallait une alliance fixe avec le fief central [2], le duché de Bourbon.

---

1. *App.* 109.
2. Le centre géométrique de la France est marqué par une borne romaine, dans le Bourbonnais, près d'Alichamp, à trois lieues de Saint-Amand.

Grand fief, mais de tous les grands le moins dangereux, n'étant pas une nation, une race à part, comme la Bretagne ou la Flandre, pas même une province : comme la Bourgogne, mais une agrégation tout artificielle des démembrements de diverses provinces, Berri, Bourgogne, Auvergne. Peu de cohésion dans le Bourbonnais ; moins encore dans ce que le duc possédait au dehors (Auvergne, Beaujolais et Forez). Le roi ne craignait pas de lui confier, comme à son lieutenant, tous les pays du centre, sans contact avec l'étranger, la France dormante des grandes plaines (Berri, Sologne, Orléanais), la France sauvage et sans route des montagnes (Velay et Vivarais, Limousin, Périgord, Quercy, Rouergue). Si l'on ajoute le Languedoc, qu'il lui donna plus tard, c'était lui mettre entre les mains la moitié du royaume[1].

Ce qui excuse un peu Louis XI d'une si excessive confiance, c'est d'abord que, par l'immensité d'un tel établissement, il s'assurait le duc, qui ne pouvait jamais rien espérer d'ailleurs qui en approchât. De plus, on avait vu, et dans la *Praguerie* et dans la dernière guerre, qu'un duc de Bourbon, même en Bourbonnais, ne tenait pas fortement au sol, comme un duc de Bretagne ; par deux fois il avait été en un moment dépouillé de tout ; il pouvait grandir sans être plus fort, n'ayant de racine nulle part.

Personnellement aussi, Jean de Bourbon rassurait le roi[2]. Il était sans enfant, sans intérêt d'avenir. Il

---

1. *App.* 110.
2. Ces Bourbons, quoique assez remuants, n'avaient pas encore le sang de

avait des frères, il est vrai, des sœurs, que Philippe-le-Bon avait élevés et avancés, comme ses enfants. Mais justement parce que la maison de Bourgogne avait beaucoup fait pour eux, parce qu'ils en avaient tiré ce qu'ils pouvaient tirer, ils regardaient désormais vers le roi. C'était beaucoup sans doute pour Charles de Bourbon d'être archevêque de Lyon, légat d'Avignon ; mais si le roi le faisait cardinal ! Louis de Bourbon devait, il est vrai, à Philippe-le-Bon le titre d'évêque de Liège ; mais pour qu'il rentrât dans Liège, il fallait que le roi ne défendît point les Liégeois. Le roi fit le bâtard de Bourbon amiral de France, capitaine d'Honfleur, lui donna une de ses filles, avec beaucoup de bien ; — fille bâtarde, mais il y en avait de légitimes ; l'aînée, Anne de France, était toujours un enjeu des traités, on lui faisait épouser à deux ans tantôt le fils du duc de Calabre, tantôt celui du duc de Bourgogne ; on prévoyait sans peine que ces mariages par écrit en resteraient là ; que, si le roi prenait un gendre, il le prendrait petit, une créature docile et prête à tout, comme pouvait être Pierre de Beaujeu, le cadet de Bourbon. Ce cadet se donna à Louis XI, le servit en ses plus rudes affaires, jusqu'à la mort, et au delà, dans sa fille Anne, autre Louis XI, dont Pierre fut moins l'époux que l'humble serviteur.

Le roi rallia ainsi à lui d'une manière durable toute la maison de Bourbon. Pour celles d'Anjou et d'Orléans, il les divisa.

Gonzague, de Foix et d'Albret. La devise sur l'épée : *Penetrabit*, ne fut adoptée que par le connétable. *App.* 111.

Le fils de René d'Anjou, Jean de Calabre, alors, comme toujours, avait besoin d'argent. Ce héros de roman, ayant manqué la France et l'Italie, se tournait vers l'Espagne, pour y chercher son aventure. Les Catalans le voulaient pour leur roi, pour roi d'Aragon[1]. Louis XI, le voyant dans ce besoin et cette espérance, lui envoie vingt mille livres d'abord, puis cent mille, un acompte sur la dot de sa fille. Au fond, sous couleur de dot, c'était un salaire : il fallait qu'à ce prix Jean de Calabre se chargeât du triste office d'aller en Bretagne réclamer, prendre au corps le frère du roi ; celui-ci n'était pas fâché que le renommé chevalier se montrât aux Bretons comme recors ou sergent royal.

Quant à la maison d'Orléans, le roi détacha de ses intérêts le glorieux bâtard, le vieux Dunois, dont il maria le fils à une de ses nièces de Savoie. Le nom du vieillard donnait beaucoup d'éclat à la commission des Trente-six, qui, sous sa présidence, devaient réformer le royaume. Le roi les convoqua lui-même en juillet. Les choses avaient tellement changé en un an, que cette machine inventée contre lui devenait maintenant une arme dans sa main. Il s'en servit comme d'une ombre d'États qu'il faisait parler à son gré, donnant leur voix pour la voix du royaume.

C'était beaucoup d'avoir ramené si vite tant d'ennemis. Restait le plus difficile de tous, le général même de la ligue, celui qui avait conduit les Bourgui-

---

1. Leur roi, Don Pedro de Portugal, neveu de la duchesse de Bourgogne, était mort le 29 juin 1466.

gnons jusqu'à Paris, qui les avait fait persister jusqu'à Montlhéry, qui s'était fait faire par le roi connétable de France. Le roi, si durement humilié par lui, se prit pour lui d'une grande passion; il n'eut plus de repos qu'il ne l'eût acquis.

Saint-Pol, devenu ici connétable, mais de longue date établi de l'autre côté, ayant son bien et ses enfants chez le duc, et une nièce reine d'Angleterre, devait y regarder, avant d'écouter le roi. Il était comme ami d'enfance pour le comte de Charolais, il avait sa confiance, l'avait toujours mené : il semblait peu probable qu'un tel homme tournât... Il tourna, s'il faut le dire, parce qu'il fut amoureux; il l'était de la belle-sœur du duc de Bourgogne, sœur du duc de Bourbon, épris de la demoiselle, plus épris du sang royal, d'une si haute parenté. L'amoureux avait cinquante ans, du reste grand air, haute mine, faste royal, un grand luxe d'habits, au-dessus de tous les hommes du temps. Avec tout cela, il n'était plus jeune, et il avait un jeune fils. Elle eût aimé Saint-Pol pour beau-père. Il réclamait l'appui du comte de Charolais, qui n'aidait que faiblement à la chose, trouvant sans doute que son ami, à peine connétable, voulait monter bien vite.

Dans ce moment où Saint-Pol, mortifié, s'apercevait qu'il avait cinquante ans, voici venir à lui le roi, les bras ouverts, qui l'aime et veut le marier, et non seulement lui, mais son fils et sa fille. Il donne au père, au fils, ses jeunes nièces de Savoie; la fille de Saint-Pol épousera le frère des deux nièces, le neveu du roi[1]. Voilà toute la famille placée, alliée au même degré que le roi à la maison souveraine de Savoie et de Chypre.

Le roi avait un si violent désir d'avoir Saint-Pol, qu'il lui promit la succession d'un prince du sang qui vivait encore, de son oncle, le comte d'Eu. Il le fortifia en Picardie, lui donnant Guise ; il l'établit en Normandie, confiant à cet ennemi, à peine réconcilié, les clefs de Rouen, le faisant capitaine de Rouen, tout à l'heure gouverneur de la Normandie.

Ce grand établissement de Saint-Pol signifiait une chose, c'est que le roi, ayant repris la Normandie, voulait reprendre la Picardie. Le comte de Charolais faisait semblant de rire ; au fond, il était furieux. La Picardie pouvait lui échapper. Les villes de la Somme regrettaient déjà de ne plus être villes royales[2]. Combien plus y eurent-elles regret, lorsque le comte, ne sachant où prendre de l'argent pour sa guerre de Liège, rétablit la gabelle, ce dur impôt du sel qu'il venait d'abolir, qu'il avait promis de ne rétablir jamais.

Tout était à recommencer du côté des Liégeois. Le glorieux traité que tout le monde célébrait devenait ridicule, n'étant en rien exécuté. A grand'peine, par instance et menace, on obtint ce qui couvrait au moins l'orgueil : l'amende honorable. Elle se fit à Bruxelles, devant l'hôtel de ville, le vieux duc étant

---

1. *App.* 112.
2. « Estoient courouciés qu'ils n'estoient plus au roy de France. » (Du Clercq.)

au balcon. L'un des envoyés, celui du chapitre, le pria « de faire qu'il y eût bonne paix, spécialement entre le seigneur Charles son fils *et les gens de Dinant* ». A quoi le chancelier répondit : « Monseigneur accepte la soumission de ceux qui se présentent ; pour ceux qui font défaut, il poursuivra son droit. »

Pour le poursuivre, il fallait une armée. Il fallait remettre en selle la pesante gendarmerie, tirer du coin du feu des gens encore tout engourdis d'une campagne d'hiver, des gens qui la plupart ne devaient que quarante jours de service féodal et qu'on avait tenus neuf mois sous le harnais sans les payer, parfois sans les nourrir. Ils n'avaient pas eu le tiers de ce qu'on leur devait. Tel, renvoyé de l'un à l'autre, reçut quelque chose, à titre d'aumône, « en considération de sa pauvreté [1] ».

A moins de frais et d'embarras, l'ennemi, qui n'avait ni feu ni foyer, s'était mis en campagne. Au premier chant de l'alouette, les enfants de la *Verte tente* [2] couraient déjà les champs, pillaient, brûlaient, mettant leur joie à désespérer, s'ils pouvaient, « le vieux monnart de duc et son fils Charlotteau ».

Il fallut endurer cela jusqu'en juillet, et alors même il n'y avait rien de prêt. Le duc, profondément blessé, devenait de plus en plus sombre. Il ne manquait pas de gens autour de lui pour l'aigrir. Un jour qu'il se mettait à table, il ne voit pas ses

---

1. *App.* 113. — 2. *App.* 114.

mets accoutumés ; il mande les gens de sa dépense :
« Voulez-vous donc me tenir en tutelle? — Monseigneur, les médecins défendent... » Alors, s'adressant aux seigneurs qui sont là : « Mes gens d'armes partent-ils donc enfin? — Monseigneur, petite est l'apparence ; ils ont été si mal payés, qu'ils ont peur de venir ; ce sont des gens ruinés, leurs habits sont en pièces, il faut que les capitaines les rhabillent. » Le duc entra dans une grande colère : « J'ai pourtant tiré de mon trésor deux cent mille couronnes d'or. Il faudra donc que je paye mes gens d'armes moi-même !... Suis-je donc mis en oubli? » En disant cela, il renversa la table et tout ce qui était dessus, sa bouche se tordit, il fut frappé d'apoplexie, on croyait qu'il allait mourir... Il se remit pourtant un peu, et fit écrire partout que chacun fût prêt, « sous peine de la hart ».

La menace agit. On savait que le comte de Charolais était homme à la mettre à effet. Pour moins, on lui avait vu tuer un homme (un archer qu'il trouva mal en ordre dans une revue). Tout le monde craignait sa violence, les grands comme les petits. Ici surtout, dans une guerre dont le père et le fils faisaient une affaire d'honneur, une querelle personnelle, il y eût eu danger à rester chez soi.

Tous vinrent ; il y eut trente mille hommes. Les Flamands, de bon cœur, rendirent à leur vieux seigneur le dernier service féodal dans une guerre wallonne. Les Wallons eux-mêmes du Hainaut, les nobles du pays de Liège, ne se faisaient aucun scrupule de concourir au châtiment de la ville maudite. La noblesse et les milices de Picardie furent amenées par Saint-Pol ; marié par le roi le 1er août, il se trouva le 15 à l'armée de Namur, avec toute sa famille, ses frères et ses enfants.

Le comte de Charolais venait d'apprendre, avec le mariage de Saint-Pol, trois nouvelles du même jour, non moins fâcheuses, trois traités du roi avec les maisons de Bourbon, d'Anjou et de Savoie. En partant de Namur, il donna cours à sa colère, écrivant au roi une lettre furieuse, où il l'accusait d'appeler l'Anglais, de lui offrir Rouen, Dieppe, Abbeville[1]...

Toute cette fureur contre le roi allait tomber sur Dinant. Il y avait pourtant, en bonne justice, une question dont il eût fallu avant tout s'enquérir. Ceux qu'on allait punir, étaient-ce bien ceux qui avaient péché ? N'y avait-il pas plusieurs villes en une ville ? La vraie Dinant n'était-elle pas innocente ? Lorsque dans un même homme nous trouvons si souvent l'*homme double* (et multiple !), était-il juste d'attribuer l'unité d'une personne à une ville, à un peuple ?

Par quoi Dinant était-elle Dinant pour tout le monde ? Par ses batteurs en cuivre, par ce qu'on appelait le *bon métier de la batterie*. Ce métier avait fait la ville, et la constituait ; le reste des habitants, quelque nombreux qu'il fût, était un accessoire, une foule attirée par le succès et le profit. Il y avait,

---

1. *App.* 115.

comme partout, des bourgeois, des petits marchands qui pouvaient aller et venir, vivre ailleurs. Mais les batteurs en cuivre devaient, quoi qu'il pût arriver, vivre là, mourir là ; ils y étaient fixés, non seulement par leur lourd matériel d'ustensiles, grossi de père en fils, mais par la renommée de leurs fonds, achalandés depuis des siècles, enfin, par une tradition d'art, unique, qui n'a point survécu. Ceux qui ont vu les fonts baptismaux de Liège et les chandeliers de Tongres se garderont bien de comparer les *dinandiers* qui ont fait ces chefs-d'œuvre à nos chaudronniers d'Auvergne et de Forez. Dans les mains des premiers, la batterie du cuivre fut un art qui le disputait au grand art de la fonte. Dans les ouvrages de fonte, on sent souvent, à une certaine rigidité, qu'il y a eu un intermédiaire inerte entre l'artiste et le métal. Dans la batterie, la forme naissait immédiatement sous la main humaine[1], sous un marteau vivant comme elle, un marteau qui, dans sa lutte contre le dur métal, devait rester fidèle à l'art, battre juste, tout en battant fort ; les fautes en ce genre de travail, une fois imprimées du fer au cuivre, ne sont guère réparables.

Ces dinandiers devaient être les plus patients des hommes, une race laborieuse et sédentaire. Ce n'étaient pas eux, à coup sûr, qui avaient compromis la ville. Pas davantage les bourgeois propriétaires. Je doute même que les excès dussent être

1. *App.* 116.

imputés aux maîtres des petits métiers, qui faisaient le troisième membre de la cité. De telles espiègleries, selon toute apparence, n'étaient autre chose que des farces de compagnons ou d'apprentis. Cette jeunesse turbulente était d'autant plus hardie qu'en bonne partie elle n'était pas du lieu, mais flottante, engagée temporairement, selon le besoin de la fabrication[1]. Légers de bagage et plus légers de tête, ces garçons étaient toujours prêts à lever le pied. Peut-être enfin les choses les plus hardies furent-elles l'œuvre voulue et calculée des meneurs gagés de la France ou des bannis errant sur la frontière.

Dans l'origine, les gens paisibles crurent sauver la ville en arrêtant les cinq ou six qu'on désignait le plus. Un d'eux, qu'on menait en prison, ayant crié : « A l'aide ! aux franchises violées ! » la foule s'émut, brisa la prison et faillit tuer les magistrats. Ceux-ci, qui avaient à leur tête un homme intrépide, Jean Guérin, ne s'effrayèrent pas ; ils assemblèrent le peuple, et d'un mot le ramenèrent au respect de la loi : « Quant aux fugitifs, nous ne les retiendrions pas d'un fil de soie ; mais nous nous en prenons à ceux qui ont forcé les prisons de la cité. » Sur ce mot, plusieurs de ceux qui avaient délivré les coupables coururent après, les reprirent, les remirent eux-mêmes en prison[2].

Justice devait se faire. Mais pouvait-elle se faire par un souverain étranger, à qui la ville eût livré, non

---

1. *App.* 117. — 2. *App.* 118.

les prisonniers seulement, mais elle-même, son plus précieux droit, son épée de justice?

Cette terrible question fut discutée par le petit peuple, si près de périr, avec une gravité digne d'une grande nation, digne d'un meilleur sort[1]. Mais bientôt il n'y eut plus à délibérer. La ville ne fut plus elle-même, envahie qu'elle était par un peuple d'étrangers. Un matin, voilà tout le flot des pillards, des bandits, qui remonte la Meuse, et qui, de Loss en Huy, de Huy en Dinant, de plus en plus grossi d'écume, vient finalement s'engouffrer là.

Comment ce peuple de sauvages, sans loi, sans patrie, s'était-il formé? Nous devons l'expliquer, d'autant plus que c'est justement leur présence à Dinant, leurs ravages dans les environs, qui mirent tout le monde contre elle et firent de cette guerre une sorte de croisade.

De longue date, la violence des révolutions politiques avait peuplé de bannis les campagnes et les forêts. Chassés une fois, ils ne rentraient guère, parce que, leurs biens étant partagés ou vendus, il y avait

---

1. Sur les trois membres de la cité, les hatteurs (aidés des bourgeois) déclarent qu'ils veulent traiter. Ils demandent au troisième membre, composé des petits métiers, s'ils croient résister, lorsque la ville de Liège, lorsque le roi de France, *ont fait la paix*... Ils ne se plaignent de personne ; ils n'attestent point le droit qu'ils auraient eu d'ordonner, dans une ville qui, après tout, était née de leur travail, et qui, sans eux, n'était rien. Ils invoquent seulement le droit de la majorité, celui de deux membres d'accord contre un troisième. Ce troisième résiste. Il demande si l'on veut, sous ce prétexte, le mettre en servitude : « Mais quelle servitude plus grande, répliquent les autres, que la guerre, la ruine de corps et de biens? Dans un navire en péril, ne faut-il pas jeter quelque chose pour sauver le reste? n'abat-on pas un mur pour sauver la maison en feu? »

trop de gens intéressés à leur fermer la porte. Beaucoup, plutôt que d'aller chercher fortune au loin, erraient dans le pays. Les déserts du Limbourg, du Luxembourg, du Liégeois, les *sept forêts d'Ardennes*, les cachaient aisément; ils menaient sous les arbres la vie des charbonniers; seulement, quand la saison devenait trop dure, ils rôdaient autour des villages, demandaient ou prenaient. Cette vie si rude, mais libre et vagabonde, tentait beaucoup de gens; l'instinct de vague liberté [1] gagnait de plus en plus, dans un pays où l'autorité elle-même avait supprimé le culte et la loi. Il gagnait l'ouvrier, l'apprenti, l'enfant, de proche en proche. Ceux qui commencèrent à courir le pays, quand l'évêque retira ses juges, et qui s'amusaient à juger, étaient des garçons de dix-huit ou vingt ans; ils portaient au bras, au bonnet, au drapeau, une figure de sauvage.

Beaucoup d'hommes, se lassant de traîner dans les villes une vie ennuyeuse, laissaient leurs ménages, couraient les bois. Mais la femme, quelle que soit sa misère, ne s'en va pas ainsi; elle reste, quoi qu'il arrive, avec les enfants. Les Liégeoises, dans cet abandon, montraient beaucoup d'énergie; n'ayant, par le droit du pays, que *Dieu et leur fuseau* [2], elles

---

[1]. Très-fort chez nous autres Français. Les missionnaires remarquent qu'au Canada les sauvages se francisaient peu ; mais les Français prenaient volontiers la vie errante des sauvages.

[2]. Voy. plus haut la page 120, note 1. Les Liégeoises devaient leur influence, non à la loi, mais à leur caractère énergique et violent. Les Flamandes devaient la leur, au moins en grande partie, à la faculté qu'elles avaient de disposer plus librement de leur bien.

prenaient, au défaut du fuseau, les travaux que laissaient les hommes; elles leur succédaient aussi sur la place, s'intéressaient autant et plus qu'eux aux affaires publiques. Beaucoup de femmes marquèrent dans les révolutions, celle de Raes entre autres. Tout le monde à Liège, les femmes comme les hommes, connaissait les révolutions antérieures; on lisait le soir les chroniques en famille[1], Jean Lebel, Jean d'Outremeuse; la mère et l'enfant savaient par cœur ces vieilles bibles politiques de la cité.

L'enfant marchait à peine qu'il courait à la place. Il y déployait l'étrange précocité française pour la parole et la bataille. Après la *Piteuse paix*, lorsque les hommes se taisaient, les enfants se mirent à parler[2]. Personne n'osait plus nommer Bade ni Bourbon; les enfants crièrent hardiment *Bade*, ils relevèrent ses images; ils semblaient vouloir prendre en main le gouvernement; les hommes et les jeunes gens ayant gouverné, les enfants prétendaient avoir aussi leur tour.

Les Liégeois finirent par s'en alarmer. Ne pouvant contenir ces petits tyrans, on s'adressa à leurs parents pour les obliger d'abdiquer. C'était chose bizarre, effrayante en effet, de voir le mouvement, au lieu de rester à la surface, descendre toujours et gagner... atteindre le fond de la société, la famille elle-même.

---

1. On trouve encore, après tant de révolutions, un grand nombre de ces chroniques de famille. (Observation de M. Laveleye.)

2. Ils étaient probablement poussés par Raes et autres meneurs, qui voulaient encore essayer de leur Allemand. *App.* 119.

Si les Liégeois eurent peur de ce profond bouleversement, combien plus leurs voisins! lorsque surtout ils virent, après l'amende honorable de Liège, tout ce qu'il y avait de gens compromis, quitter les villes, aller grossir les bandes de la Verte tente, tout ce peuple sauvage prendre Dinant pour repaire et pour fort... Ne pouvant bien s'expliquer l'apparition de ce phénomène, on était disposé à y voir une *manie* diabolique ou une malédiction de Dieu. La ville était excommuniée; le duc en avait la bulle et l'avait fait afficher partout. Le grave historien du temps affirme que si le roi eût secouru « cette vilenaille », condamnée des princes de l'Église, il aurait mis contre lui la noblesse même de France [1].

Les terribles hôtes de Dinant, non contents de piller et brûler tout autour, arrangèrent une farce outrageuse qui devait irriter encore le duc contre la ville et la perdre sans ressource. Sur un bourbier plein de crapauds (en dérision des Pays-Bas et du roi des eaux sales?), ils établirent une effigie du duc, ducalement habillé aux armes de Philippe-le-Bon; et ils criaient : « Le voilà, le trône du grand crapaud! » Le duc et le comte l'apprirent; ils jurèrent que s'ils prenaient la ville, ils en feraient exemple, comme on faisait aux

---

1. « Fait bon à croire que ung roi de France... doibt et peut bien tenir une longue suspense entre dire et faire, avant que... soy former ennemy... *contre ung bras constitué champion de l'Église*... Quand il l'auroit aidié à destruire par tels vilains, si eût-il accru sa honte et son propre domage en perdition de tant de noblesse que le duc y avoit, *lequel fesoit encore à craindre à ung roy de France pour mettre sa noblesse... contre ly*, par adjonction à fière vilenaille, que tous roys et princes doivent hayr pour la conséquence. » (Chastellain.)

temps anciens, la détruisant et labourant la place, y semant le sel et le fer.

Les insolents ne s'en souciaient guère. Des murs de neuf pieds d'épaisseur, quatre-vingts tours, c'était un bon refuge. Dinant avait été assiégée, disait-on, dix-sept fois, et par des empereurs et des rois, jamais prise. Si le bourgeois eût osé témoigner des craintes, ceux de la Verte tente lui auraient demandé s'il doutait de ses amis de Liège; au premier signal, il en aurait quarante mille à son secours.

Leur assurance dura jusqu'au mois d'août. Mais, quand ils virent cette armée si lente à se former, cette armée impossible, qui se formait pourtant et qui s'ébranlait de Namur, plus d'un, de ceux qui criaient le plus fort, s'en alla tout doucement. Ils se rappelaient un peu tard le point d'honneur des enfants de la Verte tente, qui, conformément à leur nom, se piquaient de ne pas loger sous un toit.

Il y eut deux sortes de personnes qui ne partirent point. D'une part, les bourgeois et batteurs en cuivre, incorporés en quelque sorte à la ville par leurs maisons et leurs vieux ateliers, par leur important matériel; ils calculaient que leurs formes seules valaient cent mille florins du Rhin. Comment laisser tout cela? comment le transporter?... Ils restaient là, sans se décider, à la garde de Dieu. — Les autres, bien différents, étaient des hommes terribles, de furieux ennemis de la maison de Bourgogne, si bien connus et désignés qu'ils n'avaient pas de chance de vivre ailleurs et qui peut-être ne s'en souciaient plus.

Ceux-ci, d'accord avec la populace[1], étaient prêts à faire tout ce qui pouvait rendre le traité impossible. Bouvignes, pour augmenter la division dans Dinant, avait envoyé un messager : on lui coupa la tête; puis un enfant avec une lettre : l'enfant fut mis en pièces.

Le lundi 18 août arriva l'artillerie; le maître de l'artillerie, le sire de Hagenbach, fit ses approches en plein jour, et abattit moitié des faubourgs. Ceux de la ville, sans s'étonner, allèrent brûler le reste. Sommés de se rendre, ils répondirent avec dérision, criant au comte que le roi et ceux de Liège le délogeraient bientôt.

Vaines paroles. Le roi ne pouvait rien. Il en était à tripler les taxes. La misère était extrême en France, la peste éclatait à Paris. Tout ce qu'il put, ce fut de charger Saint-Pol de rappeler que Dinant était sous sa sauvegarde. Or, c'était en grande partie pour cela qu'on voulait la détruire.

Mais si le roi ne faisait rien, Liège pouvait-elle manquer à Dinant dans son dernier jour? Elle avait promis un secours, dix hommes de chacun des trente-deux métiers, en tout trois cent vingt hommes[2]; la plupart ne vinrent pas. Elle avait donné à Dinant un capitaine liégeois qui la quitta bientôt. Le 19 août, arrive à Liège une lettre où Dinant rappelle que sans l'espoir d'un secours efficace, elle ne se serait pas

---

1. Dans un récit, au reste très hostile, on voit que cette populace noya des prêtres qui refusaient d'officier. (Du Clercq; Suffridus Petrus.)

2. C'est ce qu'on lit dans les actes. Les chroniqueurs disent 4,000 ! 40,000 ! etc.

laissé assiéger. Les magistrats disent au peuple, en lisant la lettre : « Ne vous souciez; si nous voulons procéder avec ordre, nous ferons bien lever le siège. » Autre lettre de Dinant le même jour, mais elle ne fut pas lue.

Le comte de Charolais ne songeait point à faire un siège en règle. Il voulait écraser Dinant avant que les Liégeois n'eussent le temps de se mettre en marche. Il avait concentré sur ce point une artillerie formidable, qui, avec ses charrois, se prolongeait sur la route pendant trois lieues. Le 18, les faubourgs furent rasés. Le 19, les canons, mis en batterie sur les ruines des faubourgs, battirent les murs presque à bout portant. Le 20 et le 21, ils ouvrirent une large brèche. Les Bourguignons pouvaient donner l'assaut le samedi ou le dimanche (23-24 août). Mais les assiégés se battaient avec une telle furie, que le vieux duc voulut attendre encore, craignant que l'assaut ne fût trop meurtrier.

La promptitude extraordinaire avec laquelle le siège était conduit montre assez qu'on craignait l'arrivée des Liégeois. Cependant, du 20 au 24, rien ne se fit à Liège. Il semble que pendant ce temps on attendait quelque secours des princes de Bade ; il n'en vint pas, et le peuple perdit du temps à briser leurs statues. Le dimanche 24 août, pendant que Dinant combattait encore, les magistrats de Liège reçurent deux lettres, et le peuple décida que le 26 il se mettrait en route. Il n'y avait qu'une difficulté, c'est qu'il ne sortait jamais qu'avec l'étendard de Saint-Lambert, que le chapitre lui confiait; le chapitre était dispersé. Les

autres églises, consultées sur ce point, répondirent
que la chose ne les regardait pas. Telle à peu près
fut la réponse de Guillaume de La Marche, que l'on
priait de porter l'étendard. Tout cela traîna et fit
remettre le départ au 28.

Mais Dinant ne pouvait attendre. Dès le 22, les
bourgeois avaient demandé grâce, éperdus qu'ils
étaient dans cet enfer de bruit et de fumée, dans
l'horrible canonnade qui foudroyait la ville... Mêmes
prières le 24, et mieux écoutées; le duc venait d'apprendre que les Liégeois devaient se mettre en mouvement; il se montrait moins dur. L'espoir rentrant
dans les cœurs, tous voulant se livrer, un homme
réclama, l'ancien bourgmestre Guérin; il offrit, si l'on
voulait combattre encore, de porter l'étendard de la
ville : « Je ne me fie à la pitié de personne; donnez-moi l'étendard, je vivrai ou mourrai avec vous. Mais,
si vous vous livrez, personne ne me trouvera, je vous
le garantis! » La foule n'écoutait plus; tous criaient :
« Le duc est un bon seigneur; il a bon cœur, il nous
fera miséricorde. » Pouvait-il ne pas faire grâce, dans
un jour comme celui du lendemain? C'était la fête de
son aïeul, du bon roi saint Louis (25 août 1466).

Ceux qui ne voulaient pas de grâce s'enfuirent la
nuit; les bourgeois et batteurs en cuivre, débarrassés
de leurs défenseurs, purent enfin se livrer[1]. Les troupes
commencèrent à occuper la ville le lundi à cinq heures
du soir, et le lendemain à midi le comte fit son entrée.
Il entra, précédé des tambours, des trompettes, et

---

1. *App.* 120.

(conformément à l'usage antique) des fols et farceurs d'office, qui jouaient leur rôle aux actes les plus graves, traités, prises de possession.

Le plus grand ordre était nécessaire. Quelques obstinés occupaient encore de grosses tours où l'on ne pouvait les forcer. Le comte défendit de faire aucune violence, de rien prendre, même de rien recevoir, excepté les vivres. Quelques-uns, malgré sa défense, se mettant à violer les femmes, il prit trois des coupables, les fit passer trois fois à travers le camp, puis mettre au gibet.

Le soldat se contint assez tout le mardi, le mercredi matin. Les pauvres habitants commençaient à se rassurer. Le mercredi 27, l'occupation de la ville étant assurée, rien ne venant du côté de Liège, le duc examina en conseil à Bouvignes ce qu'il fallait faire de Dinant. Il fut décidé que, tout devant être donné à la justice et à la vengeance, à la majesté outragée de la maison de Bourgogne, on ne tirerait rien de la ville, qu'elle serait pillée le jeudi et le vendredi, brûlée le samedi (30 août), démolie, dispersée, effacée.

Cet ordre dans le désordre ne fut pas respecté, à la grande indignation du vieux duc. On avait trop irrité l'impatience du soldat par une si longue attente. Le 27 même, après le dîner, chacun se levant de table, met la main sur son hôte, sur la famille avec qui il vivait depuis deux jours : « Montre-moi ton argent, ta cachette, et je te sauverai. » Quelques-uns, plus barbares, pour s'assurer des pères, saisissaient les enfants...

Dans le premier moment de violence et de fureur, les pillards tiraient l'épée les uns contre les autres. Puis ils firent la paix; chacun s'en tint à piller son logis, et la chose prit l'ignoble aspect d'un déménagement; ce n'étaient que charrettes, que brouettes, qui roulaient hors la ville. Quelques-uns (des seigneurs, et non des moindres) imaginèrent de piller les pillards, se postant sur la brèche et leur tirant des mains ce qu'ils avaient de bon.

Le comte prit pour lui ce qu'il appelait sa justice : des hommes à noyer, à pendre. Il fit tout d'abord, au plus haut, sur la montagne qui domine l'église, mettre au gibet le bombardier de la ville, pour avoir osé tirer contre lui. Ensuite on interrogea les gens de Bouvignes, les vieux ennemis de Dinant, on leur fit désigner ceux qui avaient prononcé les *blasphèmes* contre le duc, la duchesse[1] et le comte. Ils en montrèrent, dans leur haine acharnée, huit cents, qui furent liés deux à deux et jetés à la Meuse. Mais cela ne suffit pas aux gens de justice, qui suivaient l'enquête; ils firent cette chose odieuse, impie, de prendre les femmes, et, par force ou terreur, de les faire témoigner contre les hommes, contre leurs maris ou leurs pères.

La ville était condamnée à être brûlée le samedi 30. Mais on savait que les Liégeois devaient tous, en corps de peuple, de quinze ans à soixante, partir le jeudi, 28 août; ils seraient arrivés le 30. Il fallait,

---

1. *App.* 121.

pour être en état de les recevoir, tirer le soldat de la ville, l'arracher à sa proie subitement, le remettre, après un tel désordre, en armes et sous drapeaux. Cela était difficile, dangereux peut-être, si l'on voulait user de contrainte. Des gens ivres de pillage n'auraient connu personne.

Le vendredi 29, à une heure de nuit, le feu prend au logis du neveu du duc, Adolphe de Clèves, et de là court avec furie... Si, comme tout porte à le croire, le comte de Charolais ordonna le feu [1], il n'avait pas prévu qu'il serait si rapide. Il gagna en un moment les lieux où l'on avait entassé les trésors des églises. On essaya en vain d'arrêter la flamme. Elle pénétra dans la maison de ville où étaient les poudres. Elle atteignit aux combles, à la *forêt* de l'église Notre-Dame, où l'on avait enfermé, entre autres choses précieuses, de riches prisonniers pour les rançonner. Hommes et biens, tout brûla. Avec les tours brûlèrent les vaillants qui y tenaient encore.

Avant que la flamme enveloppât toute la ville, on avait fait sortir les prêtres, les femmes et les enfants [2]. On les menait vers Liège, pour y servir de témoignage à cette terrible justice, pour y être un vivant *exemple*...

---

1. *App.* 122.
2. Une partie des hommes passa en Flandre, à Middelbourg, d'autres en Angleterre ; il semble que le duc ait fait cadeau de cette colonie à son ami Édouard. On transplanta les hommes, mais non l'art, selon toute apparence ; les artistes devinrent des ouvriers ; du moins on n'a jamais parlé de la *batterie* de Middelbourg ni de Londres. — Les Dinantais, à peine à Londres, prirent contre Édouard le parti de Warwick, qui était le parti français, dans leur incurable attachement pour le pays qui les avait si peu protégés ! (Lettres patentes d'Édouard IV, février 1470).

Quand ces pauvres malheureux sortirent, ils se retournèrent pour voir encore une fois la ville où ils laissaient leur âme, et alors ils poussèrent deux ou trois cris seulement, mais si lamentables, qu'il n'y eut pas de cœur d'ennemi qui n'en fût saisi « de pitié, d'horreur [1] ».

Le feu brûla, dévora tout, en long, en large et profondément. Puis, la cendre se refroidissant peu à peu, on appela les voisins, les envieux de la ville, à la joyeuse besogne de démolir les murs noircis, d'emporter et disperser les pierres. On les payait par jour; ils l'auraient fait pour rien.

Quelques malheureuses femmes s'obstinaient à revenir. Elles cherchaient... Mais il n'y avait guère de vestiges. Elles ne pouvaient pas même reconnaître où avaient été leurs maisons. Le sage chroniqueur de Liège, moine de Saint-Laurent, vint voir aussi cette destruction qu'il lui fallait raconter. Il dit : « De toute la ville je ne retrouvai d'entier qu'un autel; de plus, chose merveilleuse, une image que la flamme n'avait pas trop endommagée, une bien belle Notre-Dame qui restait toute seule au portail de son église. »

Dans ce vaste sépulcre d'un peuple, ceux qui fouillaient, trouvaient encore. Ce qu'ils trouvaient, ils le portaient aux receveurs qui se tenaient là pour enregistrer, et qui revendaient, brocantaient sur les ruines. D'après leur registre, les objets déterrés sont généralement des masses de métal, hier œuvres d'art,

---

1. Je me trompe; Jean de Hénin trouve que « la ville de Dynant fust plus doucement traictée qu'elle n'avoit desservy ». *App.* 123.

aujourd'hui lingots. Quelques outils subsistaient sous leurs formes, des marteaux, des enclumes ; l'ouvrier se hasardait parfois à venir les reconnaître, et rachetait son gagne-pain.

Ce qui étonne en lisant ces comptes funèbres, c'est que parmi les matières indestructibles (qui seules, ce semble, devaient résister), entre le plomb, le cuivre et le fer, on trouva des choses fragiles, de petits meubles de ménage, de frêles joyaux de femme et de famille... Vivants souvenirs d'humanité, qui sont restés là pour témoigner que ce qui fut détruit, ce n'étaient pas des pierres, mais des hommes qui vivaient, aimaient.

Je trouve, entre autres, cet article : « *Item*, Deux petites tasses d'argent, deux petites tablettes d'ivoire (dont une rompue), deux oreillers, avec couvertures semées de menues paillettes d'argent, un petit peigne d'ivoire, un chapelet à grains de jais et d'argent, une pelote à épingles de femme, *une paire de gants d'épousée.* »

Un tel article fait songer... Quoi! ce fragile don de noces, ce pauvre petit luxe d'un jeune ménage, il a survécu à l'épouvantable embrasement qui fondait le fer! il aura été sauvé apparemment, recouvert par l'éboulement d'un mur... Tout porte à croire qu'ils sont restés jusqu'à la catastrophe, sans se décider à quitter la chère maison ; autrement, n'auraient-ils pas emporté aisément plusieurs de ces légers objets. Ils sont restés, elle du moins, la nature des objets l'indique. Et alors, que sera-t-elle devenue ?... Faut-il la chercher parmi celles dont parle notre Jean de Troyes, qui mendiaient sans asile, et qui, contraintes par la faim et par la misère, s'abandonnaient, hélas! pour avoir du pain [1].

Ah ! Madame de Bourgogne, quand vous avez demandé cette terrible vengeance, vous ne soupçonniez pas sans doute qu'elle dût coûter si cher! Qu'auriez-vous dit, pieuse dame, si, vers le soir, vous aviez vu, de votre balcon de Bruges, la triste veuve trainer dans la boue, dans les larmes et le péché?

---

1. « Et à cause d'icelle destruction, devindrent les pauvres habitants d'icelle mendiants, et aucunes jeunes femmes et filles abandonnées à tout vice et pesché, pour avoir leur vie. » (Jean de Troyes.)

CHAPITRE III

Alliance du duc de Bourgogne et de l'Angleterre. — Reddition de Liège.
(1466-1467.)

La prise de Dinant étonna fort. Personne n'eût deviné que cette ville, qu'on croyait approvisionnée pour trois ans, avec ses quatre-vingts tours, ses bonnes murailles et les vaillantes bandes qui la défendaient, pût être emportée en six jours. On connut pour la première fois la célérité terrible des effets de l'artillerie.

Le 28 août, à midi, un homme arrive à Liège; on lui demande : « Qu'y a-t-il de nouveau? — Ce qu'il y a, c'est que Dinant est pris. » On l'arrête. A une heure, un autre homme : « Dinant est pris, tout le monde tué... » Le peuple court aux maisons de Raes et des chefs pour les égorger; il n'en trouva qu'un, qui fut mis en pièces. Heureusement pour les autres, arriva ce brave Guérin de Dinant, qui dit magnanimement : « Ne vous troublez... Vous ne nous auriez servi en rien, et vous auriez bien pu périr. » Le peuple se calma et, tout en prenant les armes, il envoya au comte pour avoir la paix.

Malgré sa victoire, et pour sa victoire même, il ne pouvait la refuser. Une armée, après cette affreuse fête du pillage, ne se remet pas vite ; elle en reste ivre et lourde. Celle-ci, qui n'était pas payée depuis deux ans, s'était garni les mains, chargée et surchargée. Quand les Liégeois, sortis de leurs murs, les rencontrèrent à l'improviste, ils auraient eu bon marché de cette armée de porteballes [1].

Mais ce premier moment passé, l'avantage revenait au comte. Les Liégeois demandèrent un sursis, et rompirent leurs rangs. Les *sages* conseillers du comte voulaient qu'on profitât de ce moment pour tomber sur eux. Saint-Pol s'adressa à son honneur, à sa chevalerie [2]. S'il eût exterminé Liège après Dinant, il se serait trouvé plus fort que Saint-Pol ne le désirait.

Cet équivoque personnage, grand meneur des Picards et tout-puissant en Picardie, devait inquiéter le comte, tout en le servant. Il était venu au siège, mais il s'était abstenu du pillage, retenant ses gens sous les armes, « pour protéger les autres, disait-il, en cas d'événements ». On lui avait donné à rançonner une ville pour lui seul, et il n'était pas satisfait. Il pouvait, s'il y trouvait son compte, faire tourner pour le roi la noblesse de Picardie. Le roi avait pris ce moment où il croyait le comte embarrassé pour le

---

1. « Ceste nuict estoit l'ost des Bourguignons en grant trouble et doubte... Aulcuns d'eulx eurent envie de nous assaillir ; et mon adviz est qu'ils en eussent eu du meilleur. » (Comines.) — 2. *App.* 124.

chicaner sur ses empiètements, sur le serment qu'il exigeait des Picards. Il avait une menaçante ambassade à Bruxelles, des troupes soldées et régulières qui pouvaient agir, Saint-Pol aidant, lorsque l'armée féodale du comte de Charolais se serait écoulée comme à l'ordinaire.

Ce n'est pas tout. Les Trente-six réformateurs du *Bien public*, bien dirigés par Louis XI, vont aussi tourmenter le comte. Ils lui envoient un conseiller au Parlement pour réclamer auprès de lui, et l'interroger, en quelque sorte, sur son manque de foi à l'égard du seigneur de Nesle qu'il a promis de laisser libre et qu'il tient prisonnier. La réponse était délicate, dangereuse, l'affaire intéressant tous les arrière-vassaux, toute la noblesse. Le comte suivit d'abord les prudentes instructions de ses légistes, il équivoqua. Mais le ferme et froid parlementaire le serrant de proche en proche, respectueux, mais opiniâtre, il perdit patience, allégua la conquête, le droit du plus fort. L'autre ne lâcha pas prise et dit hardiment : « Le vassal peut-il conquérir sur le roi, son suzerain[1]?... » Il ne lui laissait qu'une réponse à faire, savoir : qu'il reniait ce suzerain, qu'il n'était point vassal, mais souverain lui-même et prince étranger. Il fût sorti alors de la position double dont les ducs de Bourgogne avaient tant abusé ; il eut laissé au roi, naguère attaqué par la noblesse, le beau rôle de protecteur

---

1. Il dit gravement aussi que le roi pourrait bien le poursuivre en dommages et intérêts. (*Bibliothèque royale, ms. Dupuy*, 762, procès-verbal du 27 septembre 1466.)

de la noblesse française, du royaume de France, contre l'étranger.

Contre l'ennemi... Il fallait qu'il s'avouât tel pour s'arracher de la France. Or, cela était hasardeux, ayant tant de sujets français ; cela était odieux, ingrat, dur pour lui-même... Car il avait beau faire, il était Français, au moins d'éducation et de langue. Son rêve était la France antique, la chevalerie française, nos preux, nos douze pairs de la Table ronde[1]. Le chef de la *Toison* devait être le miroir de toute chevalerie. Et cette chevalerie allait donc commencer par un acte de félonie ! Il fallait que Roland fût d'abord Ganelon de Mayence !...

Pour ne plus dépendre de la France, il lui fallait se faire anti-Français, Anglais. Jean-sans-Peur, qui n'avait pas peur du crime, hésita devant celui-ci. Son fils le commit par vengeance, et il en pleura. La France y faillit périr ; elle était encore, trente ans après, dépeuplée, couverte de ruines. Un pacte avec les Anglais, un pacte avec le diable, c'était à peu près même chose dans la pensée du peuple. Tout ce qu'on pouvait comprendre ici, de l'horrible mêlée des deux Roses, c'est que cela avait l'air d'un combat de damnés.

Les Flamands, qui, pour leur commerce, voyaient sans cesse les Anglais et de près, se représentent le chef des lords comme « un porc sanglier sauvage », mal né, « mal sain », et ils appellent l'alliance du roi et de Warwick « un accouplement monstrueux, une

---

1. « S'appliquoit à lire et faire lire devant luy du commencement les joyeux comptes et faicts de Lancelot et de Gauvin. » (Olivier de La Marche.)

conjonction déshonnête... » — « Telle est cette nation, dit le violent Chastellain, que jamais bien ne s'en peut écrire, *sinon en péché.* » Il ne faut pas s'étonner si le comte de Charolais, tout Lancastre qu'il était par sa mère, réfléchissait longtemps avant de faire un mariage anglais.

Par cela même qu'il était Lancastre, il n'en avait que plus de répugnance à tendre la main à Édouard d'York, à abjurer sa parenté maternelle. Dans cette alliance deux fois dénaturée, oubliant, pour se faire Anglais, le sang français de son père et de son grand-père, il ne pouvait pas même être Anglais selon sa mère, selon la nature.

Il n'avait pas le choix entre les deux branches anglaises. Édouard venait de se fortifier de l'alliance des Castillans, jusque-là nos alliés, et ceux-ci, par un étrange renversement de toutes choses, étaient priés d'alliance et de mariage par leur éternel ennemi, le roi d'Aragon; mariage contre nous, dont on eût pris la dot de ce côté des Pyrénées. L'idée d'un partage du royaume de France leur souriait à tous. La sœur de Louis XI, duchesse de Savoie, négociait dans ce but avec le Breton, avec Monsieur, et se faisait déjà donner pour la Savoie tout ce qui va jusqu'à la Saône.

Pour relier et consolider le cercle où l'on voulait nous enfermer, il fallait ce sacrifice étrange qu'un Lancastre épousât York, et cela se fit. Un mois avant la mort de son père, le comte de Charolais, non sans honte et sans ménagement, franchit le pas... Il envoya son frère, le grand bâtard, à un tournoi que le frère de la reine d'Angleterre ouvrait tout exprès à Londres. Le bâtard emmenait avec lui Olivier de La Marche, qui, le traité conclu, devait le porter au Breton et le lui faire signer.

Le mariage était facile, la guerre difficile. Elle convenait à Édouard, mais point à l'Angleterre. Sans vouloir rien comprendre à la visite du bâtard de Bourgogne, sans s'informer si leur roi veut la guerre, les évêques et les lords font la paix pour lui. Ils envoient, en son nom, leur grand chef Warwick à Rouen[1]. Ce riche et tout-puissant parti, possesseur de la terre et ferme comme la terre, n'avait pas peur qu'un roi branlant osât le désavouer.

Louis XI reçut Warvick, comme il eût reçu les rois-évêques d'Angleterre, pour lesquels il venait. Il fit sortir à sa rencontre tout le clergé de Rouen, pontificalement vêtu, la croix et la bannière[2]. Le démon de la guerre des Roses entra, parmi les hymnes, comme un ange de paix. Il alla droit à la cathédrale faire sa prière, de là à un couvent, où le roi le logea près de lui. C'était encore trop loin au gré du roi; il

---

1. Cette explication ne surprendra pas ceux qui savent quels étaient les vrais rois de l'Angleterre. La trêve expirait. Warwick se fit sans doute sceller des pouvoirs pour la renouveler, par son frère, l'archevêque d'York, chancelier d'Angleterre, *contre le gré du roi*. Ce qui est sûr, c'est qu'après le départ de Warwick, Édouard, furieux, alla, avec une suite armée, reprendre les sceaux chez l'archevêque qui se disait malade, il lui ôta deux manoirs de la couronne, et il prit cette précaution auprès du nouveau garde des sceaux que, s'il voyait qu'un ordre royal pût préjudicier au roi « then he differre the expedition... ». (Rymer, *Acta*.)

2. App. 125.

fit percer un mur qui les séparait, afin de pouvoir communiquer de nuit et de jour. Il l'avait reçu en famille, avec la reine et les princesses. Il faisait promener les Anglais par la ville, chez les marchands de drap et de velours ; ils prenaient ce qui leur plaisait et l'on payait pour eux. Ce qui leur agréait le plus, c'était l'or; et le roi, connaissant ce faible des Anglais pour l'or, avait fait frapper tout exprès de belles grosses pièces d'or, pesant dix écus la pièce, à emplir la main.

Warwick lui venait bien à point. Il avait grand besoin de s'assurer de l'Angleterre, lorsqu'il voyait le feu prendre aux deux bouts, en Roussillon et sur la Meuse, au moment où il apprenait la mort de Philippe-le-Bon (m. le 15 juin), l'avènement du nouveau duc de Bourgogne.

Il se trouva, par un hasard étrange, que les envoyés du roi, chargés d'excuser les hostilités de la Meuse, ne purent arriver jusqu'au duc. Il était prisonnier de ses sujets de Gand. Ils ne lui voulaient aucun mal, disaient-ils ; ils l'avaient toujours soutenu contre son père, il était comme leur enfant, il pouvait se croire en sûreté parmi eux « comme au ventre de sa mère ». Mais ils ne l'en gardaient pas moins, jusqu'à ce qu'il leur eût rendu tous les privilèges que son père leur avait ôtés.

Il se trouvait en grand péril, ayant eu l'imprudence de faire son *entrée* au moment même où ce peuple violent était dans sa fête populaire, une sorte d'émeute annuelle, la fête du grand saint du pays. Ce jour-là, ils étaient et voulaient être fols, « tout étant permis, disaient-ils, aux fols de Saint-Liévin ».

Triste folie, sombre ivresse de bière, qui ne passait guère sans coups de couteaux. Tout ainsi que, dans la légende, les barbares traînent le saint au lieu de son martyre, le peuple, dévotement ivre, enlevait la châsse, et la portait à ce lieu même, à trois lieues de Gand. Il l'y veillait la nuit, en s'enivrant de plus en plus. Le lendemain, le saint *voulait* revenir, et la foule le rapportait, criant, hurlant, renversant tout. Au retour, passant au marché, le saint *voulut* passer justement tout au travers d'une loge où l'on recevait l'impôt. « Saint Liévin, criaient-ils, ne se dérange pas. » La baraque disparut en un moment, et à la place se dressa la bannière de la ville, le saint lui-même, de sa propre bannière, en fournissant l'étoffe. A côté, reparurent toutes celles des métiers, plus neuves que jamais, « ce fut comme une féerie », et sous les bannières, les métiers en armes. « Et tant croissoient et multiplioient que c'estoit une horreur. »

Le duc « s'espouvanta durement... » Il avait par malheur amené avec lui sa fille toute petite, et le trésor que lui laissait son père. Cependant la colère l'emporta... Il descend en robe noire, un bâton à la main : « Que vous faut-il? qui vous émeut, mauvaises gens? » Et il frappa un homme; l'homme faillit le tuer. Bien lui prit que les Gantais se faisaient une religion *de ne point toucher au corps de leur seigneur;* telle était la teneur du serment féodal, et, dans leur plus grande fureur, ils le respectaient. Le duc tiré de la presse, et monté au balcon, le sire de La Gruthuse, noble flamand, fort aimé des Flamands et qui savait bien les manier, se mit à leur parler en leur langue; puis le duc lui-même, aussi en flamand... Cela les toucha fort; ils crièrent, tant qu'ils purent : *Willecome!* (Soyez le bienvenu!)

On croyait que le duc et le peuple allaient s'expliquer en famille; mais voilà que « un grand rude vilain », monté, sans qu'on s'en aperçût, vient, lui aussi, se mettre à la fenêtre à côté du prince. Là, levant son gantelet noir, il frappe un grand coup sur le balcon, pour qu'on fasse silence, et, sans crainte ni respect, il dit : « Mes frères, qui êtes là-bas, vous êtes venus pour faire vos doléances à votre prince ici présent, et vous en avez de grandes causes. D'abord, ceux qui gouvernent la ville, qui dérobent le prince et vous, vous voulez qu'ils soient punis? Ne le voulez-vous pas? — Oui, oui, cria la foule. — Vous voulez que la cuillotte soit abolie? — Oui, oui! — Vous voulez que vos portes condamnées soient rouvertes et vos bannières autorisées? — Oui, oui! — Et vous voulez encore ravoir vos châtellenies, vos blancs chaperons, vos anciennes manières de faire? n'est-il pas vrai? — Oui », crièrent-ils de toute la place. — Alors se tournant vers le duc, l'homme dit : « Monseigneur, voilà en un mot pourquoi ces gens-là sont assemblés; je vous le déclare, et ils m'en avouent, vous l'avez entendu; veuillez y pourvoir. Maintenant, pardonnez-moi, j'ai parlé pour eux, j'ai parlé pour le bien. »

Le sire de La Gruthuse et son maître « s'entreregardoient piteusement ». Ils s'en tirèrent pourtant avec quelques bonnes paroles et quelques parchemins. Tout ce grand mouvement, si terrible à voir, était au fond peu redoutable. Une grande partie de ceux qui le faisaient, le faisaient malgré eux. Pendant l'émeute[1], plusieurs métiers, les bouchers et les poissonniers, se trouvant près du duc, lui disaient de n'avoir pas peur, de prendre patience, qu'il n'était pas temps de se venger *des méchantes gens...* Il se passa à peine quelques mois, et les plus violents, effrayés eux-mêmes, allèrent demander grâce. On croyait que toutes les villes imiteraient Gand, mais il n'y eut guère d'agité que Malines. La noblesse de Brabant se montra unanime pour contenir les villes et repousser le prétendant du roi, Jean de Nevers, qui se remuait fort, croyant l'occasion favorable. Le duc, comme porté sur les bras de ses nobles, se trouva au-dessus de tout. Loin que ce mouvement l'affaiblît, il n'en fut que plus fort pour retomber sur Liège[2].

Il me faut dire la fin de Liège ; je dois raconter cette misérable dernière année, montrer ce vaillant peuple dans la pitoyable situation du débiteur sous le coup de la contrainte par corps.

Deux hommes avaient écrit le pesant traité de 1465, « deux solennels clercs » bourguignons, que le comte menait dans ses campagnes, maître Hugonet, maître

---

1. *App.* 126.
2. Il accusait les Liégeois d'avoir soulevé Gand. (*Bibl. de Liège*, ms. Bertholet, n° 81, fol. 444.)

Carondelet. Ces habiles gens n'avaient rien oublié, rien n'avait échappé à leur science, à leur prévoyance [1], aucune des *exceptions* dont Liège eût pu se prévaloir, aucune, hors une seule, c'est qu'elle était tout à fait insolvable.

Ils étaient partis de ce principe, que *qui perd, doit payer*, et *qui ne peut payer, doit payer davantage*, acquittant, par-dessus la dette, les frais de saisie. Liège devait donner tant en argent, et tant en hommes qui payeraient de leurs têtes. Mais, comme elle ne voulait pas livrer de têtes, pour que justice fût satisfaite, ils ajoutèrent encore en argent la valeur de ces têtes, tant pour monseigneur de Bourgogne, tant pour M. de Charolais.

Cette terrible somme devait être rendue à Louvain, de six mois en six mois, à raison de soixante mille florins par terme. Si tout le Liégeois eût payé, la chose était possible ; mais d'abord les églises déclarèrent qu'ayant toujours voulu la paix, elles ne devaient point payer la guerre. Ensuite, la plupart des villes, quoique leurs noms figurassent au traité, trouvèrent moyen de n'en pas être. Tout retomba sur Liège, sur une ville alors sans commerce, sans ressource, très populeuse encore, d'autant plus misérable.

Ce peuple aigri, ne pouvant se venger sur d'autres, prenait plaisir à se blesser lui-même. Il devenait cruel. Ses meneurs l'occupaient de supplices. On s'étouffait aux exécutions, les femmes comme les hommes. Il

---

1. *App.* 127.

fallut hausser l'échafaud, pour que personne n'eût à se plaindre de ne pas bien voir. Une scène étrange en ce genre fut la *joyeuse entrée* qu'ils firent à un homme qui, disait-on, avait livré Dinant ; ils le firent *entrer* à Liège, comme le comte avait fait à Dinant, avec trompettes, musiques et fols, pour lui couper la tête.

Il n'y avait plus de gouvernement à Liège, ou, si l'on veut, il y en avait deux : celui des magistrats qui ne faisaient plus rien, et celui des Raes, qui expédiait tout par des gens à lui, les plus pauvres en général et les plus violents, qu'il avait (par respect pour la loi qui défendait les armes) armés de gros bâtons. Raes n'habitait point sa maison, trop peu sûre. Il se tenait dans un lieu de franchise, au chapitre de Saint-Pierre, lieu facile d'ailleurs à défendre. Que cet homme tout-puissant dans Liège occupât un lieu d'asile, comme aurait fait un fugitif, cela ne peint que trop l'état de la cité !

La fermentation allait croissant. Vers Pâques, le mouvement commence, d'abord par les saints ; leurs images se mettent à faire des miracles. Les enfants de la Verte tente reparaissent, ils courent les campagnes, font leurs justices, égorgent tel ou tel. Les gens d'armes de France vont arriver ; les envoyés du roi l'assurent. Pour hâter le secours, ceux du parti français mènent hardiment les envoyés à la colline de *Lottring*, à *Herstall* (le fameux berceau des Carlovingiens), et là, avec notaire et témoins, leur font *prendre possession*[1]...

---

1. *App.* 128.

Possession de Liège? Il semble qu'ils n'aient osé le dire, la chose n'ayant pas réussi. Tels étaient la force de l'habitude, et le respect du droit, chez le peuple qui semblait entre tous l'ami des nouveautés, les Liégeois pouvaient battre ou tuer leur évêque et leurs chanoines, mais ils soutenaient toujours qu'ils étaient sujets de l'Église, et croyaient respecter les droits de l'évêché.

Quoiqu'il y eût eu déjà des hostilités des deux parts et du sang versé, ils prétendaient ne rien faire contre leur traité avec le duc de Bourgogne. « Nous pouvons bien, disaient-ils, sans violer la paix, faire payer Huy et reprendre Saint-Trond, qui est une des filles de Liège. » L'évêque était dans Huy : « N'importe, disaient-ils, nous n'en voulons point à l'évêque. »

L'évêque ne s'y fia point. Comme prêtre, et par sa robe, dispensé de bravoure, il exigea que les Bourguignons envoyés au secours sauvassent sa personne plutôt que la ville. Le duc fut hors de lui, quand il les fit revenir... Tristes commencements d'un nouveau règne de voir ses hommes d'armes s'enfuir avec un prêtre, et d'avoir été lui-même à la merci des va-nu-pieds de Gand!

Il n'hésita plus, et franchit le grand pas. Il fit venir des Anglais, cinq cents d'abord[1]. Édouard en

---

1. Comines. — « Si le Roy se feust mellé réalement de la guerre des Liégeois en son contraire, il avoit deux mille Anglois à Calais, venus tout prests pour les faire venir en Liège, et trente mil francs là envoyés pour les payer en cas de besoing. » (Chastellain.)

avait envoyé deux mille à Calais, et ne demandait pas mieux que d'en envoyer davantage ; mais le duc, qui voulait rester maître chez lui, s'en tint à ces cinq cents. Ils lui suffisaient comme épouvantail, du côté du roi.

Le nombre n'y faisait rien. Cinq cents Anglais, un seul Anglais, dans l'armée de Bourgogne, c'était, pour ceux qui avaient de la mémoire, un signe effrayant... La situation était plus dangereuse que jamais ; l'Angleterre et ses alliés, l'Aragonais, le Castillan et le Breton, s'entendaient mieux qu'autrefois, et pouvaient agir d'ensemble, sous une même impulsion ; ajoutez qu'il y avait en Bretagne un prétendant tout prêt, qui déjà signait des traités pour partager la France.

Le roi connaissait parfaitement son danger. Dès qu'il sut que le vieux duc était mort, et que désormais il aurait affaire au duc Charles, il fit ce qu'il eût fait si une flotte anglaise eût remonté la Seine : il arma la ville de Paris[1].

Rendre à Paris ses armes et ses bannières, l'organiser en une grande armée, cela pouvait paraître hardi, quand on se rappelait la douteuse attitude des Parisiens pendant la dernière guerre. Charles VI les avait jadis désarmés ; Charles VII, *roi de Bourges*, ne s'était jamais fié beaucoup à eux. Louis XI, à qui ils avaient failli au besoin, ne se fit pas moins Parisien tout à coup ; son danger après Montlhéry lui avait appris qu'avec Paris, et la France de moins, il serait encore

1. *Ordonnances*, XVI, juin 1467.

roi de France : il résolut de regagner Paris, quoi qu'il coûtât, de le ménager, de le fortifier, dût-il écraser tout le reste.

Il l'avait exempté de taxes dans la crise ; il maintint cette exemption, malgré le terrible besoin d'argent où il était[1]. Cela lui assurait surtout le Paris commerçant, les halles, le Nord de la ville. La Cité et le Midi n'avaient jamais payé grand'chose, n'étant guère habités que de privilégiés, gens de robe et d'Église, étudiants ou suppôts de l'Université.

Saint-Germain, Saint-Victor, les Chartreux, entouraient et gardaient en quelque sorte le Paris du midi. Le roi les exempta des droits d'amortissement.

La Cité, c'était Notre-Dame et le Palais, le Parlement et le chapitre. Louis XI s'était mal trouvé de n'avoir pas respecté ces puissances. Il s'amenda, reconnut la haute justice féodale des chanoines. Quant aux parlementaires, leur grande affaire était de pouvoir se passer tout doucement leurs offices, de main en main, comme propriétés de famille, en couvrant leurs arrangements d'un semblant d'élections. Le roi ferma les yeux, les laissa s'élire entre eux, fils, frères, neveux, cousins ; il promit de respecter les élections et de laisser les offices dans les mêmes mains.

Le seul point où il n'entendit à aucun privilège, ce fut l'armement. Le Parlement et le Châtelet, la Chambre des comptes, les gens de l'Hôtel de Ville, les pacifiques généraux des aides et des monnaies, tous

---

1. *App.* 129.

durent monter à cheval, ou fournir des hommes. Les églises mêmes furent tenues d'en solder. Il n'y avait rien à objecter, quand on voyait un évêque, un cardinal de Rome, le vaillant cardinal Balue, cavalcader devant les bannières et passer les revues.

Le roi et la reine vinrent voir; c'était un grand spectacle; soixante et quelques bannières, soixante à quatre-vingt mille hommes armés[1]. Il y en avait depuis le Temple jusqu'à Reuilly, jusqu'à Conflans, et de là en revenant le long de la Seine jusqu'à la Bastille. Le roi avait eu l'attention paternelle d'envoyer et faire défoncer quelques tonneaux de vin.

Il était devenu vrai bourgeois de Paris. C'était plaisir de le voir s'en aller par les rues, souper tout bonnement chez un bourgeois, un élu, Denis Hesselin; il est vrai qu'ils étaient compères, le roi lui ayant fait l'honneur de lui tenir son enfant sur les fonts. Il envoyait la reine avec madame de Bourbon et Perette de Châlons (sa maîtresse), souper, baigner (c'était l'usage) chez Dauvet, premier président. Il consultait volontiers les personnes notables, parlementaires, procureurs, marchands. Il n'y avait pas désormais à se jouer des gens de Paris, le roi n'eût pas entendu raillerie; un moine normand s'étant avisé d'accuser deux bourgeois, sans preuves, le roi le fit noyer. Tellement il était devenu ami chaud de la ville!

Toute grande qu'elle était, il la voulait plus grande et plus peuplée. Il fit proclamer à son de trompe que

---

1. Si le greffier n'a pas vu double, dans son ardeur guerrière. (Jean de Troyes, 15 septembre 1467.)

toutes gens de toutes nations qui seraient en fuite pour vol ou pour meurtre, trouveraient sûreté ici. Dans un petit pèlerinage qu'il fit à Saint-Denis, comme il s'en allait devisant par la plaine avec Balue, Luillier et quelques autres, trois ribauds vinrent se jeter à genoux, criant grâce et rémission ; ils avaient été toute leur vie voleurs de grand chemin, larrons et meurtriers ; le roi leur accorda bénignement ce qu'ils demandaient.

Il n'y avait guère de jour qu'on ne le vît à la messe à Notre-Dame, et toujours il laissait quelque offrande[1]. Le 12 octobre, il y avait été à vêpres, puis, pour se reposer, chez Dauvet, le président; au retour, comme il était nuit noire, il vit au-dessus de sa tête une étoile, et l'étoile le suivit jusqu'à ce qu'il fût rentré aux Tournelles.

Il avait bien besoin de croire à son étoile. Le coup qu'il attendait était porté. Le Breton avait envahi la Normandie, et déjà il était maître d'Alençon et de Caen (15 octobre). Le roi n'avait pu le prévenir. S'il eût bougé, le Bourguignon lui jetait en France une armée anglaise. Il avait envoyé quatre fois au duc en quatre mois, tantôt offrant d'abandonner Liège, et tantôt réclamant pour elle.

Il essaya de l'intervention du pape, qu'il avait regagné en faisant enregistrer l'abolition de la Pragmatique. Il obtint, à ce prix, que le Saint-Siège, qui avait naguère excommunié les Liégeois, prierait aussi pour

---

1. *Ms. Legrand, Preuves*, octobre 1467.

eux. Mais le duc voulut à peine voir le légat, et encore à condition qu'il ne parlerait de rien.

Le connétable, envoyé par le roi, fut reçu de manière à craindre pour lui-même. Il venait parler de paix à un homme qui avait déjà l'épée tirée, le bras prêt à frapper... Le duc lui dit durement : « Beau cousin, si vous êtes connétable, vous l'êtes de par moi. Vous êtes né chez moi, et vous avez chez moi le plus beau de votre vaillant. Si le roi vient se mêler de mes affaires, ce ne sera pas à votre profit. » Saint-Pol, pour l'apaiser, lui garantit, pour douze jours, que rien ne remuerait du côté de la France. Sur quoi, il dit en montant à cheval : « J'aurai dans trois jours la bataille ; si je suis battu, le roi fera ce qu'il voudra du côté des Bretons. » Il se moquait sans doute[1] ; il ne pouvait guère ignorer qu'au moment même (19 octobre) Alençon et Caen devaient être ouvertes au duc de Bretagne.

Qui eût pu l'arrêter, lancé comme il était par la colère? Il avait fait défier les Liégeois, à la vieille manière barbare, avec la torche et l'épée. Il eut un moment l'idée de tuer cinquante otages qui étaient entre ses mains. Les pauvres gens avaient répondu de la paix sur leurs têtes. Un des vieux conseillers (jusque-là des plus sages) était d'avis de les faire mourir. Heureusement, le sire d'Humbercourt, plus modéré et plus habile, sentit tout le parti qu'on pouvait tirer de ces gens.

---

1. Comines ne l'a pas senti, parce qu'il n'a pas rapproché les dates.

Les deux armées se rencontrèrent devant Saint-Trond. La place était gardée pour Liège par Renard de Rouvroy, homme d'audace et de ruse, attaché au roi, et qui lui avait servi, comme on a vu, à jouer la comédie de la fausse victoire de Montlhéry. Dans l'armée des Liégeois, qui venait au secours de Saint-Trond, on remarquait le bailli de Lyon, qui depuis un mois leur promettait du secours, et qui les trompait d'autant mieux que le roi le trompait lui-même[1].

Selon Comines, qui put les voir de loin, ils auraient été trente mille; d'autres disent dix-huit mille. L'étendard était porté par le sire de Bierlo. Bare de Surlet était à leur tête, avec Raes, et la femme de Raes, madame Pentecôte d'Arkel. Cette vaillante dame, qui suivait partout son mari, s'était déjà signalée au siège d'Huy. Ici, elle galopait devant le peuple, et l'animait bien mieux que Raes n'eût su faire[2].

La confiance pourtant n'était pas générale. Les églises s'étaient prêtées de mauvaise grâce à escorter l'étendard de Saint-Lambert, comme l'usage le voulait; tel couvent, pour s'en dispenser, avait déguisé des laïques en prêtres. Encore cette escorte, à peine à deux lieues, voulait revenir. L'honneur de porter l'étendard fut offert au bailli de Lyon, qui n'accepta pas. Bare de Surlet, le jour du départ, voulant monter un cheval de bataille que venait de lui vendre l'abbé de Saint-Laurent, trouva qu'il était mort la nuit.

L'armée liégeoise arriva le soir à Brusten, près

---

1. Rien n'indique qu'il y eût d'autres Français. *App.* 130.
2. « Plus quam vir ejus fecisset. » (Adrianus.)

Saint-Trond ; les chefs la retinrent dans le village et la forcèrent d'attendre le lendemain (28 octobre).

Au matin, le duc, « monté sur un courtaut », passait devant ses lignes, un papier à la main ; c'était son ordonnance de bataille, toute écrite, telle que ses conseillers l'avaient arrêtée la nuit avec lui. Qu'adviendrait-il de cette première bataille qu'il livrait comme duc ? c'était une grande question, un important augure pour tout le règne. Il y avait à craindre que son bouillant courage ne mît tout en hasard. Il paraît qu'on trouva moyen de le tenir dans un corps qui ne bougea pas. La cavalerie, en général, resta inactive pendant la bataille ; dans cette plaine fangeuse, coupée de marais, elle eût pu renouveler la triste aventure d'Azincourt.

Vers dix heures, les gens de Tongres, impatients, inquiets, ne purent plus supporter une si longue attente ; ils marchèrent à l'ennemi. Les Bourguignons les repoussèrent, criblèrent de flèches et de boulets ceux qui gardaient le fossé, gagnèrent le fossé, les canons. Puis, comme ils n'avaient plus de quoi tirer, les Liégeois reprirent l'avantage. De leurs longues piques, ils chargèrent les archers ; « et en une troupe tuèrent quatre ou cinq cents hommes en un moment ; et branloient toutes nos enseignes, comme gens presque déconfits. Et sur ce pas fit le duc marcher les archers de sa bataille, que conduisoit Philippe de Crèvecœur, homme sage, et plusieurs autres gens de bien, qui, avec un grant *hu !* assaillirent les Liégeois, qui en un moment furent desconfitz. »

Il paraît qu'on fit croire au duc qu'il leur avait tué six mille hommes. Comines le répète, et s'en moque lui-même. Il assure que la perte était peu de chose, que sur un si grand peuple il n'y paraissait guère. Renard de Rouvroy, ayant tenu encore trois jours dans Saint-Trond, Raes et le bailli avaient le temps de mettre Liège en défense. Mais il aurait fallu abattre autour des murs certaines maisons qui étaient aux églises, et elles n'y consentaient pas.

De cœur et de courage, sinon de force, la ville était tuée. On avait beau dire au peuple que les envoyés du roi négociaient, que le légat allait venir pour tout arranger. Chacun commençait à songer à soi, à vouloir faire la paix avant les autres; d'abord les petites gens de la rivière, les poissonniers. Puis les églises s'enhardirent, et déclarèrent qu'elles voulaient traiter. On les laissa faire, et elles traitèrent, non seulement pour elles, mais pour la cité.

Ce qu'elles obtinrent, et qui n'était rien moins qu'une grâce, ce fut de rendre tout « à volonté », sauf le feu et le pillage. Les prêtres, n'ayant rien à craindre pour eux-mêmes, se contentèrent d'assurer ainsi les biens, sans s'inquiéter des personnes.

Cet arrangement fut accepté, l'égoïsme gagnant, comme il arrive dans les grandes craintes. On choisit trois cents hommes, dix de chaque métier, pour aller demander pardon. La commission était peu rassurante. Le duc avait pris dix hommes de Saint-Trond, et dix hommes de Tongres, auxquels il avait fait couper la tête.

Trois cents suffiraient-ils? L'ennemi, une fois dans la ville, n'en prendrait-il pas d'autres?... Cette crainte se répandit et devint si forte que les portes ne s'ouvrirent pas. Le vaillant Bierlo, qui avait porté l'étendard, qui l'avait défendu et sauvé, se mit aussi à défendre les portes, s'obstinant à les tenir fermées, à moins que la sûreté des personnes ne fût garantie.

Le duc attendait les trois cents sur la plaine. Sa position était mauvaise : « On étoit en fin cœur d'hiver, et les pluies plus grandes qu'il n'est possible de dire, le pays fangeux et mol à merveille. Nous étions (c'est Comines qui parle), en grande nécessité de vivres et d'argent, et l'armée comme toute rompue. Le duc n'avoit nulle envie de les assiéger, et aussi n'eût-il su. S'ils eussent attendu deux jours à se rendre, il s'en fût retourné. La gloire qu'il reçut en ce voyage lui procéda de la grâce de Dieu, contre toute raison. Il eut tous ces honneurs et biens pour la grâce et bonté dont il avoit usé envers les otages, dont vous avez ouï parler. »

Croyant qu'il n'y avait qu'à entrer dans la ville, le duc avait envoyé, pour entrer le premier, Humbercourt qu'il en avait nommé gouverneur, et qui n'y était point haï. Porte close. Humbercourt se logea dans l'abbaye de Saint-Laurent, tout près des murs de la ville, dont il entendait tous les bruits[1]. Il n'avait que

---

1. Cette curieuse scène de nuit avait deux témoins très intelligents qui l'ont peinte, un jeune homme d'armes bourguignon, Philippe de Comines, et un moine, Adrien de Vieux-Bois. Tout le couvent, en alarme, s'occupait à cuire du pain pour ceux qui viendraient, quel que fût leur parti.

deux cents hommes ; nul espoir de secours, en cas d'attaque. Heureusement il avait avec lui quelques-uns des otages, qui lui servirent merveilleusement, pour travailler la ville et l'amener à se rendre : « Si nous pouvons les amuser jusqu'à minuit, disait-il, nous aurons échappé ; ils seront las et s'en iront dormir. » Il détacha ainsi deux otages aux Liégeois, puis (le bruit redoublant dans la ville) quatre autres, avec une bonne et amicale lettre ; il leur disait qu'il avait toujours été bon pour eux, que pour rien au monde il ne voudrait consentir à leur perte ; naguère encore il était des leurs, du métier des *fèvres* et maréchaux, il en avait porté la robe, etc. La lettre vint à temps ; ceux de la porte parlaient d'aller brûler l'abbaye et Humbercourt dedans. Mais « tout incontinent, dit Comines, nous ouïmes sonner la cloche d'assemblée, dont nous eûmes grande joie, et s'éteignit le bruit que nous entendions à la porte. Ils restèrent assemblés jusqu'à deux heures après minuit, et enfin conclurent qu'au matin ils donneroient une des portes au seigneur d'Humbercourt. Et tout incontinent s'enfuit de la ville messire Raes de Lintre, et toute sa sequelle[1] ».

Au matin, les trois cents, en chemise, furent menés dans la plaine, se mirent à genoux dans la boue, et crièrent merci. Le bon ami du roi, le légat, qui venait intercéder, se trouva là justement pour ce piteux

---

1. Voir dans Adrien la scène intérieure de Liège, l'abandon du tribun. On lui en voulait de ne pas s'être fait tuer, comme Bare de Surlet. On prétendait qu'après la bataille il avait passé la nuit dans un moulin, etc. Ce qui est sûr, c'est qu'une fois rentré dans Liège, il montra beaucoup de fermeté et ne quitta qu'au dernier moment.

spectacle. Quoi qu'il pût dire, le duc y fit peu d'attention. Le sage Humbercourt eût voulu qu'il se servît au moins de ce légat pour le faire entrer avant lui dans la ville, pour bénir et calmer le peuple, l'endormir, rendre l'entrée plus sûre.

Loin de là, le duc, tenant à faire croire qu'il entrait de force, « à portes renversées », fit à l'instant mettre le marteau aux murs, et détacher les portes de leurs gonds. C'était l'ancien usage, quand le vainqueur n'entrait pas par la brèche, qu'on lui couchât les portes sur le pavé, afin qu'il les foulât et marchât dessus.

Le 17 novembre, au matin, les troupes entrèrent, puis le duc, accompagné de l'évêque, puis des troupes, et toujours des troupes, jusqu'au soir. Il n'était pas sans émotion, en se voyant enfin dans Liège; le matin il avait pu à peine manger.

La foule à travers laquelle il passait offrait l'aspect de deux peuples distincts, des élus et des réprouvés, en ce jour de jugement; à droite, les élus, c'est-à-dire le clergé, en blanc surplis, avec les gens qui tenaient au clergé ou voulaient y tenir, tous ayant à la main des cierges allumés, comme les Vierges sages; à gauche, sans cierges, aussi bien que sans armes, l'épaisse et sombre file des bourgeois, gens de métiers et menu populaire, portant la tête basse.

Ils roulaient en eux-mêmes la terrible sentence, encore inconnue, et tout ce que peut contenir pour celui qui se livre, ce mot vague, infini : A volonté. Personne, tant qu'il n'était pas expliqué, ne savait qui était vivant, et qui était mort.

L'attente fut prolongée jusqu'au 26 novembre. Ce jour-là, sonna la cloche du peuple pour la dernière fois. Sur l'estrade, devant le palais, au lieu consacré et légal où jadis siégeait le prince, évêque, s'assit le maître et juge... Près de lui, Louis de Bourbon, et en bas, le condamné, le peuple, pour ouïr la sentence. D'illustres personnages avaient place aussi sur l'estrade, comme pour représenter la chrétienté : un Italien, le marquis de Ferrare, un Suisse, le comte de Neufchâtel (maréchal de Bourgogne), enfin Jacques de Luxembourg, oncle de la reine d'Angleterre.

Un simple secrétaire et notaire lut « haut et clair » l'arrêt...

Arrêt de mort pour Liège. Il n'y avait plus de cité, plus de murailles, plus de loi, plus de justice de ville ni de justice d'évêque, plus de corps de métiers.

Plus de loi ; des échevins nommés par l'évêque, assermentés au duc, jugeront *selon droit et raison escripte*[1], « d'après le mode que fixeront le seigneur duc et le seigneur évêque ».

Liège n'est plus une ville, n'ayant ni portes, ni murs, ni fossés ; tout sera effacé et mis de niveau, en sorte qu'on puisse y entrer de partout « comme en un village ».

La voix de la cité, son bourgmestre, l'épée de la cité, son avoué, lui sont ôtés également. L'avoué, le défenseur, désormais, c'est l'ennemi ; le duc, comme

---

1. « Sans avoir regart aux malvais stieles, usaiges et coustumes selon lesquelz lesdits eschevins ont aultrefois jugiet. » *App.* **131.**

avoué suprême, siège et lève son droit, dans la ville, au pont d'Amercœur.

Loin qu'il y ait un corps de ville, il n'y a plus de corps de métiers. Liège perd les deux choses dont elle était née, dont elle eût pu renaître : les métiers et la cour épiscopale; ses fameuses justices de l'Anneau et de la Paix de Notre-Dame [1].

Elle ne juge plus et elle est jugée, jugée par ses voisines, ses ennemies, Namur, Louvain, Maëstricht. Les appels seront maintenant portés dans ces trois villes.

Maëstricht est franche, indépendante et ne paye plus rien. Liège paye par-dessus les six cent mille florins du premier traité, une rançon de cent quinze millions.

C'est-à-dire qu'elle se ruine, pour se racheter, prisonnière qu'elle est. Et tout en se rachetant, il faut qu'elle livre douze hommes pour la prison ou pour la mort; le duc décidera.

L'acte lu, le duc déclara que c'était bien là sa sentence. Son chancelier, s'adressant à ceux qui étaient dans la place, leur demanda s'ils acceptaient tous ces articles et voulaient s'y tenir... L'on constata qu'ils avaient accepté, que pas un n'avait contredit, qu'ils avaient dit, bien distinctement, *Oy*, *oy*. Le chancelier se tourna ensuite vers l'évêque et vers le chapitre, qui répondirent *Oy*, comme le peuple. Et alors le duc, s'adressant à la foule, daigna dire que,

---

1. Le peuple perd son antique et joyeux privilège de danser dans l'église, etc. *App.* 132.

s'ils tenaient parole, il leur serait un bon protecteur et gardien.

Cette bonté n'empêcha pas que, quelques jours après, l'échafaud ne fût dressé. On amena les *douze* qui avaient été livrés; *trois*, mis sur l'échafaud, y reçurent grâce; *trois fois trois* furent décapités. La terreur qu'inspira ce spectacle eut tant d'effet, que cinq mille hommes achetèrent leur pardon.

Il y avait dans Liège une chose qui était aussi chère aux Liégeois que leur vie : c'était le principal monument de la ville et son palladium, ce qu'ils appelaient leur *péron*, une colonne de bronze au pied de laquelle le peuple, pendant tant de siècles, avait fait les lois, les actes publics. Cette colonne, qui avait assisté à toute la vie de Liège, semblait Liège elle-même. Tant qu'elle était là, rien n'était perdu; la cité pouvait toujours revivre. Le duc mit dans son arrêt ce terrible article : « Le *péron* sera enlevé, sans qu'on puisse le rétablir jamais, pas même en refaire l'image dans les armes de la ville. »

Il emporta en effet la colonne avec lui, la plaça, comme au pilori, à la Bourse de Bruges, et sur le triste monument furent gravés des vers en deux langues, où on le fait parler (comme si Liège parlait à la Flandre) :

> Ne lève plus un sourcil orgueilleux !
> Prends leçon de mon aventure,
> Apprends ton néant pour toujours !
> J'étois le signe vénéré de Liège, son titre de noblesse,
> La gloire d'une ville invaincue...
> Aujourd'hui exposé (le peuple rit et passe !)

Je suis ici pour avouer ma chute ;
C'est Charles qui m'a renversé[1].

---

[1]. Un historien du dix-septième siècle ajoute : « Le duc fit abattre la statue de Fortune, que les Liégeois avoient dressée sur le marché pour marque de leur liberté et ficher un clou à sa roue, afin qu'elle ne tournast. » (Mélart.) *App.* 133.

CHAPITRE IV

Péronne. — Destruction de Liège. (1468.)

Une foule inquiète attendait le duc à Bruxelles : solliciteurs, suppliants, envoyés de tous pays. Il y avait, entre autres, de pauvres gens de Tournai qui étaient là, à genoux, pour excuser je ne sais quelle plaisanterie des enfants de la ville; le duc ne parlait de rien moins que de les marquer au front d'un fer rouge aux armes de Bourgogne[1].

A sa violence, à son air sombre, on voyait bien que la fin de cette affaire de Liège n'était pour lui qu'un commencement. Il remuait en pensée plus de choses qu'une tête d'homme n'en pouvait contenir. On eût pu lire sur son visage sa menaçante devise : « Je l'ay empris[2]. » Il allait *entreprendre*, avec quel succès !

---

1. Il l'aurait fait si ses nobles n'avaient intercédé. (Poutrain.) — Tournai, enfermée de toutes parts et s'obstinant à rester française, se trouvait dans un état de siège perpétuel. Les Flamands, quand ils voulaient, la faisaient mourir de faim, et par représailles, elle se moquait fort de ses pesants voisins, trop bien nourris.

2. C'est l'expression du formidable portrait attribué à Van Eyck. Celui qu'on

Dieu le savait. Une comète qui parut à son avènement donnait fort à penser : « J'entrai en imagination (dit Chastellain)... Je m'attends à tout... La fin fera le jugement. »

Ce qu'on pouvait prévoir sans peine, c'est qu'avec un tel homme il y aurait beaucoup à faire et à souffrir, que ses gens auraient peu de repos, qu'il lasserait tout le monde avant de se lasser. Jamais on ne surprit en lui ni peur ni fatigue. « Fort de bras, fort d'échine, de bonnes fortes jambes, de longues mains, un rude joûteur à jeter tout homme par terre, le teint et le poil bruns, la chevelure épaisse, *houssue*... »

Fils d'une si *prude femme* et si *béguine*, lisant insatiablement dans sa jeunesse les vieilles histoires des preux, on avait cru qu'il serait un vrai miroir de chevalerie[1]. Il était dévot, disait-on, particulièrement à la Vierge Marie. On remarquait qu'il avait les yeux « angéliquement clairs ».

Les Flamands, Hollandais, tous les gens du Nord et de langues allemandes, avaient mis un grand espoir dans leur jeune comte. Il parlait leur langue, puisait au besoin dans leur bourse, vivait avec eux et comme

---

voyait à Gand dans une précieuse collection (vendue en 1840), est sombre, violent, bilieux ; le teint accuse l'origine anglo-portugaise. Il a été souvent copié.

1. Il eut « l'entendement et le sens si grand qu'il résistoit à ses complexions, tellement qu'en sa jeunesse ne fut trouvé plus doux, ne plus courtois que luy. Il apprenoit à l'école moult bien, etc. » (Olivier de La Marche.) Le portrait capital est celui de Chastellain. On y voit qu'il avait l'esprit très cultivé, beaucoup de faconde et de subtilité : « *Il parloit de grand sens et parfond, et continuoit longuement au besoin.* » Ce qui contredit le mot de Comines : « Trop *peu* de malice et *de sens* », etc. La contradiction n'est qu'apparente ; on peut être discoureur, logicien, et peu judicieux.

eux, sur les digues, à voir la mer, qu'il aimait fort, ou bien à bâtir sa tour de Gorckum. Dès qu'il fut maître, on aperçut qu'il y avait encore en lui un tout autre homme, qu'on ne soupçonnait pas, homme d'affaires, d'argent et de calcul. « Il prit le mors aux dents, veilla et estudia en ses finances. » Il visita le trésor de son père[1], mais pour le bien fermer, voulant vivre et suffire à tout avec son domaine et ce qu'il tirerait de ses peuples. L'argent de Liège et tout l'extraordinaire ne devaient point les soulager, mais rester dans les coffres. En tout, un ordre austère. La joyeuse maison du bon duc devint comme un couvent[2]; plus de grande table commune où les officiers et seigneurs mangeaient avec le maître. Il les divisa et parqua en tables différentes, d'où, le repas fini, on les faisait défiler devant le prince, qui notait les absents : l'absent perdait les gages du jour.

Nul homme plus exact, plus laborieux. Il était le matin au conseil et il y était le soir, « se travaillant soy et ses gens, outrageusement ». Ses gens, ceux du moins qu'il employait le plus, c'étaient des gens de langue française et de droit romain, des hommes de loi bourguignons ou comtois. Le règne des Comtois[3], commencé sous Philippe-le-Bon par Raulin, continué

---

1. *App.* 134.
2. « Se délitoit en beau parler, et en amonester ses nobles à vertu, comme un orateur... assis en haut-dos paré. — Il mist sus une audience, laquelle il tint trois fois la semaine, après disner;..... les nobles de sa maison estoient assis devant ly en bancs, chascun selon son ordre, sans y oser faillir..., souvent toutesfois à grand'tannance des assis. » (Chastellain.)
3. *App.* 135.

sous son fils par les De Goux, les Rochefort, les Carondelet, éclate dans l'histoire par la tyrannie des Granvelle. Leurs traditions d'impérialisme romain, de procédures secrètes, etc., furent pourtant connues dès l'époque où le chancelier Raulin, armé d'un simple billet de son maître absent, fit étouffer le sire de Granson entre deux matelas[1].

On reconnaît, dans la sentence de Liège, la main de ces légistes, à cet article surtout où, substituant le *droit écrit* à la coutume, ils ajoutent à ce mot déjà si vague un arbitraire illimité : « Selon le mode que fixeront le seigneur duc et le seigneur évêque. »

Après Liège, la Flandre. Dès le lendemain de la bataille, une lettre fut écrite par le duc, une menace *contre tous les fieffés* de Flandre qui ne rendraient pas le service militaire. Cette expression semblait étendre l'obligation du service à une foule de petites gens, qui tenaient, à titre de fiefs, des choses minimes pour une minime redevance. L'effroi fut grand[2], l'effet subit : beaucoup aimèrent mieux laisser là fief et tout, et passer la frontière. Il fallut que le duc s'expliquât ; il dit dans une nouvelle lettre, non plus *tous les fieffés*, mais « nos féaux vassaux et sujets, *tenus et accoutumés* de servir et *fréquenter* les armes ».

Le mot d'*aide* ne prêtait pas moins que celui de *fief* au malentendu. Sous ce mot féodal (aide de joyeuse entrée, aide de mariage), il demanda un impôt régu-

---

1. Dunod. — 2. La menace est du 5 novembre, et l'explication du 20 décembre ; en six semaines, l'émigration avait commencé : « Se partent et absentent, ou sont à voulenté d'eux partir et absenter. » (Gachard.)

lier, annuel pour seize ans. Le total semblait monstrueux : pour la Flandre, douze cent mille écus; pour le Brabant, huit cent mille liv.; cent mille liv. pour le Hainaut. « Il n'y eut personne qui ne fût perplex durement et frappé au front, d'ouïr nommer cette horrible somme de deniers à prendre sur le peuple. »

Par ces violentes chicanes pour changer ses vassaux en sujets, pour devenir, de suzerain féodal, souverain moderne, le duc de Bourgogne n'en restait pas moins, dans l'opinion de tous et dans la sienne, le prince de la chevalerie. Il en gardait les formes, et elles devenaient souvent dans ses mains une arme politique. Juge de l'honneur chevaleresque, comme chef de la Toison d'or, il somma son ennemi, le duc de Nevers, de comparaître au chapitre de l'ordre[1], le fit condamner comme contumace, biffer son nom, noircir son écusson[2].

Ceux même que le roi avait cru s'attacher et qu'il avait achetés le plus cher tournaient au duc de Bourgogne, comme au chef naturel des princes et seigneurs. Un nouveau *Bien public* se préparait, plus général et dans lequel entreraient ceux qui s'étaient abstenus de l'autre. René devait en être, quoique le roi aidât alors son fils en Espagne. Deux femmes y poussaient, la douairière de Bourbon, aux enfants de

---

1. Le duc fit lire et adopter à ce chapitre une ordonnance qui mettait dans sa main toute la juridiction de l'ordre. *App.* 136.

2. Il le déshonorait après l'avoir dépouillé. Sur cette terrible iniquité de la maison de Bourgogne, sur la cession forcée (qu'Hugonet extorqua), sur le courage du notaire qui glissa dans l'acte même (au pli du parchemin où posait le sceau) une toute petite protestation, voy. *Preuves* de Comines.

qui il avait confié moitié du royaume, et la propre sœur de Louis XI, qui, il est vrai, lui ressemblait trop pour subir aisément sa protection tyrannique; plus il faisait pour elle, plus elle travaillait contre lui.

L'Anglais n'avait pu être du premier *Bien public;* on l'invitait au second. Le Bourguignon épousait la sœur d'Édouard, et le Breton épousait en quelque sorte l'Angleterre elle-même, voulant l'établir à côté de lui, en Normandie. Le roi, les voyant tous appeler l'Anglais, s'avisa d'un expédient qu'ils n'avaient pas prévu, il appela la France.

Il convoqua les États généraux (avril), les trois ordres; soixante villes envoyèrent leurs députés[1]. Il leur posa simplement la vraie question : « Le royaume veut-il perdre la Normandie? » La confier au jeune frère du roi, qui n'était rien que par les ducs de Bourgogne et de Bretagne, c'était la leur donner, ou plutôt y mettre les Anglais.

Ce n'était pas la faute du duc de Bretagne si les Anglais n'y étaient pas. Ils n'avaient pas besoin d'y prendre une place, comme Henri V avait dû le faire; on leur en offrait douze. Chose étrange, pour leur faire accepter ces villes, il fallait les payer, ils chicanaient sur la solde... Le fait est qu'ils avaient grand'peine à venir, Édouard n'osait bouger de chez lui.

Que l'offre eût été faite, cela n'était pas douteux. Warwick (par conséquent Louis XI) en avait copie[2]. Les États, quand on leur fit cette révélation, en eurent

---

1. Chaque ville envoya trois députés, un prêtre et deux laïques. *App.* 137.
2. *App.* 138.

horreur... Qu'il y eût un Français pour recommencer les guerres anglaises, l'égorgement de la France !... Tous ceux qui étaient là, même les princes et les seigneurs qui chancelaient la veille, retrouvèrent du cœur et offrirent au roi leurs biens et leurs vies.

« La chose, dit lui-même le noble historien de la maison de Bourgogne, touchoit la *perpétuité* du royaume, et le roy n'y a que son *voyage*. » Tous le sentirent. Le vœu des États, porté au duc à Cambrai, venait avec autorité. Le mépris qu'il en fit, soigneusement répandu par le roi, mit beaucoup de gens contre lui. Les plus pacifiques eurent une velléité de guerre. Il y eut à Paris un tournoi des enfants de la ville[1], et même plus sérieux que ces exercices ne l'étaient alors; ceux-ci, dans leur inexpérience, y allèrent trop vivement, et ils se blessèrent.

Le mouvement fut fort contre le duc de Bourgogne. Ce qui le prouverait, c'est que l'homme le plus flottant et qui jusque-là s'était le plus ménagé, Saint-Pol, devint audacieux tout à coup et s'en alla à Bruges, où était le duc, fit une entrée bruyante, avec force fanfares, et faisant porter devant lui l'épée de connétable. Aux plaintes qu'on en fit, il ne répondit rien, sinon que Bruges était du royaume, qu'il était connétable de France, et que c'était son droit d'aller partout ainsi.

Le duc attendait à Bruges sa future épouse, Marguerite d'York. Il y avait là un monde complet de toutes nations, une foule d'étrangers venus pour voir la fête.

---

1. Ici le greffier Jean de Troyes se redresse, enfle la voix et donne tout au long le noble détail.

Le duc en profita pour montrer solennellement quel rude justicier il était, quel haut seigneur, combien indépendant et au-dessus de tout. Il fit, sans forme de procès, couper la tête à un jeune homme de grande maison qui avait fait un meurtre. Toute la noblesse eut beau prier, l'exécution ne s'en fit pas moins, à la veille du mariage.

Ce mariage anglais contre la France fut fort sérieux, dans la bizarre magnificence de ses fêtes guerrières, plein de menace et de sombre avenir. Les mille couleurs de tant de costumes et de bannières étaient attristées des couleurs du maître, qui dominaient tout, le noir et le violet [1].

La sœur des trois fratricides, Marguerite d'York, apportait avec elle cent cinquante ans de guerre entre parents. Ses archers anglais descendirent sa litière au seuil de l'hôtel de Bourgogne, où la reçut la douairière Isabelle. Des archers, peu ou point de lords [2]; un seul évêque anglais qui avait mené la chose, malgré tous les évêques.

Au mariage assistèrent deux cardinaux, Balue, l'espion du roi, et un légat du pape qui venait demander pour la pauvre ville de Liège un sursis au payement. Les malheureux étaient déjà tellement ruinés, deux ans auparavant, que pour un premier terme, il leur avait fallu dépouiller leurs femmes, leur ôter leurs

---

1. « My-parti de noir et de violet », selon Jean de Hénin et Olivier de La Marche.
2. Sauf des lords de la façon d'Édouard, les parents de sa femme et un cadet des Talbot.

anneaux, leurs ceintures. Le duc fut inflexible. Cette dureté dans un tel moment ne pouvait porter bonheur au nouveau mariage. Les mariés à peine au lit, le feu prit. Ils faillirent brûler[1].

Le tournoi fut celui de l'arbre ou *péron* d'or, apparemment pour rappeler celui de Liège. Aux intermèdes, parmi une foule d'allusions, on vit le saint anglais, le saint par lequel le duc jurait toujours, saint Georges, qui tuait le dragon. Deux héros, deux amis, Hercule et Thésée (Charles et Édouard?) désarmèrent un roi, qui se mit à genoux et se fit leur serf. Le duc figura en personne au tournoi, combattit, puis tout à coup laissa la mariée, s'en alla en Hollande pour lever l'*aide* de mariage.

Le roi crut que cette fête de guerre, ces menaces, ce brusque départ annonçaient un grand coup. Depuis trois mois, il s'y attendait. En mai, le chancelier d'Angleterre avait solennellement annoncé une descente, et le roi, pour la retarder, avait jeté en Angleterre un frère d'Henri VI. Il voyait un camp immense se faire contre lui près de Saint-Quentin. Il y avait à parier qu'au 15 juillet, la trêve avec la Bourgogne expirant, Bourguignon, Breton, Anglais, tous agiraient d'ensemble.

La chose semble avoir été en effet convenue ainsi. Le Breton seul tint parole, agit et porta seul les coups. Le roi le serra à la fois par le Poitou et par la Normandie, lui reprit Bayeux, Vire et Coutances. Il cria

1. *App.* 139.

au secours, et n'obtint du Bourguignon que cinq ou six cents hommes pour garder Caen. Celui-ci était jaloux, il se souciait peu d'affermir le Breton en Normandie. Tard, bien tard, sur son instante prière, ayant reçu une lettre suppliante, écrite de sa main, il consentit à passer la Somme, mais pacifiquement encore et sans tirer l'épée. Si peu soutenu, il fallut bien que le Breton traitât, abandonnant le frère du roi, et remettant ce qu'il avait en Normandie à la garde du duc de Calabre, qui alors était tout au roi (traité d'Ancenis, 10 septembre). Le roi avait gagné la partie.

Ce qui sans doute avait contribué à ralentir le duc de Bourgogne, c'est qu'il voyait une révolution se faire derrière lui. Depuis son cruel refus de donner un sursis à Liège, cette misérable ville, tout écrasée et sanglante qu'elle était, remuait son cadavre... Dès les premiers jours d'août, s'ébranla des Ardennes une foule hideuse, sans habits, des massues pour armes, de vrais sauvages qui, depuis longtemps, vivaient dans les bois[1]. Ces malheureux bannis, entendant dire qu'il y aurait un coup de désespoir, voulurent en être, et, pour mourir, aimèrent mieux, après tout, mourir chez eux.

Le 4 août, ils avaient essayé déjà de prendre Bouillon. Ils avancèrent toujours, en grossissant leur troupe, et, le 8 septembre, ils entrèrent dans Liège en criant vive le roi, de sorte que le duc de Bourgogne

---

1. *App.* 140.

put apprendre en même temps la révolution de Liège et la soumission du Breton (10 septembre).

Le duc, qui avait peu de forces à Liège, les en avait retirées, comme on l'en priait depuis longtemps au nom de l'évêque. Il avait ruiné de fond en comble, non seulement la ville, mais les églises, obligées de répondre pour la ville. Plus de cour spirituelle, plus de juridiction ecclésiastique, plus d'argent à tirer des plaideurs. Le lieutenant du duc de Bourgogne, Humbercourt, laissé à Liège comme receveur et percepteur, était seul maître ; l'évêque n'était rien. Les gens qui gouvernaient celui-ci, à leur tête le chanoine Robert Morialmé, prêtre guerrier qu'on voyait souvent armé de toutes pièces, eurent recours, pour se délivrer des Bourguignons, au dangereux expédient de rappeler les bannis de France. Ils se figuraient sans doute que le roi y joindrait ses troupes, et soutiendrait l'évêque, frère du duc de Bourbon, contre le duc de Bourgogne.

Les bannis, rentrant dans Liège, n'y trouvèrent point l'évêque; mais, pour toute autorité, le légat du pape. Le légat eut grand'peur quand il se vit au milieu de ces gens presque nus, et qu'on aurait pris pour des bêtes fauves, tant les cheveux et le poil leur avaient cru... L'aspect était horrible, les paroles furent douces et touchantes. Ils s'adressèrent au vieux prêtre romain comme à un père, le supplièrent d'intercéder pour eux : « Ce sont, disaient-ils, nos dernières prières que nous vous confions. Qu'on nous laisse revenir, reprendre nos travaux; nous ne pouvons plus vivre dans les bois, la vie y est trop dure... Si l'on ne nous écoute, nous ne répondons plus de ce que nous allons faire... » Le légat leur demandant s'ils voulaient poser les armes, pour le laisser arranger tout avec l'évêque, ils fondirent en larmes, et dirent qu'ils ne demandaient qu'à rentrer en grâce, à revenir avec leurs pères, leurs mères et leurs enfants.

Le légat prévint de grands désordres, et peut-être sauva la ville, en leur donnant ces bonnes paroles. Plusieurs avaient fait d'abord de terribles menaces, disant que tout le mal venait des prêtres, et ils commençaient à faire main basse sur eux. Il les calma, emmena les chefs à Maëstricht, où était l'évêque, et lui conseilla de revenir. L'évêque n'osait; il avait peur et des bannis et du duc de Bourgogne, qui lui écrivait qu'il arrivait dans un moment. Cette dernière peur fut apparemment la plus forte, car il reprit ses chaînes et s'en alla docilement à Tongres retrouver Humbercourt, lieutenant du duc de Bourgogne, contre lequel ses chanoines avaient rappelé les bannis.

Le duc n'avait pas tort d'annoncer qu'il pourrait agir. Le roi, qui, débarrassé des Bretons, eût pu, ce semble, le mener rudement, le priait au contraire, lui faisait la cour, voulait lui payer les frais de la campagne. L'armée royale, bien supérieure à l'autre, plus aguerrie surtout, ne comprenait rien à cela et n'était pas loin d'accuser le roi de couardise... C'est qu'on ne voyait pas, derrière, que le duc de Bourgogne occupait toujours Caen, qu'un beau-frère d'Édouard lui tenait une armée à Portsmouth, et n'attendait qu'un signe pour passer. Ce coûteux armement anglais, annoncé en plein Parlement, préparé tout l'été, serait-il en pure perte? Rien de moins vraisemblable; le roi n'avait en ce moment nul moyen d'empêcher la descente; tout au plus pouvait-il, en revanche, lancer aux Anglais Marguerite d'Anjou, qu'il avait à Harfleur.

Il était donc en ces perplexités, allant, venant, devant le duc de Bourgogne. Celui-ci, ferme dans ses grosses places de Somme, dans un camp immense (une ville plutôt) qu'il s'était bâtie, mettait son orgueil à ne bouger d'un pas; le Breton l'avait abandonné; mais que lui importait! seul n'était-il pas assez fort?... Ainsi, tout restait là; le roi, qui se mourait d'impatience, s'en prenait à ceux qui traitaient pour lui. Chaque jour, plus soupçonneux (et déjà maladif), il ne se fiait plus à personne, jusqu'à hésiter d'armer ses gens d'armes; dans une lettre, il ordonne de porter les lances sur des chariots, et de ne les donner qu'au besoin.

Une chose lui donnait espoir du côté du duc de Bourgogne, c'est que tout le monde venait lui dire qu'il était dans une furieuse colère contre le Breton. S'il en était ainsi, le moment était bon; cette colère contre un ami pouvait le disposer à écouter un ennemi. Le roi le crut sans peine, et parce qu'il avait grand besoin qu'il en fût ainsi, et parce qu'il était justement lui-même dans cette disposition. Trahi successivement par tous ceux à qui il s'était fié, par Du Lau, par Nemours, par Melun, il n'avait trouvé de sûreté que dans un ennemi réconcilié, Dammartin, celui qui jadis l'avait chassé de France; il lui avait mis en main son armée, le commandement en chef au-dessus des maréchaux.

Il ne désespérait donc pas de regagner son grand ennemi. Mais pour cela, il ne fallait pas d'intermédiaire; il fallait se voir et s'entendre. Tout est difficile entre ceux qu'on envoie, qui hésitent, qui sont responsables; entre gens qui font eux-mêmes leurs affaires, souvent tout s'aplanit d'un mot. Il semblait d'ailleurs que si l'un des deux pouvait y gagner, c'était le roi, tout autrement fin que l'autre, et qui, renouvelant l'ancienne familiarité de jeunesse, pouvait le faire causer, peut-être, en le poussant un peu, violent comme il était, en tirer justement les choses qu'il voulait le moins dire.

Quant au péril que quelques-uns voyaient dans l'entrevue, le roi n'en faisait que rire. Il se rappelait sans doute qu'au temps du *Bien public*, le comte de Charolais, causant et marchant avec lui entre Paris et Charenton, n'avait pas craint parfois de s'aventurer loin de ses gens; il s'était si bien oublié un jour qu'il se trouva au dedans des barrières.

Les serviteurs influents des deux princes ne semblent pas avoir été contraires à l'entrevue. D'une part, le sommelier du duc[1], de l'autre Balue[2], se

---

1. « Ledict duc envoya devers ledict seigneur un sien valet de chambre, homme fort privé de luy. Le roy y print grant fiance, et eust vouloir de parler audict duc. » (Comines.) — « Un sommelier du corps du duc... fut mandé par le roy de France, et par le congé du duc y alla; et tant parlementèrent ensemble, et fit ledict (sommelier) tant d'alées et de venues, que le duc assura le roy. » (Olivier de La Marche.)

2. Le billet du duc au cardinal (*Ms. Legrand.*) est bien caressant, d'une

remuaient fort pour avancer l'affaire. Saint-Pol s'y opposait d'abord, et cependant il semble que ce soit sur une lettre de lui que le roi ait pris son parti et franchi le pas.

Tout porte à croire que le duc ne méditait point un guet-apens. Selon Comines, il se souciait peu de voir le roi; d'autres disent qu'il le désirait fort[1]. Je croirais aisément tous les deux; il ne savait peut-être pas lui-même s'il voulait ou ne voulait pas; c'est ce qu'on éprouve dans les commencements obscurs des grandes tentations.

Quoi qu'il en soit, le roi ne se confia pas à la légère; il fit accepter au duc la moitié de la somme offerte, et ne partit qu'en voyant l'accord négocié déjà en voie d'exécution. Il recevait, pour l'aller et le retour, les paroles les plus rassurantes. Rien de plus explicite que les termes de la lettre et du sauf-conduit que lui envoya le duc de Bourgogne. La lettre porte : « Vous pourrez seurement venir, aler et retourner... » Et le sauf-conduit : « Vous y pouvez venir, demeurer et séjourner, et Vous en retourner seurement ès lieux de Chauny et de Noyon, à vostre bon plaisir, toutes les fois qu'il vous plaira, sans que aucun empeschement

---

familiarité bien flatteuse : « Très cher et especial amy... Et adieu, cardinal, mon bon amy. » Voir (*ibid.*) la lettre de Saint-Pol, qui semblerait perfidement calculée pour pousser le roi par la vanité.

1. C'est ce que Saint-Pol dit dans cette lettre, et ce que disaient d'autres encore : « L'on dit que M. de Bourgogne a grande envie de le veoir. » Néanmoins, il ajoute : « Hier, sur le soir, vint le vidame d'Amiens, qui amena un homme qui affirme sur sa vie que Bourgogne ne tend à cette assemblée, sinon pour faire quelque échec en la personne du roy. »

soit donné à Vous, *pour quelque cas qui soit, ou puisse advenir*[1] » (8 oct. 1468). Ce dernier mot rendait toute chicane impossible, quand même on eût pu craindre quelque chose d'un prince qui se piquait d'être un preux des vieux temps, qui chevauchait fièrement sur la parole donnée, se vantant de la tenir mieux que ne voulaient ses ennemis. Tout le monde savait que c'était là son faible, par où on le prenait. Au *Bien public*, quand il effectua sa menace avant le bout de l'an, le roi, pour le flatter, lui dit : « Mon frère, je vois bien que vous êtes gentilhomme et de la maison de France. »

Donc, comme gentilhomme et chez un gentilhomme, le roi arriva seul, ou à peu près. Reçu avec respect par son hôte, il l'embrassa longuement, par deux fois, et il entra avec lui dans Péronne[2], lui tenant, en vieux camarade, la main sur l'épaule. Ce laisser-aller diminua fort, quand il sut qu'au moment même entraient par l'autre porte ses plus dangereux ennemis, le prince de Savoie, Philippe de Bresse, qu'il avait tenu trois

---

1. L'original du sauf-conduit fut reconnu pour *écrit de sa main*, par son frère, le grand bâtard, par ses serviteurs intimes Bitche et Crèvecœur, et par son ancien secrétaire, Guillaume de Cluny. Cette pièce si précieuse est conservée à la *Bibliothèque royale*.

2. « Quant Monseigneur vint près du roy, il s'inclina tous bas à cheval. Lors le print le roy entre ses bras la teste nue, et le tint longuement acolé, et Monseigneur pareillement. Après ces acolements, le roy nous salua, et quand il ot ce fait, il rembrasa Monseigneur, et Monseigneur lui, la moittié plus longuement qui n'avoient fait. Tout en riant, ils vindrent en ceste ville, et descendy à l'ostel du receveur, et devoit venir (?) à l'après dîner *logier au chasteau... Messire Poncet* avecq M. le bastard sont *logié au chastel*. » Le dernier mot ferait croire qu'il se trouva au château sous la garde d'un de ses ennemis. (*Documents Gachard.*)

ans en prison, dont il venait de marier la sœur malgré lui, et le maréchal de Bourgogne, sire de Neufchâtel, à qui le roi avait donné, puis retiré Épinal, deux hommes très ardents, très influents près du duc, et qui lui amenaient des troupes.

Le pis, c'est qu'ils avaient avec eux des gens singulièrement intéressés à la perte du roi, et fort capables de tenter un coup ; l'un était un certain Poncet de La Rivière, à qui le roi donna sa maison à mener à Montlhéry, et qui, avec Brezé, lui brusqua la bataille, pour perdre tout. L'autre, Du Lau, sire de Châteauneuf, ami de jeunesse du roi en Dauphiné et dans l'exil, avait eu tous ses secrets et les vendait ; il avait essayé de le vendre lui-même et de le faire prendre, mais c'était le roi qui l'avait pris. Cette année même, se doutant bien qu'on le ferait échapper, Louis XI avait, de sa main, dessiné pour lui une cage de fer. Du Lau, averti et fort effrayé, trouva moyen de s'enfuir ; il en coûta la vie à tous ceux qui l'avaient gardé, et par contre-coup à Charles de Melun, dont le roi fit expédier le procès, de peur de pareille aventure.

Ce Du Lau, ce prisonnier échappé qui avait manqué la cage de si près, le voilà qui revient hardiment de lui-même, par-devant le roi, avec Poncet, avec d'Urfé, tous se disant serviteurs et sujets du frère du roi, tous fort intéressés à ce que ce frère succède au plus vite [1].

---

1. *App.* 141.

Le roi eut peur. Que le duc eût laissé venir ces gens, qu'il reçût ces traîtres tout à côté de lui, c'était chose sinistre, et qui sentait le pont de Montereau... Il crut qu'il y avait peu de sûreté à rester dans la ville; il demanda à s'établir au château, sombre et vieux fort, moins château que prison; mais enfin, c'était le château du duc même, sa maison, son foyer: il devenait d'autant plus responsable de tout ce qui arriverait.

Le roi fut ainsi mis en prison sur sa demande; il ne restait plus qu'à fermer la porte. Qu'il manquât de bons amis pour y pousser le duc, on ne peut le supposer. Ces arrivants qui trouvaient la chose en si bon train, qui voyaient leur vengeance à portée, leur ennemi sous leur main, qui, à travers les murs, sentaient son sang..., croira-t-on qu'ils aient été si parfaits chrétiens que de parler pour lui? Nul doute qu'ils n'aient fait des efforts désespérés pour profiter d'une telle occasion; que, tournant autour du duc de toutes les manières, ils ne lui aient fait honte de ses scrupules; qu'ils n'aient dit que ce serait pour en rire à jamais, si la proie, venant d'elle-même au chasseur, il n'en voulait pas... N'était-ce pas un miracle d'ailleurs, un signe de Dieu, que cette venimeuse bête se fût livrée ainsi? Lâchez-la, avec quoi croyez-vous la tenir? quel serment, quel traité possible? quelle autre sûreté qu'un cul-de-basse-fosse!

A quoi le duc ému, tremblant de vouloir et ne vouloir pas, mais maître de lui pourtant et faisant bonne contenance, aura noblement répondu que « tout cela n'y faisait rien, que sans doute l'homme était digne de tout châtiment, mais qu'une exécution ne lui allait pas, à lui, duc de Bourgogne; la Toison qu'il portait était jusqu'ici nette, grâce à Dieu; ayant promis, signé, pour deux royaumes de France il ne ferait rien à l'encontre... La veille encore il avait reçu l'argent du roi. Garder l'homme pour garder l'argent, était-ce leur conseil?... Il fallait être bien osé pour lui parler ainsi! »

Tel fut le débat, et plus violent encore; la plus simple connaissance de la nature humaine porterait à le croire, quand même tout ce qui suit ne le mettrait pas hors de doute.

Mais on peut croire aussi, non moins fermement, que le duc en serait resté là, malgré toute la véhémence du combat intérieur, sans pouvoir en sortir, si les intéressés n'eussent à point nommé trouvé une machine qui, poussée vivement, démontât sa résolution.

Il n'ignorait certainement pas (au 10 octobre) que les bannis étaient rentrés dans Liège le 8 septembre. Dès la fin d'août, Humbercourt, retiré à Tongres avec l'évêque, les observait et en donnait avis[1]. Le mouvement était accompagné, encouragé par des gens du roi. Le duc le savait avant l'entrevue de Péronne, et dit qu'il le savait.

Il était facile à prévoir que les Liégeois tenteraient un coup de main sur Tongres pour ravoir leur

1. *App.* 142.

évêque et l'enlever aux Bourguignons ; Humbercourt le prévit. Le duc, en apprenant que la chose était arrivée, pouvait être irrité, sans doute ; mais pouvait-il être surpris ?... Il fallait donc, si l'on voulait que cette nouvelle eût grand effet sur lui, l'amplifier, l'orner tragiquement. C'est ce que firent les ennemis du roi ; ou, si l'on veut que le hasard ait été seul auteur de la fausse nouvelle, on avouera que le hasard les servit à commandement.

« Humbercourt est tué, l'évêque est tué, les chanoines sont tués. » Voilà comme la nouvelle devait arriver pour faire effet ; et telle elle arriva.

Le duc entra dans une grande et terrible colère — non pour l'évêque, sans doute, qui périssait pour avoir joué double, — mais pour Humbercourt, pour l'outrage à la maison de Bourgogne, pour l'audace de cette canaille, pour la part surtout que pouvaient avoir à tout cela les envoyés du roi.

C'était un grand malheur, mais pour qui ? Pour le roi ; qu'un mouvement encouragé par lui eût abouti à l'assassinat d'un évêque, d'un frère du duc de Bourbon, cela le mettait mal avec le pape, qui jusque-là lui était favorable dans cette affaire de Liége ; de plus, il risquait d'y perdre l'appui du seul prince sur lequel il comptât, du duc de Bourbon, à qui il avait mis en main les plus importantes provinces du Centre et du Midi... Le duc de Bourgogne, que risquait-il ? que perdrait-il en tout cela (sauf Humbercourt) ? on ne peut le comprendre.

Ce qui pouvait nuire à ses affaires, ce n'était pas que

les Liégeois eussent tué leur évêque, mais qu'ils l'eussent repris, rétabli dans Liège, qu'ils se fussent réconciliés avec lui, et que l'évêque lui-même, appuyé par le légat du pape, priât le duc de Bourgogne de ne plus se mêler d'une ville qui relevait du pape et de l'Empire, mais nullement de lui.

Le fait est que l'évêque était bien portant, Humbercourt aussi (relâché sur parole). La bande qui ramena de Tongres à Liège l'évêque et le légat, tua plusieurs chanoines qui avaient trahi Liège, l'excitant, puis l'abandonnant ; mais, pour l'évêque, ils lui témoignèrent le plus grand respect, tellement que quelques-uns des leurs ayant hasardé un mot contre lui, il les pendirent eux-mêmes à l'instant. L'évêque, fort effrayé et de ces violences et de ces respects, accepta l'espèce de triomphe qu'on lui fit à sa rentrée dans Liège. « Enfants, dit-il, nous nous sommes fait la guerre ; je vois que j'étais mal informé ; eh bien ! suivons de meilleurs conseils... C'est moi qui désormais serai votre capitaine. Fiez-vous en moi, je me fie en vous. »

Revenons à Péronne, et répétons encore que le mouvement des Liégeois sur Tongres, si probable et si naturel, ne devait guère surprendre le duc ; que la mort de l'évêque, après sa conduite équivoque, cette mort, mauvaise au roi (donc bonne au duc), ne put lui faire mener grand deuil, ni faire tout ce grand bruit. De croire que le roi, qui n'y gagnait rien et y perdait tant, eût provoqué la chose, lorsqu'il laissait au frère du mort tant de provinces en main, une vengeance si facile, lorsqu'il venait se remettre lui-même à la merci du duc de Bourgogne, c'était croire le roi fol, ou l'être soi-même.

La distance au reste n'est pas immense entre Liège et Péronne. Le roi entra à Péronne et les Liégeois à Tongres le même jour, dimanche 9 octobre[1]. La fausse nouvelle parvint le 10 au duc[2]; mais le 11, le 12, le 13 durent arriver, avec des renseignements exacts, les Bourguignons que les Liégeois avaient trouvés dans Tongres et renvoyés exprès. C'est le 14 seulement qu'on fit signer au roi le traité par lequel on lui faisait expier la mort de l'évêque qu'on savait vivant.

La colère du duc dans le premier moment, pour un événement qui rendait sa cause très bonne, qui le fortifiait et tuait le roi, cette colère bizarre fut-elle une comédie? Je ne le crois pas. La passion a des ressources admirables pour se tromper, s'animer en toute bonne foi, lorsqu'elle y a profit. Il lui était utile d'être surpris, il le fut; utile de se croire trahi, il le crut. Il fallait que sa colère fût extrême, effroyable, aveugle, pour qu'il oubliât tout à fait le fatal petit mot du sauf-conduit : *Quelque cas qui soit ou puisse advenir.* Effroyable en effet fut cette colère, et comme elle eût été si le roi lui avait tué sa mère, sa femme et son enfant... Terribles les paroles, furieuses les menaces...

---

1. Jour de *la Saint-Denis;* ces deux entreprises hasardeuses furent risquées le même jour, peut-être pour le même motif, parce que c'était *la Saint-Denis*, et dans la confiance que le patron de la France les ferait réussir. On sait le fameux cri d'armes : « En avant, Montjoie Saint-Denis ! » Louis XI était superstitieux, et les Liégeois fort exaltés.

2. Cette célérité remarquable s'explique, en ce que les Liégeois firent leur coup vers minuit; la nouvelle eut pour venir à Péronne les vingt-quatre heures du 9 octobre et une partie du 10.

Les portes du château se fermèrent sur le roi, et il eut dès lors tout loisir de songer, « se voyant enfermé *rasibus* d'une grosse tour, où jadis un comte de Vermandois avoit fait mourir un roi de France ».

Louis XI, qui connaissait l'histoire, savait parfaitement qu'en général les rois prisonniers ne se gardent guère (il n'y a pas de tour assez forte); voulût-on garder, on n'en est pas toujours le maître, témoin Richard II à Pomfret; Lancastre eût voulu le laisser vivre, qu'il ne l'aurait pu. Garder est difficile, lâcher est dangereux : « Un si grant seigneur pris, dit Comines, ne se délivre pas. »

Louis XI ne s'abandonna point; il avait toujours de l'argent avec lui, pour ses petites négociations; il donna quinze mille écus d'or à distribuer; mais on le croyait si bien perdu, et déjà on le craignait si peu que celui à qui il donna garda la meilleure part.

Une autre chose le servit davantage, c'est que les plus ardents à le perdre étaient des gens connus pour appartenir à son frère, et qui déjà « se disoient au duc de Normandie ». Ceux qui étaient vraiment au duc de Bourgogne, son chancelier De Goux, le chambellan Comines qui couchait dans sa chambre et qui l'observait dans cette tempête de trois jours, lui firent entendre probablement qu'il n'avait pas grand intérêt à donner la couronne à ce frère qui depuis longtemps vivait en Bretagne. Risquer de faire un roi quasi Breton, c'était un pauvre résultat pour le duc de Bourgogne; un autre aurait le gain, et lui, selon toute apparence, une rude guerre. Car, si le roi était sous clef, son armée n'y était pas, ni son vieux chef d'écorcheurs, Dammartin[1].

Il y avait un meilleur parti. C'était de ne pas faire un roi, — d'en défaire un plutôt, de profiter sur celui-ci tant qu'on pouvait, de le diminuer et l'amoindrir, de le faire, dans l'estime de tous, si petit, si misérable et nul, qu'en le tuant on l'eût moins tué.

Le duc, après de longs combats, s'arrêta à ce parti, et il se rendit au château : « Comme le duc arriva en sa présence, la voix luy trembloit, tant il estoit esmeu et prest de se courroucer. Il fit humble contenance de corps, mais son geste et parole estoit aspre, demandant au Roy s'il vouloit tenir le traicté de paix... » Le roi « ne put celer sa peur », et signa l'abandon de tout ce que les rois avaient jamais disputé aux ducs[2]. Puis, on lui fit promettre de donner à son frère (non plus la Normandie), mais la Brie, qui mettait le duc presqu'à Paris, et la Champagne, qui reliait tous les États du duc, lui donnant toute facilité d'aller et venir entre les Pays-Bas et la Bourgogne.

Cela promis, le duc lui dit encore : « Ne voulez-vous pas bien venir avec moi à Liège, pour venger la trahison que les Liégeois m'ont faite, à cause de vous ? L'évêque est votre parent, étant de la maison de Bourbon. » La présence du duc de Bourbon, qui était là, semblait appuyer cette demande, qui d'ail-

---

[1]. Lequel venait d'*écorcher* Charles de Melun, en avait la peau, et devait tout craindre, si les amis de Melun prévalaient.

[2]. C'est toute une longue suite d'ordonnances datées du même jour (14 octobre), de concessions croissantes qu'on dirait arrachées d'heure en heure. Elles remplissent trente-sept pages in-folio. (*Ordonn.*, XVII.)

leurs valait un ordre, dans l'état où se trouvait le roi[1].

Grande et terrible punition, et méritée, du jeu perfide que Louis XI avait fait de Liège, la montrant, pour faire peur, l'agitant, la poussant, puis retirant la main... Eh bien, cette main déloyale, prise en flagrant délit, il fallait qu'aujourd'hui le monde entier la vît égorger ceux qu'elle poussait, qu'elle déchirât ses propres fleurs de lis qu'arboraient les Liégeois, que Louis XI mît dans la boue le drapeau du roi de France... Après cela, maudit, abominable, infâme, on pouvait laisser aller l'homme, qu'il allât en France ou ailleurs.

Seulement, pour se charger de faire ces grands exemples, pour se constituer ainsi le ministre de la justice de Dieu, il ne faut pas voler le voleur au gibet... C'est justement ce qu'on tâcha de faire.

Le salut du roi tenait surtout à une chose, c'est qu'il n'était pas tout entier en prison. Prisonnier à Péronne, il était libre ailleurs en sa très bonne armée, en son autre lui-même, Dammartin. Son intérêt visible était que Dammartin n'agit point, mais qu'il restât en armes, et menaçant. Or Dammartin reçut coup sur coup deux lettres du roi, qui lui commandaient tantôt de licencier, tantôt d'envoyer l'armée aux Pyrénées, c'est-à-dire de rassurer les Bourguignons, de leur laisser la frontière dégarnie, et libre pour entrer s'ils voulaient, après leur course de Liège.

La première lettre semble fausse, ou du moins

---

1. *App.* 143.

dictée au prisonnier, à en juger par sa fausse date [1], par sa lourde et inutile préface, par sa prolixité ; rien de plus éloigné de la vivacité familière des lettres de Louis XI.

La seconde est de lui, le style l'indique assez. Le roi dit, entre autres choses, pour décider Dammartin à éloigner l'armée : « Tenez pour sûr que je n'allai jamais de si bon cœur en nul voyage comme en celui-ci... M. de Bourgogne me pressera de partir, tout aussitôt qu'il aura fait au Liège, et désire plus mon retour que je ne fais. »

Ce qui démentait cette lettre et lui ôtait crédit, c'est que le messager du roi qui l'apportait était gardé à vue par un homme du duc, de peur qu'il ne parlât. Le piège était grossier. Dammartin en fit honte au duc de Bourgogne, et dit que, s'il ne renvoyait le roi, tout le royaume irait le chercher.

Le roi devait écrire tout ce qu'on voulait. Il était toujours en péril. Son violent ennemi pouvait rencontrer quelque obstacle qui l'irritât et lui fît déchirer le traité, comme il avait fait le sauf-conduit. En supposant même que le duc se tînt pour satisfait, il y avait là des gens qui ne l'étaient guère, les serviteurs de son frère, qui n'avaient rien à attendre que d'un changement de règne. Le moindre prétexte leur eût suffi pour revenir à la charge auprès du duc, réveiller sa fureur, tirer de lui peut-être un mot violent qu'ils auraient fait semblant de prendre pour un ordre [2]. Le

---

[1]. *App.* 144.
[2]. Comme le mot qui tua Thomas Becket, le mot qui tua Richard II, etc.

roi, qui ne meurt point, comme on sait, eût seulement changé de nom; de Louis qu'il était, il fût devenu Charles.

Liège n'avait plus, pour résister, ni murs, ni fossés, ni argent, ni canons, ni hommes d'armes. Il lui restait une chose, les fleurs de lis, le nom du roi de France; les bannis, en rentrant, criaient : « Vive le roi!... » Que le roi vînt combattre contre lui-même, contre ceux qui combattaient pour lui, cette nouvelle parut si étrange, si follement absurde, que d'abord on n'y voulait pas croire... Ou, s'il fallait y croire, on croyait des choses plus absurdes encore, des imaginations insensées; par exemple, que le roi menait le duc à Aix-la-Chapelle, pour le faire empereur !

Ne sachant plus que croire, et comme fols de fureur, ils sortirent quatre mille contre quarante mille Bourguignons. Battus, ils reçurent pourtant au faubourg l'avant-garde ennemie qui s'était hâtée, afin de piller seule, et qui ne gagna que des coups.

Le légat sauva l'évêque[1], et tâcha de sauver la ville. Il fit croire au peuple qu'il fallait laisser aller l'évêque, pour prouver qu'on ne le tenait pas prisonnier. Lui-même, il alla se jeter aux pieds du duc de Bourgogne, demanda grâce au nom du pape, offrit tout, sauf la vie. Mais c'était la vie qu'on voulait cette fois.

Une si grosse armée, deux si grands princes, pour forcer une ville tout ouverte, déjà abandonnée, sans espoir de secours, c'était beaucoup et trop. Les Bour-

1. *App.* 145.

guignons, du moins, le jugeaient ainsi ; ils se croyaient trop forts de moitié, et se gardaient négligemment... Une nuit, voilà le camp forcé, on se bat aux maisons du duc et du roi ; personne d'armé, les archers jouaient aux dés ; à peine, chez le duc, y eut-il quelqu'un pour barrer la porte. Il s'arme, il descend, il trouve les uns qui crient : « Vive Bourgogne ! » les autres : « Vive le roi, et tuez !... » Pour qui était le roi ? On l'ignorait encore... Ses gens tiraient par les fenêtres, et tuaient plus de Bourguignons que de Liégeois.

Ce n'étaient pourtant que six cents hommes (d'autres disent trois cents), qui donnaient cette alerte, des gens de Franchimont, rudes hommes des bois, bûcherons ou charbonniers, comme ils sont tous ; ils étaient venus se jeter dans Liège, quand tout le monde s'en éloignait. Peu habitués à s'enfermer, ils sortirent tout d'abord ; montagnards et lestes à grimper, ils grimpèrent la nuit aux rochers qui dominent Liège, et trouvèrent tout simple d'entrer, eux trois cents, dans un camp de quarante mille hommes, pour s'en aller, à grands coups de pique, réveiller les deux princes... Ils l'auraient fait certainement, si, au lieu de se taire, ils ne s'étaient mis, en vrais Liégeois, à crier, à faire « un grand *hu!...* » Ils tuèrent des valets, manquèrent les princes, furent tués eux-mêmes, sans savoir qu'ils avaient fait, ces charbonniers d'Ardennes, plus que les Grecs aux Thermopyles.

Le duc, fort en colère d'un tel réveil, voulut donner l'assaut. Le roi préférait attendre encore ; mais le duc lui dit que, si l'assaut lui déplaisait, il pouvait aller à Namur. Cette permission de s'en aller au moment du danger n'agréa point au roi; il crut qu'on en tirerait avantage pour le mettre plus bas encore, pour dire qu'il avait saigné du nez... Il mit son honneur à tremper dans cette barbare exécution de Liège.

Il semblait tenir à faire croire qu'il n'était point forcé, qu'il était là pour son plaisir, par pure amitié pour le duc. A une première alarme, deux ou trois jours auparavant, le duc semblant embarrassé, le roi avait pourvu à tout, donné les ordres. Les Bourguignons, émerveillés, ne savaient plus si c'était le roi ou le duc qui les menait à la ruine de Liège.

Il aurait été le premier à l'assaut, si le duc ne l'eût arrêté. Les Liégeois portant les armes de la France, lui, roi de France, il prit, dit-on, il porta la croix de Bourgogne. On le vit sur la place de Liège, pour achever sa triste comédie, crier : « Vive Bourgogne !... » Haute trahison du roi contre le roi.

Il n'y eut pas la moindre résistance[1]. Les capitaines étaient partis le matin, laissant les innocents bourgeois en sentinelle. Ils veillaient depuis huit jours, ils n'en pouvaient plus. Ce jour-là, ils ne se figuraient pas qu'on les attaquât, parce que c'était dimanche. Au matin, cependant, le duc fait tirer pour signal sa bombarde et deux serpentines, les trompettes sonnent, on fait les approches... Personne, deux ou trois hommes au guet; les autres étaient allés dîner :

---

1. *App.* 146.

« Dans chaque maison, dit Comines, nous trouvâmes la nappe mise. »

L'armée, entrée en même temps des deux bouts de la ville, marcha vers la place, s'y réunit, puis se divisa pour le pillage en quatre quartiers. Tout cela prit deux heures, et bien des gens eurent le temps de se sauver. Cependant, le duc, ayant conduit le roi au palais, se rendit à Saint-Lambert, que les pillards voulaient forcer ; ils l'écoutaient si peu, qu'il fut obligé de tirer l'épée, et il en tua un de sa main.

Vers midi, toute la ville était prise, en plein pillage. Le roi dînait au bruit de cette fête, en grande joie, et ne tarissant pas sur la vaillance de son bon frère ; c'était merveille, et chose à rapporter au duc, comme il le louait de bon cœur !

Le duc vint le trouver, et lui dit : « Que ferons-nous de Liège ? » Dure question pour un autre, et où tout cœur d'homme aurait hésité... Louis XI répondit en riant, du ton des *Cent Nouvelles* : « Mon père avait un grand arbre, près de son hôtel, où les corbeaux faisaient leur nid ; ces corbeaux l'ennuyant, il fit ôter les nids, une fois, deux fois ; au bout de l'an, les corbeaux recommençaient toujours. Mon père fit déraciner l'arbre, et depuis il en dormit mieux. »

L'horreur, dans cette destruction d'un peuple, c'est que ce ne fut point un carnage d'assaut, une furie de vainqueurs, mais une longue exécution[1] qui dura

---

1. Antoine de Loisey, licencié en droit, l'un de ceux apparemment qui restaient là pour continuer cette besogne fort peu juridique, écrit le 8 novembre au président de Bourgogne : « L'on ne besoingne présentement aucune chose

des mois. Les gens qu'on trouvait dans les maisons étaient gardés, réservés ; puis, par ordre et méthodiquement, jetés à la Meuse. Trois mois après, on noyait encore[1] !

Même le premier jour, le peu qu'on tua (deux cents personnes peut-être) fut tué à froid. Les pillards, qui égorgèrent aux Mineurs vingt malheureux à genoux qui entendaient la messe, attendirent que le prêtre eût consacré et bu, pour lui arracher le calice.

La ville aussi fut brûlée en grand ordre. Le duc fit commencer à la Saint-Hubert, anniversaire de la fondation de Liège. Un chevalier du voisinage fit cette besogne avec des gens de Limbourg. Ceux de Maëstricht et d'Huy, en bons voisins, vinrent aider, et se chargèrent de démolir les ponts. Pour la population, il était plus difficile de la détruire, elle avait fui, en grande partie, dans les montagnes. Le duc ne laissa à nul autre le plaisir de cette chasse. Il partit le jour des premiers incendies, et il vit en s'éloignant la flamme qui montait... Il courut Franchimont, brûlant les villages, fouillant les bois. Ces bois sans feuilles, l'hiver, un froid terrible lui livraient sa proie. Le vin gelait, les hommes aussi ; tel y perdit un pied, un autre deux doigts de la main. Si les poursuivants

en justice, senon que tous les jours l'on fait nyer et pendre tous les Liégeois que l'on treuve, et de ceulx que l'on a fait prisonniers qui n'ont pas d'argent pour eulx rançonner. Ladite cité est bien butinée, car il n'y demeure riens que après feuz, et pour expérience je n'ay peu finer une feuille de papier pour vous escripre au net... mais pour riens je n'en ay peu recouvrer que en ung viez livre. » (Lenglet.)

1. *App.* 147.

souffrirent à ce point, que penser des fugitifs, des femmes, des enfants?... Comines en vit une, morte de froid, qui venait d'accoucher.

Le roi était parti un peu avant le duc, mais sans se montrer pressé, et seulement quatre ou cinq jours après qu'on eut pris Liège. D'abord, il l'avait tâté par ses amis; puis il lui dit lui-même : « Si vous n'avez plus rien à faire, j'ai envie d'aller à Paris faire publier notre appointement en Parlement... Quand vous aurez besoin de moi, ne m'épargnez pas. L'été prochain, si vous voulez, j'irai vous voir en Bourgogne; nous resterons un mois ensemble, nous ferons bonne chère. » Le duc consentit, « toujours murmurant un petit », lui fit encore lire le traité, lui demanda s'il n'y regrettait rien, disant qu'il était libre d'accepter, « et lui faisant quelque peu d'excuse de l'avoir mené là. Ainsi s'en alla le Roi à son plaisir », heureux et étonné de s'en aller sans doute, se tâtant et trouvant par miracle qu'il ne lui manquait rien, tout au plus son honneur peut-être.

Fut-il pourtant de tout point insensible, je ne le crois pas : il tomba malade quelque temps après. C'est qu'il avait souffert à un endroit bien délicat, dans l'opinion qu'il avait lui-même de son habileté. Avoir repris deux fois la Normandie si vite et si subtilement, pour s'en aller ensuite faire ce pas de jeune clerc! Tant de simplesse, une telle foi naïve aux paroles données, il y avait de quoi rester humble à jamais... Lui, Louis XI, lui, maître en faux serments, pouvait-il bien s'y laisser prendre... La farce de Péronne avait eu le dénouement de celle de Pathelin : l'habile des habiles, dupé par Agnelet... Tous en riaient, jeunes et vieux, les petits enfants, que dis-je? les oiseaux causeurs, geais, pies et sansonnets, ne causaient d'autre chose; ils ne savaient qu'un mot, Pérette [1] !

S'il avait une consolation, dans cette misère, c'était probablement de songer et de se dire tout bas qu'il avait été simple, il est vrai, mais l'autre encore plus simple de le laisser aller. Quoi! le duc pouvait croire que, le sauf-conduit n'ayant rien valu, le traité vaudrait? Il l'a retenu, contre sa parole, et il le laisse aller, sur une parole!

Vraiment le duc n'était pas conséquent. Il crut que la violation du sauf-conduit, bien ou mal motivée, lui ferait peu de tort [2]; c'est ce qui arriva. Mais en même temps il s'imaginait que la conduite double de Louis XI à Liège, l'odieux personnage qu'il y fit, le ruinerait pour toujours [3]. Cela n'arriva pas. Louis XI ne fut point ruiné, perdu, mais seulement un peu ridicule; on se moqua un moment du trompeur trompé, ce fut tout.

Personne ne connaissait bien encore toute l'insensi-

1. Double allusion; ce nom, qui était celui de la maîtresse du roi, rappelait celui de Péronne. Il paraît qu'il y eut à cette occasion un débordement de plaisanteries. « Il fit défendre que personne vivant ne feust si osé de rien dire à l'opprobre du Roy, feust de bouche, par escript, signes, painctures, rondeaulx, ballades, virelaiz, libelles diffamatoires, chançons de geste, ne aultrement... Le mesme jour, furent prinses toutes les pies, jiais et chouettes, pour les porter devant le Roy, et estoit escript le lieu où avoient été prins lesdits oiseaux, et aussi tout ce qu'ils savoient dire. » (Jean de Troyes.)

2. *App.* 148.

3. C'est ce qu'espèrent le faux Amelgard et Chastellain; le dernier pourtant s'apitoie : « C'est le roi le plus humilié qu'il y ait eu depuis mille ans », etc.

bilité du temps. Les princes ne soupçonnaient pas eux-mêmes combien peu on leur demandait de foi et d'honneur[1]. De là beaucoup de faussetés pour rien, d'hypocrisies inutiles ; de là aussi d'étranges erreurs sur le choix des moyens. C'est le ridicule de Péronne, où les acteurs échangèrent les rôles, l'homme de ruse faisant de la chevalerie, et le chevalier de la ruse.

Tous les deux y furent attrapés, et devaient l'être. Une seule chose étonne. C'est que les conseillers du duc de Bourgogne, ces froides têtes qu'il avait près de lui, l'aient laissé relâcher le roi, sans demander nulle garantie, nul gage, qui répondît de l'exécution. La seule précaution qu'ils imaginèrent, ce fut de lui faire signer des lettres par lesquelles il autorisait quelques princes et seigneurs à se liguer et s'armer contre lui, s'il violait le traité; autorisation bien superflue pour des gens qui, de leur vie, ne faisaient autre chose que conspirer contre le roi[2].

Si les conseillers du duc se contentèrent à si bon marché, il faut croire que le roi, qui fit avec eux le voyage, n'y perdit pas son temps. Il obtint en allant à Liège l'un des principaux effets qu'il s'était promis de

---

1. Sans doute, la moralité n'a pas péri alors (ni alors, ni jamais), seulement elle est absente des rapports politiques : elle s'est réfugiée ailleurs, comme nous verrons. Je ne puis m'arrêter ici pour traiter un si grand sujet. Voy. Introduction de *la Renaissance*.

2. Il donna cette autorisation au duc d'Alençon et aux Armagnac qui étaient en conspiration permanente; il la donna au duc d'Orléans qui avait six ans, et au duc de Bourbon, qui, ne pouvant espérer d'une ligue la moindre partie des avantages énormes que lui avait faits le roi, n'avait garde de hasarder une telle position. — Les lettres du roi existent à Gand (*Trésorerie des chartes de Flandre*).

la démarche de Péronne. Il se fit voir de près, prit langue, et s'aboucha avec bien des gens qui jusque-là le détestaient sur parole. On compara les deux hommes, et celui-ci y gagna, n'étant pas fier comme l'autre, ni violent, ni outrageux. On le trouva bien « saige », et l'on commença à songer qu'on s'arrangerait bien d'un tel maître. On lui savait d'ailleurs un grand mérite, c'était de donner largement, de ne pas marchander avec ceux qui s'attachaient à lui; le duc, au contraire, donnait peu à beaucoup de gens, et partant n'obligeait personne. Ceux qui voyaient de loin, Comines et d'autres (jusqu'aux frères du duc), entrèrent « en profonds pensements »; ils se demandèrent s'il était probable que le plus fin joueur perdît toujours... Qu'adviendrait-il? on ne le savait trop encore, mais, en servant le duc, le plus sûr était de se tenir toujours une porte ouverte du côté du roi [1].

1. *App.* 149.

LIVRE XVI

CHAPITRE PREMIER

Diversions d'Angleterre. — Mort du frère de Louis XI. — Beauvais.
(1469-1472.)

L'histoire du quinzième siècle est une longue histoire ; longues en sont les années, longues les heures. Elles furent telles pour ceux qui les vécurent, elles le sont pour celui qui est obligé de les recommencer, de les revivre.

Je veux dire pour l'historien, qui, ne faisant point un jeu de l'histoire, s'associerait de bonne foi à la vie des temps écoulés... Ici, où est la vie ? Qui dira où sont les vivants et où sont les morts ?

A quel parti porterais-je intérêt ? Entre ces diverses figures, en est-il une qui ne soit louche et fausse ? une où l'œil se repose, pour y voir nettement exprimés les idées, les principes dont vit le cœur de l'homme[1] ?

---

1. Celui qui, à tâtons, traverse ces limbes obscurs de l'histoire, se dit bien que là-bas le jour commence à poindre, que ce quinzième siècle est un siècle

Nous sommes descendus bien bas dans l'indifférence et la mort morale. Et il nous faut descendre encore. Que Sforza et autres Italiens aient professé la trahison, que Louis XI, Saint-Pol, Armagnac, Nemours, aient toute leur vie juré et parjuré, c'est un spectacle assez monotone à la longue. Mais maintenant, les voici surpassés; pour la foi mobile et changeante, la France et l'Italie vont le céder au peuple grave qui a toujours prétendu à la gloire de l'obstination. C'est un curieux spectacle de voir ce hardi comédien, le comte de Warwick, mener si vivement la prude Angleterre d'un roi à l'autre, et d'un serment à l'autre, lui faisant crier aujourd'hui : *York pour toujours!* et demain : *Lancastre pour toujours!* sauf à changer demain encore.

Cet imbroglio d'Angleterre est une partie de l'histoire de France. Les deux rivaux d'ici se firent la guerre là-bas, guerre sournoise, d'intrigue et d'argent. Les fameuses batailles shakespeariennes des Roses furent souvent un combat de l'argent français contre l'argent flamand, le duel des écus, des florins.

Ce qui fit faire à Louis XI l'imprudente démarche de Péronne, pour brusquer le traité, c'est qu'il crut le duc

---

chercheur qui se trouve lui-même à la longue, que la vie morale, pour être déplacée alors, et malaisée à saisir, n'en subsiste pas moins. Et en effet, un observateur attentif qui la voit peu sensible dans les rapports politiques, la retrouvera, cette vie, forte au foyer et dans les rapports de famille. La famille dépouille peu à peu la dureté féodale, elle se laisse humaniser aux douces influences de l'équité et de la nature. — Et c'est peut-être pour cela justement que les petits regardent d'un œil si indifférent se jouer, en haut, sur leur tête, le jeu des politiques.

de Bourgogne tellement maître de l'Angleterre qu'il pouvait d'un moment à l'autre lui mettre à dos une descente anglaise.

Le duc pensait comme le roi ; il croyait tenir l'Angleterre, et pour toujours, l'avoir épousée. Son mariage avec Marguerite d'York n'était pas un caprice de prince ; les peuples aussi étaient mariés par le grand commerce national des laines, par l'union des hanses étrangères qui gouvernaient à la fois Bruges et Londres. Une lettre du duc de Bourgogne était reçue à Londres avec autant de respect qu'à Gand. Il parlait l'anglais et l'écrivait, il portait la Jarretière comme Édouard la Toison ; il se vantait d'être meilleur Anglais que les Anglais.

D'après tout cela, il n'était pas absurde de croire qu'une telle union durerait. Cette croyance, partagée sans doute par les conseillers du duc de Bourgogne lui fit faire une faute grave, qui le mena à la ruine, à la mort.

Louis XI était au plus bas, humilié, malade ; il semblait prendre chrétiennement son aventure, enregistrait le traité avec résignation.

L'ami de Louis XI, Warwick, n'allait pas mieux que lui. Il s'était compromis avec le commerce de Londres, en contrariant le mariage de Flandre, et le mariage s'était fait, et l'on avait vu le grand comte figurer tristement à la fête, mener la fiancée dans Londres[1], cheminer par les rues devant elle, comme Aman devant Mardochée.

1. *App.* 150.

Donc, Louis XI allant si mal, Warwick si mal, l'Angleterre étant sûre, le moment semblait bon pour s'étendre du côté de l'Allemagne, pour acquérir la Gueldre au bas du Rhin, en haut le landgraviat d'Alsace. La Franche-Comté y eût gagné[1]. Les principaux conseillers du duc, étant Comtois, durent lui faire agréer les offres du duc d'Autriche, qui lui voulait engager ce qu'il avait d'Alsace et partie de la Forêt-Noire. Seulement, c'était risquer de se mettre sur les bras de grosses affaires avec les ligues suisses, avec les villes du Rhin, avec l'Empire... Le duc ne s'arrêta pas à cette crainte, et dès qu'il se fut engagé dans cet infini obscur « des Allemagnes », l'Angleterre à laquelle il ne songeait plus, tant il croyait la bien tenir, lui tourna dans la main.

L'Angleterre, et de plus la France. Il s'était cru bien sûr d'établir le frère du roi en Champagne, entre ses Ardennes et sa Bourgogne, ce qui lui eût donné passage d'une province à l'autre, et relié en quelque sorte les deux moitiés isolées de son bizarre empire.

Le roi, qui ne craignait rien tant, fit pour éviter ce péril une chose périlleuse; il se fia à son frère; il lui mit dans les mains la Guyenne et presque toute l'Aquitaine, lui rappela qu'il était son unique héritier (héritier d'un malade), et il lui donna un royaume pour attendre.

Du même coup, il l'opposait aux Anglais, qui réclamaient cette Guyenne, le rendait suspect au Breton[2],

---

1. *App.* 151.
2. C'est dans ce moment où le roi crut les avoir divisés pour toujours qu'il

l'éloignait du Bourguignon, dont il eût dépendu s'il eût accepté la Champagne.

Troc admirable, pour un jeune homme qui aimait le plaisir, de lui donner tout ce beau Midi, de le mettre à Bordeaux[1]. C'est ce que lui fit sentir son favori, Lescun, un Gascon intelligent qui n'aimait pas les Anglais, qui trouvait là une belle occasion de régner en Gascogne, et qui fit peur à son maître de la Champagne pouilleuse.

Ce n'était pas l'affaire du duc de Bourgogne. Il voulait, bon gré, mal gré, l'établir en Champagne, l'avoir là et s'en servir. « Tenez bien à cela, écrivait-on au duc, ne cédez pas là-dessus; avec le frère du roi, vous aurez le reste. » Le donneur d'avis n'était pas moins que Balue, l'homme qui savait tout et faisait tout, un homme que le roi avait fait de rien, jusqu'à exiger de Rome qu'on le fît cardinal. Balue, ayant alors du roi ce qu'il pouvait avoir, voulut aussi profiter de l'autre côté; s'il vendit son maître à Péronne, c'est ce qui ne fut point constaté; mais, pour le frère du roi, il voulait le mettre chez le duc, il l'écrivit lui-même. Sa qualité nouvelle le rendait hardi; il savait que le roi ne ferait jamais mourir un cardinal. Louis XI, qui avait beaucoup de faible pour lui, voulut voir ce qu'il avait à dire, quoique la chose ne fût que trop claire. Le drôle n'avouant rien, et s'enveloppant contre le roi de sa

---

voulut forcer le duc de Bretagne d'accepter son ordre nouveau de Saint-Michel, qui l'aurait mis dans sa dépendance. *App.* 152.

1. Le duc de Guyenne fut très reconnaissant; les deux frères eurent une entrevue fort touchante; ils se jetèrent dans les bras l'un de l'autre, tout le monde pleurait de joie. (Lenglet.)

robe rouge et de sa dignité de prince de l'Église, *on mit ce prince en cage*[1]; Balue avait dit lui-même que rien n'était plus sûr que ces cages de fer pour bien garder un prisonnier.

Le 10 juin, le frère du roi, réconcilié avec lui, s'établit en Guyenne. Le 11 juillet, une révolution imprévue commence pour l'Angleterre. L'Angleterre se divise, la France se pacifie un moment, deux coups pour le duc de Bourgogne.

Le 11 juillet, Warwick, venu avec Clarence, frère d'Édouard, dans son gouvernement de Calais, lui fait brusquement épouser sa fille aînée[2], celle qu'il destinait à Édouard quand il le fit roi, et dont Édouard n'avait pas voulu.

Ce fut un grand étonnement ; on n'avait rien prévu de semblable. Ce qu'on avait craint, c'était que Warwick, chef des lords et des évêques peut-être, par son frère l'archevêque, ne travaillât avec eux pour Henri VI. Récemment encore, pour rendre cette ligue impossible, on avait obligé Warwick de juger les Lancastriens révoltés, de se laver avec du sang de Lancastre.

Aussi ne s'adressa-t-il pas à cet implacable parti. Pour renverser York, il ne chercha d'autre moyen qu'York, le propre frère d'Édouard. Le mariage fait, vingt révoltes éclatent, mais sous divers prétextes et divers drapeaux; ici contre l'impôt, là en haine des favoris du roi, des parents de la reine, là pour Cla-

---

1. A la grande joie du peuple, qui en fit des chansons. *App.* 153.
2. *App.* 154.

rence, ailleurs pour Henri VI. En deux mois, Édouard est abandonné, et se trouve tout seul ; pour le prendre, il suffit d'un prêtre, du frère de Warwick, archevêque d'York [1]. Voilà Warwick qui tient deux rois sous clef : Henri VI à Londres, Édouard IV dans un château du Nord, sans compter son gendre Clarence, qui n'avait pas beaucoup de gens pour lui. L'embarras était de savoir au nom duquel des trois Warwick commanderait. Les Lancastriens accouraient pour profiter de son hésitation.

Une lettre du duc de Bourgogne trancha la question [2]. Il écrivit aux gens de Londres, qu'en épousant la sœur. il avait compté qu'ils seraient loyaux sujets du frère. Tous ceux qui gagnaient au commerce de Flandre crièrent pour Édouard. Warwick n'eut rien à faire qu'à le ramener lui-même à Londres, disant qu'il n'avait rien fait contre le roi, mais contre ses favoris, contre les parents de la reine, qui prenaient l'argent du pauvre peuple.

Warwick devait succomber. Il avait bâti sa prodigieuse fortune, celle de ses deux frères, sur des éléments très divers qui s'excluaient entre eux. Un mot d'explication :

Les Nevill (c'était leur vrai nom) étaient des cadets de Westmoreland. Il faut croire que leur piété fut grande sous la pieuse maison de Lancastre, car Richard Nevill, celui dont il s'agit, trouva moyen d'épouser la fille, l'héritage et le nom de ce fameux

---

1. *App.* 155. — 2. *App.* 156.

Warwick, le lord selon le cœur de Dieu, l'homme des évêques, celui qui brûla la Pucelle, et qui fit d'Henri VI un saint. Ce beau-père mourut régent de France, et avec lui, bien des choses qu'espéraient les Nevill. Alors ils firent volte-face, cultivèrent la Rose blanche, la guerre civile, qui, au défaut de la France, leur livrait l'Angleterre. Le produit fut énorme ; Richard Nevill, et ses deux frères, se trouvèrent établis partout par successions, mariages, nominations, confiscations ; ils eurent les comtés de Warwick, de Salisbury, de Northumberland, etc., l'archevêché d'York, les sceaux, les clefs du palais, les charges de chambellan, chancelier, amiral, lieutenant d'Irlande, la charge infiniment lucrative de gouverneur de Calais. Celles de l'aîné seul lui valaient par an vingt mille marcs d'argent, deux millions d'alors, qui feraient peut-être vingt millions d'aujourd'hui. Voilà pour les charges ; quant aux biens, qui pourrait calculer ?

Grand établissement, et tel, qu'en quelque sorte il faisait face à la royauté[1]. Là pourtant n'était pas la vraie puissance de Warwick. Sa puissance était d'être, non le premier des lords, des grands propriétaires, mais le roi des ennemis de la propriété, pillards de la frontière et corsaires du détroit.

Le fonds de l'Angleterre, sa bizarre duplicité au moyen âge, c'est par-dessus et ostensiblement, le pharisaïsme légal, la superstition de la loi, et, par-

---

1. *App.* 157.

dessous, l'esprit de Robin Hood. Qu'est-ce que Robin Hood? L'*out-law*, l'*hors la loi*. Robin Hood est naturellement l'ennemi de l'homme de loi, l'adversaire du shériff. Dans la longue succession des ballades dont il est le héros, il habite d'abord les vertes forêts de Lincoln. Les guerres de France l'en font sortir[1]; il laisse là le shériff et les daims du roi, il vient à la mer, il passe la mer... Il est resté marin. Ce changement se fait aux quinzième et seizième siècles, sous Warwick, sous Élisabeth.

Tous les compagnons de Robin Hood, tous les gens brouillés avec la justice, trouvaient leur sécurité en ceci, que Warwick était (par lui ou par son frère) juge des Marches de Calais et d'Écosse, juge indulgent et qui avait si bon cœur qu'il ne faisait jamais justice. S'il y avait au *border* un bon compagnon, qui, ne trouvant plus à voler, n'eût à manger que « ses éperons[2] », il allait trouver ce grand juge des Marches ; l'excellent juge, au lieu de le faire pendre, lui donnait à dîner.

Ce que Warwick aimait et honorait le plus en ce monde, c'était la ville de Londres. Il était l'ami du lord maire, de tous les gros marchands, leur ami et leur débiteur, pour mieux les attacher à sa fortune. Les petits, il les recevait tous à portes ouvertes, et les

---

1. Ce nom de Robin est encore populaire au quinzième siècle. C'est celui que les communes du nord, soulevées en 1468, donnèrent à leur chef. *App.* 158.

2. C'était l'usage au *border* que, quand le cavalier avait tout mangé et qu'il n'y avait plus rien dans la maison, sa femme lui servait dans un plat une paire d'éperons.

faisait manger tant qu'il s'en présentait. L'ordinaire de Warwick, quand il était à Londres, était de six bœufs par repas; quiconque entrait emportait de la viande « tout ce qu'il en tenait sur un long poignard[1] ». L'on disait et l'on répétait que ce bon lord était si hospitalier, que dans toutes ses terres et châteaux il nourrissait trente mille hommes.

Warwick fut, autant et plus que Sforza et que Louis XI, l'homme d'affaires et d'action comme on le concevait alors. Ni peur, ni honneur, ni rancune; fort détaché de toute chevalerie. Aux batailles, il mettait ses gens aux mains, mais se faisait tenir un cheval prêt, et si l'affaire allait mal, partait le premier. Il n'eût pas fait le gentilhomme comme Louis XI à Liège.

Froid et *positif* à ce point, il n'en eut pas moins une parfaite entente de la comédie politique, telle que la circonstance pouvait la demander.

Ce talent éclata lorsque, après le terrible échec de Wakefield, ayant perdu son duc d'York, et n'ayant plus dans les mains qu'un garçon de dix-huit ans, le jeune Édouard, il le mena à Londres, et de porte en porte sollicita pour lui. L'affreuse histoire du diadème de papier, la litanie de l'enfant mis à mort, la beauté surtout du jeune Édouard, *la blanche rose d'York*, aidaient à merveille le grand comédien. Il le montrait aux femmes; ce beau jeune roi à marier les touchait fort, leur tirait des larmes, souvent de l'argent. Il

---

1. *App.* 159.

demandait un jour dix livres à une vieille : « Pour ce visage-là, lui dit-elle, tu en auras vingt. »

Ce n'était pas une médiocre difficulté pour Warwick de concilier ces deux rôles opposés, d'être ami des marchands, par exemple, et protecteur des corsaires du détroit. Ces grands repas, qui faisaient l'étonnement des bonnes gens de Londres, durent être mainte fois donnés à leurs dépens; le marchand risquait fort de reconnaître à table, dans tel de ces convives « au long poignard », son voleur de Calais.

Si Warwick parvenait à tromper Londres, il ne donnait pas le change au duc de Bourgogne. Le duc, qui aimait la mer, qui avait longtemps vécu près des digues, que voyait-il de là le plus souvent? Les vaisseaux d'Angleterre prenant les siens... Grâce à ce voisinage, les ports de Flandre et de Hollande étaient comme bloqués. L'homme qu'il haïssait le plus était Warwick. Nous avons vu comme, avec une simple lettre, il lui ôta Londres et sauva Édouard. Warwick, après deux nouvelles tentatives, perdit terre et passa à Calais (mai 1470).

Tout un peuple se jeta à la mer pour le suivre; il y en eut à remplir quatre-vingts vaisseaux. Mais le lieutenant de Warwick à Calais ne voulut pas le recevoir avec cette flotte; il lui ferma la porte et tira sur lui, lui faisant dire sous main qu'il l'éloignait pour le sauver, que s'il fût entré à Calais, il était perdu, assiégé qu'il eût été bientôt par toutes les armées d'Angleterre et de Flandre. Warwick se réfugia donc en Normandie, avec son monde d'écumeurs de mer, qui, pour leur coup d'essai, prirent au duc quinze vaisseaux et les vendirent hardiment à Rouen[1].

Le duc, furieux, refusa les réparations qu'offrait le roi ; il fit arrêter tout ce qu'il y avait de marchands français dans ses États, réunit contre Warwick les vaisseaux hollandais et anglais, le bloqua, l'affama dans les ports de la Normandie, et l'obligea ainsi à jouer le tout pour le tout, et ressaisir, s'il pouvait, l'Angleterre.

Il y avait grandi par l'absence. Il était plus présent que jamais au cœur du peuple ; le nom du grand comte était dans toutes les bouches[2]. Cette royale hospitalité, cette table généreuse, ouverte à tous, laissait bien des regrets. Le foyer de Warwick, ce foyer de tous ceux qui n'en avaient pas, qu'il fût éteint à la fois dans tant de comtés, c'était un deuil public... D'autre part, les lords et évêques[3] sentaient bien que sans un tel chef ils ne se défendraient pas aisément contre l'avidité de la basse noblesse dont s'était entouré Édouard[4]. Ils offraient à Warwick de l'argent ; pour des hommes, il n'avait pas à s'en inquiéter, disaient-ils, il en trouverait assez en débarquant. Seulement,

---

1. La lettre du duc à sa mère est visiblement destinée à être répandue, une sorte de pamphlet. — 2. *App.* 160.

3. Dès 1465, ils rappelaient Marguerite. (Croyland.)

4. L'élévation des parents de la reine, des Wideville, fut subite, violente ; elle se fit surtout par des mariages forcés. Cinq sœurs, deux frères, un fils de la reine, raflèrent les huit héritages les plus riches de l'Angleterre. La vénérable duchesse de Norfolk, à quatre-vingts ans, fut obligée de se laisser épouser par le fils de la reine (du premier lit), qui avait vingt ans. « Maritagium diabolicum », dit un contemporain, et un autre outrageusement : « Juvencula octoginta annorum ! »

il fallait que la nouvelle révolution se fît au nom de Lancastre.

Warwick et Lancastre! ces noms seuls ainsi rapprochés semblaient avoir horreur l'un de l'autre ; infranchissable était la barrière qui les séparait ! barrière de sang et barrière d'infamie... Les échafauds et les carnages, les meurtres à froid, les parents tués, la boue, l'outrage lancés de l'un à l'autre, Warwick menant Henri VI garrotté dans Londres, affichant la reine à Saint-Paul, la faisant mettre au prône « comme ribaude, ahontie de son corps, et mauvaise lisse », et son enfant bâtard, adultérin, un enfant de la rue...

Elle devait rougir, à entendre seulement nommer Warwick. Lui parler de le revoir, c'était chose qui semblait impossible. Exiger qu'elle oubliât tout et qu'elle s'oubliât elle-même au point de mettre la famille de cet homme dans la sienne, et qu'en unissant leurs enfants Marguerite, pour ainsi dire, épousât Warwick! cela était impie. Nul homme, excepté Louis XI, ne se fût fait l'entremetteur de ce monstrueux accouplement.

Ajoutez qu'en faisant cet effort et ce sacrifice, chacun d'eux ne pouvait vouloir que tromper un moment. Warwick, qui venait de marier son aînée à Clarence en lui promettant le trône, mariait la seconde au jeune fils de Marguerite, avec la même dot. Il avait ainsi deux rois à choisir, et de quoi détruire la maison de Lancastre, lorsqu'il l'aurait rétablie. La haine et la méfiance duraient dans le mariage même.

Il n'en plaisait que plus à Louis XI, qui y voyait deux ou trois guerres civiles.

Warwick se moqua du blocus des Flamands, et passa, sous l'escorte des vaisseaux du roi (septembre). Ses deux frères l'accueillirent. Édouard n'eut que le temps de se jeter dans un vaisseau qui le mit en Hollande. Warwick put à son aise rentrer dans Londres, prendre Henri à la Tour, promener l'innocente figure, édifier le peuple, s'accusant humblement du péché d'avoir détrôné un saint.

Le contre-coup fut fort ici. Le roi assembla les notables, leur conta tous les méfaits du duc de Bourgogne, et par acclamation ils décidèrent qu'il était quitte de tous ses serments de Péronne[1]. Amiens revint au roi (février). Le duc vit avec surprise tous les princes tourner contre lui. Au fond, ils ne voulaient pas sa ruine, mais le forcer à donner sa fille au duc de Guyenne, de sorte que l'Aquitaine et les Pays-Bas se trouvant un jour dans les mêmes mains, la France eût été serrée du Nord et du Midi, étranglée entre Somme et Loire.

La perte d'Amiens, les avis de Saint-Pol, qui, pour faire peur au duc, lui disait en ami qu'il ne pourrait jamais résister, la fuite de son propre frère, un bâtard de Philippe-le-Bon, qui vint se donner au roi[2], enfin la renonciation des Suisses à l'alliance de Bourgogne, tout cela semblait les signes d'une grande et terrible

---

1. On ne parlait de rien moins que de confisquer ce que le duc tenait de la couronne. Des commissaires étaient nommés pour saisir la Bourgogne et le Mâconnais. (*Archives de Pau*, 5 janvier 1470.) — 2. *App.* 161.

débâcle. Le duc regrettait fort de n'avoir pas comme le roi une armée permanente. Il leva des troupes en peu de temps ; mais il employa aussi d'autres moyens, les moyens favoris du roi : il rusa, il mentit, il tâcha de tromper, d'endormir.

Il écrivit deux lettres, l'une au roi, un billet de six lignes, écrit de sa main, où il s'humiliait et regrettait une guerre à laquelle il avait été poussé, disait-il, par la ruse et l'intérêt d'autrui.

L'autre lettre, fort bien calculée, s'adressait aux Anglais ; envoyée à Calais, au grand entrepôt des laines, elle rappelait aux marchands que « tout l'entrecours de la marchandise étoit non pas seulement avec le Roy, mais *avec le royaulme* ». Le duc avertissait « ses très chers et grans amis » de Calais, qu'on se disposait à leur envoyer d'Angleterre beaucoup de gens de guerre, fort inutiles pour leur sûreté. S'ils viennent, ajoutait-il, « vous ne pourrez pas être maîtres d'eux, ni les empêcher d'entreprendre sur nous ».

A cette lettre il avait ajouté de sa main une bravade, une flatterie sous forme de menace, comme d'un dogue qui flatte en grondant : il ne s'était jamais mêlé des royales querelles d'Angleterre ; il lui fâcherait d'être obligé, à cause d'un seul homme, d'avoir noise avec un peuple qu'il avait tant aimé !... « Eh bien ! mes voisins, si vous ne pouvez souffrir mon amitié, commencez... Par saint Georges, qui me sait meilleur Anglais que vous, vous verrez si je suis du sang de Lancastre ! »

La lettre fit bien à Calais et à Londres. Les gros marchands, dans la bourse desquels Warwick était obligé de puiser, l'empêchèrent d'envoyer des archers à Calais[1], et d'y passer lui-même, comme il allait le faire, pour accabler le duc, de concert avec Louis XI.

Celui-ci, qui se fiait à Warwick bien plus qu'à Marguerite, et qui savait qu'au moment même elle négociait avec le duc de Bourgogne, ne se pressait pas de la faire partir; il voulait sans doute donner le temps à Warwick de s'affermir là-bas. Plusieurs fois elle s'embarqua, mais les vaisseaux du roi qui la portaient étaient toujours ramenés à la côte par le vent contraire; chose merveilleuse et qui prouve que le roi disposait des vents, ils furent contraires pendant six mois !

Ce retard n'affermit pas Warwick. A peine débarqué, maître et vainqueur, comme il semblait, il tomba entre les mains d'un conseil de douze lords et évêques, les mêmes sans doute qui l'avaient appelé; il s'était engagé de ne rien faire, de ne rien donner, sans leur aveu. La révolution fut impuissante, parce qu'à la grande différence des révolutions antérieures, elle ne changea rien à la propriété; elle ne donna rien, n'obligea personne, n'engagea personne à la soutenir.

Édouard était resté le roi des marchands; ceux de Bruges l'honoraient à l'égal du duc de Bourgogne. Craignant que, d'un moment à l'autre, Warwick ne

---

1. *App.* 162.

tombât sur la Flandre, le duc se décida enfin pour Édouard, qui après tout était son beau-frère. Tout en faisant crier que personne ne lui prêtât secours, il loua pour lui quatorze vaisseaux hanséatiques, et lui donna cinq millions de notre monnaie [1]. Avec cela Édouard emportait une chose qui seule valait des millions, la parole de son frère Clarence, qu'à la première occasion il laisserait Warwick et reviendrait de son côté.

Avec une telle assurance, l'entreprise était au fond moins hasardeuse qu'elle ne semblait l'être. Édouard renouvela une vieille comédie politique que tout le monde connaissait, et dont on voulut bien être dupe, las qu'on était de guerre et devenu indifférent. Il joua, sans y rien changer, la pièce du retour d'Henri IV; comme lui, il débarqua à Ravenspur (10 mars 1471); comme lui, il dit, tout le long de sa route, qu'il ne réclamait pas le trône, mais seulement le bien de son père, son duché d'York, sa propriété. Ce grand mot de propriété, le mot sacré pour l'Angleterre, lui servit de passeport. Il n'y eut de difficulté qu'à York; les gens de la ville voulaient lui faire jurer qu'il ne prétendrait jamais rien à la couronne : « Où sont, dit-il, les lords entre les mains desquels je jurerai ? Allez les chercher, faites venir le comte de Northumberland. Quant à vous, je suis duc d'York et votre seigneur, je ne puis jurer dans vos mains. »

---

1. Édouard partit de Flessingue : « Adcompaignié d'environ XII c combatans bien prins. » (Vaurin.) — *Tous Anglais*, dit l'anonyme de M. Bruce; dans son orgueil national, il ne parle pas des Flamands. *App.* 163.

Il poursuivit, et le frère de Warwick, le marquis de Montaigu, qui pouvait lui barrer la route, le laissa passer. L'autre frère de Warwick, l'archevêque d'York, qui gardait Henri VI à Londres, promena un peu le roi dans la ville, pour tâter la population; il la vit si indifférente qu'il ne garda plus Henri que pour le livrer. Édouard avait un grand parti à Londres, ses créanciers d'abord, qui désiraient fort son retour, puis bon nombre de femmes qui travaillèrent pour lui, et lui gagnèrent leurs parents, leurs maris; Édouard était le plus beau roi du temps.

Dès qu'Édouard et Warwick furent en présence, celui-ci fut abandonné de son gendre Clarence. Il pressa la bataille, craignant d'autres défections, mit pied à terre, contre son usage, et combattit bravement. Mais deux corps de son parti qui ne se reconnurent pas se chargèrent dans le brouillard. Son frère Montaigu, qui l'avait rejoint, lui porta le dernier coup en prenant, dans la bataille même, les couleurs d'Édouard[1]. Il fut tué à l'instant par un homme de Warwick qui le surveillait, mais Warwick aussi fut tué. Les corps des deux frères restèrent deux jours exposés tout nus à Saint-Paul, pour que personne n'en doutât.

Le jour même de la bataille, Marguerite abordait. Elle voulait retourner; les Lancastriens ne le lui permirent pas; ils la félicitèrent d'être débarrassée de Warwick et la firent combattre. Mais telles étaient

---

1. *App.* 164.

les divisions de ce parti, que son chef, Somerset, au moment de la charge, chargea seul, l'ancien lieutenant de Warwick se tenant immobile. Somerset, furieux, le tua devant ses troupes, mais la bataille fut perdue (4 mai 1471).

Marguerite, évanouie sur un chariot, fut prise et menée à Londres; son jeune fils fut tué dans le combat, ou égorgé après. Henri VI survécut peu; une tentative s'étant faite en sa faveur, le plus jeune frère d'Édouard, cet affreux bossu (Richard III), alla, dit-on, à la Tour et poignarda le pauvre prince [1].

Un autre semblait tué du même coup; je parle de Louis XI. Cependant, dans son malheur, il eut un bonheur, d'avoir conclu une trêve au moment même avec le duc de Bourgogne. Son péril était grand. Il y avait à parier qu'il allait avoir l'Angleterre sur les bras, un roi vainqueur, enflé d'avoir déjà vaincu la France avec Marguerite d'Anjou, un roi tout aussi brave qu'Henri V, et qui, disait-on, avait gagné neuf batailles rangées, de sa personne, et combattant à pied.

Et ce n'était pas seulement l'Angleterre qui avait été provoquée; toute l'Espagne l'était, l'Aragon par l'invasion de Jean de Calabre, la Castille par l'opposition du roi aux intérêts d'Isabelle, Foix et Navarre pour la tutelle du jeune héritier. Foix venait de s'unir au Breton en lui donnant sa fille, et son autre fille, il l'offrait au duc de Guyenne.

---

1. *App.* 165.

Toute la question semblait être de savoir si Louis XI périrait par le Nord ou par le Midi. Son frère (son ennemi, depuis qu'il n'était plus son héritier, le roi ayant un fils [1]) pouvait faire deux mariages. S'il épousait la fille du comte de Foix, il réunissait tout le Midi et l'entraînait peut-être dans une croisade contre Louis XI. S'il épousait la fille du duc de Bourgogne [2], il réunissait tôt ou tard en un royaume gigantesque l'Aquitaine et les Pays-Bas, entre lesquels Louis XI périssait étouffé.

Il ne s'agissait plus seulement d'humilier la France, mais de la détruire et la démembrer. Le duc de Bourgogne ne s'en cachait pas : « J'aime tant le royaume, disait-il, qu'au lieu d'un roi, j'en voudrais six. » On disait à la cour de Guyenne : « Nous lui mettrons tant de lévriers à la queue qu'il ne saura où fuir. »

On croyait déjà la bête aux abois, on appelait tout le monde à la curée. Pour tenter les Anglais, on leur offrait la Normandie et la Guyenne.

La sœur du roi, la Savoyarde, qu'il venait de secourir, lui tourna le dos, et travailla à mettre contre lui le duc de Milan. Autant en fit son futur gendre, Nicolas, fils de Jean de Calabre ; il laissa là la fille du roi, comme celle d'un pauvre homme, et s'en alla demander la riche héritière de Bourgogne et des Pays-Bas.

---

1. Charles VIII était né le 30 juin 1470. *App.* 166.
2. Louis XI fait les mensonges les plus singuliers pour empêcher ce mariage. Il veut qu'on dise à son frère qu'il n'y trouverait « pas grand plaisir », ni postérité : « M. Du Bouchage, mon ami, si vous pouvez gagner ce point, vous me mettrez en paradis... Et dit-on que la fille est bien malade et enflée... » (Duclos.)

Ce qui donnait un peu de répit au roi, c'est que ses ennemis n'étaient pas encore bien d'accord. Le duc de Bourgogne, qui avait promis sa fille à deux ou trois princes, ne pouvait pas les satisfaire. Il voulait que les Anglais vinssent; d'autres n'en voulaient pas. Les Anglais eux-mêmes hésitaient, craignant d'être pris pour dupes, et d'aider à faire un duc de Guyenne, plus grand que le roi et que tous les rois, ce qui fût arrivé s'il eût uni, par ce prodigieux mariage de Bourgogne, le Nord et le Midi.

Cependant le printemps semblait devoir finir ces tergiversations. Le duc de Guyenne avait convoqué dans ses provinces le ban et l'arrière-ban, et nommé général le comte d'Armagnac, qui, comme ennemi capital du roi, se chargeait de l'exécution[1].

Le roi, sans alliés, sans espoir de secours, avait, dit-on, imaginé d'engager les Écossais à passer en Bretagne, sur ses vaisseaux et sur des vaisseaux danois qu'il leur aurait loués.

Il faisait à son frère les dernières offres qu'il pût faire, les plus hautes, de le faire *lieutenant général du royaume* en lui donnant sa fille, avec quatre provinces de plus, qui l'auraient mis jusqu'à la Loire. Il ne pouvait faire davantage, à moins d'abdiquer et de lui céder la place. Mais le jeune duc ne voulait pas être *lieutenant*.

Dès longtemps, le roi avait pris le pape pour juge entre son frère et lui. Dans son danger, il obtint du

---

1. *App.* 167.

Saint-Siège d'être à jamais, lui et ses successeurs, chanoines de Notre-Dame de Cléry. Il ordonna des prières pour la paix, et voulut que désormais, par toute la France, à midi sonnant, on se mît à genoux et l'on dît trois *Ave* (avril 1472).

Il comptait sur la Sainte Vierge, mais aussi sur les troupes qu'il faisait avancer, encore plus sur les secrètes pratiques qu'il avait chez son frère. Maint officier de celui-ci refusait de lui faire serment.

Ce n'était pas la peine de s'engager envers un mourant. Le duc de Guyenne, toujours délicat et maladif, avait la fièvre quarte depuis huit mois, et ne pouvait guère aller loin. Il avait fort souffert des divisions de sa petite cour; elle était déchirée par deux partis, une maîtresse poitevine et un favori gascon. Ce dernier, Lescun, était ennemi de l'intervention anglaise, ainsi que l'archevêque de Bordeaux, qui jadis en Bretagne avait fait mourir le prince Gilles, comme ami des Anglais. Un zélé serviteur de Lescun, l'abbé de Saint-Jean d'Angely, le débarrassa (sans son consentement) de la maîtresse du duc, en l'empoisonnant. On crut que, pour sa sûreté, il avait empoisonné en même temps le duc de Guyenne (24 mai 1472). Lescun, fort compromis, fit grand bruit à la mort de son maître, accusa le roi d'avoir payé l'empoisonneur, un moine, le saisit et le mena en Bretagne pour qu'on en fît justice.

Louis XI n'était pas incapable de ce crime[1], du reste fort commun alors. Il semble que le fratricide,

1. *App.* 168.

écrit à cette époque dans la loi ottomane et prescrit par Mahomet II[1], ait été d'un usage général au quinzième siècle parmi les princes chrétiens[2].

Ce qui est sûr, c'est que le mourant n'eut aucun soupçon de son frère ; le jour même de sa mort, il le nomma son héritier, et lui demanda pardon des chagrins qu'il lui avait causés. D'autre part, Louis XI ne répondit rien aux accusations qui s'élevèrent ; ce ne fut que dix-huit mois après qu'il déclara vouloir associer ses juges à ceux que le duc de Bretagne avait chargés de poursuivre l'affaire. Il n'y eut aucune procédure publique, le moine vécut en prison plusieurs années, et fut trouvé mort dans sa tour après un orage. On supposa que le Diable l'avait étranglé.

La mort du duc de Guyenne était prévue de longue date, et le roi, le duc de Bourgogne, jouaient en attendant à qui des deux tromperait l'autre. Le roi disait que si le duc renonçait à l'alliance de son frère et du Breton, il lui rendrait Amiens et Saint-Quentin, et le duc répliquait que si d'abord on les lui rendait, il abandonnerait ses amis. Il n'en avait nullement l'intention ; il leur faisait dire, pour les rassurer, qu'il ne faisait cette momerie que pour reprendre les deux villes. Le roi traîna, et si bien, qu'il apprit la mort de son frère, ne rendit rien en Picardie et prit la Guyenne.

Le duc, furieux d'avoir été trompé dans sa tromperie, lança un terrible manifeste où il accusait le roi

---

1. Hammer.
2. Morts de Douglas et Mar, Viane et Bianca, Bragance et Viseu, Clarence, etc., etc.

d'avoir empoisonné son frère et d'avoir voulu le faire périr lui-même. Il lui dénonçait une guerre à feu et à sang. Il tint parole, brûlant tout sur son passage. C'était un bon moyen d'augmenter les résistances et de faire combattre les moins courageux.

La première exécution fut à Nesle ; cette petite place n'était défendue que par des francs-archers ; les uns voulaient se rendre, voyant cette grande armée et le duc en personne ; les autres ne voulaient pas, et ils tuèrent le héraut bourguignon. La ville prise, tout fut massacré, sauf ceux à qui l'on se contenta de couper le poing. Dans l'église même, on allait dans le sang jusqu'à la cheville. On conte que le duc y entra à cheval, et dit aux siens : « Saint-Georges ! voici belle boucherie, j'ai de bons bouchers [1]. »

L'affaire de Nesle étonna fort le roi. Il avait ordonné au connétable de la raser d'avance, de détruire les petites places, pour défendre les grosses. Toute sa pensée était d'empêcher la jonction du Breton et du Bourguignon, pour cela de serrer lui-même le Breton, de ne pas le lâcher, de le forcer de rester chez lui, pendant que le Bourguignon perdrait le temps à brûler des villages. Il ordonna pour la seconde fois de raser les petites places, et pour la seconde fois le connétable ne fit rien du tout. Moyennant quoi, le Bourguignon s'empara de Roye, de Montdidier qu'il fit réparer pour l'occuper d'une manière durable.

Saint-Pol écrivait au roi pour le prier de venir au

---

1. *App.* 169.

secours, c'est-à-dire de laisser le Breton libre, et de faciliter la jonction de ses deux ennemis. Le roi comprit l'intention du traître, et fit tout le contraire ; il ne lâcha pas la Bretagne, mais il envoya à Saint-Pol son ennemi personnel, Dammartin, qui devait partager le commandement avec lui et le surveiller. Si Dammartin était arrivé un jour plus tard, tout était perdu.

Le samedi, 27 juin, cette grande armée de Bourgogne arrive devant Beauvais. Le duc croit emporter la place, ne daigne ouvrir la tranchée, ordonne l'assaut ; les échelles se trouvent trop courtes ; au bout de deux coups les canons n'ont plus de quoi tirer. Cependant la porte était enfoncée. Peu ou point de soldats pour la défendre (telle avait été la prévoyance du connétable), mais les habitants se défendaient ; la terrible histoire de Nesle leur faisait tout craindre, si la ville était prise ; les femmes même, devenant braves à force d'avoir peur pour les leurs, vinrent se jeter à la brèche avec les hommes ; la grande sainte de la ville, sainte Angadresme, qu'on portait sur les murs, les encourageait ; une jeune bourgeoise, Jeanne Lainé, se souvint de Jeanne Darc, et arracha un drapeau des mains des assiégeants [1].

Les Bourguignons auraient cependant fini par entrer, ils faisaient dire au duc de presser le pas et que la ville était à lui. Il tarda, et grâce à ce retard il n'entra jamais. Les habitants allumèrent un grand feu sous la porte, qui elle-même brûla avec sa tour ; pen-

---

1. Le roi, dans son inquiétude, avait voué *une ville d'argent*. Il écrit *qu'il ne mangera pas de chair* que son vœu ne soit accompli. (Duclos.) *App.* 170.

dant huit jours, on nourrit ce feu qui arrêtait l'ennemi.

Le samedi au soir, soixante hommes d'armes se jettent dans la place, et il en vient deux cents à l'aube. Faible secours ; la ville effrayée se serait peut-être rendue ; mais le duc en colère n'en voulait plus, sinon de force et pour la brûler.

Le dimanche 28, Dammartin campa derrière le duc entre lui et Paris ; il fit passer toute une armée dans Beauvais, les plus vieux et les plus solides capitaines de France, Rouault, Lohéac, Crussol, Vignolle, Salazar. Le duc décida l'assaut pour le jeudi. Le mercredi soir, couché tout vêtu sur son lit de camp, il dit : « Croyez-vous bien que ces gens-là nous attendent ? » On lui répondit qu'ils étaient assez de monde pour défendre la ville, quand ils n'auraient qu'une haie devant eux. Il s'en moqua : « Demain, dit-il, vous n'y trouverez personne. »

C'était à lui une grande imprudence, une barbarie, de lancer les siens à l'escalade et sans avoir fait brèche, contre ces grandes forces qui étaient dans la ville. L'assaut dura depuis l'aube jusqu'à onze heures, sans que le duc se lassât de faire tuer ses gens. La nuit, Salazar fit une sortie, et tua dans sa tente même le grand maître de l'artillerie bourguignonne.

Paris envoya des secours, Orléans aussi, malgré la distance. Le connétable, au contraire, qui était tout près, ne fit rien pour Beauvais ; il essaya plutôt de l'affaiblir en lui demandant cent lances.

Le 22 juillet, le duc de Bourgogne s'en alla enfin, leva le camp, se vengeant sur le pays de Caux qu'il traversait, pillant, brûlant. Il prit Saint-Valery et Eu; mais il était suivi de près, son armée fondait, on lui enlevait les vivres et tout ce qui s'écartait. Il ne put prendre Dieppe, et revint par Rouen. Il resta devant quatre jours, afin de pouvoir dire qu'il avait tenu sa parole, que la faute était au Breton, qui n'était point venu.

Il n'avait garde de venir. Le roi le tenait et ne le laissait pas bouger. Les ravages de Picardie, ceux de Champagne, ne purent lui faire lâcher prise. Il prit Chantocé, Machecoul, Ancenis, en sorte que, perdant toujours et ne voyant arriver nul secours, nulle diversion, ni les Anglais au Nord, ni les Aragonais au Midi, le Breton fut trop heureux d'avoir une trêve. Le roi le détacha du Bourguignon, comme il avait fait trois ans auparavant, et lui donna de l'argent, tout vainqueur qu'il était; seulement il garda une place, celle d'Ancenis (18 octobre). Le duc de Bourgogne ne pouvait faire la guerre tout seul, l'hiver approchait; il convint aussi d'une trêve (23 octobre).

Louis XI, contre toute attente, s'était tiré d'affaire. Il avait décidément vaincu la Bretagne, et recouvré tout le Midi. Son frère était mort, et avec lui mille intrigues, mille espérances de troubler le royaume.

Si le roi, dans une telle crise, n'avait pas péri, il fallait qu'il fût très vivace et vraiment durable. Les sages en jugèrent ainsi; deux fortes têtes, le Gascon Lescun et le Flamand Comines prirent leur parti, et se donnèrent au roi.

Comines, né et nourri chez le duc de Bourgogne, avait tout son bien chez lui, il était son chambellan et assez avant dans sa confiance. Qu'un tel homme, si avisé et parfaitement instruit du fond des choses, franchît ce pas, c'était un signe grave. L'autre grand chroniqueur du temps, le zélé serviteur de la maison de Bourgogne, Chastellain qui pose ici la plume, meurt plus que jamais triste et sombre, et visiblement inquiet[1].

1. Mort le 20 mars 1474. Ce puissant écrivain commence la langue imagée, laborieuse, tourmentée du seizième siècle, langue souvent ridicule dans l'imitateur Molinet. — Chastellain fut reconnu, de son vivant, pour le maître du style ; on mettait sous son nom tout ce qu'on voulait faire lire. Cependant, chose bizarre, sa destinée fut celle de Charles-le-Téméraire ; l'œuvre disparut avec le héros, morcelée, dispersée, enterrée dans les bibliothèques. *App.* 171.

CHAPITRE II

Diversion allemande. (1473-1475.)

On a vu que le duc de Bourgogne manqua Beauvais d'un jour. Ce fut aussi pour n'être pas prêt à temps qu'il perdit Amiens.

Nous en savons les causes, et par le duc lui-même. Il se plaignait de n'avoir pas d'armée permanente, comme le roi : « Le roi, dit-il, est toujours prêt[1]. »

Il était souverain des peuples les plus riches, mais des peuples aussi qui défendaient le mieux leur argent. L'argent venait lentement chaque année ; plus lentement encore se faisait l'armement ; l'occasion passait.

Le duc s'en prenait surtout à la Flandre, à la malice des Flamands, comme il disait[2]. Un hasard heureux[3]

---

1. *App.* 172. — 2. *App.* 173.

3. C'est une improvisation violente, à la Bonaparte. Le scribe de la ville d'Ypres doit l'avoir écrite au moment même où elle fut prononcée ; on l'a retrouvée dans les Registres de cette ville.

nous a conservé l'invective qu'il prononça contre eux, en mai 1470, au fort de la crise d'Angleterre, lorsqu'il demandait de l'argent pour armer mille lances (cinq mille cavaliers), qui serviraient toute l'année.

Les Flamands, dans leur remontrance, avaient respectueusement relevé une grave différence entre les paroles du prince et celles de son chancelier. Le chancelier avait dit que l'argent serait *levé sur tous les pays* (ce qui eût compris les Bourgognes), et le duc : *levé sur les Pays-Bas*. Il répondit durement qu'il n'y avait pas d'équivoque, qu'il s'agissait des Pays-Bas, « et non de mon pays de Bourgogne ; il n'a point d'argent, il sent la France ; mais il a de bonnes gens d'armes et les meilleures que j'aie. En tout ceci, vous ne faites rien que par subtilité et malice. Grosses et dures têtes flamandes, croyez-vous donc qu'il n'y ait personne de sage que vous?... Prenez garde ; *j'ai moitié de France et moitié de Portugal...* Je saurai bien y pourvoir... Pour rien au monde, je ne romprai mon ordonnance ; entendez-vous bien, maître Sersanders (c'était le principal député de Gand)? Et quels sont ceux qui le demandent? Est-ce Hollande? Est-ce Brabant? Vous seuls, grosses têtes flamandes !... Les autres, qui sont bien aussi privilégiés, de bien grands seigneurs, comme mon cousin de Saint-Pol, me laissent user de leurs sujets, et vous voulez m'ôter les miens, sous prétexte de privilèges, *dont vous n'avez nul...* Dures têtes flamandes que vous êtes, vous avez toujours méprisé ou haï vos princes ; s'ils étaient faibles, vous les méprisiez ; s'ils étaient puissants, vous les haïssiez ;

eh bien! j'aime mieux être haï... Il y en a, je le sais bien, qui me voudraient voir en bataille avec cinq ou six mille hommes, pour y être défait, tué, mis en morceaux... J'y mettrai ordre, soyez-en sûrs, vous ne pourrez rien entreprendre sur votre seigneur. J'en serais fâché pour vous; ce serait l'histoire du pot de terre et du pot de fer! »

L'argent n'en fut pas moins levé fort lentement. Il fut demandé en mai; la levée d'hommes ne put se faire qu'en octobre; était-elle achevée en décembre? Nous voyons qu'à cette époque le duc, excédé des plaintes et des difficultés, écrit aux États assemblés des Pays-Bas qu'il aimerait mieux quitter tout, renoncer à toute seigneurie (19 décembre 1470). En janvier, comme on a vu, il perdit Amiens et Saint-Quentin.

On a remarqué cette grave parole, qu'il était à *moitié de France, moitié de Portugal.* C'était dire aux Flamands qu'ils avaient un maître étranger.

En cette même année 1470, il se proclama étranger à la France même, et cela dans une solennelle audience où les ambassadeurs de France venaient lui offrir réparation pour les pirateries de Warwick. La scène fut étrange; elle effraya, indigna ses plus dévoués serviteurs.

Il s'était fait faire, pour ce jour, un dais et un trône, plus haut qu'on n'en vit jamais pour personne, roi ou empereur; un dais d'or, un ciel d'or, et tout le reste, en descendant de degré en degré, couvert de velours noir. Sur ces degrés, dans un ordre sévère, à leurs places marquées, la maison et l'État, princes et barons, chevaliers et écuyers, prélats, chancellerie. Les ambassadeurs, menés à leur banc, se mirent à genoux. Lui, pour les faire lever, sans parler, sans mettre la main au chapeau, « les niqua de la tête ». L'affaire à peine exposée, il dit avec emportement que les offres de réparation n'étaient ni valables, ni raisonnables, ni recevables... « Eh! monseigneur, dit humblement l'homme de Louis XI, daignez écrire vous-même ce que vous voulez; le roi signera tout. — Je vous dis que ni lui, ni vous, vous ne pouvez réparer. — Quoi! dit l'autre sur un ton lamentable, on fait bien la paix d'un royaume perdu et de cinq cent mille hommes tués, et l'on ne pourrait expier ce petit méfait?... Monseigneur, le roi et vous, au-dessus de vous deux vous avez un juge... » A cette morale hypocrite le duc fut hors de lui : « *Nous autres Portugais!* s'écria-t-il, nous avons pour coutume que si ceux que nous croyons amis se font amis de nos ennemis, nous les envoyons aux cent mille diables d'enfer! »

Là-dessus, grand silence... Flamands, Wallons, Français, tous furent blessés au cœur[1]. On sentit l'étranger... Il n'avait dit que trop vrai; il n'avait rien du pays, rien de son père; le bizarre mélange anglo-portugais, qu'il tenait du côté maternel, apparaissait

---

1. Chastellain même, son chroniqueur d'office, et dans une chronique qui peut-être passait sous ses yeux, s'en plaint avec une noble douleur. — Les instructions du roi à ses ambassadeurs étaient bien combinées pour produire cet effet. Elles contiennent une énumération de tous les bienfaits de la France envers les ducs de Bourgogne; une telle accusation d'ingratitude prononcée dans cette occasion solennelle devant tous les serviteurs du duc, pouvait les refroidir à son égard, ou même les détacher de lui. *App.* 174.

en lui de plus en plus ; sur le sombre fond anglais, qui toujours devenait plus sombre, perçait à chaque instant par éclairs la violence du Midi.

Discordant d'origine, d'idées et de principes, il n'exprimait que trop la discorde incurable de son hétérogène empire. Nous avons caractérisé cette Babel sous Philippe-le-Bon (t. V, liv. XII, ch. IV.). Mais il y eut cette différence entre le père et le fils, que le premier, Français de naturel, se trouva l'être encore politiquement, et par ses acquisitions de pays français, et par l'ascendant des Croy. Le fils ne fut ni français, ni flamand ; loin de s'harmoniser dans un sens ou dans l'autre, il compliqua sa complication naturelle d'éléments inconciliables qu'il ne put accorder jamais.

Personne n'éprouvait pourtant davantage le besoin de l'ordre et de l'unité. Dès son avènement, il essaya de régulariser ses finances [1], en instituant un payeur général (1468). En 1473, il entreprit de centraliser la justice, en dépit de toutes les réclamations, et fonda une Cour suprême d'appel à Malines, sur le modèle du Parlement de Paris ; là, devaient être aussi réunies ses diverses Chambres des comptes. La même année, 1473, il promulgua une grande ordonnance militaire, qui résumait toutes les précédentes, imposait les mêmes règles aux troupes diverses dont se composaient ses armées [2].

---

1. *App.* 175.
2. Cette ordonnance innove peu ; elle régularise. Elle laisse subsister la mauvaise organisation *par lances*, chacune de cinq ou six hommes dont deux au moins étaient inutiles ; les Anglais, dans leur expédition de 1475 en

Ce besoin d'unité, d'harmonie, motivait sans doute à ses yeux la conquête des pays enclavés dans les siens, ou qui semblaient devoir s'y ramener par une attraction naturelle. Il avait hérité de bien des choses, mais qui toutes semblaient incomplètes. Ne fallait-il pas essayer d'arrondir, de lier tant de provinces qui, par occasions diverses, étaient échues à la maison de Bourgogne? En leur assurant de meilleures frontières, on les eût pacifiées. Par exemple, si le duc acquérait la Gueldre, il avait meilleure chance de finir la vieille petite guerre des Marches de Frise[1].

Dans tous les temps, le souverain de la Hollande, des bas pays noyés, des boues et des tourbières, fut un homme envieux. Triste portier du Rhin, obligé chaque année d'en subir les inondations, d'en curer et balayer les embouchures[2], il semble naturel que ce laborieux serviteur du fleuve en partage aussi les profits. Il n'aime pas tellement sa bière et ses brouillards, qu'il ne regarde parfois vers le soleil et les vins de Coblentz. Les alluvions qui descendent lui rappellent la bonne terre d'en haut; les barques richement chargées qui passent sous ses yeux, le rendent bien rêveur.

Charles-le-Téméraire, comme plus tard Gustave, ne pouvait voir patiemment que les meilleurs pays du

---

France, supprimèrent déjà le plus inutile, le page. — L'ordonnance exige des écritures, difficiles à obtenir des gens de guerre : « le capitaine doit porter toujours un rolet sur lui... en son chapeau ou ailleurs. » Ni jeu, ni jurement. Trente femmes seulement par compagnie (il y en eut 1500 au siège de Neuss, quelques mille à Granson). *App.* 176.

1. Amelgard. — 2. *App.* 177.

Rhin étaient des terres de prêtres. Il éprouvait peu de respect pour cette populace de villes libres, de petites seigneuries qui hardiment s'appropriaient le fleuve, se mettaient en travers, et vendaient le passage. Il comptait bien qu'il faudrait tôt ou tard qu'il mît la main sur tout cela, et sa grande épée de justice.

Au delà, et sur le haut Rhin, n'était-ce pas une honte de voir les villes solliciter le patronage des vachers de la Suisse? Serfs révoltés des Autrichiens, ces gens de la montagne oubliaient qu'avant d'être à l'Autriche, ils avaient été les sujets du royaume de Bourgogne.

De Dijon, de Mâcon, de Dôle, par-dessus la pauvre Comté et l'ennuyeux mur du Jura, il découvrait les Alpes, les portes de la Lombardie, les neiges, illuminées de lumière italienne... Pourquoi tout cela n'était-il pas à lui?... Le vrai royaume de Bourgogne, pris dans ses anciennes limites, avait son trône aux Alpes, en dominait les pentes, dispensait ou refusait à l'Europe les eaux fécondes, versant le Rhône à la Provence, à l'Allemagne le Rhin, le Pô à l'Italie[1].

---

[1]. Rien n'indique qu'il eût encore sur tout cela une idée arrêtée. Il flotta entre des projets divers : royaume de Gaule Belgique, royaume de Bourgogne, vicariat de l'Empire. Le Bohémien Podiebrad, pour 200,000 florins, se chargeait de le faire empereur; il y eut même un traité à ce sujet. (Lenglet.) Ce n'était peut-être qu'un moyen d'obliger Frédéric III à composer, en donnant le vicariat et le titre de roi, promis depuis longtemps, comme on le voit dans les lettres de Pie II à Philippe-le-Bon. Celui-ci, dans une occasion solennelle, dit qu'il eût pu être roi : il ne dit pas de quel royaume. (Du Clercq). Je vois dans un manuscrit que, dès l'origine, Philippe-le-Hardi avait essayé timidement, tacitement, dans son blason, de faire croire que « *la duchié de Bourgogne n'estoit yssue ne descendue de France, mais chief d'armes à part soy.* » (*Bibliothèque de Lille, ms.* E. G. 33, *sub fine.* — Ce duché indépen-

Grande idée et poétique! Était-il impossible de la réaliser? L'Empire n'était-il pas dissous? Et tout ce Rhin, du plus haut au plus bas, était-ce autre chose qu'une anarchie, une guerre permanente? Ses princes n'étaient-ils pas ruinés? n'avaient-ils pas vendu ou engagé leurs domaines? L'archevêque de Cologne mourait de faim; ses chanoines l'avaient réduit à deux mille florins de rente.

Tous ces princes faméliques se pressaient à la cour du duc de Bourgogne, tendaient la main. Plusieurs en recevaient pension, et devenaient ses domestiques; d'autres, poursuivis pour dettes, n'avaient d'autres ressources que de lui engager leurs provinces, de lui vendre, s'il en voulait bien, leurs sujets à bon compte.

Philippe-le-Bon avait eu pour peu de chose le comté de Namur, pour peu le Luxembourg; son fils, sans grande dépense, acquit la Gueldre par en bas, par en haut le landgraviat d'Alsace et partie de la Forêt-Noire, ceci engagé seulement, mais avec peu de chance de retirer jamais.

Le Rhin semblait vouloir se vendre pièce à pièce. Et, d'autre part, le duc de Bourgogne, pour mille raisons de convenances, voulait acheter ou prendre. Il lui fallait la Gueldre pour envelopper Utrecht, atteindre la Frise. Il lui fallait la haute Alsace pour couvrir sa

---

dant devient royaume dans la pensée de Charles-le-Téméraire. Aux États de Bourgogne, tenus à Dijon en janvier 1473, il « n'oublia pas de *parler du royaulme de Bourgogne que ceux de France ont longtemps usurpé et d'iceluy fait duchée, que tous les subjects doivent bien avoir à regret, et dict qu'il avoit en soy des choses qu'il n'appartenoit de sçavoir à nul qu'à luy.* » *App.* 178.

Franche-Comté ; il lui fallait Cologne comme entrepôt des Pays-Bas et comme grand péage du Rhin. Il lui fallait la Lorraine pour passer du Luxembourg dans les Bourgognes, etc.

Dès longtemps, il couvait la Gueldre, et il comptait l'avoir par la discorde du vieux duc Arnould et de son fils Adolphe. Il pensionnait le fils, et l'avait fait son domestique. Le fils ne se contenta pas de ce rôle ; soutenu de sa mère et de presque tout le pays, il se fit duc, et emprisonna son père. L'occasion était belle pour intervenir au nom de la nature, de la piété outragée ; Charles-le-Téméraire la saisit, et se fit charger par le pape et l'empereur de juger entre le père et le fils[1] ; l'Empire seul aurait eu ce droit ; l'empereur, qui ne l'avait pas, ne pouvait le déléguer, encore bien moins le pape. Le Bourguignon n'en jugea pas moins ; il décida pour le vieux duc, c'est-à-dire pour lui-même ; celui-ci, malade, mourant, vendit le duché à son juge! et le juge accepta! Une assemblée de la Toison d'or (étrange tribunal) décida que le legs était valable.

Le fils était dépouillé, comme parricide, à la bonne heure, emprisonné par son juge qui profitait de la dépouille. Mais qu'avaient fait les peuples de la Gueldre pour être vendus ainsi ? Ce fils même, ce coupable, il avait un enfant, innocent à coup sûr,

---

[1]. Pour rendre le jeune duc plus odieux encore, on le mit en face de son vieux père, qui lui présenta le gant de défi. Tout le monde fut touché. Comines lui-même (IV, ch. I). Rien n'était plus propre à favoriser les vues du duc. *App.* 179.

qui n'avait que six ans, et qui était, à son défaut, l'héritier légitime. La ville de Nimègue, décidée à ne pas céder ainsi, prit cet enfant, le proclama, le promena armé d'une armure à sa taille sur les remparts, parmi les combattants qui repoussaient les Bourguignons. Ceux-ci l'emportèrent pourtant à la longue, la Gueldre fut occupée, le petit duc captif.

La violence et la justice avaient bon temps. Il n'y avait plus d'autorité au monde, ni roi, ni empereur. Le roi faisait le mort ; il avait l'air de ne plus penser qu'aux affaires du Midi. L'empereur, pauvre prince, pauvre d'honneur surtout, aurait livré l'Empire pour faire la fortune de son jeune Max, par le grand mariage de Bourgogne. Maximilien épousa, comme on sait, plus tard, et il fallut que mademoiselle de Bourgogne, en l'épousant, lui donnât des chemises.

Au moment même où le duc de Bourgogne s'emparait du petit duc de Gueldre, il apprit la mort du duc de Lorraine, et il trouva tout simple, dans sa brutalité, d'enlever le jeune René de Vaudemont, qui succédait[1], croyant prendre l'héritage avec l'héritier. C'était ne prendre rien. La personne du duc était peu en Lorraine ; on ne pouvait rien avoir que par les grands seigneurs du pays. Il relâcha René (août).

On voyait bien qu'un homme si violent, et si en train de prendre, n'avait plus besoin de prétexte. Cependant, il allait avoir une entrevue avec l'empereur, et celui-ci, bas et intéressé comme il était, ne pouvait manquer de lui donner encore tout ce que les

---

1. *App.* 180.

titres, les sceaux, les parchemins, peuvent ajouter de force à la force des armes.

Metz devait être honorée de l'entrevue des deux princes[1]. Seulement, le duc voulait qu'on lui permît *d'occuper une porte*, au moyen de quoi il aurait fait entrer autant de gens qu'il eût voulu. La sage ville répondit qu'il n'y avait place que pour six cents hommes, que les gens de l'empereur remplissaient tout déjà, sans parler des paysans, qui, à l'approche des troupes, étaient venus se réfugier à Metz. La furie des envoyés bourguignons, à cette réponse, prouva d'autant mieux qu'ils n'auraient pris que pour garder. « Coquenaille! vilenaille! » criaient-ils en partant. Et le duc : « Je n'ai que faire de leur permission; j'ai les clefs de leur ville. »

L'entrevue eut lieu à Trèves. Elle brouilla les deux princes. D'abord le duc se fit attendre, et il écrasa l'empereur de son faste. Les Bourguignons rirent fort quand ils virent les Allemands, leurs amis et gendres futurs, si lourds, si pauvres; ils ne purent s'empêcher de les trouver bien sales[2], pour des gens qui venaient épouser. Le mariage n'était pas trop sûr, quoique le petit Max eût permission d'écrire à mademoiselle de Bourgogne; il n'était pas le seul; d'autres avaient eu cette faveur.

---

1. *App.* 181.
2. Le duc remercia l'empereur d'avoir fait un si long voyage *pour lui faire honneur.* Frédéric, voyant qu'il voulait tirer avantage de cela, aurait répliqué, selon l'historien de la maison d'Autriche : « Les empereurs imitent le soleil; ils éclairent de leur majesté les princes les plus éloignés; par là ils leur rappellent leurs devoirs d'obéissance. » (Fugger.)

L'archevêque de Mayence, chancelier de l'Empire, ouvrit la conférence par les phrases ordinaires, déplorant au nom de l'empereur que les guerres qui troublaient la chrétienté ne permissent point aux princes de s'unir contre le Turc. Le chancelier de Bourgogne répondit par une longue accusation de l'auteur de ces guerres, du roi, qu'il dénonça solennellement comme ingrat, traître, *empoisonneur*... Le roi, par représailles, occupa Paris, tout l'hiver, du jugement d'un homme que le duc aurait payé pour l'empoisonner.

Le duc fit confirmer par l'empereur son étrange jugement dans l'affaire de Gueldre, et s'en fit donner l'investiture; il lui en coûta, dit-on, quatre-vingt mille florins. Il voulait ensuite que l'empereur, en faveur du prochain mariage, l'investît de quatre autres fiefs d'Empire, de quatre évêchés : Liège, Utrecht, Tournai et Cambrai. Cela fait, il fallait qu'il le nommât vicaire impérial, roi de Gaule Belgique ou de Bourgogne... Le tout signé, scellé, il n'eût pas eu la fille.

L'empereur le sentait. Les princes allemands, soutenus par le roi, se montraient peu disposés à laisser vendre l'Empire en détail. Cependant il était difficile de rompre en face. Les Bourguignons étaient en force à Trèves; et le pauvre empereur n'eût pas trouvé de sûreté à rien refuser. Déjà les ornements royaux, sceptre, manteau, couronne, étaient exposés à l'église de Saint-Maximin; chacun allait les voir. La cérémonie devait avoir lieu le lendemain. La nuit ou le matin, l'empereur se mit dans une barque, descendit la Moselle; le duc resta duc, comme auparavant.

Mais, s'il avait manqué la royauté, il semblait ne pouvoir manquer le royaume. Dans les derniers mois de 1473, il fit deux pas qui, avec celui de Gueldre, effrayèrent tout le monde. Il se fit nommer par l'électeur de Cologne avoué, défenseur et protecteur de l'électorat. Il se fit donner en Lorraine quatre places fortes aux frontières, et, de plus, le libre passage, c'est-à-dire la faculté d'occuper tout quand il voudrait. Les grands seigneurs qui formaient le conseil, lui livrèrent ainsi le duché. Ils l'envoyèrent à Nancy, et il fit une *entrée*, à côté du jeune duc, qui ne pouvait plus s'opposer à rien (15 décembre).

La Gueldre en août; en novembre, Cologne; en décembre, la Lorraine. Malgré l'hiver, au même mois, du poids de ce triple succès, il tomba sur l'Alsace.

Le 21 décembre, sa bannière redoutée apparut aux défilés des Vosges. Il entrait chez lui, dans un pays à lui, pour faire grâce et justice, et il se fit conduire par celui même contre qui tout le monde demandait justice, par son gouverneur Hagenbach. Pour cette tournée seigneuriale, il n'amenait pas moins de cinq mille cavaliers, des étrangers, des Wallons, qui n'entendaient rien à la langue du pays, impitoyables et comme sourds.

Colmar n'eut que le temps de fermer ses portes. Bâle armait, veillait; elle illuminait chaque nuit le pont du Rhin. Tout le pays était en prières; Mulhouse, contre qui il avait prononcé des paroles terribles, désespéra de son salut; les rues y étaient pleines de gens qui disaient les prières des agonisants; ils chantaient des litanies, ils pleuraient; les enfants aussi, sans savoir de quoi[1].

Il faut dire ce qu'était ce terrible Hagenbach à qui le duc avait confié le pays. D'abord il en était, il y avait eu mainte aventure peu honorable; tout ce qu'il y faisait, juste ou injuste, semblait une revanche.

On contait qu'il avait commencé sa fortune d'une manière singulière[2]. Quand le vieux duc devint chauve, et que beaucoup de gens se faisaient tondre pour lui faire plaisir, il y eut pourtant des récalcitrants qui tenaient à leur chevelure; Hagenbach s'établit, ciseaux en main, aux portes de l'hôtel, et lorsqu'ils arrivaient, il les faisait tondre sans pitié.

Voilà l'homme qu'il fallait au duc, un homme prêt à tout, qui ne vît d'obstacle à rien; — et non plus un Comines qui aurait montré à chaque instant le difficile et l'impossible. Hagenbach, arrivant en Alsace, dans un pays mal réglé, plein de choses flottantes, qu'il fallait peu à peu ordonner, trouva le vrai moyen de désespérer tout le monde; ce fut de mettre partout et tout d'abord ce qu'il appelait l'ordre, la règle et le droit.

La première chose qu'il fit, ce fut de rétablir la sûreté des routes, à force de pendre; le voyageur ne risquait plus d'être volé, mais d'être pendu[3]. Il se chargea ensuite de régler les comptes de la ville libre de Mulhouse et des sujets du duc, comptes obscurs,

---

1. *App.* 182. — 2. *App.* 183.
3. Berne et Soleure l'accusaient surtout de faire périr les messagers pour prendre les dépêches.

les uns et les autres étant à la fois créanciers et débiteurs ; pour faire payer Mulhouse, il lui coupait les vivres[1]. Autre compte avec les seigneurs ; Hagenbach les somma de recevoir les sommes pour lesquelles le souverain du pays leur avait jadis engagé des châteaux ; sommes minimes, et tel de ces châteaux était engagé depuis cent cinquante ans. Les détenteurs se souciaient peu d'être payés ; mais Hagenbach les payait de force et l'épée à la main. L'un de ces seigneurs engagistes était la riche ville de Bâle, qui, pour vingt mille florins prêtés, tenait deux villes, Stein et Rheinfelden ; un matin, Hagenbach apporte la somme ; les Bâlois auraient bien voulu ne pas la recevoir.

Il disputait aux nobles leur plus cher privilège, le droit de chasse. Il disputa aux petites gens leur vie, leurs aliments, frappant le blé, le vin, la viande, *du mauvais denier* ; c'était le nom de cette taxe détestée. Thann refusa de payer, et elle paya de son sang : quatre hommes y furent décapités.

Les Suisses, qui jusque-là étendaient peu à peu leur influence sur l'Alsace, qui avaient donné à Mulhouse droit de combourgeoisie, intercédaient souvent près d'Hagenbach, et n'en tiraient que moquerie. Dès son arrivée dans le pays, il avait planté la bannière ducale sur une terre qui dépendait de Berne, et Berne ayant porté plainte, le duc avait répondu : « Il ne m'importe

---

1. Il disait aux gens de Mulhouse que leur ville ne serait jamais qu'une étable à vaches tant qu'elle serait l'alliée des Suisses, et que, si elle se soumettait au duc, elle deviendrait le *Jardin des roses* et la couronne du pays.

guère que mon gouverneur soit agréable à mes gens ou à mes voisins ; c'est assez qu'il me plaise, à moi ! » De ce moment, les Suisses firent un traité avec Louis XI, et renoncèrent à l'alliance bourguignonne (13 août 1470)[1] ; le duc rendit la terre usurpée.

Il n'y avait rien que d'ajourné; on le sentait; Hagenbach, se voyant si bien appuyé, laissait échapper des plaisanteries menaçantes. Il disait de Strasbourg : « Qu'ont-ils besoin de bourgmestre? ils en auront un de ma main, non plus un tailleur, un cordonnier, mais un duc de Bourgogne. » Il disait de Bâle : « Je voudrais l'avoir en trois jours ! », et de Berne : « L'ours ! nous allons bientôt en prendre la peau pour nous faire une fourrure. »

Le 24 décembre, veille de Noël, le duc, conduit par Hagenbach, arrive à Brisach, et tous les habitants, en grande crainte, vont au-devant en procession. Il se met en bataille sur la place, et leur fait faire un serment, non plus comme le premier qui réservait leurs privilèges, mais pur et simple, sans réserve. Il sort, escorté d'Hagenbach, qui bientôt rentre avec un millier de Wallons ; ils se répandent, pillent, violent ; les pauvres habitants obtiennent à grand'peine que le duc éloigne ces brigands de la ville ; du reste, il approuve Hagenbach ; depuis qu'il avait manqué sa royauté à Trèves, il détestait les Allemands : « Tant mieux, dit-il, sur l'affaire de Brisach ; Hagenbach a bien fait ; ils le méritent ; il faut les tenir ferme. »

---

1. Tschudi ; Ochs.

Les Suisses obtinrent un délai pour Mulhouse. Mais le duc dit à leurs envoyés que ce serait Hagenbach avec le maréchal de Bourgogne qui réglerait tout, qu'au reste ils le suivissent à Dijon, et qu'il aviserait.

Il partit, laissant Hagenbach maître, juge et vainqueur, et qui semblait fol de joie et d'insolence : « Je suis pape, criait-il, je suis évêque, je suis empereur et roi. »

Il se maria le 24 janvier, et prit pour faire la noce cette ville même de Thann, ensanglantée récemment, ruinée. Ce mariage fut une occasion d'extorsions, puis de réjouissances folles, d'étranges bacchanales, de farces lubriques[1].

Tant de choses faites impunément lui firent croire qu'il pouvait en tenter une, la plus grave de toutes, la suppression des corps de métiers, des bannières, autrement dit la désorganisation et le désarmement des villes. Tout cela, disait-il, en haine des monopoles « quelle belle chose, que chacun puisse, sans entrave, travailler, commercer comme il veut ! »

Faire un tel changement, dans un pays surtout qui n'appartenait pas au duc, qui était simplement engagé, et toujours rachetable, c'était chose hasardeuse. Les villes n'en attendirent pas l'exécution ; elles rappelèrent leur maître Sigismond ; l'évêque de Bâle forma une vaste ligue entre Sigismond, les villes du Rhin, les Suisses et la France.

---

1. Je ne puis retrouver la source où M. de Barante a pris l'histoire des femmes mises nues en leur couvrant la tête, pour voir si les maris les reconnaîtront.

Il y avait longtemps que le roi préparait tout ceci. Depuis trente ans qu'il avait connu les Suisses à la rude affaire de Saint-Jacques, il les aimait fort, les ménageait et les caressait. Il avait été leur voisin en Dauphiné ; son principal agent, dans les affaires suisses, fut un homme qui était des deux pays à la fois, administrateur du diocèse de Grenoble et prieur de Munster en Argovie, un prêtre actif, insinuant[1]. Il ne se laissa nullement décourager par les anciens rapports des Suisses avec la maison de Bourgogne, qui en avait cinq cents à Montlhéry. Le chef de ces cinq cents, le grand ami des Bourguignons à Berne, était un homme fort estimé et d'ancienne maison, le noble Bubenberg. Le roi lui suscita un adversaire à Berne même dans le riche et brave Diesbach, de noblesse récente (c'étaient des marchands de toile). Au moment où le duc accepta les terres d'Alsace et les querelles de toutes sortes qui y étaient attachées, le roi accueillit Diesbach, comme envoyé de Berne (juillet 1469). « Un an après, lorsqu'Hagenbach planta la bannière de Bourgogne sur terre bernoise, dans la première indignation du peuple, avant que le duc n'eût fait réparation, on brusqua un traité entre le roi de France et les Suisses, dans lequel ils renonçaient expressément à l'alliance de Bourgogne (13 août 1470). L'année suivante, le roi intervint en Savoie, pour défendre la duchesse sa sœur contre les princes savoyards, les comtes de Bresse, de Romont et de Genève, amis et serviteurs du

1. *App.* 184.

duc de Bourgogne ; mais il ne voulut rien faire qu'avec ses chers amis les Suisses ; il régla tout avec eux et de leur avis. C'était là une chose bien populaire et qui leur rendait le roi bien agréable, de les faire ainsi maîtres et seigneurs dans cette fière Savoie, qui jusque-là les méprisait.

Aussi, dans le moment critique où le duc fit à l'Alsace sa terrible visite, en décembre 1473, Diesbach courut à Paris, et le 2 janvier, il écrivit (sous la dictée du roi sans doute) un traité admirable pour Louis XI, qui lui permettait de lancer les Suisses à volonté et de les faire combattre, en se retirant lui-même. Les cantons lui vendaient six mille hommes au prix honnête de quatre florins et demi par mois ; de plus, vingt mille florins par an, tenus tout prêts à Lyon ; *si le roi ne pouvait les secourir*, il était quitte pour ajouter vingt mille florins par trimestre. Sommes minimes, en vérité, désintéressement incroyable. Il était trop visible qu'il y avait, au profit des meneurs, des articles secrets.

Diesbach était à Paris, et l'homme du roi, le prêtre de Grenoble, était en Suisse ; il courait les cantons, la bourse à la main. Un grand mouvement se déclare contre le duc de Bourgogne. Voilà les villes du Rhin qui se liguent et donnent la main aux villes suisses. Voilà les Suisses qui reçoivent et mènent en triomphe leur ennemi, l'Autrichien Sigismond ; ils jurent à l'éternel adversaire de la Suisse éternelle amitié. Les villes se cotisent, on fait en un moment les quatre-vingt mille florins convenus pour racheter l'Alsace ; le

3 avril, Sigismond dénonce au duc de Bourgogne que l'argent est à Bâle, qu'il ait à lui restituer son pays.

Dans ce flot qui montait si vite, un homme devait périr, Hagenbach ; et il augmentait à plaisir la fureur du peuple. On contait de lui des choses effroyables ; il aurait dit : « Vivant, je ferai mon plaisir ; mort, que le Diable prenne tout, âme et corps, à la bonne heure ! » Il poursuivait d'amour une jeune nonne ; les parents l'ayant fait cacher, il eut l'impudence incroyable de faire crier par le crieur public qu'on eût à la ramener, sous peine de mort. — Un jour, il était à l'église en propos d'amour avec une petite femme, le coude sur l'autel, l'autel tout paré pour la messe ; le prêtre arrive : « Comment, prêtre, ne vois-tu pas que je suis là ? Va-t'en, va-t'en ! » Le prêtre officia à un autre autel ; Hagenbach ne se dérangea pas, et l'on vit avec horreur qu'il tournait le dos pour baiser sa belle, à l'élévation de l'hostie [1].

Le 11 avril, il donne ordre aux gens de Brisach de sortir pour travailler aux fossés ; aucun n'osait sortir, craignant de laisser à la merci des gens du gouverneur sa femme et ses enfants. Les soldats allemands, qui depuis longtemps n'étaient pas payés, se mettent du côté des habitants. On saisit Hagenbach. Sigismond arrivait, et déjà il était à Bâle. Un tribunal se forme ; les villes du Rhin, Bâle même et Berne, toutes envoient pour juger Hagenbach. De la prison au tribunal, les fers l'empêchant de marcher, on le tira dans

---

1. *App.* 185.

une brouette, parmi des cris terribles : Judas ! Judas ! On le fit dégrader par un héraut impérial, et le soir même (9 mai), aux flambeaux, on lui coupa la tête. Sa mort valut mieux que sa vie. Il souriait aux outrages, ne dénonça personne à la torture, et mourut chrétiennement. Cependant, la tête qu'on montre à Colmar (si c'est bien celle d'Hagenbach), cette tête rousse, hideuse, les dents serrées, exprime l'obstination désespérée et la damnation.

Le duc vengea son gouverneur en ravageant l'Alsace, mais il ne la recouvra point. Il ne réussit pas mieux à prendre Montbéliard, et il indigna tout le monde par le moyen qu'il employa. Il fit saisir à sa cour même le jeune comte Henri[1] ; on le mena devant sa ville ; on le mit à genoux sur un coussin noir, et l'on fit dire aux gens qui étaient dans la place qu'on allait couper la tête à leur maître, s'ils ne se rendaient. Cette cruelle comédie ne servit à rien.

Le duc avait besoin de se relever par quelque grand coup, une guerre heureuse ; il en trouvait l'occasion dans l'affaire de Cologne, tout près de chez lui, à l'entrée des Pays-Bas, une guerre à coup sûr, il lui semblait, parce qu'il était là à portée de ses ressources. Malgré la perte de l'Alsace, il était rassuré par une trêve que le roi venait de conclure avec lui (1er mars)[2].

---

[1]. Sous le prétexte que, pour lui faire injure, il était venu « passer près du duc, ses gens tout vestus de jaune ». (Olivier de La Marche.) Il avoue qu'il fut chargé d'exécuter le guet-apens ; son maître lui donna plusieurs fois ces vilaines commissions.

[2]. « Le roy sollicitoit fort de l'alonger *et qu'il feist à son aise* en Alemaigne. » (Comines.)

Il l'était par les nouvelles pacifiques qui lui venaient de Suisse. Le comte de Romont, Jacques de Savoie, avait réussi à rendre force au parti bourguignon. Les ambassadeurs de Bourgogne et de Savoie avaient excusé Hagenbach, rappelant aux Suisses que jamais ils n'avaient mieux vendu leurs bœufs et leurs fromages, faisant entendre enfin que si le roi payait, le duc pouvait payer encore mieux.

Il reçut ces nouvelles en mai, à Luxembourg. En même temps, il tirait parole d'Édouard pour une descente en France. Les conditions qu'il faisait à l'Anglais sont telles qu'il y a apparence que le traité n'était pas sérieux. Il lui donnait tout le royaume de France, et lui, duc de Bourgogne, il se contentait de Nevers, de la Champagne et des villes de la Somme. Il signa le traité le 25 juillet [1], et le 30 il s'établit dans son camp, près de Cologne, devant la petite ville de Neuss, qu'il assiégeait depuis le 19 [2].

L'archevêque de Cologne, Robert de Bavière, en guerre avec son noble chapitre, avait, comme on a vu, décliné le jugement de l'empereur, et s'était nommé pour avoué et défenseur le duc de Bourgogne. Celui-ci, envoyant à Cologne ordre d'obéir, n'y gagna qu'un outrage : la sommation déchirée, le héraut insulté, les armes de Bourgogne jetées dans la boue. Les chanoines, tous seigneurs ou chevaliers du pays, élurent

---

1. Rymer. Ce traité fut accompagné d'un acte par lequel Édouard accordait *à la duchesse sa sœur* (c'est-à-dire aux Flamands qui s'autoriseraient de son nom), la permission de tirer d'Angleterre des laines, des étoffes de laine, de l'étain, du plomb, et d'y importer des marchandises étrangères.

2. *App.* 186.

évêque un des leurs, Hermann de Hesse, frère du landgrave.

Cet Hermann, appelé plus tard Hermann le *pacifique*, n'en fut pas moins le défenseur de l'Allemagne contre le duc de Bourgogne. Il se jeta dans Neuss, le tint là tout un an, de juillet en juillet. Là se brisa cette grande puissance, mêlée de tant d'États, ce monstre qui faisait peur à l'Europe. Les Suisses eurent la gloire d'achever.

L'acharnement extraordinaire que le duc montra contre Neuss, ne tint pas seulement à l'importance de ce poste avancé de Cologne, mais sans doute aussi au regret, à la colère d'avoir fait à cette petite ville des offres exagérées, déloyales même et malhonnêtes, et d'avoir eu la honte du refus. Pour la séduire, il avait été, lui, défenseur de l'électeur et de l'électorat, jusqu'à offrir à Neuss de l'en affranchir, de la rendre indépendante de Cologne, en sorte qu'elle devînt ville libre, immédiate, impériale. Refusé, il s'aheurta à sa vengeance, il y oublia tout, y consuma d'immenses ressources, et s'y épuisa. Tout le monde, dès qu'on le vit cloué là, s'enhardit contre lui. Il s'y établit le 30 juillet, et, dès le 15 août, le jeune René traita avec Louis XI. Le bruit courait que René était déshérité de son grand-père, le vieux René, qui aurait promis la Provence au duc de Bourgogne[1]. Louis XI prit ce prétexte pour saisir l'Anjou.

Le duc reçut devant Neuss, en novembre, le solen-

---

1. *App.* 187.

nel défi des Suisses qui entraient en Franche-Comté, et presque aussitôt il apprit qu'ils y avaient gagné sur les siens une sanglante bataille à Héricourt (13 novembre). Le pays désarmé n'avait guère eu que ses milices à opposer aux Suisses. Le hasard voulut cependant qu'à ce moment Jacques de Savoie, comte de Romont, amenât d'Italie un corps de Lombards. Ce renfort ne fit que rendre la défaite plus grave, et les Italiens, sur lesquels le duc comptait pour prendre Neuss, y arrivèrent déjà battus.

Son échec de Beauvais lui avait laissé une estime médiocre de ses sujets. Il avait fait venir deux mille Anglais, et pour faire une guerre plus savante il avait engagé en Lombardie des soldats italiens. Eux seuls s'entendaient aux travaux des sièges, et leur bravoure semblait incontestable depuis que les Suisses avaient reçu à l'Arbedo une si rude leçon du Piémontais Carmagnola.

Venise avait ordinairement à son service les plus habiles condottieri, Carmagnola autrefois, et alors le sage Coglione. Mais, quelque offre que pût faire le duc de Bourgogne, il ne put attirer à son service ce grand tacticien. Venise eût craint de déplaire à Louis XI, si elle eût prêté son général. Coglione, dont la prudence était proverbiale, répondit qu'il était le serviteur du duc, et le servirait volontiers, « mais en Italie ». Ce dernier mot était significatif ; les Italiens croyaient voir un jour ou l'autre le conquérant au delà des Alpes[1].

---

1. Lui-même admet cette supposition : « Et a bien intention d'en user en temps et lieu. » *App.* 188.

Dans la route d'aventures où entrait le duc de Bourgogne, se mettant à violer les églises du Rhin, sans souci du pape ni de l'empereur, il ne lui fallait pas des hommes si prudents, qui auraient gardé leur jugement et se seraient donnés avec mesure, mais de vrais mercenaires, des aventuriers qui, vendus une fois, allassent, les yeux fermés, au mot du maître, par le possible et l'impossible. Tel lui parut le capitaine napolitain Campobasso, homme fort suspect, fort dangereux, qui se vantait d'être banni pour sa fidélité héroïque au parti d'Anjou.

Le duc de Bourgogne n'avait pas une armée devant Neuss, mais bien quatre armées, qui se connaissaient peu et ne s'aimaient pas, une de Lombards, une d'Anglais, une de Français, une enfin d'Allemands; parmi ceux-ci servait une bande, nullement allemande, des malheureux Liégeois, obligés de combattre pour le destructeur de Liège.

Le siège commença par une formidable procession que le duc fit faire autour de la ville; six mille superbes cavaliers défilèrent, armés (homme et cheval) de toutes pièces; nulle armée moderne ne peut donner idée d'un tel spectacle. Chacune de ces armures d'acier, ouvragées, dorées, damasquinées, battues à grands frais à Milan, étonne, effraye encore dans nos musées, œuvres d'art patient, et la plus splendide parure que l'homme ait portée jamais, à la fois galante et terrible.

Terrible en plaine. Mais sur la montagne de Neuss, dans ce fort petit nid, les durs fantassins de la Hesse ne firent que rire de cette cavalerie. La bière ne manquait pas, ni le vin, ni le blé; le brave chanoine Hermann leur avait amassé des vivres; soir et matin il faisait jouer de la flûte sur toutes les tours.

La première chose que fit le duc, ce fut d'ordonner aux Lombards d'aller prendre une île, en face de la ville. Ces cavaliers, bardés de fer, peu propres à ce coup de main, obéirent courageusement, échouèrent, plus d'un se noya. On recourut alors au moyen plus lent et plus raisonnable de faire un pont de bateaux, de tonneaux; l'on travailla patiemment à combler un bras du fleuve. Ces travaux furent troublés souvent par l'audace des assiégés, qui, sans s'effrayer de cette grande armée, ni de savoir là le duc en personne, firent des sorties terribles, coup sur coup, en septembre, en octobre, en novembre.

Cependant Cologne et son chapitre, les princes du Rhin qui regardaient ces grands évêchés comme les apanages des cadets de leur famille, se remuèrent extraordinairement, implorant à la fois l'Empire et la France. Le 31 décembre, ils conclurent, au nom de l'Empire, une ligue avec Louis XI; pour les encourager à se mettre en campagne, il leur faisait croire qu'il allait les joindre avec trente mille hommes.

Charles-le-Téméraire s'était rassuré par deux choses : l'Empire était dissous depuis longtemps, et l'empereur était pour lui. En ceci, il avait raison; il tenait toujours l'empereur par sa fille et ce grand mariage. Mais, quant à l'Allemagne, il ignorait qu'au défaut d'unité politique, elle avait une force qui pouvait se réveiller, la bonne vieille fraternité allemande, l'esprit de parenté, si fort en ce pays. Outre les parentés naturelles, il y avait entre plusieurs maisons d'Allemagne des parentés artificielles, fondées sur des traités qui les rendaient solidaires, héritières les unes des autres, en cas d'extinction. Tel fut le lien que forma la Hesse, à cette occasion, avec la puissante maison de Saxe, et le vaillant margrave Albert de Brandebourg, l'Achille et l'Ulysse de l'Allemagne, qui, disait-on, avait vaincu dans dix-sept tournois, en dix batailles[1], qui, trente ans auparavant, avait défait et pris le duc de Bavière, et qui ne demandait pas mieux que de chasser encore un Bavarois du siège de Cologne.

Le duc n'en restait pas moins devant Neuss, pendant ce long hiver du Rhin, s'étant bâti là une maison, un foyer, comme pour y demeurer à jamais, jour et nuit armé, et dormant sur une chaise[2]. Il y rongeait son cœur. Il avait demandé une levée en masse[3] aux Flamands, qui n'avaient pas bougé. L'hiver n'était pas fini, qu'il vit son Luxembourg envahi par une nuée d'Allemands. Louis XI, ayant repris Perpignan aux Aragonais, le 10 mars, se trouvait libre d'agir au Nord. Il envahit la Picardie. Le duc reçut tout à la fois ces nouvelles, et le défi du jeune René (9 mai). Dans sa fureur d'être défié d'un si petit ennemi, il apprit, pour combler la mesure, que sa forteresse de Pierrefort venait de se rendre; hors de lui-même, il ordonna que les lâches qui l'avaient rendue fussent écartelés.

---

1. Neuf victoires sur Nuremberg, bien fatales à son commerce. — 2. Loenrer. — 3. Gachard.

Les Anglais, depuis un an, allaient arriver et n'arrivaient pas. Ils avaient pris le traité au sérieux, et ce mot : *Conquête de France.* Ils avaient préparé un immense armement, emprunté de l'argent à Florence, acheté l'amitié de l'Écosse, fait une ligue avec la Sicile[1]. Chose nouvelle, les Anglais furent lents, et les Allemands prompts. La grande armée de l'Empire se trouva, malgré les retards calculés de l'empereur, assemblée dès le commencement de mai sur le Rhin, pour la défense de la sainte ville de Cologne, pour le salut de Neuss.

La brave petite ville avait encore tout son courage en mars, après un si long siège, tellement qu'au carnaval les assiégés firent un tournoi. Cependant, les vivres venaient à fin, la famine arrivait. On fit une procession en l'honneur de la Vierge ; dans la procession, une balle tombe, on la ramasse, on lit : « Ne crains pas, Neuss, tu seras sauvée. » Ils regardèrent du haut des murs, et bientôt ils n'eurent plus qu'à remercier Dieu.... Déjà branlaient à l'horizon les bannières sans nombre de l'Empire[2].

Le vaillant margrave de Brandebourg, qui avait le commandement de l'armée, montra beaucoup de prudence[3]. Il trouva un moyen de renvoyer le Téméraire,

---

1. *App.* 189.
2. Dix princes arrivaient, quinze ducs ou margraves, six cent vingt-cinq chevaliers, les troupes de soixante-huit villes impériales. Le bon évêque de Lisieux ne peut contenir sa colère contre ces Allemands qui viennent chasser son maître. « C'étaient, dit-il, des rustres, des ouvriers fainéants, gloutons, paillards, piliers de cabarets, etc. »
3. Il y eut un combat, où chaque parti s'attribua la victoire. Le duc écrivit une lettre ostensible où il prétendait avoir battu les Allemands. (Gachard.)

sans blesser son orgueil. Il lui proposa de remettre la chose à l'arbitrage du légat du pape, qu'il amenait avec lui. Le duc ne pouvait guère refuser; le roi avançait toujours, il était dans l'Artois. Le légat entra dans Neuss le 9 juin, avec les conseillers impériaux et bourguignons. Le 17, l'empereur traita pour lui seul, à l'exclusion des Suisses, des villes du Rhin et de Sigismond même. Il sacrifia tout à l'espoir du mariage. Il fut convenu que le duc et l'empereur s'éloigneraient en même temps : le duc, le 26; l'empereur, le 27[1].

De toute façon, le duc n'eût pu rester. Les Anglais, qui l'appelaient depuis un mois et qui voyaient passer la saison, s'étaient lassés d'attendre et venaient de descendre à Calais.

[1]. Meyer voudrait faire croire que l'empereur partit le premier, ce qui est non seulement inexact, mais absurde; l'empereur, en agissant ainsi, aurait laissé la ville à la discrétion du duc de Bourgogne.

CHAPITRE III

Descente anglaise. (1475.)

Pour bien comprendre cette affaire compliquée de la descente anglaise, il faut d'abord en dire le point essentiel, c'est que de ceux qui y travaillaient, il n'y en avait pas un qui ne voulût tromper tous les autres.

L'homme qui y était le plus intéressé et qui s'était donné le plus de peine, était certainement le connétable de Saint-Pol. Il savait que, depuis le siège de Beauvais, le roi et le duc le haïssaient à mort, et qu'ils n'étaient pas loin de s'entendre pour le faire périr. Il lui fallait, et au plus vite, embrouiller les affaires d'un élément nouveau, amener les Anglais en France, leur y donner pied, s'il pouvait, un petit établissement, non chez lui, mais sur la côte, à Eu ou à Saint-Valery, par exemple. Trois maîtres lui allaient mieux que deux pour n'en avoir aucun. Il avait fait croire aux Anglais, pour les décider, qu'ils n'avaient qu'à venir, qu'il leur ouvrirait Saint-Quentin.

Saint-Pol mentait; le Bourguignon, l'Anglais mentaient aussi. Le Bourguignon avait promis de faire la guerre au roi trois mois d'avance; puis, l'Anglais serait venu pour profiter. Il était trop visible que celui des deux qui commencerait, préparerait le succès de l'autre.

D'autre part, l'Anglais semble avoir laissé croire au Bourguignon qu'il attaquerait par la Seine, par la Normandie, c'est-à-dire qu'il vivrait entièrement sur les terres du roi, qu'il éloignerait la guerre des terres du duc. Il fit tout le contraire. Il montra une flotte sur les côtes de Normandie, mais il effectua son passage à Calais, sur les bateaux plats de Hollande. Le 30 juin, il n'y avait encore que cinq cents hommes à Calais [1], et le 6 juillet, l'armée avait passé quatorze mille archers à cheval, quinze cents hommes d'armes, tous les grands seigneurs d'Angleterre, Édouard même. Jusque-là, on doutait qu'il vînt faire la guerre en personne.

Avec une telle armée, et débarquant là, il se trouvait bien près de la Flandre et il lui était déjà onéreux. Le duc de Bourgogne, très pressé de l'en éloigner, partit enfin de Neuss, laissa ses troupes fort diminuées en Lorraine, et revint seul à Bruges demander de l'argent aux Flamands (12 juillet). Le 14, il joignit à Calais cette grande armée anglaise, et se hâta de l'entraîner en France.

Les Anglais s'étaient figuré que leur ami les logerait

---

1. *App.* 190.

en route. Mais point; sur leur chemin, il fermait ses places, les laissait coucher à la belle étoile. Seulement, il les encourageait en leur montrant de loin les bonnes villes picardes, où le connétable avait hâte de les recevoir. Arrivés devant Saint-Quentin, « ils s'attendaient qu'on sonnât les cloches et qu'on portât au-devant la croix et l'eau bénite ». Ils furent reçus à coups de canon; il y eut deux ou trois hommes tués.

Peu de jours auparavant (20 juin), les Bourguignons avaient éprouvé, à leur dam, ce qu'il fallait croire des promesses du connétable. Il assurait qu'il avait pratiqué le duc de Bourbon, alors général du roi du côté de la Bourgogne; il ne s'agissait que de se présenter, et il allait leur ouvrir tout le pays; ils se présentèrent en effet et furent taillés en pièces (21 juin [1]).

Entre tous ceux qui les avaient appelés, les Anglais n'avaient qu'un ami sûr, le duc de Bretagne. Amitié orageuse pourtant et fort troublée. Il refusait obstinément de leur livrer le dernier prétendant du sang de Lancastre qui s'était réfugié chez lui, c'est-à-dire qu'à tout événement il gardait une arme contre eux.

Néanmoins le roi avait sujet d'être fort inquiet. Il avait perdu l'alliance d'Écosse, l'espoir de toute diversion [2]. Tout ce que la prudence conseillait, il

1. Le roi s'était assuré du duc de Bourbon en donnant sa fille aînée à son frère, Pierre de Beaujeu. *App.* 191.
2. Il n'avait point négligé ce moyen. En avril 1473, il tenait à Dieppe le comte d'Oxford avec douze vaisseaux, pour les envoyer en Écosse, et faire encore par le Nord une tentative pour la maison de Lancastre; mais l'Écosse

l'avait fait. Trop faible pour tenir la mer contre les Anglais, Flamands et Bretons, il avait assuré la terre, autant qu'il avait pu. Dès le mois de mars, il garantit la solde, les privilèges, l'organisation des francs-archers. Il mit Paris sous les armes; il garnit Dieppe et Eu [1]. Jusqu'au dernier moment, il ignora si l'expédition aurait lieu, si la descente se ferait en Picardie ou en Normandie. Il se tenait entre les deux provinces. Tout ce qu'il savait, c'est que l'ennemi avait de fortes intelligences parmi les siens. Le duc de Bourbon, qu'il avait prié de le joindre, ne bougeait pas. Le duc de Nemours se tenait immobile. Il y avait à craindre bien des défections.

Il jugea pourtant avec sagacité que les Anglais, ayant si peu à se louer du duc de Bourgogne et du connétable, n'ayant été reçus nulle part encore et n'ayant en France que la place de leur camp, ils ne seraient pas si terribles. Cette France dévastée ne leur semblait guère désirable. Le roi avait fait un désert devant eux. D'autre part, Édouard avait fait tant de guerres, qu'il en avait assez; il était déjà fatigué et lourd; il devenait gras. Gouverné comme il l'était par sa femme et les parents de sa femme, il y avait un point par où l'on pouvait le prendre aisément : un mariage royal, qui eût tant flatté la reine! demander une de ses filles pour le petit dauphin. Quant aux grands seigneurs du parti opposé à la reine, on pou-

---

était sans doute déjà fortement travaillée par l'argent de l'Angleterre, comme il y parut l'année suivante par le mariage d'une fille d'Édouard avec l'héritier d'Écosse. (Paston, ap. Fenn.) — 1. *App.* 192.

vait les avoir avec de l'argent. Restaient les vieux Anglais, les hommes des communes qui avaient poussé à la guerre ; mais ils étaient bien refroidis. « Le roi avoit amené dix ou douze hommes, tant de Londres que d'autres villes d'Angleterre, gros et gras, qui avoient tenu la main à ce passage et à lever cette puissante armée. Il les faisoit loger en bonnes tentes ; mais ce n'étoit point la vie qu'ils avoient accoutumé, ils en furent bientôt las ; ils avoient cru qu'une fois passés, ils auroient une bataille au bout de trois jours. »

Les Anglais voyaient bien qu'un seul homme leur avait dit vrai, sur le peu de secours qu'ils trouveraient dans leurs amis d'ici ; c'était le roi de France, quand il reçut leur héraut, avant le passage. Il lui avait donné un beau présent, trente aunes de velours et trois cents écus, en promettant mille, si les choses s'arrangeaient. Le héraut avait dit que, pour le moment, il n'y avait rien à faire ; mais que, le roi Édouard une fois passé en France, on pourrait s'adresser aux lords Howard et Stanley.

Ces deux lords, en effet, prirent l'occasion d'un prisonnier que l'on renvoyait pour « se recommander à la bonne grâce du roi de France ». Le roi, sans perdre de temps, sans ébruiter la chose par l'envoi d'un héraut, prit pour héraut « un varlet[1] » qu'il avait remarqué, pour l'avoir vu une fois, un garçon d'assez pauvre mine, mais qui avait du sens, « et la parole

---

1. *App.* 193.

douce et amiable ». Il le fit endoctriner par Comines, mettre hors du camp sans bruit, de sorte qu'il ne mit la cotte de héraut que pour entrer au camp anglais. On l'y reçut fort bien. Des ambassadeurs furent chargés de traiter de la paix, en tête lord Howard.

On eut peu de peine à s'entendre. Le projet de mariage facilita les choses; le dauphin devait épouser la fille d'Édouard, qui aurait un jour *le revenu de la Guyenne*, et en attendant cinquante mille écus par année. Ce mot de *Guyenne*, si agréable aux oreilles anglaises, fut dit, mais non écrit dans le traité. Édouard recevait sur-le-champ pour ses frais une somme ronde de soixante-quinze mille écus, et encore cinquante mille pour rançon de Marguerite; grande douceur pour un roi qui n'osait rien exiger des siens après ces guerres civiles. Tous ceux qui entouraient Édouard, les plus grands, les plus fiers des lords, tendirent la main, et reçurent pension. Louis XI était trop heureux d'en être quitte pour de l'argent. Il reçut les Anglais à Amiens à table ouverte, les fit boire pendant plusieurs jours, enfin se montra aussi gracieux et confiant que leur ami le duc de Bourgogne avait été sauvage.

Tout cela s'arrangea pendant une absence du duc de Bourgogne, qui laissa un moment le roi d'Angleterre pour aller demander de l'argent et des troupes aux États de Hainaut. Il revint (19 août), mais trop tard, s'emporta fort, maltraita de paroles le roi d'Angleterre, lui disant (en anglais, pour être entendu) que ce n'était pas ainsi que ses prédécesseurs s'étaient conduits en France, qu'ils y avaient fait de belles choses et gagné de l'honneur. « Est-ce pour moi, disait-il encore, que j'ai fait passer les Anglais? C'est pour eux, pour leur rendre ce qui leur appartient. Je prouverai que je n'ai que faire d'eux; je ne veux point de trêve que trois mois après qu'ils auront repassé la mer. » Plus d'un Anglais pensait comme lui[1], et restait sombre, malgré toutes les avances du roi et ses bons vins, surtout ce dur bossu Glocester.

Il y avait quelqu'un de plus fâché encore de cet arrangement, c'était le connétable. Il envoyait au roi, au duc; il voulait s'entremettre de la paix. Au roi, il faisait dire qu'il suffisait pour contenter ces Anglais de leur donner seulement une petite ville ou deux pour les loger l'hiver, « qu'elles ne sauraient être si méchantes qu'ils ne s'en contentassent ». Il voulait dire Eu et Saint-Valery. Le roi craignait que les Anglais ne les demandassent en effet, et les fit brûler.

L'honnête connétable, ne pouvant établir ici les Anglais, offrait de les détruire; il proposait de s'unir tous pour tomber sur eux. D'autre part, Édouard disait au roi que s'il voulait seulement payer moitié des frais, il repasserait la mer, l'année suivante, pour détruire son beau-frère, le duc de Bourgogne.

Le roi n'eut garde de profiter de cette offre obligeante; son jeu était tout autre. Il lui fallait au contraire

1. D'autant plus qu'il n'était guère sorti de plus grande armée d'Angleterre. *App.* 194.

rassurer le duc de Bourgogne, lui garantir une longue trêve (neuf années), pendant laquelle il pût courir les aventures, s'enfoncer dans l'Empire, s'enferrer aux lances des Suisses. Le roi comptait, en attendant, se donner enfin le bien que depuis dix ans il demandait dans ses prières, d'arracher ses deux mauvaises épines du Nord et du Midi, les Saint-Pol et les Armagnac.

Ceux-ci voyaient bien cette pensée dans le cœur du roi, et sous son patelinage : *Mon bon cousin, mon frère...* qu'il ne demandait que leur mort. Mais par qui commencerait-il? Il avait déjà frappé un Armagnac en 1473; l'autre (duc de Nemours) croyait son tour venu; il écrivait à Saint-Pol (qui avait épousé sa nièce) que, pouvant être happé d'un moment à l'autre, il allait lui envoyer ses enfants, les mettre en sûreté.

Il est juste de dire qu'ils avaient bien gagné la haine du roi et tout ce qu'il pourrait leur faire. Quinze ans durant, leur conduite fut invariable, jamais démentie; ils ne perdirent pas un jour, une heure, pour trahir, brouiller, remettre l'Anglais en France, recommencer ces guerres affreuses.

Ceux qui excusent tout ceci, comme la résistance du vieux pouvoir féodal, errent profondément. Les Nemours, les Saint-Pol, étaient des fortunes récentes. Saint-Pol s'était fait grand en se donnant deux maîtres et vendant tour à tour l'un à l'autre. Nemours devait les biens immenses qu'il avait partout (aux Pyrénées, en Auvergne, près Paris, et jusqu'en Hainaut), il les devait à qui? à la folle confiance de Louis XI, qui passa sa vie à s'en repentir.

Le roi venait de remettre au duc d'Alençon la peine de mort, pour la seconde fois, lorsqu'il apprit que Jean d'Armagnac (celui qui avait deux femmes, dont l'une était sa sœur) s'était rétabli dans Lectoure. Il avait trouvé moyen d'amuser la simplicité de Pierre de Beaujeu qui gardait la place, et il avait pris la ville et le gardien (mars 1473). Ce tour piqua le roi. Il avait à peine recouvré le Midi, et il semblait près de le perdre; les Aragonais rentraient dans Perpignan (1ᵉʳ février)[1]. Il résolut cette fois de profiter de ce qu'Armagnac s'était lui-même enfermé dans une place, de le serrer là, de l'étouffer.

La crise lui semblait demander un coup rapide, terrible; son âme, qui jamais ne fut bonne, était alors furieusement envenimée contre tous ces Gascons, et par leurs menteries continuelles et par leurs railleries[2].

Il dépêche deux grands officiers de justice, les sénéchaux de Toulouse et de Beaucaire, les francs-archers de Languedoc et de Provence; pour assurer la chasse, il leur promet curée; la besogne devait être surveillée par un homme sûr, le cardinal d'Alby[3]. Armagnac se défendit trop bien, et on lui fit espérer un arrangement, pour tirer de ses mains Beaujeu et les autres prisonniers. Pendant les pourparlers, un seul article restant à régler, les francs-archers entrè-

---

1. *App.* 195.
2. Une lettre du comte de Foix au roi montre avec quelle légèreté il le traitait. Cette lettre, spirituelle et moqueuse, dut le blesser cruellement, en lui prouvant surtout que ses finesses ne trompaient personne. Il finit par lui faire entendre qu'il n'a pas le temps de lui écrire.
3. Dont le zèle alla jusqu'à prêter douze mille livres pour l'expédition.

rent, firent main basse partout, tuèrent tout dans la ville. L'un d'eux, sur l'ordre de l'un des sénéchaux, poignarda Armagnac sous les yeux de sa femme (6 mars 1473).

Nemours et Saint-Pol ne pouvaient guère espérer mieux. Ils étaient des exemples illustres d'ingratitude, s'il en fut jamais. La seule excuse de Saint-Pol (la même que donnaient en Suisse les comtes de Romont et de Neufchâtel, dont nous allons parler), c'était, qu'ayant du bien sous deux seigneurs, relevant de deux princes, ils étaient sans cesse embarrassés par des devoirs contradictoires. Mais alors comment compliquer cette complication? pourquoi accepter chaque année de nouveaux dons du roi pour le trahir? pourquoi cet acharnement à sa ruine?... S'il y fût parvenu, il n'eût guère avancé. Il eût trouvé un roi à défaire dans le duc de Bourgogne; c'eût été à recommencer.

Trois fois le roi faillit périr par lui. D'abord à Montlhéry, et cette fois il arrache l'épée de connétable. — Le roi le comble, il le marie, le dote en Picardie, le nomme gouverneur de Normandie[1]; et c'est alors qu'il s'en va lui ruiner ses alliés, Dinant et Liège. —

---

1. Et ce ne fut pas un vain titre. Saint-Pol, lui-même, venant se faire reconnaître à Rouen, parle « du grant povoir et commission que le Roy lui a donné à lui seul, y compris le povoir de congnoistre de ces cas de crime de lèze-majesté et autres réservez », connaissance formellement interdite à l'Échiquier. — En 1469, il fait lire une lettre du roi : « Nostre très-chier et très-amé frère le duc de Guyenne nous a envoyé *l'anel dont on disoit qu'il avoit espousé la duchié de Normandie...* Voulons que en l'Eschiquier... vous monstrez et faictes *rompre publiquement ledit anel.* » Il y avait dans la salle une enclume et des marteaux. L'anneau ducal, livré aux sergents des huis, fut par eux, « voyant tous, cassé et rompu en deux pièces qui furent rendues à M. le connestable. » *App.* 196.

Le roi lui donne des places dans le Midi (Ré, Marans), et il travaille à unir le Midi et le Nord, Guyenne et Bourgogne, pour la ruine du roi. — Dans sa crise de 1472, le roi, *in extremis*, se fie à lui, lui laisse la Somme à défendre (la Somme, Beauvais, Paris!), et tout était perdu, si le roi n'eût en hâte envoyé Dammartin. — Le duc de Bourgogne s'éloigne de la France, s'en va faire la guerre en Allemagne : Saint-Pol le va chercher, il lui amène l'Anglais, il lui répond que le duc de Bourbon trahira comme lui... Si celui-ci l'eût écouté, que serait-il advenu de la France?

Un matin, tout cela éclate. Cette montagne de trahisons retombe d'aplomb sur la tête du traître. Le roi, le duc et le roi d'Angleterre échangent les lettres qu'ils ont de lui. L'homme reste à jour, connu et sans ressources.

Il s'agissait seulement de savoir qui profiterait de la dépouille. Saint-Pol pouvait encore ouvrir ses places au duc de Bourgogne, et peut-être obtenir grâce de lui. Un reste d'espoir le trompa, pour le perdre. Le roi mit ce délai à profit, conclut vite un arrangement avec le duc pour le renvoyer à sa guerre de Lorraine; il lui abandonnait la Lorraine, l'empereur, l'Alsace (le monde, s'il eût fallu), pour le faire partir. Tout cela fut écrit le 2 septembre, signé le 13; le 14, le roi, avec cinq ou six cents hommes d'armes, arrive devant Saint-Quentin qui ouvre sans difficulté; le connétable s'était sauvé à Mons. Au reste, si le roi prenait, c'était pour donner, à l'entendre, pour en faire cadeau au duc, à qui il avait promis la bonne part dans les biens de Saint-Pol. « Beau cousin de Bourgogne, disait-il, a fait du connétable comme on fait du renard ; il a retenu la peau, comme un sage qu'il est ; moi j'aurai la chair, qui n'est bonne à rien[1]. »

Le duc de Bourgogne tenait Saint-Pol à Mons depuis le 26 août. Quelques torts que celui-ci eût envers lui, il s'était fié à lui pourtant, et il lui aurait remis ses places, si le roi ne l'eût prévenu. Le fils de Saint-Pol avait bravement combattu pour le duc ; il souffrait pour lui une dure captivité, et le roi parlait de lui couper la tête. Les services du fils, sa prison, son danger, demandaient grâce pour le père auprès du duc de Bourgogne et priaient pour lui.

Saint-Pol, qui était à Mons, chez son ami le bailli de Hainaut, n'avait aucune crainte. Un simple valet de chambre du duc était là pour le surveiller. Cependant la guerre de Lorraine traînait, contre toute attente, et le roi, demandant toujours qu'on lui livrât Saint-Pol, poussait des troupes en Champagne, aux frontières de Lorraine. Le duc, qui avait pris Pont-à-Mousson le 26 septembre, ne put avoir Épinal que le 19 octobre, et le 24 seulement il assiégea Nancy. Rien n'avançait ; la ville résistait avec une gaieté désespérante pour les assiégeants[2]. L'Italien Campo-

---

1. Louis XI, qui n'était pas maître de sa langue, avait lui-même fait dire à Saint-Pol peu auparavant un mot qui n'était que trop clair : « J'ai de grandes affaires, j'aurais bon besoin *d'une tête* comme la vôtre. » Il y avait là un Anglais qui ne comprenait pas, le roi prit la peine de lui expliquer la plaisanterie. (Comines.)

2. « Nicolas des Grands Moulins dedans (*la tour*), estoit, lequel joyeuse-

basso, qui dirigeait le siège, et qui avait baissé dans la faveur du maître, depuis qu'il avait manqué Neuss, travaillait mal et lentement ; peut-être déjà marchandait-il sa mort.

Cette lenteur devenait fatale au connétable ; le duc n'osait plus le refuser au roi, qui pouvait entrer en Lorraine et lui faire perdre tout. Le 16 octobre, un secrétaire vint donner ordre aux gens de Mons de le garder à vue. Le duc, devant Nancy, reçut presque en même temps une lettre du connétable et une lettre du roi, la première suppliante, où le captif lui exposait « sa dolente affaire », la seconde presque menaçante, où le roi le sommait de laisser la Lorraine, s'il ne voulait pas lui livrer Saint-Pol et les biens de Saint-Pol. Le duc, acharné à sa proie, fit semblant de complaire au roi, et ordonna à ses gens de lui livrer le prisonnier le 24 novembre, *s'ils n'apprenaient la prise de Nancy ;* ses capitaines lui répondaient de la prendre le 20. En ce cas, il eût manqué de parole au roi, eût gardé Nancy et Saint-Pol.

Malheureusement l'ordre fut donné aux ennemis personnels de celui-ci, à Hugonet et Humbercourt[1],

ment les os menoit avec ses clochettes (*cliquettes?*), en disant de bonnes chansons. Quand venoit le soir, les Bourguignons l'appeloient, disant : Hé ! li canteur, hé ! par foy, dis-nous une cansonnette. A puissance de flèches tiroient, le cuidant tirer, mais jamais... » (*Chronique de Lorraine.*)

1. Il avait donné à Humbercourt un démenti qu'il avait peut-être oublié lui-même, mais qu'il retrouva dans ce moment décisif. Sa fierté, ses prétentions princières, l'audace qu'il eut plusieurs fois d'humilier ses maîtres, la légèreté avec laquelle on parlait dans sa petite cour du duc et du roi, ne contribuèrent pas peu à sa mort. Louis XI s'humilia envers lui jusqu'à consentir à avoir une entrevue avec lui, comme d'égal à égal, *avec une barriere entr'eux.* (Comines.) Le roi lui reproche dans une lettre les propos de ses

qui, le 24, sans attendre un jour, une heure de plus, le livrèrent aux gens du roi. Trois heures après, dit-on, arriva un ordre de différer encore : il n'était plus temps.

Le procès fut mené très vite[1]. Saint-Pol savait bien des choses, pouvait perdre bien des gens d'un mot. On se garda bien de le mettre à la torture, et Louis XI regretta plus tard qu'on ne l'eût pas fait. Livré le 24 novembre, il fut décapité le 19 décembre sur la place de Grève[2]. Quelque digne qu'il fût de cette fin, elle fit tort à ceux qui l'avaient livré, au duc surtout, en qui il avait eu confiance, et qui avait trafiqué de sa vie[3].

Cette Lorraine, achetée si cher, il l'eut enfin ; il entra dans Nancy (30 novembre 1475). Quoique la résistance eût été longue et obstinée, il accorda à la ville la capitulation qu'elle dressa elle-même[4]. Il se soumit à faire le serment que faisaient les ducs de Lorraine, et il reçut celui des Lorrains ; il rendit la

---

serviteurs : « Ils disent que je ne suis *qu'un enfant*, et que je ne parle *que par bouche d'autrui*. » (Duclos.)

1. Il ne se justifia que sur un point, l'attentat à la vie du roi ; il avait toujours témoigné de la répugnance à ce sujet. Du reste, il était l'auteur du plan proposé au duc alors devant Neuss ; le duc eût été régent et le duc de Bourbon son lieutenant, on eût pris le roi et *on l'eût mis à Saint-Quentin*, sans lui faire mal pourtant, *et en lieu où il fût bien aise. App.* 197.

2. Lire l'exécution dans Jean de Troyes, nov. 1475, et le portrait que Chastellain a fait de cet homme en qui l'ambition gâta tant de beaux dons de la nature, *passim*, et le fragment édité par M. J. Quicherat, *Bibl. de l'École des chartes*, 1842. Paris applaudit à l'exécution ; on y avait beaucoup souffert de ses pilleries. *App.* 198.

3. Comines prétend que le duc lui donna un sauf-conduit.

4. Il promit de rappeler les bannis, d'épargner les biens des partisans de René, de payer les dettes de son ennemi, etc. *App.* 199.

justice en personne, comme faisaient les ducs, écoutant tout le monde infatigablement, tenant les portes de son hôtel ouvertes jour et nuit, accessible à toute heure.

Il ne voulait pas être le conquérant, mais le vrai duc de Lorraine, accepté du pays qu'il adoptait lui-même. Cette belle plaine de Nancy, cette ville élégante et guerrière, lui semblait autant et plus que Dijon le centre naturel du nouvel Empire[1], dont les Pays-Bas, l'indocile et orgueilleuse Flandre, ne seraient plus qu'un accessoire. Depuis son échec de Neuss, il détestait tous les hommes de langue allemande, et les Impériaux qui lui avaient ôté des mains Neuss et Cologne, et les Flamands qui l'avaient laissé sans secours, et les Suisses qui, le voyant retenu là, avaient insolemment couru ses provinces.

Le 12 juillet, dans son rapide retour de Neuss à Calais, il s'était arrêté à Bruges, un moment, pour lancer aux Flamands un foudroyant discours[2], les effrayer et en tirer de nouvelles ressources. S'il est resté si longtemps à ce siège, jusqu'à ce que l'empereur, l'Empire, le roi de France, se soient mis en mouvement, les Flamands en sont cause, qui l'ont laissé là, pour périr... « Ah! quand je me rappelle les belles paroles qu'ils disent à toute *entrée* de leur

---

1. La chronique, à demi rimée, de Lorraine, lui fait dire : « A l'ayde de Dieu céans une notable maison ferai ; j'ai volonté d'icy demeurer, et mes jours y parfiner. C'est le pays que plus désirois... Je suis mainctenant emmy mes pays, pour aller et pour venir. Ici tiendrai mon estat... De tous mes pays, ferai tous mes officiers venir icy rendre compte. »

2. *App.* 200.

seigneur, qu'ils sont de *bons, loyaux, obéissants* sujets, je trouve que ces paroles ne sont que fumées d'alchimie. Quelle *obéissance* y a-t-il à désobéir? quelle *loyauté* d'abandonner son prince? quelle *bonté* filiale, en ceux qui plutôt machinent sa mort?... De telles machinations, répondez, n'est-ce pas crime de lèse-majesté? et à quel degré? au plus haut, en la personne même du prince. Et quelle punition y faut-il? la confiscation? Non, ce n'est pas assez... la mort... non décapités, mais écartelés !

« Pour qui votre prince travaille-t-il? est-ce pour lui, ou pour vous, pour votre défense? Vous dormez, il veille; vous vous tenez chauds, il a froid; vous restez chez vous, pendant qu'il est au vent, à la pluie; il jeûne, et vous, dans vos maisons, vous mangez, buvez, et vous vous tenez bien aises!...

« Vous ne vous souciez pas d'être gouvernés comme des enfants sous un père; eh bien! fils *déshérités pour ingratitude*[1], vous ne serez plus que des sujets sous un maître... Je suis et je serai maître, à la barbe de ceux à qui il en déplaît. Dieu m'a donné la puissance... Dieu, et non pas mes sujets. Lisez là-dessus la Bible, aux Livres des Rois...

« Si pourtant vous faisiez encore votre devoir, comme bons sujets y sont tenus, si vous me donniez courage pour oublier et pardonner, vous y gagneriez

---

1. « Ingrati animi causa. » Ce passage et le précédent sur le crime de lèse-majesté montrent qu'il était imbu du droit romain, et des traditions impériales. Plusieurs de ses principaux conseillers, comme je l'ai dit, étaient des légistes comtois et bourguignons. Voir, à la Pinacothèque de Munich, la ronde et dure tête rouge de Carondelet.

davantage... J'ai bien encore le cœur et le vouloir de vous remettre au degré où vous étiez devant moi : *Qui bien aime tard oublie.*

« Donc, ne procédons pas encore, pour cette fois, aux punitions... Je veux dire seulement pourquoi je vous ai mandés. » Et alors, se tournant vers les prélats : « Obéissez désormais diligemment et sans mauvaise excuse, ou votre temporel sera confisqué. » — Puis, aux nobles : « Obéissez, ou vous perdez vos têtes et vos fiefs. » — Enfin, aux députés du dernier ordre, d'un ton plein de haine : « Et vous, *mangeurs des bonnes villes*, si vous n'obéissiez aussi à mes ordres, à toute lettre que mon chancelier vous expédiera, vous perdriez, avec tous vos privilèges, les biens et la vie. »

Ce mot *mangeurs des bonnes villes* était justement l'injure que le petit peuple adressait aux gros bourgeois qui faisaient les affaires publiques. Que le prince la leur adressât, c'était chose nouvelle, menaçante ; il semblait, par ce mot seul, prêt à déchaîner sur eux les vengeances de la populace, et déjà leur passer la corde au col.

Dans leur réponse écrite, infiniment mesurée, respectueuse et ferme, ils prétendirent qu'au moment même où il les appelait à Neuss, le bruit courait qu'il y avait accord entre lui et l'empereur (accord secret de mariage, ils l'insinuaient finement). Au lieu d'armer, de partir, ils avaient donné de l'argent[1]. De plus,

---

1. *App.* 201.

l'Artois étant menacé, ils ont levé deux mille hommes pour six semaines, et *si la Flandre eût eu besoin de défense*, ils auraient fait davantage. « Votre père, le duc Philippe, de noble mémoire, vos nobles prédécesseurs, ont laissé le pays dans cette liberté, de n'avoir nulle charge sans que les quatre membres de Flandre *y aient préalablement consenti au nom des habitants*... Quant à vos dernières lettres, portant que, dans quinze jours, tout homme capable de porter les armes se rendra près d'Ath, *elles n'étaient point exécutables*, ni profitables pour vous-même; vos sujets sont des marchands, des ouvriers, des laboureurs, qui ne sont guère propres aux armes. Les étrangers quitteraient le pays... *La marchandise*, dans laquelle vos nobles prédécesseurs ont, depuis quatre cents ans, entretenu le pays avec tant de peine, *la marchandise*, très redouté seigneur, *est inconciliable avec la guerre*. »

Il répondit aigrement qu'il ne se laissait pas prendre à toutes leurs belles paroles, à leurs protestations. Suis-je un enfant, pour qu'on m'amuse avec des mots et une pomme?... Et qui donc est seigneur, ici? est-ce vous, ou bien est-ce moi?... Tous mes pays m'ont bien servi, sauf la Flandre, qui de tous est le plus riche. Il y a chez vous telle ville *qui prend sur ses habitants* plus que moi sur tout mon domaine (ceci contre les bourgeois dirigeants, insinuation dangereuse et meurtrière). Vous appliquez à vos usages ce qui est à moi; à moi appartiennent ces taxes des villes; je puis me les appliquer (et je le ferai), m'en aider à mon besoin, ce qui vaudrait mieux que *tel autre usage qu'on en fait*, sans que mon pays y gagne... Riches ou pauvres, rien ne vous dispense d'aider votre prince. Voyez les Français, ils sont bien pauvres, et comme ils aident leur roi!... »

Le dernier mot fut celui-ci, dont les députés tremblèrent, se souvenant qu'après le sac de Liège, il avait eu l'idée de faire celui de Gand[1] : « Si je ne suis satisfait, *je vous la ferai si courte*, que vous n'aurez le temps de vous repentir... Voilà votre écrit, prenez-le, je ne m'en soucie; vous y répondrez vous-mêmes... Mais, faites votre devoir. »

Ce fut un divorce. Le maître et le peuple se séparèrent, pour ne se revoir jamais. La Flandre haïssait alors autant qu'elle avait aimé. Elle attendait, souhaitait la ruine de cet homme funeste. Les gros bourgeois croyaient avoir tout à craindre de lui. Il avait frappé les pauvres en mettant un impôt sur les grains. Il avait tenté d'imposer le clergé; dans ses embarras de Neuss, il lui demanda un décime, et réclama de toutes les églises, de toutes les communautés, les droits d'amortissement non payés par l'Église *depuis soixante ans;* ces droits éludés, refusés, étaient levés de force par les agents du fisc. Les prêtres commencèrent à répandre dans le peuple qu'il était maudit de Dieu[2].

---

1. « Plusieurs bons personnages... qui, de mon temps et *moy présent*, avoient aydé à desmouvoir ledict duc Charles, lequel vouloit destruire grant partie de ladicte ville de Gand. » (Comines.)

2. On disait, entre autres choses, que Philippe-le-Bon s'étant dispensé d'aller à la croisade sous prétexte de santé (pour faire plaisir à sa femme et autres dont les maris partaient), le pape indigné le maudit, lui et les siens, jusqu'à la troisième génération. (Reiffenberg, d'après le *Defensorium sacerdotum*, de Scheurlus.)

Ceux qui souffraient le plus, en se plaignant le moins, c'étaient ceux qui payaient de leur personne même, les nobles, désormais condamnés à chevaucher toujours derrière cet homme d'airain, qui ne connaissait ni peur, ni fatigue, ni nuit, ni jour, ni été, ni hiver. Ils ne revenaient plus jamais se reposer. Adieu leurs maisons et leurs femmes, elles avaient le temps de les oublier... Il ne s'agissait plus, comme autrefois, de faire la guerre chez eux, tout au plus de l'Escaut à la Meuse. Il leur fallait maintenant s'en aller, nouveaux paladins, aux aventures lointaines, passer les Vosges, le Jura, tout à l'heure les Alpes, faire la guerre à la fois au royaume *très chrétien* et au *Saint-Empire*, aux deux têtes de la chrétienté, au droit chrétien ; leur maître était son droit à lui-même, et n'en voulait nul autre.

Reviendrait-il jamais aux Pays-Bas? tout disait le contraire. Le trésor, qui du temps du bon duc avait toujours reposé à Bruges, il l'emportait, le faisait voyager avec lui ; des diamants d'un prix inestimable et faciles à soustraire, des châsses, des reliquaires, des saints d'or et toutes sortes de richesses pesantes, tout cela chargé sur des chariots, roulait de Neuss à Nancy et de Nancy en Suisse. Sa fille restait encore en Flandre, mais il écrivit aux Flamands de la lui envoyer.

La Suisse, par laquelle il allait commencer, n'était qu'un passage pour lui ; les Suisses étaient bons soldats, et tant mieux ; il les battrait d'abord, puis les payerait, les emmènerait. La Savoie et la Provence étaient ouvertes; le bonhomme René l'appelait[1]. Le petit duc de Savoie et sa mère lui étaient acquis, livrés d'avance[2] par Jacques de Savoie, oncle de l'enfant, qui était maréchal de Bourgogne. Maître de ce côté-ci des Alpes, il descendait aisément l'autre pente. Une fois là, il avait beau jeu, dans l'état misérable de dissolution où se trouvait l'Italie. Il en avait tous les ambassadeurs. Le fils du roi de Naples de la maison d'Aragon, l'un de ses gendres en espérance, ne le quittait pas. D'autre part, il avait recueilli les serviteurs italiens de la maison d'Anjou[3]. Le duc de Milan, qui voyait le pape, Naples et Venise, déjà gagnés, s'effrayait d'être seul, et il envoya en hâte au duc, pour lui demander alliance[4]... Donc, rien ne l'arrêtait; il suivait la route d'Hannibal, et, comme lui, préludait par la petite guerre des Alpes; au delà, plus heureux, il n'avait pas de Romains à combattre, et l'Italie l'invitait elle-même.

---

1. « Et pour aller prendre la possession dudict pays, estoit allé M. de Chasteau-Guyon. » (Comines.)

2. Les Suisses croyaient qu'il avait demandé à l'empereur, dans l'entrevue de Trèves, le duché de Savoie. (Diebold Schilling.)

3. Tels que Campobasso, Galeotto. Il avait à son service d'autres Méridionaux, un médecin italien, un médecin et un chroniqueur portugais, etc.

4. Trois semaines au plus avant la bataille de Granson, selon Comines.

LIVRE XVII

CHAPITRE PREMIER

Guerre des Suisses; batailles de Granson et de Morat. (1476.)

Lorsque le duc de Bourgogne, engagé au siège de Neuss, reçut le défi des Suisses, il resta un moment muet de fureur; enfin, il laissa échapper ces mots : « O Berne! Berne! »

Qui encourageait tous ses ennemis les plus faibles, Sigismond, René, de simples villes, comme Mulhouse ou Colmar? nul autre que les Suisses. Ils couraient à leur aise la Franche-Comté, brûlaient des villes, mangeaient tout le pays; ils buvaient à leur aise dans Pontarlier. Ils avaient mis la main sur Vaud et Neufchâtel, sans distinguer ce qui était Savoie ou fief de Bourgogne[1].

Le duc avait hâte de les châtier. Il y allait, en plein

1. *App.* 202.

hiver. Une seule chose pouvait le ralentir, le ramener peut-être au nord, c'est qu'il n'était pas encore mis en possession de la dépouille de Saint-Pol. Le roi lui ôta ce souci; il lui livra Saint-Quentin (24 janvier 1476)[1], en sorte que rien ne le retardant, à l'aveugle et les yeux baissés, il s'en allât heurter la Suisse. Pour ne rien perdre du spectacle, Louis XI vint s'établir à Lyon (février).

De ces deux forces brutales, violentes, qui devait l'emporter? Lequel, du sanglier du Nord ou de l'ours des Alpes, jetterait l'autre à bas, personne ne le devinait. Et personne non plus ne se souciait d'être du combat. Les Suisses trouvèrent leurs amis de Souabe très froids à ce moment. Leur grand ami, le roi, les avait abandonnés en septembre, payés en octobre pour faire la guerre, et il attendait.

Le duc semblait bien fort. Il venait de prendre la Lorraine. Son siège même de Neuss, où il avait un moment tenu seul devant tout l'Empire, le rehaussait encore. Celui qui, sans tirer l'épée, obligeait le roi de France de céder Saint-Quentin, était un prince redoutable.

Et les Suisses aussi étaient formidables alors[2]. La terreur de leur nom était si forte que, sans qu'ils bou-

---

[1]. On ne savait pas trop encore de quel côté il allait tourner. La ville de Strasbourg fit de formidables préparatifs de défense. (*Chronique ms. de Strasbourg*, communiquée par M. Strobel.)

[2]. Pour apprécier cette forte et rude race, voir à la bibliothèque de Berne le portrait de Magdalena Nageli, avec son chaperon et ses gros gants de chamois. L'ennemi de son père, qui la vit laver son linge à la fontaine, fit la paix sur-le-champ, afin de pouvoir épouser une fille si robuste; elle lui donna en effet quatre-vingts enfants et petits-enfants.

geassent seulement, les petits venaient de toutes parts se mettre sous leur ombre. Tous les sujets d'évêques, d'abbés, les uns après les autres, s'affranchissaient, en se disant alliés des Suisses; les villes libres, tout autour, subissaient peu à peu leur pesante amitié. Un bourgeois de Constance avait fait mauvaise mine en recevant une monnaie de Berne; de Berne et de Lucerne, à l'instant, partent quatre mille hommes, et Constance paye deux mille florins pour expier ce crime[1]. — Ils frappaient fort, et loin; pour le faire sentir à leurs amis de Strasbourg, et leur prouver qu'ils étaient tout près et à portée de les défendre, ils s'avisèrent, à une fête de l'arc que donnait cette ville, d'apporter un gâteau cuit en Suisse, et qui arriva, tiède encore, à Strasbourg.

L'élan des Suisses était très grand alors, leur pente irrésistible vers les bons pays d'alentour. Il n'y avait pas de sûreté à se mettre devant, pas plus qu'il n'y en aurait à vouloir arrêter la Reuss au pont du Diable. Empêcher cette rude jeunesse de laisser tous les ans ses glaces et ses sapins, lui fermer les vignes du Rhin[2], de Vaud ou d'Italie, c'était chose périlleuse. Le jeune homme est bien âpre, quand, pour la première fois, il mord au fruit de vie.

Jeunes étaient ces Suisses, ignorant tout, ayant envie de tout, gauches et mal habiles, et tout réussissait. Tout sert aux jeunes. Les factions, les rivalités

---

1. *App.* 203.
2. Berne écrivait au sujet de l'Alsace : « Délaisserons-nous ce bon pays, qui jusqu'ici nous a donné tant de vin et de blé ? » (Diebold Schilling.)

intérieures qui ruinent les vieux sages États, profitaient à ceux-ci. Les chevaliers des villes et les hommes des métiers faisaient partie des mêmes corporations et rivalisaient de bravoure; le banneret tué, la bannière se relevait aussi ferme dans la main d'un boucher[1], d'un tanneur. Les chefs des partis opposés n'étaient d'accord que sur une chose, aller en avant, les Diesbach pour entraîner, les Bubenberg pour s'excuser de l'amitié des Bourguignons et pour assurer leur honneur.

Le duc partit de Besançon le 8 février. C'était de bien bonne heure pour une guerre de Suisse. Il avait hâte, poussé par sa vengeance, poussé par les prières de ses grands officiers, dont plusieurs étaient seigneurs des pays romans que les Suisses occupaient; l'un était Jacques de Savoie, comte de Romont et baron de Vaud; l'autre Rodolphe, comte de Neufchâtel. Le second avait été, l'autre était encore maréchal de Bourgogne. Ennemis des Suisses, comme officiers du duc[2], ils avaient essayé quelque temps de rester avec eux en rapport de bon voisinage. Romont avait déclaré qu'il ne voulait pour son pays de Vaud d'autre protecteur que ses amis de Berne, et n'en avait pas moins commandé les Bourguignons contre eux à Héricourt. Rodolphe de Neufchâtel, pour montrer plus de con-

---

1. Les nobles entraient dans les *abbayes* des bouchers, tanneurs, etc., pour devenir éligibles aux charges municipales. *App.* 204.

2. La position de ces grands seigneurs était fort analogue à celle du comte de Saint-Pol. Jacques de Savoie avait épousé une petite-fille de Saint-Pol, et se trouvait, pour les biens de sa femme, vassal du duc en Flandre et en Artois.

fiance encore, prit domicile dans la ville de Berne, ce qui n'empêchait pas que son fils ne combattît les Suisses avec le duc de Bourgogne ; le père avait ménagé devant Neuss entre le duc et l'empereur ce traité, où le dernier abandonnait les Suisses et les laissait hors la protection de l'Empire[1].

La duchesse de Savoie agissait à peu près de même ; elle croyait amuser les confédérés avec de bonnes paroles, tandis qu'elle faisait sans cesse passer au duc des recrues de Lombardie ; elle finit par aller les chercher, et se faire recruteur elle-même pour le Bourguignon. Les Suisses, tout grossiers qu'ils semblaient, ne se laissèrent pas amuser aux paroles. Ils ne voulurent rien comprendre aux subtiles distinctions de droit féodal, au moyen desquelles ceux qui les tuaient au service du Bourguignon se disaient encore leurs amis et prétendaient devoir être ménagés. Ils saisirent Neufchâtel, Vaud, et tout ce qu'ils purent des fiefs de la Savoie.

L'armée que le duc amenait contre eux, très fatiguée par deux campagnes d'hiver, et qui retrouvait la neige en mars dans cette froide Suisse, n'avait pas grand élan, si l'on en juge par ce que le duc fit mettre à l'ordre : que quiconque s'en irait, serait *écartelé* (26 février). Cette armée, un peu remontée en Franche-Comté, ne passait guère dix-huit mille hommes ; ajoutez huit mille Piémontais ou Savoyards qu'amena Jacques de Savoie. Le 18 février, le duc arriva devant

---

1. Muller ; Tillier.

Granson, qui, contre son attente, l'arrêta jusqu'au 28. Une vaillante garnison défendit la ville d'abord, puis le château, contre les assauts des Bourguignons[1]. On y fit entrer alors quelques filles de joie et un homme, qui leur dit qu'ils auraient la vie sauve. Ils se rendirent. Mais le duc n'avait pas autorisé l'homme ; il en voulait à ces Suisses d'avoir retardé un prince comme lui, qui leur faisait l'honneur de les attaquer en personne. Il laissa faire les gens du pays qui avaient plus d'une revanche à prendre. Les Suisses furent noyés dans le lac, pendus aux créneaux.

L'armée des confédérés était à Neufchâtel[2]. Grande fut leur colère, leur étonnement d'avoir perdu Granson, puis Vaumarcus, qui se rendit sans combattre. Ils avancèrent pour le reprendre. Le duc, qui occupait une forte position sur les hauteurs, la quitta et avança aussi pour trouver des vivres. Il descendit dans une plaine étroite, où il lui fallait s'allonger et marcher en colonnes[3].

Ceux du canton de Schwitz, qui étaient assez loin en avant, se rencontrèrent tout à coup en face des Bourguignons ; ils appelèrent et furent bientôt rejoints

---

1. On essaya de les secourir : « Mais possible ne fut de tendre main ne nourriture aux pauvres assaillis... Si furent contraints de revenir gémissants. » App. 205.

2. « Arrivent à Neufchastel à grands sauts, avecque chants d'allégresse et formidable suitte (seize mill, disoit l'un, vingt mill, disoit l'autre), touts hommes de martials corpsages, faisant peur et pourtant plaisir à voir. » (Le chanoine Hughes de Pierre.) — Le dernier trait est charmant ; le brave chanoine a peur de ses amis. Il essaye d'écrire ces noms terribles, Suitz, Thoun, mais bientôt il y renonce : « Desquels ne peut-on facilement se ramentevoir le nom. » — 3. App. 206.

par Berne, Soleure et Fribourg. Ces cantons, les seuls qui fussent encore arrivés sur le champ de bataille, durent porter seuls le choc. Ils se jetèrent à genoux un moment pour prier ; puis relevés, les lances enfoncées en terre et la pointe en avant, ils furent immuables, invincibles.

Les Bourguignons se montrèrent peu habiles. Ils ne surent pas faire usage de leur artillerie; les pièces étaient pointées trop haut. La gendarmerie, selon le vieil usage, vint se jeter sur les lances; elle heurta, se brisa. Ses lances avaient dix pieds de longueur, celles des Suisses dix-huit. Le duc lui-même vint bravement en tête de son infanterie, contre celle des Suisses, tandis que le comte de Châteauguyon choquait les flancs avec sa cavalerie. Ce vaillant comte arriva par deux fois jusqu'à la bannière ennemie, la toucha, crut la prendre; par deux fois il fut repoussé, tué enfin... Rien n'entama la masse impénétrable.

Le duc, pour l'ébranler et l'attirer plus bas dans la plaine, ordonna à sa première ligne un mouvement rétrograde qui effraya la seconde... A ce moment, une lueur de soleil montrait à gauche toute une armée nouvelle, Uri, Underwald et Lucerne, qui arrivaient enfin; ils avaient suivi, à la file, un chemin de neige, d'où cent cavaliers auraient pu les précipiter. La trompe d'Underwald mugit dans la vallée, avec les cornets sauvages de Lucerne et d'Uri. Tous poussaient un cri de vengeance : « Granson ! Granson !... » Les Bourguignons de la seconde ligne, qui reculaient déjà vers la troisième, virent avec épouvante ces bandes s'allonger sur leur flanc. Du camp même partit le cri : *Sauve qui peut*... Dès lors rien ne put les arrêter ; le duc eut beau les saisir, les frapper de l'épée, ils s'enfuirent en tous sens. Il n'y eut jamais de déroute plus complète. « Les Ligues, dit le chroniqueur avec une joie sauvage, les Ligues, comme grêle, se ruent dessus, dépeçant de çà de là ces beaux galants ; tant et si bien sont déconfits en val de route ces pauvres Bourguignons, que semblent-ils fumée épandue par le vent de bise. »

Dans cette plaine étroite peu de gens avaient combattu. Il y avait eu panique et déroute[1] plus que véritable défaite. Comines qui, étant avec le roi, n'eût pas mieux demandé sans doute que de croire la perte grande, dit qu'il ne périt que sept hommes d'armes. Les Suisses disaient mille hommes.

Il avait perdu peu, perdu infiniment. Le prestige avait disparu ; ce n'était plus Charles-*le-Terrible*. Tout vaillant qu'il était, il avait montré le dos... Sa grande épée d'honneur était maintenant pendue à Fribourg ou à Berne. La fameuse tente d'audience en velours rouge, où les princes entraient en tremblant, elle avait été ouverte par les rustres avec peu de cérémonie. La chapelle, les saints de la maison de Bourgogne qu'il emportait avec lui dans leurs châsses et leurs reli-

---

1. Le duc fut entraîné dans la déroute. Son fou, le Glorieux, galopait, dit-on, près de lui, et il aurait osé dire à cet homme terrible, et dans un tel moment : « Nous voilà bien *Hannibalés !* » Le mot n'est guère probable. Cependant, il paraît que Charles-le-Téméraire qui n'aimait personne, aimait son fou. Je vois qu'en 1475, au milieu de ses plus grands embarras d'argent, il voulut lui faire un présent qui ne lui coûtât rien ; il invita ses barons et les dames de sa cour à lui donner une chaîne d'or. Ils aimèrent mieux lui donner chacun quatre nobles à la rose. (Cibrario.)

quaires, ils s'étaient laissés prendre ; ils étaient maintenant les saints de l'ennemi. Ses diamants célèbres, connus par leur nom dans toute la chrétienté, furent jetés d'abord comme morceaux de verre et traînaient sur la route. Le symbolique collier de la Toison, le sceau ducal, ce sceau redouté qui scellait la vie ou la mort, tout cela manié, montré, sali, moqué ! Un Suisse eut l'audace de prendre le chapeau qui avait couvert la majesté de ce front terrible (contenu de si vastes rêves!), il l'essaya, il rit, et le jeta par terre[1]...

Ce qu'il avait perdu, il le sentait, et tout le monde le sentait[2]... Le roi, qui jusque-là était assez négligé à Lyon, qui envoyait partout et partout était mal reçu, vit peu à peu le monde revenir. Le plus décidé était le duc de Milan, qui offrait cent mille ducats comptant, si le roi voulait tomber sur le duc, le poursuivre sans paix ni trêve. Le roi René, qui n'attendait qu'un envoyé du duc pour le mettre en possession de la Provence[3], vint s'excuser à Lyon ; il était vieux ; son neveu, son héritier, malade[4]. Louis XI, en les voyant,

---

1. Les Fugger furent seuls assez riches pour acheter le gros diamant (qui avait orné la couronne du Mogol), et le splendide chapeau de velours jaune à l'italienne, cerclé de pierreries. *App.* 207.

2. Notre greffier de Paris le sent à merveille. Il lui échappe un petit cri de joie, quand il voit le duc « fuyant sans arrester, et souvent regardoit derrière luy vers le lieu où fut faicte sur lui ladite destrousse, jusques à Joigné, où il y a huict grosses lieues, qui en valent bien seize *de France la jolie, que Dieu saulve et garde* ». (Jean de Troyes.)

3. Philippe de Bresse s'empara d'un projet *écrit de la propre main* du duc de Bourgogne, dans lequel il ordonnait à M. de Châteauguyon de lever des troupes en Piémont pour assurer l'invasion de la Provence qu'il méditait. L'original fut envoyé à Louis XI. (Villeneuve-Bargemont.)

4. Mathieu conte que René, ne pouvant accorder son neveu Charles du Maine et son petit-fils René II, jeta une épaule de mouton à deux chiens qui

jugea qu'ils n'iraient pas bien loin et il leur fit une bonne pension viagère, moyennant quoi ils lui assuraient la Provence après eux. Il se faisait fort de leur survivre, quoique faible et déjà souffreteux. Mais enfin il venait de battre gaillardement le duc de Bourgogne par ses amis, les Suisses. Il alla en rendre grâces à Notre-Dame du Puy, et au retour il prit deux maitresses. Il promenait dans Lyon, par les boutiques, le vieux René pour l'amuser aux marchandises[1]; lui, il prit les marchandes, deux Lyonnaises, la Gigonne et la Passe-Fillon[2].

La duchesse de Savoie, sa vraie sœur, joua double; elle lui envoya un messager à Lyon, et, elle-même, elle alla trouver le duc de Bourgogne.

Il s'était établi chez elle, à Lausanne, au point central où il pouvait réunir au plus tôt les troupes qui lui viendraient de la Savoie, de l'Italie et de la Franche-Comté. Ces troupes arrivaient lentement, à son gré; il se consumait d'impatience. Lui-même, il avait contribué à effrayer et disperser ceux qui avaient fui, à les empêcher de revenir, en les menaçant du dernier supplice. Dans son inaction forcée, la honte de

---

se bataillèrent, et alors on lâcha un dogue qui enleva le morceau disputé. *App.* 208.

1. C'était sa création des foires de Lyon qui l'avait brouillé avec la Savoie. Il montrait cette résurrection du commerce lyonnais comme son ouvrage. Le commerce avait déserté les foires de Genève; les marchands ne s'y arrêtaient plus, ils traversaient la Savoie en fraude pour arriver à Lyon. De là des violences, des saisies, plus ou moins légales. De là la fameuse histoire des peaux de moutons saisies, que Comines s'amuse à donner pour cause de cette guerre, afin d'en tirer la fausse et banale philosophie *des grands effets par les petites causes. App.* 209.

2. *App.* 210.

Granson, la soif de la vengeance, l'impuissance sentie la première fois, et de trouver qu'il n'était qu'un homme !... il étouffait, son cœur semblait près d'éclater.

Il était à Lausanne, non dans la ville, mais dans son camp sur la hauteur qui regarde le lac et les Alpes. Seul et farouche, laissant sa barbe longue, il avait dit qu'il ne la couperait pas jusqu'à ce qu'il eût revu le visage des Suisses. A peine s'il laissait approcher son médecin, Angelo Cato, qui pourtant lui mit des ventouses, lui fit boire un peu de vin pur (il était buveur d'eau), parvint même à le faire raser[1]. La bonne duchesse de Savoie vint pour le consoler; elle fit venir de la soie de chez elle pour le rhabiller; il était resté déchiré, en désordre, et tel que Granson l'avait fait... Elle ne s'en tint pas là; elle habillait les troupes; elle faisait faire des chapeaux, des ceintures. De Venise, de Milan même (qui traitait contre lui), il lui venait de l'argent, toute sorte d'équipements. Du pape et de Bologne, il tira quatre mille Italiens. Il compléta sa bonne troupe de trois mille Anglais. De ses États, arrivèrent six mille Wallons, de la Flandre enfin et des Pays-Bas deux mille chevaliers ou fieffés qui, avec leurs hommes, formaient une belle cavalerie de cinq ou six mille hommes. Le prince de Tarente, qui était près du duc lorsqu'il fit la revue, en compta vingt-trois mille, sans parler des gens très nombreux du charroi et l'artillerie. Ajoutez neuf mille

---

1. *App.* 211.

hommes, et plus tard quatre mille encore, pour l'armée savoyarde du comte de Romont. Le duc, se retrouvant à la tête de ces grandes forces, reprit tout son orgueil, jusqu'à menacer le roi, pour les affaires du pape; ce n'était plus assez pour lui de combattre les Suisses.

Les efforts inouïs que le comte de Romont avait faits, et fait faire, ruinant la Savoie pour le camp de Lausanne, pour écraser les confédérés, confirmaient le dire général qui courait, que le duc avait promis sa fille au jeune duc de Savoie, qu'un partage était fait d'avance des terres de Berne, et que déjà, dans son camp, il en avait conféré les fiefs. Berne écrivait lettre sur lettre, les plus pressantes, aux villes d'Allemagne, au roi, aux cantons. Le roi, selon son usage, promit secours, et n'envoya personne. Les confédérés des montagnes étaient justement à l'époque de l'année où ils mènent les troupeaux dans les hauts pâturages. Ce n'était pas chose facile de les faire descendre, de les réunir. Ils ne comprenaient pas bien que, pour défendre la Suisse, il fallût faire la guerre au pays de Vaud[1].

C'était pourtant sur la limite que la guerre allait commencer. Berne jugea avec raison qu'on attaquerait d'abord Morat, qu'elle regardait comme son faubourg, sa garde avancée. Ceux qu'on y envoya pour défendre cette ville n'étaient point sans inquiétude, se souvenant de Granson, de sa garnison sans secours,

1. *App.* 212.

pendue, noyée. Pour les bien assurer qu'on ne les abandonnerait pas, on prit dans les familles où il y avait deux frères, un pour Morat, un pour l'armée de Berne. L'honnête et vaillant Bubenberg promit de défendre Morat, et l'on remit sans hésiter ce grand poste de confiance au chef du parti bourguignon.

Là cependant était le salut de la Suisse, tout dépendait de la résistance que ferait cette ville ; il fallait donner le temps aux confédérés de s'assembler, tandis que leur ennemi était prêt. Il n'en profita guère. Parti le 27 mai de Lausanne, arrivé le 10 juin devant Morat, il l'entoura du côté de la terre, lui laissant le lac libre, pour recevoir à volonté des vivres et des munitions. Il se croyait trop fort apparemment, et croyait emporter la ville[1]. Des assauts répétés dix jours durant ne produisirent rien. Le pays était contre lui. Tout ami que le duc était du pape, et menant le légat avec lui, la campagne avait horreur de ses Italiens, comme de gens infâmes et hérétiques[2]. A Laupen, un curé menait bravement sa paroisse au combat.

Morat tint bon, et les Suisses eurent le temps de se rassembler. Les habits rouges[3] d'Alsace arrivèrent malgré l'empereur ; avec eux, le jeune René, duc sans duché, dont la vue seule rappelait toutes les injustices du Bourguignon. Ce jeune homme de vingt ans venait combattre, mais le petit duc de Gueldre ne pouvait

---

1. La tradition veut qu'il ait dit : « Je déjeunerai à Morat, je dînerai à Fribourg, je souperai à Berne. » (Berchtold.)
2. *App.* 213. — 3. *App.* 214.

venir, prisonnier qu'il était, ni le comte de Nevers, ni tant d'autres dont la ruine avait fait la grandeur de la maison de Bourgogne.

Si le roi n'aida pas directement les Suisses, il n'en travailla pas moins bien contre le duc, en montrant partout ce beau jeune exilé[1]; il lui donna de l'argent, une escorte. René alla voir d'abord sa grand'mère, qui le rhabilla, l'équipa[2]. Puis, avec cette escorte française, il traversa son pays, sa pauvre Lorraine, où tout le monde l'aimait[3], et personne pourtant n'osait se déclarer. A Saint-Nicolas près Nancy, il entendit la messe, dit la chronique. La messe ouïe, passa près de lui la femme du vieux Walleter, et, sans faire semblant de rien, elle lui donna une bourse, où il y avait plus de quatre cents florins; il baissa la tête, en la remerciant[4].

1. Quand il entra à Lyon, les marchands allemands ayant demandé d'avance quelle livrée il portait (blanc, rouge ou gris), ils la prirent tous, les chapeaux de même, et à chacun trois plumes de ces couleurs.

2. « Elle vit que son beau fils et ses gens n'estoient point vestus de soye; elle appela son maître d'hostel, disant : Prenez or et argent : allez à Rouen acheter force velours et satin, et tost revenez. Le maistre d'hostel ne faillit mye, assez en apportit... Ladite dame, voyant que le duc estoit en grand soulcy, luy dict : Mon beau fils, ne vous esbahissez mye; se vostre duchié perdu avez, j'ay là Dieu mercy, assez pour vous entretenir. Respondit le duc : Madame, et belle-mère grande, encore ay espérance... La bonne dame à luy se descouvra, elle sy vielle et fort malade, lui disant : Vous voyez, mon beau fils, en quel estat je suis; je n'en peux plus; mourir me convient maintenant; tous mes biens vous mets en main, et sans faire testament... Le duc ne la volt mye refuser, puisqu'ainsy son plaisir estoit; aussy c'estoit son vray hoirs. » (*Chronique de Lorraine.*)

3. On faisait des récits de la bonté du jeune prince : Un prisonnier bourguignon se plaignit de manquer de pain depuis vingt-quatre heures : « Si tu n'en as pas eu hier, dit René, c'est par ta faute; falloit m'en dire; ains, seroit la mienne, si en manquoit en avant. » Et il lui donna ce qu'il avait d'argent sur lui. (Villeneuve-Bargemont.)

4. De là, poursuivant son voyage, il entre en pays allemand; tous les sei-

Ce jeune homme innocent, malheureux, abandonné de ses deux protecteurs naturels, le roi et l'empereur, et qui venait combattre avec les Suisses, apparut au moment même de la bataille, comme une vivante image de la justice persécutée et de la bonne cause. Les bandes de Zurich rejoignirent en même temps.

La veille au soir, pendant que tout le monde à Berne était dans les églises à prier Dieu pour la bataille, ceux de Zurich passèrent. Toute la ville fut illuminée, on dressa des tables pour eux, on leur fit fête. Mais ils étaient trop pressés, ils avaient peur d'arriver tard; on les embrassa, en leur souhaitant bonne chance... Beau moment, et irréparable, de fraternité si sincère! et que la Suisse n'a retrouvé jamais[1]!

Ils partirent à dix heures, chantant leurs chants de guerre, marchèrent toute la nuit, malgré la pluie, et arrivèrent de bien bonne heure. Tous entendirent matines. Puis on fit nombre de chevaliers, nobles ou bourgeois[2], n'importe. Le bon jeune René, qui n'était pas fier, voulut en être aussi. Il n'y eut plus qu'à marcher au combat. Plusieurs, par impatience (ou par dévotion?) ne prirent ni pain ni vin, et jeûnèrent dans ce jour sacré (22 juin 1476).

Le duc, averti la veille, ne voulut jamais croire que l'armée des Suisses fût en état de l'attaquer. Il y avait

gneurs, etc., viennent le joindre, et le chroniqueur qui le suivait, se dédommage de sa misère et de ses jeûnes, en contant tout au long l'abondance de cette bonne cuisine allemande, les vins, les victuailles; il demande aux Allemands si c'est ainsi qu'ils vivent tous les jours, etc.

1. *App.* 215.
2. Le tout-puissant doyen des bouchers portait la bannière de Berne.

à peu près même nombre, environ trente-quatre mille hommes de chaque côté. Mais les Suisses étaient réunis, et le duc commit l'insigne faute de rester divisé, de laisser loin de lui, à la porte opposée de Morat, les neuf mille Savoyards du comte de Romont. Son artillerie fut mal placée, et sa belle cavalerie servit peu, parce qu'il ne voulut jamais changer de position pour lui donner carrière. Il mettait son honneur à ne daigner bouger, à ne pas démarrer d'un pied, à ne jamais lâcher son siège... La bataille était perdue d'avance. Le médecin astrologue, Angelo Cato, avertit le soir même le prince de Tarente qu'il ferait sagement de prendre congé. Dès le passage du duc à Dijon, il avait plu du sang, et Angelo avait prédit, écrit en Italie la déroute de Granson. Celle de Morat était plus facile à prévoir.

Au matin, par une grande pluie, le duc met son monde sous les armes ; puis, à la longue, les arcs se mouillant et la poudre, ils finissent par rentrer. Les Suisses prirent ce moment. De l'autre versant des montagnes boisées qui les cachaient, ils montent ; au sommet, ils font leur prière. Le soleil reparaît, leur découvre le lac, la plaine et l'ennemi. Ils descendent à grands pas en criant : Granson ! Granson ! Ils fondent sur le retranchement. Ils le touchaient déjà, que le duc refusait encore de croire qu'ils eussent l'audace d'attaquer.

Une artillerie nombreuse couvrait le camp, mais mal servie et lente, comme elle était partout alors. La cavalerie bourguignonne sortit, ébranla l'autre ; René eut un cheval tué ; les fantassins vinrent en aide, les immuables lances. Cependant un vieux capitaine suisse qui avait fait les guerres des Turcs avec Huniade, tourne la batterie, s'en empare, la dirige contre les Bourguignons. D'autre part, Bubenberg, sortant de Morat, occupe par cette sortie le corps du bâtard de Bourgogne. Le duc, n'ayant ni le bâtard ni le comte de Romont, n'avait guère que vingt mille hommes contre plus de trente mille. L'arrière-garde des Suisses, qui n'avait pas donné, passa derrière les Bourguignons, pour leur couper la retraite. Ils se trouvèrent ainsi pris des deux côtés, pris du troisième encore par la garnison de Morat. Le quatrième était le lac... Au milieu, il y eut résistance, et terrible ; la garde se fit tuer, l'hôtel du duc tuer, et les Anglais tuer. Tout le reste de l'armée, foule confuse, éperdue, était peu à peu poussé vers le lac... Les cavaliers enfonçaient dans la fange, les gens à pied se noyaient[1], ou donnaient aux Suisses le plaisir cruel de les tirer comme à la cible. Nulle pitié ; ils tuèrent jusqu'à huit ou dix mille hommes, dont les ossements entassés formèrent pendant trois siècles un hideux monument[2].

1. Il y a ce mot féroce dans le *Chant de Morat* : « Beaucoup sautaient dans le lac, et pourtant n'avaient pas soif. » (Diebold Schilling.)
2. Que nous détruisîmes en passant (1798). Le lac rejette souvent des os, et souvent les remporte. Byron acheta et recueillit un de ces pauvres naufragés, ballottés depuis trois siècles.

CHAPITRE II

Nancy. — Mort de Charles-le-Téméraire. (1476-1477.)

Le duc courut douze lieues jusqu'à Morges, sans dire un mot; puis il passa à Gex, où le maître d'hôtel du duc de Savoie l'hébergea et le refit un peu. La duchesse vint, comme à Lausanne, avec ses enfants, et lui donna de bonnes paroles. Lui, farouche et défiant, il lui demanda si elle voulait le suivre en Franche-Comté. Il n'y avait à cela nul prétexte. Les Savoyards, avant la bataille, avaient repris leurs places dans le pays de Vaud, et pouvaient les défendre, leur armée étant restée entière. La duchesse refusa doucement; puis le soir étant partie de Gex, avec ses enfants, Olivier de La Marche l'enlève aux portes. Un seul des enfants échappa, le seul qu'il importât de prendre, le petit duc... Ce guet-apens, aussi odieux qu'inutile, fut un malheur de plus pour celui qui l'avait tenté [1].

---

1. *App.* 216.

Il réunit à Salins les États de Franche-Comté. Il parla fièrement, avec son courage indomptable, de ses ressources et de ses projets, du futur royaume de Bourgogne. Il allait former une armée de quarante mille hommes, taxer ses sujets au quart de leur avoir... Les États en frémirent, ils lui représentèrent que le pays était ruiné ; tout ce qu'ils pouvaient lui offrir, c'étaient trois mille hommes et seulement *pour garder le pays.*

« Eh bien ! s'écria le duc, il vous faudra bientôt donner à l'ennemi plus que vous ne refusez à votre prince. Je m'en irai en Flandre, j'y résiderai toujours. J'ai là des sujets plus fidèles. »

Ce qu'il disait aux Comtois, il le disait aux Bourguignons, aux Flamands, et n'obtenait pas davantage. Les États de Dijon ne craignirent pas de déclarer que c'était une guerre inutile, qu'il ne fallait pas fouler le peuple pour une querelle mal fondée, sans espoir de succès[1]. La Flandre fut plus dure. Elle répondit (selon la lettre du devoir féodal, mais la lettre était une insulte) que *s'il était environné des Suisses et Allemands*, sans avoir assez d'hommes pour se dégager, il n'avait qu'à le leur faire dire, les Flamands iraient le chercher.

Quand ce mot lui parvint, il eut un accès de fureur. Il dit que ces rebelles le payeraient cher, que bientôt il irait jeter bas leurs murs et leurs portes. Puis il sentit qu'il était seul, et il tomba dans un grand abat-

---

1. *App.* 217.

tement. Rejeté des Flamands aux Français, des Français aux Flamands, que lui restait-il[1]?... Quel était maintenant son peuple, son pays de confiance?... La Comté même envoya sous main au roi de France, pour traiter de la paix[2]... La Flandre lui refusa sa fille ! après Granson, il avait écrit qu'on lui envoyât mademoiselle de Bourgogne, mais les Flamands ne jugèrent pas à propos de se dessaisir de l'héritière de Flandre. Après tout, s'il l'eût eue, où l'eût-il déposée?

Ses sujets néanmoins n'avaient pas tout le tort. Indépendamment de ce dur gouvernement qui les avait surmenés, excédés, pour d'autres causes, encore plus générales et plus durables, ils déclinaient, la vie baissait chez eux, leurs ressources n'étaient plus les mêmes. Le jeune empire de la maison de Bourgogne se trouvait déjà vieux, sous son pompeux habit[3]. Les arts qui enrichissent avaient été longtemps concentrés

---

1. Nous n'avons pas tout dit. Mais la Zélande, dès 1472, s'était révoltée contre les taxes, et Zierickzée n'avait pu être réduite que par des exécutions sanglantes. *App.* 218.
2. Barante-Gachard.
3. Cette fatigue précoce, après Van Eyck, après le premier moment de la Renaissance, s'exprime dans les peintures mélancoliques de Memling ; c'est une réaction *mystique*, après l'élan de la *nature*. Autant le premier est jeune et puissant, autant le second est rêveur. Van Eyck est le vrai peintre de Philippe-le-Bon, le peintre de la Toison et des douze maîtresses. Memling (c'est du moins la tradition brugeoise) a suivi, tout jeune, le duc Charles dans sa malheureuse guerre de Granson et de Morat, il est revenu malade, et soigné à l'hôpital de Bruges, il y a laissé son *Adoration des mages*, où l'on croit le voir coiffé du bonnet des convalescents. Puis, vient son *Apothéose de sainte Ursule* (véritable transfiguration de la femme du Nord), en mémoire des bonnes béguines qui l'avaient soigné. Voy. *Ursula*, par Keversberg. — Quiconque regardera longtemps (à la Pinacothèque de Munich ou dans les gravures) la suite de ces pieuses élégies y entendra la voix du peintre, la plainte du quinzième siècle.

dans les Pays-Bas, puis ils s'étaient répandus au dehors. Louvain, Gand, Ypres, ne tissaient plus pour le monde ; l'Angleterre imitait ; Liège et Dinant ne battaient plus pour la France et l'Allemagne, les fugitifs y avaient désormais porté leur enclume. Bruges était florissante, mais la Bruges étrangère plutôt, la Hanse brugeoise, et non pas la vieille commune de Bruges ; celle-ci avait péri en 1436, et la commune de Gand un peu après. Il était plus facile de détruire la vie communale que de susciter à la place la vie nationale, et le sentiment d'une grande patrie.

Quant à lui-même, je croirais volontiers que la pensée d'un véritable empire, d'un ordre général où s'harmoniserait ce chaos de provinces, cette pensée excusait à ses yeux les moyens injustes qu'un homme de noble nature, comme il était, eût pu se reprocher. Ces injustices de détail disparaissaient pour lui dans la justice totale de cet ordre futur. C'est peut-être pour cela qu'il ne se sentit pas coupable, et ne recourut point au vrai remède que donne le sage Comines : Retourner à Dieu, reconnaître ses fautes... Il n'eut point ce retour salutaire ; il eut, ce semble, le malheur de se croire juste, et de donner le tort à Dieu.

Il avait trop voulu des choses infinies... L'infini ! qui ne l'aime ?... Jeune, il aima la mer, plus tard les Alpes [1]... Ces volontés immenses nous semblent folles, et les projets, sans nul doute, dépassaient les moyens.

---

1. De là sans doute aussi ce goût pour l'art qui réveille le plus en nous le sens de l'infini, je veux dire, pour la musique. Ce goût, qui surprend dans un

Cependant, en ce siècle, on avait vu de telles choses que les idées du possible et de l'impossible s'étaient un peu brouillées. C'était le temps où l'infant D. Henri, cousin du Téméraire, pénétrait ce profond Midi, le monde de l'or, et chaque jour en rapportait des monstres. Et, sans aller si loin, sous nos yeux, les rêves les plus bizarres s'étaient trouvés réels; les révolutions inouïes des Roses, ces changements à vue, les royaumes gagnés, perdus d'un coup de dé, tout cela étendait le possible bien loin dans l'improbable.

Le malheureux eut le temps de rouler tout cela, deux mois durant qu'il resta près de Joux, dans un triste château du Jura. Il formait un camp, et il n'y venait personne, à peine quelques recrues. Ce qui venait, et coup sur coup, c'étaient les mauvaises nouvelles : tel allié avait tourné, tel serviteur désobéi, une ville de Lorraine s'était rendue, et le lendemain une autre... A tout cela il ne disait rien[1]; il ne voyait personne, il restait enfermé. Il lui eût fait grand bien, dit Comines, de parler, « de monstrer sa douleur devant l'espécial amy ». Quel ami? Le caractère de l'homme n'en comportait guère, et une telle position le comporte rarement; on fait trop peur pour être aimé.

Il fût probablement devenu fol de chagrin (il y avait eu beaucoup de fols dans sa famille[2]), si l'excès même du chagrin et de la colère ne l'avait relancé. Il lui

---

homme si rude, lui est attribué par tous les contemporains, Chastellain, Thomas Basin, etc. — 1. *App.* 219.

2. Charles VI, Henri VI, Guillaume-l'Insensé, etc., etc.

revint de tous côtés qu'on agissait déjà comme s'il était mort. Le roi, qui jusque-là l'avait tant ménagé, fit enlever dans ses terres, dans son château de Rouvre, la duchesse de Savoie. Il conseillait aux Suisses d'envahir la Bourgogne ; lui, il se chargeait de la Flandre. Il donnait de l'argent à René, qui peu à peu reprenait la Lorraine. Ce dernier point était celui que le duc avait le plus à cœur ; la Lorraine était le lien de toutes ses provinces, le centre naturel de l'empire bourguignon ; il avait, dit-on, désigné Nancy pour capitale.

Il partit dès qu'il eut une petite troupe, et il arriva encore trop tard (22 octobre), trois jours après que René eut repris Nancy. Repris, mais non approvisionné, en sorte qu'il y avait à parier qu'avant que René trouvât de l'argent, louât des Suisses, formât une armée, Nancy serait réduit. Le légat du pape travaillait les Suisses pour le duc de Bourgogne, et balançait chez eux le crédit du roi de France.

Tout ce que René obtint d'abord, ce fut que les confédérés enverraient une ambassade au duc pour savoir ses intentions. Ce n'était pas la peine d'envoyer, on savait bien son dernier mot d'avance : rien sans la Lorraine et le landgraviat d'Alsace.

Heureusement René avait près des Suisses un puissant intercesseur, actif, irrésistible ; je parle du roi. Après Morat, les chefs des Suisses s'étaient fait envoyer, comme ambassadeurs, au Plessis-lez-Tours ; ces braves y trouvèrent leur défaite ; leur bon ami, le roi, par flatterie, présents[1], amitié, confiance, les lia de si douces chaînes qu'ils firent ce qu'il voulait, lâchèrent leurs conquêtes de la Savoie, laissèrent tout pour un peu d'argent. Les bandes qui avaient fait cette belle guerre, se trouvaient renvoyées à l'ennui des montagnes, si elles ne prenaient parti pour René. Le roi offrait, en ce cas, de garantir leur solde. Guerre lointaine, il est vrai, service de louage ; ils allaient commencer leur triste histoire de mercenaires. Beaucoup hésitaient encore, avant d'entrer dans cette voie.

La chose pressait pourtant. Nancy souffrait beaucoup. René courait la Suisse, sollicitait, pressait et n'obtenait d'autre réponse sinon qu'au printemps on pourrait bien le secourir. Les doyens des métiers, bouchers, tanneurs[2], gens rudes, mais pleins de cœur (et grands amis du roi), faisaient honte à leurs villes de ne pas aider celui qui les avait si bien aidés à la grande bataille. Ils le montraient dans les rues, ce pauvre jeune prince, qui, comme un mendiant, errait, pleurait. . Un ours apprivoisé, dont il était suivi, faisait rire, flattait à sa manière, courtisait l'ours de Berne[3]... On obtint que du moins, sans

---

1. L'irréprochable Adrien de Bubenberg reçut du roi cent marcs d'argent (les autres envoyés en eurent chacun vingt), et il n'en fut pas moins, au retour, ce qu'il avait toujours été, le chef du parti bourguignon. *App.* 220.

2. « Ung grand bon homme, que tanneur estoit, lequel par la communaulté pour l'année maistre échevin estoit... lequel, quand au conseil fut, commença à dire : Vous tous, messeigneurs, voyés comment vecy ce jeune prince, le duc René, qui nous a si loyaument servi... » (*Preuves* de D. Calmet.)

3. « Avec luy avoit ung ours que toujours le suyvoit, quand le duc au conseil venoit. Ledit ours, quand à l'huis vint, commença à gratter, comme s'il

engager les cantons, il levât quelques hommes. C'était tout obtenir ; dès que l'on eut crié qu'il y avait à gagner quatre florins par mois, il s'en présenta tant qu'on fut obligé de leur donner les bannières de cantons, et il fallut borner le nombre de ceux qui partaient ; tous seraient partis.

La difficulté était de faire cette longue route, en plein hiver, avec dix mille Allemands, souvent ivres, qui n'obéissaient à personne. Tous les embarras qu'eut René[1], tout ce qu'il lui fallut de patience, d'argent, de flatteries pour les faire avancer, serait long à conter. Le duc de Bourgogne croyait, non sans vraisemblance, que Nancy ne pourrait attendre un secours si lent. Les agents qu'il avait à Neufchâtel, pour négocier, l'assuraient que les Suisses ne partiraient jamais.

L'hiver, cette année-là, fut terrible, un hiver de Moscou. Le duc éprouva (en petit) les désastres de la fameuse retraite. Quatre cents hommes gelèrent, dans la seule nuit de Noël, beaucoup perdirent les

vouloit dire : *Laissés-nous entrer.* Lesdicts du conseil lui ouvrirent. » *App.* 221.

1. A Bâle, au moment de partir, la paye faite, ils demandent la *parpaye*, un complément de solde, quinze cents florins. Grand embarras ; la prudente ville de Bâle ne prêtait pas sur des conquêtes à faire, un seigneur allemand emprunta pour René, en laissant ses enfants en gage. Restait à donner le *trinkgeld*, une pièce d'or par enseigne ; René trouva encore ce pourboire, et partit à la tête des Suisses, à pied, vêtu comme eux, et la hallebarde sur l'épaule. Ce n'est pas tout, la plupart voulaient aller par eau ; les voilà en désordre, soldats ivres et filles de joie, qui s'entassent dans de mauvais bateaux. Le Rhin charriait ; les bateaux s'ouvrent et beaucoup se noient. Ils s'en prennent à René, qui est obligé de se cacher : « Si vous eussiez lors ouy le bruit du peuple, comme il maudissoit Monseigneur et ses gens, comme malheureux !... » *App.* 222.

pieds et les mains[1]. Les chevaux crevaient ; le peu qui restait était malade et languissant. Et cependant comment quitter le siège, lorsque d'un jour à l'autre tout pouvait finir, lorsqu'un Gascon échappé de la place annonçait que l'on avait mangé tous les chevaux, qu'on en était aux chiens et aux chats ?

La ville était au duc, s'il en gardait bien les entours, si personne n'y pénétrait. Quelques gentilshommes étant parvenus à s'y jeter, il entra dans une grande colère, et en fit pendre un qu'on avait pris ; il soutenait (à l'Espagnol[2]) que « dès qu'un prince a mis son siège devant une place, quiconque passe ses lignes est digne de mort ». Ce pauvre gentilhomme, tout près de la potence, déclara qu'il avait une grande chose à dire au duc, un secret qui touchait sa personne. Le duc chargea son factotum Campobasso de savoir ce qu'il voulait ; il voulait justement lui révéler toutes les trahisons de Campobasso. Celui-ci le fit dépêcher.

Ce Napolitain, qui ne servait que pour de l'argent, et qui depuis longtemps n'était pas payé, cherchait un maître à qui il pût vendre le sien. Il s'était offert au duc de Bretagne, dont il prétendait être un peu parent ; puis au roi, il se faisait fort de lui tuer le duc de Bourgogne[3] ; le roi en avertit le duc, qui n'en crut rien. Campobasso enfin, qui autrefois avait servi en

---

1. Avec cela point de paye, mais des paroles dures, des châtiments terribles. Un capitaine avait dit : « Puisqu'il aime tant la guerre, je voudrais le mettre au canon, et le tirer dans Nancy. » Le duc l'apprit, et le fit pendre. (*Chronique ms. d'Alsace*, communiquée par M. Strobel.) — 2. *App.* 223.
3. *App.* 224.

Italie les ducs de Lorraine, et qui, au défaut d'argent, avait reçu d'eux une place, celle de Commerci, laissa le duc et passa au jeune René, sur la promesse que Commerci lui serait rendu (1ᵉʳ janvier 1477).

René, avec ce qu'il avait ramassé de Lorrains, de Français, avait près de vingt mille hommes, et il savait par Campobasso que le duc n'en avait pas quatre mille en état de combattre. Les Bourguignons entre eux décidèrent qu'il fallait l'avertir de ce petit nombre. Personne n'osait lui parler. Il était presque toujours enfermé dans sa tente, lisant ou faisant semblant de lire. M. de Chimai, qui se dévoua et se fit ouvrir, le trouva couché tout vêtu sur un lit, et n'en tira qu'une parole : « S'il le faut, je combattrai seul. » Le roi de Portugal, qui vint le voir, était parti sans obtenir davantage[1].

On lui parlait comme à un vivant, mais il était mort... La Comté négociait sans lui, la Flandre gardait sa fille en otage ; la Hollande, sur le bruit de sa mort qui se répandit, chassa ses receveurs (fin décembre[2])... Le terme fatal était arrivé. Ce qui lui restait de mieux à faire, s'il ne voulait pas aller demander pardon à ses sujets, c'était de se faire tuer à l'assaut ou d'essayer si la petite bande, très éprouvée, qui lui restait, ne pourrait passer sur le corps à toutes les troupes que René amenait. Il avait de l'artillerie, et

---

[1]. Ce bon roi avait pensé qu'il lui serait facile de réconcilier le duc avec Louis XI, et que celui-ci l'aiderait alors contre la Castille. Voy. Comines et Zurita.

[2]. App. 225.

René n'en avait pas (ou fort peu). Il avait peu d'hommes, mais c'étaient vraiment les siens, des seigneurs et des gentilshommes pleins d'honneur[1], d'anciens serviteurs, très résignés à périr avec lui[2].

Le samedi soir, il tenta un dernier assaut que les affamés de Nancy repoussèrent, forts qu'ils étaient d'espoir, et de voir déjà sur les tours de Saint-Nicolas les joyeux signaux de la délivrance. Le lendemain, par une grosse neige, le duc quitta son camp en silence et s'en alla au-devant, comptant fermer la route avec son artillerie. Il n'avait pas lui-même beaucoup d'espérance; comme il mettait son casque, le cimier tomba de lui-même : « Hoc est signum Dei », dit-il. Et il monta sur son grand cheval noir.

Les Bourguignons trouvèrent d'abord un ruisseau grossi par les neiges fondantes ; il fallut y entrer, puis tout gelés se mettre en ligne et attendre les Suisses. Ceux-ci, gais et garnis de chaude soupe, largement arrosée de vin[3], arrivaient de Saint-Nicolas. Peu avant la rencontre, « un Suisse passa prestement une étole », leur montra une hostie, et leur dit que, quoi qu'il arrivât, ils étaient tous sauvés. Ces masses étaient

---

1. Nommons parmi ceux-ci l'Italien Galeotto, qu'il avait pris récemment à son service, et qui fut blessé grièvement. *App.* 226.

2. Il faudrait donner ici l'histoire des Beydaels, rois et hérauts d'armes de Brabant et de Bourgogne, tous, de père en fils, tués en bataille : Henri, tué à Florennes, en 1015; Gérard tué à Grimberge, en 1143 (c'est lui qui à cette bataille fit suspendre dans son berceau son jeune maître, le duc de Brabant); Henri II, tué à Steppes en 1237; Henri III, tué en 1339 en combattant Philippe-de-Valois; Jean, tué à Azincourt en 1415; Adam Beydaels, enfin, tué à Nancy... Superbe histoire, uniformément héroïque, et qui montre sur quels nobles cœurs ces hérauts portaient le blason de leurs maîtres. Voy. Reiffenberg.

3. *App.* 227.

tellement nombreuses, épaisses, que, tout en faisant front aux Bourguignons et les occupant tout entiers, il fut aisé de détacher derrière un corps pour tourner leur flanc, comme à Morat, et pour s'emparer des hauteurs qui les dominaient. Un des vainqueurs avoue lui-même que les canons du duc eurent à peine le temps de tirer un coup. Se voyant pris en flanc, les piétons lâchèrent pied. Il n'y avait pas à songer à les retenir. Ils entendaient là-haut le cor mugissant d'Underwald, l'aigre cornet d'Uri[1]. Leur cœur en fut glacé : « car, à Morat, l'avoient entendu. »

La cavalerie toute seule, devant cette masse de vingt mille hommes, était imperceptible sur la plaine de neige. La neige était glissante, les cavaliers tombaient. « En ce moment, dit le témoin qui était à la poursuite, nous ne vîmes plus que des chevaux sans maîtres, toute sorte d'effets abandonnés. » La meilleure partie des fuyards alla jusqu'au pont de Bussière. Campobasso, qui s'en était douté, avait barré le pont et les attendait. Toute la chasse rabattait pour lui ; ses camarades, qu'il venait de quitter, lui passaient par les mains ; il les reconnaissait et réservait ceux qui pouvaient payer rançon.

Ceux de Nancy, qui voyaient tout du haut des murs, furent si éperdus de joie qu'ils sortirent sans précaution : il y en eut de tués par leurs amis les Suisses,

---

1. « L'un gros et l'autre clair. » (*Chronique de Lorraine.*) « Ledit cor fut corné trois fois, et chacune tant que le vent du souffleur pouvoit durer, ce qui, comme on l'a dit, esbahit fort M. de Bourgoigne, car déjà à Morat l'avoit ouy. » (*La vraye déclaration de la bataille*, par René lui-même?) (Lenglet.)

qui frappaient sans entendre. Une grande partie de la déroute fut entraînée par la pente du terrain au confluent de deux ruisseaux¹, près d'un étang glacé. La glace, moins épaisse sur ces eaux courantes, ne portait pas les cavaliers. Là vint s'achever la triste fortune de la maison de Bourgogne. Le duc y trébucha, et il était suivi par des gens que Campobasso avait laissés tout exprès². D'autres croient qu'un boulanger de Nancy lui porta le premier coup à la tête, qu'un homme d'armes, qui était sourd, n'entendit pas que c'était le duc de Bourgogne, et le tua à coups de pique.

Cela eut lieu le dimanche (5 janvier 1477), et le lundi soir on ne savait pas encore s'il était mort ou en vie. Le chroniqueur de René avoue naïvement que son maître avait grand'peur de le voir revenir. Au soir, Campobasso, qui peut-être en savait plus que personne, amena au duc un page romain de la maison Colonna, qui disait avoir vu tomber son maître. « Ledict paige bien accompaigné, s'en allirent... Commencèrent à chercher tous les morts ; estoient tous nuds et engellez, à peine les pouvoit-on congnoistre. Le paige, véant de çà de là, bien trouvoit de puissantes gens, et de grands, et de petits, blancs

---

1. C'est ce que fait comprendre parfaitement l'inspection des lieux.
2. « Ay congneu deux ou trois de ceux qui demourèrent pour tuer ledict duc. » (Comines.) Il ajoute un mot froid et dur sur ce corps dépouillé, qu'il avait vu souvent habiller avec tant de respect par de grands personnages : « J'ay veu à Milan un signet (un cachet) que maintes fois avois veu pendre à son pourpoint... *Celluy qui le lui osta luy fut mauvais varlet de chambre...* »

comme neige. Tous les retournoit... Hélas! dict-il, voicy mon bon seigneur... »

« Quand le duc ouyt que trouvé estoit, bien joyeux en fut, nonobstant qu'il eust mieux voulu que en ses pays eust demeuré, et que jamais la guerre n'eust contre luy commencé... Et dit : Apportez-le bien honnestement. Dedans de beaux linges mis, fut porté en la maison de Georges Marqueiz[1], en une chambre derrière. Ledict duc honnestement lavé, il estoit blanc comme neige ; il estoit petit, fort bien membré ; sur une table bien enveloppé dedans des blancs draps, ung oreillie de soye, dessus sa teste une estourgue rouge mis, les mains joinctes, la croix et l'eau benoiste auprès de luy ; qui veoir le vouloit, on n'en destournoit nulles personnes ; les uns prioient Dieu pour luy, et les autres non... Trois jours et trois nuicts, là demeure. »

Il avait été bien maltraité. Il avait une grande plaie à la tête, une blessure qui perçait les cuisses, et encore une au fondement. Il n'était pas facile à reconnaître. En dégageant sa tête de la glace, la peau s'était enlevée. Les loups et les chiens avaient commencé à dévorer l'autre joue. Cependant ses gens, son médecin, son valet de chambre et sa lavandière[2] le reconnurent à sa blessure de Montlhéry, aux dents, aux ongles et à quelques signes cachés.

---

1. On a continué jusqu'aujourd'hui de paver en pierre noire la place où le corps fut posé dans la rue, avant de passer le seuil ; corps que l'on croirait gigantesque comme celui de Charlemagne, si l'on en jugeait par la place, qui est de huit pieds.

2. *Dialogue de Ludre.*

Il fut reconnu aussi par Olivier de La Marche et plusieurs autres des principaux prisonniers. « Le duc René les mena veoir le duc de Bourgogne, entra le premier, et la tête desfula (*découvrit*)... A genoux se mirent : Hélas, dirent, voilà nostre bon maître et seigneur... Le duc fit crier par toute la ville de Nancy que tous chefs d'hostel chascun eussent un cierge en la main, et à Saint-Georges fit préparer tout à l'environ des draps noirs, manda les trois abbés... et tous les prebstres des deux lieues à l'entour. Trois haultes messes chantirent. » René, en grand manteau de deuil, avec tous ses capitaines de Lorraine et de Suisse, vint lui jeter l'eau bénite, « et lui ayant pris la main droite, par-dessous le poêle », il dit bonnement : « Hé dea! beau cousin, vos âmes ait Dieu! Vous nous avez fait moult maux et douleurs[1]. »

Il n'était pas facile de persuader au peuple que celui dont on avait tant parlé était bien vraiment mort... Il était caché, disait-on, il était tenu enfermé; il s'était fait moine; des pèlerins l'avaient vu, en Allemagne, à Rome, à Jérusalem; il devait reparaître tôt ou tard, comme le roi Arthur ou Frédéric-Barberousse, on était sûr qu'il reviendrait. Il se trouvait des marchands qui vendaient à crédit, pour être payés au double alors que reviendrait ce grand duc de Bourgogne[2].

---

1. *App.* 228-229-230.
2. Molinet. La *Chronique de Praillon* conte qu'en 1482 un homme disait que le duc n'était pas mort, et qu'il n'était pas « d'un cheveu plus gros, ni plus grand que lui ». L'évêque de Metz le fit arrêter, mais après un entretien

On assure que le gentilhomme qui avait eu le malheur de le tuer, sans le connaître, ne s'en consola jamais, et qu'il en mourut de chagrin. S'il fut ainsi regretté de l'ennemi, combien plus de ses serviteurs, de ceux qui avaient connu sa noble nature, avant que le vertige ne lui vînt et ne le perdît ! Lorsque le chapitre de la Toison d'or se réunit la première fois à Saint-Sauveur de Bruges, et que les chevaliers, réduits à cinq, dans cette grande église, virent sur un coussin de velours noir le collier du duc qui tenait sa place, ils fondirent en larmes, lisant sur son écusson, après la liste de ses titres, « ce douloureux mot : *Trespassé*[1] ».

secret il le traita bien, ce qui persuada qu'en effet c'était le duc de Bourgogne. (Huguenin jeune.)

1. *App.* 231.

CHAPITRE III

Ruine du Téméraire. — Marie et Maximilien. (1477.)

A l'heure même de la bataille, Angelo Cato (depuis archevêque de Vienne) disait la messe devant le roi à Saint-Martin de Tours. En lui présentant la paix, il lui dit ces paroles : « Sire, Dieu vous donne la paix et le repos ; vous les avez, si vous voulez. *Consummatum est ;* votre ennemi est mort. » Le roi fut bien surpris, et promit si la chose était vraie, que le treillis de fer qui entourait la châsse deviendrait un treillis d'argent.

Le surlendemain, de bonne heure, il était à peine jour, un de ses conseillers favoris qui guettait la nouvelle, vint frapper à la porte et la lui fit passer[1].

Dans cette grave circonstance, l'intérêt du royaume

---

1. Tout le monde connaît ces beaux passages de Comines, le pénétrant regard que le froid et fin Flamand jette sur son maître, et sur tous, dans le moment où la joie déborde, où toute réserve échappe ; Montaigne n'eût ni vu ni dit autrement : « A grant peine sceut-il quelle contenance tenir... Moy et aultres prinsmes garde comme ils disneroient... ung seul ne mangea la moytié de son saoul ; si, n'estoient-ils point honteux de manger avec le Roy, etc. »

et le devoir du roi étaient très clairs : c'était de réunir à la France tout ce que le défunt avait eu de provinces françaises. Quelque intérêt que pût inspirer le duc ou sa fille, la France n'en avait pas moins droit de détruire l'ingrate maison de Bourgogne, sortie d'elle et toujours contre elle, toujours acharnée à tuer sa mère (elle l'avait tuée en 1420, autant qu'on tue un peuple). Ce droit, il n'était besoin de l'aller chercher dans le droit féodal ou romain ; c'était pour la France le droit d'exister.

L'idée d'un mariage entre mademoiselle de Bourgogne qui avait vingt ans, et le dauphin qui en avait huit[1], d'un mariage qui eût donné à la France un quart de l'Empire d'Allemagne, pouvait être, était un rêve agréable, mais il était périlleux de rêver ainsi. Il eût fallu, sur cet espoir, laisser passer l'occasion, s'abstenir, ne rien faire, attendre patiemment que les Bourguignons fussent en défense, qu'ils eussent garni leurs places. Alors, ils auraient dit au roi ce qu'ils dirent à la fin : « Il nous faut un mari, et non pas un enfant... » Et la France restait les mains vides, ni Artois, ni Bourgogne ; elle n'aurait peut-être pas même repris sa barrière du Nord, son indispensable condition d'existence, les villes de Somme et de Picardie.

Ajoutez qu'en poursuivant ce rêve, on risquait de rencontrer une réalité très fâcheuse, une guerre d'Angleterre. Édouard IV n'avait été éconduit, comme

---

[1]. Mariage plus impossible encore que celui d'Angleterre, qui était impossible, au jugement de Louis XI (Comines) ; Élisabeth avait quatre ans de plus que le dauphin, Marie en avait douze !

on a vu, que par un traité de mariage entre sa fille et le dauphin. Sa reine, qui le gouvernait absolument, qui n'avait nulle ambition au monde que ce haut mariage, qui faisait appeler partout sa fille madame la Dauphine, ne pouvait s'en dédire; elle aurait renvoyé son mari plutôt dix fois en France.

Louis XI, comme tous les princes du temps, avait été amoureux pour son fils de la grande héritière; il prit des idées plus sérieuses [1], le jour où la succession s'ouvrit; il s'attacha au réel, au possible. Il entra en Picardie et en Bourgogne. Il gorgea les Anglais d'argent [2] pour les tenir chez eux, en même temps qu'il leur offrait, en ami, de leur faire part. Une chose le servait, la mésintelligence des femmes qui gouvernaient des deux côtés; Marguerite d'York, douairière de Bourgogne, voulait mettre ce grand héritage dans la maison d'York, en donnant mademoiselle de Bourgogne à un frère qu'elle aimait, au frère d'Édouard, au duc de Clarence. La reine d'Angleterre voulait bien donner un mari anglais, mais son propre frère à elle, lord Rivers, un petit gentilhomme, à la plus riche souveraine du monde. La cabale de Rivers réussit à perdre Clarence [3]; ni l'un ni l'autre n'épousa.

Louis XI profita de ce désaccord, et se garnit les

---

1. Huit jours encore auparavant, il y songeait encore, ou bien imaginait de marier Mademoiselle à M. d'Angoulême. C'était, en quelque sorte, recommencer la maison de Bourgogne.

2. Payé « en or *sol*, car en aultre espèce ne donnoit jamais argent à grands seigneurs étrangers. » (Comines.) Il avait fait frapper tout exprès des écus au soleil, depuis le traité de Pecquigni. (Molinet.)

3. Il périt un an après, 17 février 1478.

mains. Il ne se laissa point égarer par les conseils du Flamand Comines[1], qui (comme on croit ce qu'on désire) croyait au mariage de Flandre. Il suivit son intérêt, celui du royaume. Il fit ce qui était raisonnable et politique ; les moyens seulement ne furent point politiques, il agit de façon à mettre tout le monde contre lui ; sa mauvaise nature, maligne et perfide, gâta ce qu'il faisait de plus juste, et la question se trouva obscurcie. On ne voulut plus voir en tout cela qu'une âme cruelle, longtemps contenue, et qui se venge à la fin de sa peur... Qui se venge sur un enfant qu'il semblait devoir protéger, en bonne chevalerie. La compassion fut grande pour l'orpheline ; la nature fit taire la raison. On eut pitié de la jeune fille, et l'on n'eut plus pitié de la vieille France, battue cinquante ans par sa fille, la parricide maison de Bourgogne.

Louis XI, ayant le sentiment de son intérêt, de sa cupidité, bien plus que de son droit, fit valoir dans chaque province qu'il envahissait un droit différent[2], à Abbeville le *retour* stipulé en 1444, à Arras la *confiscation*. Dans les Bourgognes, il se présenta hypocritement comme ayant la *garde noble* de Mademoiselle, et voulant lui garder son bien. Ruse grossière, qu'elle fait ressortir aisément dans une lettre (écrite en son nom) : « Il n'est besoin que ceux qui d'un côté

---

[1]. Naturellement suspect à Louis XI en cette affaire, parce qu'il était parent de la dame de Comines, principale gouvernante de Mademoiselle, et très contraire au roi. *App.* 232.

[2]. *App.* 233.

m'ôtent mon bien se donnent pour le garder de l'autre. »

Ce n'est pas tout. Il mit la main sur des provinces étrangères au royaume, pays d'Empire, comme la Comté et le Hainaut. La Flandre même, si opposée à la France de langue et de mœurs, la Flandre que ses seigneurs naturels gouvernaient à grand'peine, il eût voulu l'avoir. C'est-à-dire que ce qui eût été difficile par le mariage, il le tentait sans mariage. Les meilleures vues se troublent dans le vertige du désir.

Mais voyons-le à l'œuvre.

Il avait dans les Flandres une belle matière pour brouiller. Le duc vivait encore, qu'elles ne payaient plus, n'obéissaient plus; tout haletait de révolution. Au service funèbre, premier signe, personne aux églises, comme si le mort était excommunié.

Mademoiselle était à Gand, au centre de l'orage. Et il n'y avait pas à tenter de la tirer de là. Ce peuple l'aimait trop, la gardait, il l'avait refusée à son père. Le petit conseil qu'elle avait autour d'elle, n'avait pas la moindre autorité, étant tout d'étrangers : une Anglaise, sa belle-mère; un parent allemand, le sire de Ravestein, frère du duc de Clèves; des Français enfin, Hugonet et Humbercourt; cela faisait trois nations, trois intrigues, trois mariages en vue; tous suspects, et avec raison.

Ils crurent calmer le peuple, en lui donnant ce qu'il reprenait sans le demander, ses vieilles libertés (20 janvier). La première liberté était de se juger soi-même, et le premier usage qu'en firent les Gantais, ce fut de juger leurs magistrats, les grosses têtes de la bourgeoisie, qui, dans la dernière crise (1469), avaient sauvé la ville en l'humiliant et l'asservissant; depuis, ces bourgeois occupaient les charges, tantôt cédant au duc, et tantôt résistant; ce sont ces trop fidèles serviteurs qu'il injuria du nom que leur donnait le peuple : *Mangeurs des bonnes villes.* Maltraités du prince et du peuple, enviés d'autant plus qu'ils étaient peuple eux-mêmes (l'un était corroyeur[1]), peut-être ils gardaient les mains nettes, mais ils laissaient voler, étant trop petits, trop faibles pour repousser les grands qui faisaient à la ville l'honneur de puiser dans ses coffres. Ils furent arrêtés, comme bourgeois et justiciables des échevins ; l'un d'eux, qui n'était pas bourgeois, fut renvoyé ; il y avait encore quelque modération dans ces commencements.

Au 3 février, se réunirent à Gand les États de Flandre et de Brabant, d'Artois, de Hainaut et de Namur. Ils ne marchandèrent pas, comme à l'ordinaire, ils furent généreux; ils votèrent cent mille hommes! mais c'étaient les provinces qui devaient les lever, le souverain n'avait rien à y voir. Pour cette armée sur papier, on leur donna des privilèges de papier, tout aussi sérieux; ils pouvaient désormais se convoquer eux-mêmes, nulle guerre sans leur consentement, etc.

La défense, si difficile avec de tels moyens, dépendait surtout de deux hommes, qui eux-mêmes avaient

---

1. « Coureur (*courtier*) de cuirs et un autre carpentier. » *App.* 234.

grand besoin d'être défendus, objets de la haine publique, et restés là pour expier les fautes du feu duc. Je parle du chancelier Hugonet et du sire d'Humbercourt. Ils n'avaient pour ressource que deux choses médiocrement rassurantes, une armée par écrit, et la modération de Louis XI. C'étaient d'honnêtes gens, mais détestés, et partant ne pouvant rien faire. Leur maître les avait perdus d'avance, en leur déléguant ses deux tyrannies, celle de Flandre[1] et celle de Liège. Hugonet paya pour l'une, Humbercourt pour l'autre. Le jour où l'on sut à Liège la mort du duc[2], le Sanglier des Ardennes partit à la poursuite d'Humbercourt, et il mena son évêque à Gand pour cette bonne œuvre ; le comte de Saint-Pol y était déjà pour venger son père ; tout le monde était d'accord ; seulement les Gantais, amis de la légalité, ne voulaient tuer que juridiquement.

Humbercourt et Hugonet laissant tout cela derrière eux, et leur perte certaine, vinrent, comme ambassadeurs, trouver le roi à Péronne et demander un sursis. Il les reçut à merveille, supposant qu'ils venaient se vendre. Il tenait là le grand marché des consciences, achetait des hommes, marchandait des villes. Ses serviteurs commerçaient en détail ; tel demandait à

---

1. Hugonet, outre ses fonctions de chancelier, semble avoir eu la part principale au maniement des affaires des Pays-Bas. Ce petit juge de Beaujolais s'était bien établi, spécialement en Flandre, où il se fit vicomte d'Ypres. Le duc (tout en le menant durement, lettre du 13 juillet 1476) lui donnait encore, au moment de sa mort, la seigneurie de Middelbourg.

2. Il y eut une vive réaction à Liège ; Raes y revint, et avec lui sans doute bien d'autres bannis ; il mourut le 8 décembre 1477. *App.* 235.

certaines villes ce qu'elles lui donneraient, si, par son grand crédit, il obtenait que le roi voulût bien les prendre.

On vit dans ces marchés des choses inattendues, mais très propres à faire connaître ce que c'était que la chevalerie de l'époque. Il y avait deux seigneurs sur qui le duc eût cru pouvoir compter, Crèvecœur en Picardie, en Bourgogne le prince d'Orange. Celui-ci, dépouillé par Louis XI de sa principauté, avait été employé par le duc à des choses de grande confiance, posté à l'avant-garde de ses prochaines conquêtes, aux affaires d'Italie et de Provence. Crèvecœur, cadet du seigneur de ce nom, était chargé de garder le point le plus vulnérable qu'il y eût dans les États de la maison de Bourgogne, celui par où ils touchaient à la fois la France et l'Angleterre (l'Angleterre de Calais). Il était gouverneur de Picardie et des villes de la Somme, sénéchal du Ponthieu, capitaine de Boulogne; je ne parle pas de la Toison d'or et de bien d'autres grâces accumulées sur lui. Il y avait faveur, mais il y avait mérite, beaucoup de sens et de courage, d'honnêteté même, tant qu'il n'y eut pas décidément d'intérêt contraire. Le changement était difficile, délicat pour lui plus que pour tout autre. Sa mère avait élevé Mademoiselle, qui perdit la sienne à huit ans, et lui avait servi de mère, en sorte que sa maîtresse et souveraine était un peu sa sœur. « Elle lui confirma ses offices, lui donna la capitainerie d'Hesdin, le retint et constitua son chevalier d'honneur. » Il fit serment... Un homme ainsi lié, et jusque-là très haut dans l'estime publique, eut besoin apparemment d'un grand effort pour oublier du jour au lendemain, ouvrir ses places au roi, et s'employer à faire ouvrir les autres.

Ce que le roi voulait de lui, ce qu'il désirait le plus, l'objet de toutes ses concupiscences, c'était Arras, Cette ville, outre sa grandeur et son importance, était deux fois barrière, et contre Calais, et contre la Flandre. Les Flamands, qui faisaient bon marché de toute autre province française, tenaient fort à celle-ci, y mettaient leur orgueil, disant que c'était l'ancien patrimoine de leur comte. Leur cri de combat était : *Arras! Arras*[1]*!*

Livrer cette importante ville, enragée bourguignonne (parce qu'elle payait peu et faisait ce qu'elle voulait), la mettre sous la griffe du roi, malgré ses cris, c'était hasarder un grand éclat, et qui pouvait rendre le nom de Crèvecœur tristement célèbre. Il eût voulu pouvoir dire qu'il s'était cru autorisé à le faire ; il lui fallait au moins quelque mot équivoque. Le chancelier Hugonet venait à point, avec son sceau et ses pleins pouvoirs.

Hugonet et Humbercourt apportaient au roi des paroles : offre de l'hommage et de l'appel au Parlement, restitution des provinces cédées. Mais ces provinces, sans qu'on les lui rendît, il les prenait, ou il allait les prendre, et d'autres encore ; il recevait nou-

---

1. Franceis crient, *Monjoe!* e Normans, *Dex aïe!*
Flamens crient, *Asraz!* e Angevin, *Valie!*
(Robert Wace.)

velle que la Comté se donnait à lui (19 février). Tout ce qu'il voulait des ambassadeurs, c'était un petit mot qui ouvrirait Arras.

Et pourquoi se serait-on défié de lui? n'était-il pas le bon parent de Mademoiselle, son parrain? Il en avait la *garde noble*, par la coutume de France; donc il devait lui garder ses États... Seulement il fallait bien réunir ce qui revenait à la couronne... Il y avait un moyen de rendre tout facile, c'était le mariage. Alors, bien loin de prendre, il eût donné du sien!

Quant à Arras, ce n'était pas la *ville* qu'il demandait, elle était au comte d'Artois; il ne voulait que la *cité*, le vieux quartier de l'évêque, qui n'avait plus de murs, mais « qui a toujours relevé du roi ». Encore, cette *cité*, il la laissait dans les bonnes et loyales mains de M. de Crèvecœur.

Il était pressant, et il était tendre[1]; il demandait à Hugonet et au sire d'Humbercourt pourquoi ils ne voulaient pas rester avec lui? Cependant ils étaient Français. Nés en Picardie, en Bourgogne, ils avaient des terres chez lui, il le leur rappelait... Tout cela ne laissa pas d'influer, à la longue; ils réfléchirent que puisqu'il voulait absolument cette *cité*, et qu'il était en force pour la prendre, il valait autant lui faire plaisir. Crèvecœur reçut l'autorisation de tenir pour le roi la *cité* d'Arras, et le chancelier ajouta pour se tranquilliser : « Sauf les réserves de droit. » Avec ou sans réserve, le roi y entra le 4 mars.

---

1. « La parole du Roy estoit alors tant douce et vertueuse, qu'elle endormoit, comme la seraine, tous ceux qui lui prestoient oreille. » (Molinet.)

On peut croire que l'orage de Gand, qui allait grondant d'heure en heure, ne fut point apaisé par une telle nouvelle. Depuis un mois au plus que les Gantais avaient mis en prison leurs magistrats, on les comblait de privilèges, de parchemins de toute sorte, sans pouvoir leur donner le change. Le 16 février, privilège général de Flandre ; le 15, on met à néant le traité de Gavre, qui dépouillait Gand de ses droits ; le 17, on lui rend expressément les mêmes droits, spécialement sa juridiction souveraine sur les villes voisines ; le 18, on renouvelle le magistrat, selon la forme des libertés anciennes[1]... Tout cela en vain, les Gantais n'en étaient pas mieux disposés à relâcher leurs prisonniers. La nouvelle d'Arras aggrava terriblement les choses. Voilà tout le peuple dans la rue, en armes, sur les places. Il veut justice... Le 13 mars, on lui donne une tête, une le 14, une le 15 ; puis deux jours sans exécution, mais pour dédommager la foule, trois exécutions le 18.

Cependant, le roi avançait. Nouvelle ambassade au nom des États ; dans celle-ci les bourgeois dominaient. Ils dirent bonnement au roi qu'il aurait bien tort de dépouiller Mademoiselle : « Elle n'a nulle malice, nous pouvons en répondre, puisque nous l'avons vue jurer qu'elle était décidée à se conduire en tout par le conseil des États. »

« Vous êtes mal informés, dit le roi, de ce que veut votre maîtresse. Il est sûr qu'elle entend se conduire

---

1. *App.* 236.

par les avis de certaines gens qui ne désirent point la paix. » Cela les troubla fort ; en hommes peu accoutumés à traiter de si grandes affaires, ils s'échauffent, ils répliquent qu'ils sont bien sûrs de ce qu'ils disent, qu'ils montreront leurs instructions au besoin. « Oui, mais on pourrait vous montrer telle lettre et de telle main qu'il vous faudrait bien croire... » Et comme ils disaient encore qu'ils étaient sûrs du contraire, le roi leur montra et leur donna une lettre qu'Hugonet et Humbercourt lui avaient apportée ; dans cette lettre, de trois écritures (celles de Mademoiselle, de la douairière, et du frère du duc de Clèves), elle disait au roi qu'elle ne conduirait ses affaires que par ces deux personnes, et par les deux qu'elle envoyait ; elle le priait de ne rien dire aux autres.

Les députés, mortifiés, irrités, revinrent en hâte à Gand. Mademoiselle les reçut en solennelle audience, « en son siège », sa belle-mère, l'évêque de Liège, tous ses serviteurs étant autour d'elle. Les députés racontent que le roi leur a assuré qu'elle n'a point l'intention de gouverner par le conseil des États, il prétend avoir en main une lettre qui en fait foi... Là, elle les arrête, tout émue, dit que cela est faux, qu'on ne pourrait produire une telle lettre... « La voici », dit rudement le pensionnaire de Gand, maître Godevaert ; il tire la lettre, la montre... Elle eut grande honte, et ne savait plus que dire.

Hugonet et Humbercourt, qui étaient présents, allèrent se cacher dans un couvent où on les prit le soir (19 mars). Le roi les avait perdus, mais avec eux il pouvait être bien sûr d'avoir perdu tout mariage français, toute alliance. Il avait cru sans doute les dompter seulement, vaincre leur probité par la peur, les forcer de se donner à lui eux et leur maîtresse... Le contraire arriva. Il se trouva avoir détruit ce qui restait de Français près de Mademoiselle, avoir travaillé pour le mariage anglais ou allemand. La douairière, Marguerite d'York, et le duc de Clèves avaient besogne faite; le roi de France les avait débarrassés des conseillers français.

Mademoiselle, qui était Française aussi, et qui aurait épousé volontiers un Français (pourvu qu'il eût plus de huit ans), fut seule émue de cet événement et s'intéressa aux deux malheureux. Le malheur était pour elle aussi; à eux la mort, mais à elle la honte; avoir été prise ainsi devant tout le monde, et trouvée menteuse, c'était une grande confusion pour une jeune demoiselle, qui régnait déjà... Qui désormais croirait à sa parole?

Ils avaient été arrêtés au nom des États, mais arrêtés par les Gantais, qui prirent l'affaire en main, les gardèrent, les jugèrent. Le 27 mars, le bruit courut qu'on voulait les faire évader; bruit semé par leurs ennemis pour hâter le procès? ou peut-être en effet Mademoiselle avait trouvé quelqu'un d'assez hardi pour tenter la chose?... Ce qui est sûr, c'est qu'à ce bruit le peuple prit les armes, se constitua en permanence, selon son ancien droit[1], sur le marché du Vendredi,

---

1. Droit primitif des jugements armés, *wapeninghe*, qui existaient avant qu'il n'y eût de comte, ni de bailli du comte, ni même de ville. *App.* 237.

resta là nuit et jour, y campa jusqu'à ce qu'il les eût vus mourir.

Il eût été inutile, et dangereux peut-être, de les réclamer, comme officiers du feu duc, au nom des gens du Grand Conseil; des juges si suspects auraient bien pu se faire juger eux-mêmes. Mademoiselle, le 28, nomma une commission; mais quoiqu'elle y eût mis trente Gantais sur trente-six commissaires, la ville décida que la ville jugerait; le grief principal était la violation de ses privilèges, et elle n'en voulait remettre le jugement à personne. Tout ce que Mademoiselle obtint, ce fut d'envoyer huit nobles qui siégeraient avec les échevins et doyens. Cela ne servait guère; elle le sentit, et elle fit, en vraie fille de Charles-le-Hardi, une démarche qui honore sa mémoire, elle alla elle-même (31 mars 1477).

Pauvre demoiselle, dit ici le conseiller de Louis XI (dont la vieille âme politique s'est pourtant émue), pauvre, non pour avoir perdu tant de villes qui, une fois dans la main du roi, ne pouvaient être recouvrées jamais, mais bien plus pour se trouver elle-même dans les mains de ce peuple... Une fille qui n'avait guère vu la foule que du balcon doré, qui jamais n'était sortie qu'environnée d'une cavalcade de dames et de chevaliers, prit sur elle de descendre, et, sans sa belle-mère, elle franchit le seuil paternel... Dans le plus humble habit, en deuil, sur la tête le petit bonnet flamand, elle se jeta dans la foule... Il n'était pas mémoire, il est vrai, que les Flamands eussent jamais touché à leur seigneur; la lettre du serment féodal réservait justement ce point. Ici pourtant, une chose pouvait la faire trembler, toute dame de Flandre qu'elle était ; c'est qu'elle était complice, et prouvée telle, de ceux qu'on voulait faire mourir.

Elle perça jusqu'à l'hôtel de ville, et là, elle trouva les juges qu'elle venait prier, peu rassurés eux-mêmes. Le doyen des métiers lui montra cette foule, ces masses noires qui remplissaient la rue, et il lui dit : « Il faut contenter le peuple. »

Elle ne perdit pas courage encore, elle eut recours au peuple même. Les larmes aux yeux, échevelée, elle s'en alla au marché du Vendredi ; elle s'adressait aux uns, aux autres, elle pleurait, priait les mains jointes [1]... Leur émotion fut grande de voir leur dame en cet état, et si abandonnée, si jeune, parmi les armes et tant de rudes gens. Beaucoup crièrent : « Qu'il en soit fait à son plaisir, ils ne mourront pas. » Et les autres : « Ils mourront. » Ils en vinrent à se disputer, à se mettre en lignes opposées, et piques contre piques... Mais tous ceux qui étaient loin, qui ne voyaient point Mademoiselle, voulaient la mort, et c'était le grand nombre.

On ne risqua pas de voir la scène se renouveler. Les choses furent précipitées. On se hâta de mettre les prisonniers à la torture, sans toutefois tirer d'eux plus qu'on ne savait. Ils avaient livré la cité d'Arras, *mais autorisés*. Ils avaient reçu de l'argent dans une affaire, *non pour rendre la justice, mais en présent*, après

---

1. *App.* 238.

l'avoir rendue. Ils avaient violé les privilèges de la ville, *ceux auxquels la ville avait renoncé, après sa défaite de Gavre et sa soumission de* 1469. Renonciation forcée, illégale, selon les Gantais, ces droits étaient imprescriptibles, *tout homme* qui touchait aux droits de Gand devait mourir. Ni Hugonet ni Humbercourt n'était bourgeois de la ville, et ne pouvait être jugé comme bourgeois ; on les tua, comme ennemis.

Hugonet essaya de faire valoir certain privilège de cléricature. Humbercourt se réclama de l'ordre de la Toison, qui prétendait juger ses membres. On dit aussi qu'il en appela au Parlement de Paris[1], que les Flamands avaient eux-mêmes semblé reconnaître en abolissant celui de Malines, et dans leur ambassade au roi. Tout était déjà fort changé. Le crime des accusés, c'était de continuer la domination française ; l'appel au Parlement de Paris n'était pas propre à faire pardonner ce crime. Nulle voie d'appel, au reste, n'était ouverte ; en Flandre, l'exécution suivait la sentence.

Le peuple campait sur la place, depuis huit jours, ne travaillait pas et ne gagnait rien ; il commençait à se lasser. Les juges firent vite, autant qu'ils purent ; tout fut expédié le 3 avril ; c'était le jeudi saint, le jour de charité et de compassion, où Jésus lui-même lave les pieds des pauvres. La sentence n'en fut pas moins portée. Avant qu'elle fût exécutée, la loi voulait que l'on communiquât au souverain les aveux des

---

1. *App.* 239.

condamnés. Tous les juges allèrent donc trouver la comtesse de Flandre. Comme elle réclamait encore, on lui dit durement : « Madame, vous avez juré de faire droit, non seulement sur les pauvres, mais aussi sur les riches. »

Menés dans une charrette, ils ne pouvaient se tenir sur leurs jambes disloquées par la torture, Humbercourt surtout. On le fit asseoir, et sur un siège à dos, pour faire honneur à son rang[1] et à sa Toison d'or; on avait eu aussi l'attention de lui tendre l'échafaud de noir. Cet homme si sage et si calme s'anima, s'indigna et parla avec violence; il fut décapité, assis sur cette chaise. Cent hommes, vêtus de noir, emmenèrent le corps dans une litière (le chancelier n'en eut que cinquante). On le conduisit jusqu'à Arras, où il fut honorablement enterré dans la cathédrale.

Le lendemain de l'exécution, jour du Vendredi saint, Mademoiselle, malgré ses larmes et son dépit, fut obligée de laisser entrer chez elle les mêmes gens qui avaient jugé, et de signer ce qu'ils lui présentèrent. C'étaient des lettres écrites en son nom où elle disait qu'en révérence du saint jour et de la Passion, elle avait pitié des pauvres gens de Gand, et leur remettait ce qu'ils auraient pu faire contre sa seigneurie, qu'au reste, *elle avait consenti* à tout. Elle ne pouvait refuser de signer, étant entre leurs mains et toute seule dans son hôtel; on lui avait ôté sa belle-mère et son parent. Pour parents et famille, n'avait-

---

1. « Pour ce qu'il estoit grand maître et seigneur. » (*Journal du tumulte.*)

elle pas la bonne ville de Gand? Les Gantais entendaient avoir bien soin d'elle et la bien marier.

Le mari seulement était difficile à trouver ; on ne le voulait ni Français, ni Anglais, ni Allemand. Mademoiselle avait désormais en horreur le roi et son dauphin ; le roi l'avait trahie, livré ses serviteurs ; ceux de Clèves n'avaient rien empêché, et peut-être aidèrent-ils. Sa belle-mère n'était plus là pour lui faire accepter Clarence, que d'ailleurs le roi Édouard ne voulait pas donner[1]. Au fond, elle ne pouvait se soucier ni d'un Français de huit ans, ni d'un Anglais de quarante environ, ivrogne et mal famé. Pour boire[2] l'Allemand n'eût pas cédé, ni sous d'autres rapports ; il est resté célèbre par ses soixante bâtards. Tous ces prétendants écartés, les Flamands avisèrent de prendre un brave au moins, un homme qui pût les défendre, et ils pensèrent à ce brigand d'Adolphe de Gueldre, qui était tenu, comme parricide, dans les prisons de Courtrai.

Mademoiselle avait peur d'un tel mari, encore plus que des autres. Elle confiait sa peur aux seules personnes qu'elle eût près d'elle, deux bonnes dames qui la consolaient, la caressaient, l'espionnaient. L'une, de la maison de Luxembourg, écrivait tout à Louis XI ; l'autre, madame de Comines, une Flamande bien avisée, travaillait pour l'Autriche ; la douairière aussi, de loin, pour exclure le Français. De trois ou quatre

---

1. Louis XI l'avait prévenu contre ce projet, et d'ailleurs : « Displicuit regi tanta fortuna fratris ingrati. » (Croyland, *Continuat.*)

2. « Après boire, disait le roi, il lui casserait son verre sur la tête. » (Molinet.) Il fut surnommé le *Faiseur d'enfants*.

princes à qui le duc avait donné des espérances, des promesses même de sa fille, le fils de l'empereur était le plus avenant. On disait, on écrivait à Mademoiselle que c'était un blond jeune Allemand[1], de belle mine et de belle taille, svelte, adroit, un hardi chasseur du Tyrol. Il était plus jeune qu'elle, n'ayant que dix-huit ans; c'était prendre un bien jeune défenseur, et l'Empire n'aimait pas assez son père pour l'aider beaucoup. Il ne savait pas le français, ni elle l'allemand; il était parfaitement ignorant des affaires et des mœurs du pays, bien peu propre à ménager un tel peuple. Du reste, n'apportant ni terres ni argent; ses ennemis croyaient lui nuire en l'appelant *prince sans terre ;* et très probablement il plut encore par là à la riche héritière qui trouvait plus doux de donner.

Madame de Comines fut assez habile pour dresser sa jeune maîtresse à tromper jusqu'au dernier jour. Le duc de Clèves, venu en personne et tout exprès à Gand, comptait fermer la porte aux ambassadeurs de l'empereur; ils étaient déjà à Bruxelles, et il leur fit dire d'y rester. La douairière au contraire leur écrivit de n'en tenir compte et de passer outre. Le duc de Clèves, fort contrarié, ne put empêcher qu'on ne les reçût; on lui fit croire que Mademoiselle les écouterait seulement et dirait : « Soyez les bienvenus »; puis

---

1. « Les cheveux de son chef honorable sont, à la mode germanique, aurains, reluisants, ornés curieusement et de décente longitude. Son port est signourieux... Jassoit ce que la damoiselle ne soit de si apparente monstre, touttes-fois elle est propre, gracieuse, gente et mignonne, de doux maintien et de très belle taille. » *App.* 240.

que la chose serait mise en conseil ; elle l'en assura, il se reposa là-dessus.

Les ambassadeurs, ayant présenté en audience publique et solennelle leurs lettres de créance, exposèrent que le mariage avait été conclu entre l'empereur et le feu duc, du consentement de Mademoiselle, comme il apparaissait par une lettre écrite de sa main, qu'ils montrèrent ; ils représentèrent de plus un diamant qui aurait été « envoyé en signe de mariage ». Ils la requirent, de la part de leur maître, qu'il lui plût accomplir la promesse de son père, et la sommèrent de déclarer si elle avait écrit cette lettre, oui ou non. A ces paroles, sans demander conseil, mademoiselle de Bourgogne répondit froidement : « J'ai écrit cette lettre par la volonté et le commandement de mon seigneur et père, ainsi que donné le diamant ; j'en avoue le contenu[1]. »

Le mariage fut conclu et publié le 27 avril 1477. Ce jour même, la ville de Gand donna aux ambassadeurs de l'Empire un banquet, et Mademoiselle y vint. Beaucoup croyaient que le duc de Gueldre défendrait mieux la Flandre que ce jeune Allemand. Mais le peuple, selon toute apparence, était las et abattu, comme après les grands coups ; il y avait à peine vingt-quatre jours qu'Humbercourt était mort.

---

1. *App.* 241.

CHAPITRE IV

Obstacles. — Défiances. — Procès du duc de Nemours. (1477-1479.)

Le roi était entré dans ses conquêtes de Bourgogne de grand cœur et de grand espoir, avec un élan de jeune homme. Toute sa vie, maltraité par le sort, comme dauphin, comme roi, humilié à Montlhéry, à Péronne, à Pecquigny, « autant et plus que roy depuis mille ans », il se voyait un matin tout à coup relevé, et la fortune forcée de rendre hommage à ses calculs. Dans l'abattement universel des forts et des violents, l'homme de ruse restait le seul fort. Les autres avaient vieilli, et il se trouvait jeune de leur vieillesse. Il écrivait à Dammartin (en riant, mais c'était sa pensée) : « Nous autres jeunes[1]... » Et il agissait comme tel, ne doutant plus de rien, dépassant les tranchées, s'avançant jusqu'aux murs des villes qu'il assiégeait; deux fois il fut reconnu, visé, manqué; la seconde

1. *App.* 242.

même un peu touché; Tanneguy Duchâtel, sur qui il s'appuyait, paya pour lui et fut tué.

Il avait de grandes idées; il ne voulait pas seulement conquérir, mais fonder. La pensée de saint Charlemagne lui revenait souvent; dès les premières années de son règne, il croyait l'imiter, en visitant sans cesse les provinces et connaissant tout par lui-même. Il n'eût pas mieux demandé, pour lui ressembler encore, d'avoir, outre la France, une bonne partie de l'Allemagne. Il ordonna qu'on descendît la statue de Charlemagne des piliers du Palais, et qu'on l'établit, avec celle de saint Louis, au bout de la grand'salle, près la Sainte-Chapelle[1].

C'était une belle chose et pour le présent et pour l'avenir d'avoir, non seulement repris Péronne et Abbeville, mais, par Arras et Boulogne, d'avoir serré les Anglais dans Calais. Boulogne, ce vis-à-vis des dunes, qui regarde l'Angleterre et l'envahit jadis, Boulogne (dit Chastellain, avec un sentiment profond des intérêts du temps), « le plus précieux anglet de la chrestienté », c'était la chose au monde que Louis XI une fois prise eût le moins rendue. On sait que Notre-Dame de Boulogne était un lieu de pèlerinage, comblé d'offrandes, de drapeaux et d'armes consacrés, d'*ex-voto* mémorables qu'on pendait aux murs, aux autels. Le roi imagina de faire une offrande de la ville elle-même, de la mettre dans la main de la Vierge. Il déclara qu'il dédommagerait la maison d'Auvergne,

---

1. Jean de Troyes.

qui y avait droit, mais que Boulogne n'appartiendrait jamais qu'à Notre-Dame de Boulogne. Il l'en nomma comtesse, puis la reçut d'elle, comme son homme-lige. Rien ne manqua à la cérémonie ; desceint, déchaux, sans éperons, l'église étant suffisamment garnie de témoins, prêtres et peuple, il fit hommage à Notre-Dame, lui remit pour vasselage un gros cœur d'or, et lui jura de bien garder sa ville [1].

Pour Arras, il crut l'assurer par les privilèges et faveurs qu'il lui accorda. Toutes les anciennes franchises confirmées, l'exemption du logement de gens de guerre, la noblesse donnée aux bourgeois, la faculté de posséder des fiefs, sans charge de ban ni d'arrière-ban, remise de ce qui est dû sur les impôts, enfin (pour charmer les petits) le vin à bon marché par réduction de la gabelle. Une marque de haute confiance, ce fut de donner « une seigneurie en Parlement » à un notable bourgeois d'Arras, maître Oudart, au moment où ce Parlement jugeait un prince du sang, le duc de Nemours.

Le violent désir qu'avait le roi, non seulement de prendre, mais de garder, lui avait fait faire dès le commencement de la guerre une remarquable ordonnance pour protéger l'habitant contre le soldat ; les dettes que celui-ci laisserait dans son logement devaient être payées par le roi même. Il garantit l'exécution de

---

[1]. Molinet. Contraste remarquable et qui fait ressortir l'orgueil des temps féodaux : Philippe-Auguste en 1185 se fait dispenser par l'église d'Amiens de lui faire hommage, déclarant que *le roi ne peut faire hommage à personne.* (Brussel.)

l'ordonnance par le serment le plus fort qu'il eût prêté jamais : « Si je contreviens à ceci, je prie la benoîte croix, ici présente, de me punir de mort dans le bout de l'an. »

Il n'eût pas fait un tel serment si sa volonté n'eût été sincère. Mais elle servait peu avec des généraux pillards, comme La Trémouille, Du Lude, etc., d'autre part, avec des milices comme les francs-archers, payés bien peu, et n'ayant guère que le butin. Ces pilleries affreuses mirent contre lui, en fort peu de temps, la comté de Bourgogne et une grande partie du duché; l'Artois même lui échappait, s'il n'y eût été en personne.

Ce qui lui fit perdre encore bien des choses, ce fut sa crainte de perdre, sa défiance; il ne croyait plus à personne, et, pour cela justement, on le trahissait. Il lui était, il est vrai, difficile de se rendre aveuglément au prince d'Orange qui avait changé tant de fois[1]; il subordonna le prince à La Trémouille, et le prince le quitta (28 mars). En Artois, on lui désignait tel et tel comme partisans de Mademoiselle et travaillant pour la rétablir; il s'en débarrassait, la terreur gagnait; ceux qui se croyaient menacés se hâtaient d'autant plus d'agir contre lui.

Sa défiance naturelle se trouvait fort augmentée par le sinistre jour que les révélations du duc de Nemours venaient de jeter tout à coup sur ses amis et serviteurs. Il découvrit avec terreur que, non seulement le duc de

---

1. *App.* 243.

Bourbon avait connaissance de tous les projets de Saint-Pol pour le mettre en chartre privée, mais que Dammartin même, son vieux général, celui qu'il croyait le plus sûr, avait tout su, et s'était arrangé pour profiter, si la chose arrivait.

Au commencement de janvier, le roi apprit l'assassinat du duc de Milan, tué en plein midi à Saint-Ambroise, et presque en même temps la mort du duc de Bourgogne, assassiné, selon toute apparence, par les gens de Campobasso. Ces deux nouvelles coup sur coup le firent songer, et dès lors il n'eut aucun repos d'esprit. L'assassinat des Médicis, un an après, n'était pas propre à le rassurer. Il se savait haï, tout autant que ces morts, et il n'avait nul moyen de se garder mieux. La lettre touchante que le pauvre Nemours lui écrivit le 31 janvier « de sa cage de la Bastille », pour demander la vie, trouva cet homme cruel plus cruel que jamais, au moment sauvage d'une haine effarouchée de peur.

Il avait peur de la mort, du jugement, et d'aller compter là-bas; peur aussi de la vie. Beaucoup de ses ennemis n'auraient pas voulu le tuer, mais seulement l'avoir, le tenir à montrer en cage et pour jouet, comme ce misérable frère du duc de Bretagne qu'on nourrissait, qu'on affamait à volonté, et que les passants virent des mois entiers hurler à ses barreaux... Louis XI ne s'y méprenait pas; il s'était vu à la tour de Péronne, et il savait par lui-même combien bas rampe le renard au piège, et quelles vengeances il roule en rampant. Le duc de Nemours n'ayant pu l'enfermer, se trouvant enfermé lui-même, pouvait prier; il parlait à un sourd.

Il écrivait à La Trémouille au sujet du prince d'Orange : « Si vous pouvez le prendre, il faut le brûler vif » (8 mai). Arras s'étant soulevé, ce maître Oudart qu'il avait fait conseiller au Parlement, fit partie d'une députation envoyée à Mademoiselle. Pris en route[1], il fut décapité (27 avril), avec les autres députés, enterré sur-le-champ. Le roi trouva que ce n'était pas assez, il le fit tirer de terre et exposer, comme il écrit lui-même : « Afin qu'on connût bien sa tête, je l'ai fait atourner d'un beau chaperon fourré; il est sur le marché d'Hesdin, là où *il préside*. »

S'il se fiait encore à quelqu'un, c'était à un Flamand (non pas Comines, trop lié avec la noblesse de Flandre), un simple chirurgien flamand qui le rasait; fonction délicate, d'extrême confiance, dans ce temps d'assassinats et de conspirations. Cet homme, très fidèle, était capable aussi. Le roi, qui lui confiait son col, ne craignit pas de lui confier ses affaires. Il lui trouva infiniment d'adresse et de malice. On l'appelait Olivier-le-Mauvais[2]. Il en fit son premier valet de

---

1. « Aulcuns disent qu'ils avoient saulf-conduit du Roy, mais les François ne le voulurent congnoistre. » (Molinet.) Oudart était un ancien mécontent du *Bien public*. Alors avocat au Châtelet, il alla trouver le comte de Saint-Pol, laissant sa femme pour correspondre; elle fut chassée, après Montlhéry. (Jean de Troyes.)

2. Tout porte à croire que ce parvenu était un méchant homme; cependant il est difficile de s'en rapporter aveuglément (comme tous les historiens l'ont fait jusqu'ici) au témoignage de ceux qui jugèrent et pendirent Olivier, dans la réaction féodale de 1484. Autant vaudrait consulter les hommes de

chambre, l'anoblit, le titra, lui donna un poste qu'il n'eût donné à nul seigneur, un poste entre France et Normandie, dont Paris dépendait par en bas (comme de Melun par en haut), le pont de Meulan.

Ayant repris Arras en personne (4 mai), et voyant la réaction, finie à Gand, s'étendre à Bruges, à Ypres, à Mons, à Bruxelles, le roi envoya son Flamand en Flandre, pour tâter si les Gantais, toujours défiants dans les revers, ne pouvaient être poussés à quelque nouveau mouvement[1]. Olivier devait remettre des lettres à Mademoiselle, et lui faire des remontrances; vassale du roi, elle ne pouvait, aux termes du droit féodal, se marier sans l'aveu de son suzerain; tel était le prétexte de l'ambassade, le motif ostensible.

Le choix d'un valet de chambre pour envoyé n'avait rien d'étonnant; les ducs de Bourgogne en avaient donné l'exemple. Que ce valet de chambre fût chirurgien, cela ne le rabaissait pas, au moment où la chirurgie avait pris un essor si hardi; ce n'étaient plus de simples barbiers, ceux qui sous Louis XI hasardèrent les premiers l'opération de la pierre, et taillèrent un homme vivant.

Ce qui pouvait lui nuire davantage, et lui ôter toute action sur le peuple, c'est que, pour être Flamand, il n'était pas de Gand ni d'aucune grosse ville, mais de Thielt, une petite ville dépendante de Courtrai, qui

---

1816 sur ceux de la Convention. — Son ennemi, Comines, qu'il supplanta pour les affaires de Flandre, le montre un peu ridicule dans son ambassade, mais avoue qu'il avait beaucoup de sens et de mérite.

1. Le 28 mai encore, il y eut un magistrat décapité à Mons. (Gachard.)

elle-même, pour les appels, dépendait de Gand. Messieurs de Gand regardaient un homme de Thielt comme peu de chose, comme un sujet de leurs sujets.

Olivier, splendidement vêtu, et se faisant appeler le comte de Meulan, déplut fort aux Gantais, qui le trouvèrent bien insolent de paraître ainsi dans leur ville. La cour se moqua de lui, et le peuple parlait de le jeter à l'eau. Il fut reçu en audience solennelle, devant tous les grands seigneurs des Pays-Bas, qui s'amusèrent de la triste figure du barbier travesti. Il déclara qu'il ne pouvait parler qu'à Mademoiselle, et on lui répondit gravement qu'on ne parlait pas seul à une jeune demoiselle à marier. Alors il ne voulut plus rien dire ; on le menaça, on lui dit qu'on saurait bien le faire parler.

Il n'avait pourtant pas perdu son temps à Gand ; il avait observé, vu tout le peuple ému, prêt à s'armer. Ce qu'ils allaient faire tout d'abord avant de passer la frontière, on pouvait le prévoir, c'était de prendre Tournai, une ville royale, qui était chez eux, au milieu de leur Flandre, et qui, jusque-là, vivait comme une république neutre. Olivier avertit les troupes les plus voisines, et, sous prétexte de remettre à la ville une lettre du roi, il entre avec deux cents lances. Cette garnison, fortifiée de plus en plus, fermait la route aux marchands et tenait dans une inquiétude continuelle la Flandre et le Hainaut. Désormais, les Flamands n'entreraient plus en France sans savoir qu'ils laissaient derrière eux une armée dans Tournai.

Ils ne tinrent pas à ce voisinage, ils voulurent à

tout prix s'en débarrasser. Ils prennent pour capitaine leur prisonnier Adolphe de Gueldre, que plusieurs voulaient faire comte de Flandre, et s'en vont, vingt ou trente mille, brûlant, pillant, jusqu'aux murs de Tournai. Là, les Brugeois en avaient assez et voulaient retourner; les Gantais persistaient. Ils brûlèrent la nuit les faubourgs de la ville. Au matin, les Français, les voyant en retraite, vinrent rudement tomber sur la queue. Adolphe de Gueldre fit face, combattit vaillamment, fut tué; les Flamands s'enfuirent; mais leurs lourds chariots ne s'enfuirent pas, on les trouva chargés de bière, de pain, de viande, de toute sorte de vivres, sans lesquels ce peuple prévoyant ne marchait jamais. On rapporta tout cela dans la ville, avec le corps du duc et les drapeaux. Ce fut dans Tournai une joie folle; la vive et vaillante population en fit une *villonade*, aussi gaie, plus noble que Villon. Tournai s'y plaint de Gand, sa fille, qui jusqu'ici envoyait tous les ans à sa Notre-Dame une belle robe et une offrande : « Pour cette année, la robe, c'est le drapeau de Gand, et l'offrande, c'est le capitaine[1]. »

Le roi, assuré de l'Artois, passa dans le Hainaut, et là trouva tout difficile. Il avait augmenté lui-même les difficultés par son hésitation. Il ne savait pas, au commencement, s'il toucherait à ce pays, qui était terre d'Empire, et il avait mal accueilli les ouvertures qu'on lui faisait. Maintenant, il déclarait qu'il ne *prenait* pas le Hainaut, qu'il l'*occupait* seulement. Le

1. *App.* 244.

dauphin d'ailleurs n'allait-il pas épouser Mademoiselle? Le roi venait en ami, en beau-père[1]. Sauf Cambrai qui ouvrit, il trouva partout résistance; à chaque ville, il lui fallut un siège, à Bouchain, au Quesnoy, à Avesnes, qui fut prise d'assaut, brûlée, et tout tué (11 juin). Galeotto, qui était à Valenciennes, en brûla lui-même les faubourgs, et se mit si bien en défense qu'on ne l'attaqua pas. Le roi lui fit une guerre de famine; il fit venir de Brie et de Picardie des centaines de faucheurs pour couper et détruire tous les fruits de la terre, la moisson toute verte (juin).

De tous côtés, ses affaires allaient mal, et elles risquaient d'aller plus mal encore. La douairière de Bourgogne et le duc de Bretagne sollicitaient les Anglais de passer; le roi avait les lettres du Breton, par le messager même, qui les lui vendait une à une. En Comté, il n'avançait plus; Dôle repoussa son général La Trémouille qui l'assiégeait, et qui lui-même fut surpris dans son camp. La Bourgogne semblait près d'échapper... Sa colère fut extrême, il envoya en hâte le plus rude homme qu'il eût, parmi ses serviteurs, M. de Saint-Pierre, armé de pouvoirs terribles, celui de dépeupler, s'il le fallait, et repeupler Dijon.

La guerre que le roi faisait dans le Hainaut et la Comté, sur terre d'Empire, eut cet effet que l'Alle-

---

1. Voir la malicieuse bonhomie avec laquelle il se moque des maris proposés, et prouve aux Wallons qu'il faut que leur maîtresse épouse un Français. (Molinet.) Il négociait effectivement pour le mariage (le 20 juin même, Lenglet) soit pour mieux gagner le Hainaut, soit qu'effectivement il eût encore espoir de rompre le mariage d'Autriche, conclu depuis deux mois.

magne, sans aimer ni estimer l'empereur, devint favorable à son fils. Louis XI envoya aux princes du Rhin, et les trouva tous contre lui. L'envoyé, qui était Gaguin, le moine chroniqueur, nous dit qu'il fut même en danger [1]. Les électeurs de Mayence et de Trèves, les margraves de Brandebourg et de Bade, les ducs de Saxe et de Bavière (maisons si ennemies de l'Autriche), voulurent faire cortège au jeune Autrichien. La seule difficulté, c'était l'argent; son père, loin d'en donner, se fit payer son voyage par Mademoiselle de Bourgogne, jusqu'à Francfort, jusqu'à Cologne, et il fallut qu'elle payât encore pour faire venir son mari jusqu'à Gand. Mais enfin, il y vint. Le roi, plein de dépit, ne pouvait rien y faire. Sa garnison de Tournai, aidée des habitants, lui gagna encore le 13 août une petite bataille [2], donna la chasse aux milices flamandes, brûla Cassel et tout jusqu'à quatre lieues de Gand. Le mariage ne s'en fit pas moins, à la lueur des flammes, et l'épousée en deuil (18 août 1477).

Le roi se donna en revanche un plaisir longtemps souhaité, et selon son cœur, la mort du duc de Nemours (4 août). Il ne haïssait nul homme davantage, surtout parce qu'il l'avait aimé. C'était un ami d'enfance, avec qui il avait été élevé, pour qui il avait fait des choses folles, iniques (par exemple de forcer les juges à lui faire gagner un mauvais procès). Cet ami le trahit au *Bien public*, le livra, autant qu'il fut

1. *App.* 245. — 2. *App.* 246.

en lui. Il revint vite, fit serment au roi, sur les reliques de la Sainte-Chapelle, et tira de lui, par-dessus tant d'autres choses, le gouvernement de Paris et de l'Ile-de-France. Le lendemain, il trahissait.

Quand le roi frappa Armagnac, cousin de Nemours, près de frapper celui-ci, et l'épée levée, il se contenta encore d'un serment. Nemours en fit un solennel, et terrible[1], devant une grande foule, appelant sur sa tête toutes les malédictions, s'il n'était désormais fidèle et « n'avertissoit le roi de tout ce qu'on machineroit contre lui ». Il renonçait, en ce cas, à être jugé par les pairs et consentait d'avance à la confiscation de ses biens (1470).

La peur passa, et il continua à agir en ennemi[2]. Il se tenait cantonné dans ses places, n'envoyant pas un de ses gentilshommes pour servir le roi. Quiconque se hasardait à appeler au Parlement, était battu, blessé. Les consuls d'Aurillac ne pouvaient sortir, pour les affaires des taxes, sans être détroussés par les gens de Nemours. Il correspondait avec Saint-Pol, et voulait marier sa fille au fils du connétable; il promettait d'aider au grand complot de 1475, en saisissant d'abord les finances du Languedoc. Un mois avant la descente des Anglais, il se mit en défense, se tint tout près d'agir, fortifia ses places de Murat et de Carlat.

Le roi, comme on a vu, brusqua son marché avec Édouard, s'humilia, le renvoya plus tôt qu'on ne

---

1. Le 8 juillet 1470. (*Mss. Legrand*). — 2. *App.* 247.

croyait, et retomba sur ses deux traîtres. Tous ceux qui avaient eu intelligence avec eux, eurent grand'peur ; on fit mourir Saint-Pol, dans l'absence du roi, espérant enterrer avec lui ces dangereux secrets. Le roi avait encore Nemours. Il épuisa sur lui la rage qu'il avait de connaître et d'approfondir son péril.

Quand Nemours fut saisi, sa femme prévit tout, et elle mourut d'effroi. Il fut jeté d'abord dans une tour de Pierre-Scise, prison si dure que ses cheveux blanchirent en quelques jours. Le roi, alors à Lyon, et se voyant comme affranchi par la défaite du duc de Bourgogne, fit transporter son prisonnier à la Bastille. Il reste une lettre terrible où il se plaint « de ce qu'on le fait sortir de sa cage, de ce qu'on lui a ôté les fers des jambes ». Il dit et répète qu'il faut « le gehenner bien estroit, *le faire parler clair*... Faistes-le-moy bien parler ».

Nemours n'était pas seul ; il avait des amis, des complices, les plus grands du royaume, qui se voyaient jugés en lui. Toute la crainte du roi était qu'on ne trouvât moyen d'obscurcir et d'étouffer encore. Le chancelier surtout lui était suspect, ce rusé Doriole, qui avait tourné si vite au *Bien public,* et qui depuis, tout en le servant, ménageait ses ennemis ; il leur avait rendu le signalé service de dépêcher Saint-Pol, avant qu'il eût tout dit. Le roi manda Doriole, le tint près de lui, et mit le procès entre les mains d'une commission, à qui il partagea d'avance les biens de l'accusé. Il crut pourtant, l'instruction déjà avancée, qu'un jugement solennel serait d'un plus grand exemple; il renvoya l'affaire au Parlement, et invita les villes à assister par députés. L'arrêt fut rendu à Noyon, où le Parlement fut transféré exprès[1]; le roi se défiait de Paris et craignait qu'on ne fît un mouvement du peuple pour intimider les juges et les rendre indulgents. Paris avait souffert de Saint-Pol et l'avait vu mourir volontiers; il n'avait point souffert de Nemours, qui était trop loin, et le Paris d'alors avait eu le temps d'oublier les Armagnac. Aussi il y eut des larmes quand on vit ce corps torturé qu'on menait à la mort sur un cheval drapé de noir, de la Bastille aux Halles, où il fut décapité. Quelques modernes ont dit que ses enfants avaient été placés sous l'échafaud, pour recevoir le sang de leur père.

Ce qui est plus certain et non moins odieux, c'est que l'un des juges qui s'étaient fait donner les biens du condamné, le Lombard Boffalo del Giudice[2], ne se crut pas sûr de l'héritage, s'il n'avait l'héritier, et demanda que le fils aîné de Nemours fût remis à sa garde. Le roi eut la barbarie de livrer l'enfant, qui ne vécut guère.

Il chassa du Parlement trois juges qui n'avaient pas voté la mort. Les autres réclamant, il leur écrit : « Ils ont perdu leurs offices pour vouloir faire un cas civil

---

1. « Le dernier jour de cestuy mois (*mai*), furent destendues toutes les chambres du Parlement et les tapis de fleurs de lis, avec le lict de justice, estant en un coffre » (*Archives, Registres du Parlement.*) Dans la *Plaidoierie* et le *Criminel*, silence funèbre. Dans les *Après-dîners*, le registre manque tout entier.

2. Venu de Naples en 1461, après les revers de Jean de Calabre, avec Campobasso et Galeotto.

du crime de lèse-majesté, et laisser impuni le duc de Nemours qui voulait me faire mourir et détruire la sainte couronne de France. Vous, sujets de cette couronne et qui lui devez votre loyauté, je n'aurais jamais cru que vous pussiez approuver *qu'on fit si bon marché de ma peau.* »

Ces basses et violentes paroles qui lui échappent, sont un cri arraché, un aveu de l'état de son esprit. Les tortures de Nemours lui revenaient à lui-même en tortures par la crainte et la défiance où le jetaient ses révélations. Il avait tiré de son prisonnier, par tant d'efforts cruels, une funeste science et terrible, à savoir : qu'il n'y avait personne parmi les siens sur qui il pût compter. Le pis, c'est que, de leur côté, connaissant qu'ils étaient connus, ils sentaient bien qu'il les guettait, qu'il ne lui manquait que le moment, et ils ne savaient trop s'ils devaient attendre... Dans cette peur mutuelle, il y avait des deux côtés redoublement de flatteries, de protestations. Ses lettres à Dammartin sont des billets d'ami, tout aimables d'abandon, de gaieté ; il se fait courtisan de son vieux général, il le flatte indirectement, finement, en lui disant du mal des autres généraux; tel s'est laissé surprendre, etc.

Il avait grandement à ménager un homme de ce poids, de cette expérience. Deux choses lui survenaient, les plus fâcheuses : les Suisses s'éloignaient de lui, les Anglais arrivaient.

Louis XI avait acheté Édouard, mais non pas l'Angleterre. Les Flamands établis à Londres ne pou-

vaient manquer de faire sentir au peuple qu'on le trahissait en laissant la Flandre sans secours. Il le sentit si bien qu'il alla, de fureur, piller l'ambassade française. Longtemps Édouard fit la sourde oreille; il se trouvait trop bien du repos, et de se partager entre la table et trois maîtresses; il aimait fort l'argent de France, les beaux écus d'*or au soleil* que Louis XI frappait tout exprès; il lui semblait doux d'avoir chaque année, en dormant, cinquante mille écus comptés à la Tour. Pour la reine d'Angleterre, Louis XI la tenait par sa fille, par sa passion pour le dauphin; elle demandait sans cesse quand elle pourrait envoyer la dauphine en France. Entre eux tous, ils menaient si bien Édouard qu'il leur sacrifia son frère Clarence[1].
Il y avait encore un homme qui leur portait ombrage, qui n'était pas de leur cabale, lord Hastings, un joyeux ami d'Édouard qui buvait avec lui et qui tenait à lui (ayant les mêmes femmes). Ils le chassèrent honorablement en lui donnant des troupes et le grand poste de Calais.

Il y avait un an que la douairière de Bourgogne, sœur d'Édouard, implorait ce secours. Récemment encore, au moment où l'on tua son bien-aimé Clarence qu'elle voulait faire comte de Flandre, elle écrivit une lettre lamentable[2]; le roi de France lui prenait son douaire, ses villes à elle, elle demandait à son frère

---

1. On ne sait de quelle mort il périt : « Qualecumque genus supplicii. » (Croyland, *Contin.*) Le conte du tonneau de malvoisie où il aurait été noyé se trouve d'abord dans la chronique qui donne tous les bruits de Londres. (Fabian.)

2. *Preuves de l'Histoire de Bourgogne.*

Édouard s'il voulait qu'elle allât mendier son pain. Une telle lettre, et dans un tel moment, lorsque Édouard sans doute regrettait sa cruelle faiblesse, eut son effet ; il envoya Hastings, qui de Calais détacha des archers, garnit les villes que la douairière voulait défendre ; Louis XI attaqua Audenarde, et fut repoussé.

Ce fut le terme de ses progrès au Nord. Il s'arrêta, sentant qu'à la longue, les Anglais et peut-être l'Empire se seraient déclarés. Chez les Suisses, le parti bourguignon avait fini par l'emporter. Jusque-là ils avaient flotté, servi à la fois pour et contre. De là tous les obstacles que le roi rencontra dans les Bourgognes. Malgré ses plaintes et les efforts du parti français, malgré les défenses et les punitions, le montagnard n'en allait pas moins se vendre indifféremment à quiconque payait. Des Suisses attaquaient, assiégeaient, des Suisses défendaient. Pour empêcher cette guerre de frères, il n'y avait qu'un moyen : imposer la paix, arrêter le roi de France, lui dire qu'il n'irait pas plus loin. Le chef du parti bourguignon, Bubenberg, se chargea de lui porter cette fière parole. Le roi ne voulait pas entendre, il traînait, tâchait de gagner du temps. Le Suisse en profita pour lui jouer un tour ; il disparaît de France, et un matin rentre à Berne, en habit de ménétrier ; il n'a pas pu, dit-il, échapper autrement ; le roi, ne l'ayant su gagner, l'aurait fait périr[1]. Ce chevalier, cet homme grave

---

1. Der Schweitzerische Geschichtforscher. Il eût fallu, pour y songer, que

sous cet ignoble habit, c'était une accusation dramatique contre Louis XI; il était impossible de mieux travailler pour Maximilien. Il en profita à la diète de Zurich; il enchérit sur le roi, promettant d'autant plus qu'il pouvait moins donner, et il obtint un traité de paix perpétuelle.

Le roi comprit qu'il fallait céder au temps. Il promit de se retirer des terres d'Empire. Il signa une trêve, laissa le Hainaut et Cambrai[1]. Il craignait les Suisses, l'Allemagne, les Anglais, mais encore plus les siens. La trêve lui semblait nécessaire pour faire au dedans une opération dangereuse, purger l'armée. Il avait l'imagination pleine de complots et de trahisons, d'intelligences que ses capitaines pouvaient avoir avec l'ennemi. Il cassa dix compagnies de gens d'armes, fit faire le procès à plusieurs, et ne trouva rien; seulement un Gascon, furieux d'être cassé, avait parlé d'aller servir Maximilien; pour cette parole on lui coupa la tête. Leur crime à tous était peut-être d'avoir servi longtemps sous Dammartin et de lui être dévoués. Le roi lui écrivit une lettre honorable « *pour le soulager* » du commandement[2], déclarant du reste que jamais il ne diminuerait son état, qu'il l'accroîtrait plutôt, et, en effet, il le fit plus tard son lieutenant pour Paris et l'Ile-de-France.

le roi fût devenu fou. On faisait encore courir ce bruit absurde que La Trémouille avait mis des envoyés suisses à la question. (Tillier.)

1. A son départ de Cambrai, il badine sur l'attachement des impériaux pour le très saint aigle, et leur permet d'ôter les lis : « Vous les osterez quelque soir, et y logerez vostre oiseau, et direz qu'il sera allé jouer une espace de temps, et sera retourné en son lieu, ainsi que font les arondelles qui reviennent sur le printemps. » (Molinet.) — 2. *App.* 248.

L'éloignement de cet homme, trop puissant dans l'armée, était peut-être une mesure politique, mais elle ne fut nullement heureuse pour la guerre. Le roi ne put remplacer ce ferme et prudent général. On put le voir dès le commencement de la campagne. On voulait surprendre Douai avec des soldats déguisés en paysans, et tout fut préparé en plein Arras, c'est-à-dire devant nos ennemis qui avertirent Douai. Le roi, cruellement irrité, jura qu'il n'y aurait plus d'Arras, que tous les habitants seraient chassés, sans emporter leurs meubles, qu'on prendrait en d'autres provinces et jusqu'en Languedoc des familles, des hommes de métiers, pour y mener et repeupler la place qui désormais s'appellerait Franchise[1]. Cette cruelle sentence fut exécutée à la lettre; la ville fut déserte, et pendant plusieurs jours il n'y eut pas seulement un prêtre pour y dire la messe.

Maximilien avait plus d'embarras encore. Les Flamands ne voulaient point de paix, ni payer pour la guerre. Seulement, à force de piquer leur colérique orgueil, on parvint à mettre leurs milices en mouvement. Maximilien les mena pour reprendre Thérouenne. Il avait, avec ces milices, trois mille arquebusiers allemands, cinq cents archers anglais, Romont et ses Savoyards, toute la noblesse de Flandre et de Hainaut, en tout vingt-sept mille hommes. Avec une si grosse armée, rassemblée à grand'peine par un si rare bonheur, le jeune duc avait hâte d'avoir bataille.

---

1. *Ordonnances*, XVIII.

Le nouveau général de Louis XI, M. de Crèvecœur, venait de Thérouenne, lorsque, descendant la colline de Guinegate, il rencontra Maximilien. Louis XI avait, l'autre année, décliné le combat; en le refusant encore, on était sûr de voir s'écouler en peu de jours les milices de Flandre. Crèvecœur ne consulta pas apparemment les vieux capitaines qui, depuis la réforme, étaient peu en crédit; il agit à souhait pour l'ennemi, il donna la bataille (7 août 1479[1]).

Jusque-là il passait pour un homme sage. Peut-être, pour expliquer ce qui va suivre, il faut croire qu'il reconnut en face, dans la chevalerie ennemie, les grands seigneurs des Pays-Bas qui le proclamaient traître, et qui voulaient le dégrader en chapitre de la Toison d'or. Sa force était en cavalerie; il n'avait que 14,000 piétons, mais 1,800 gens d'armes, contre 850 qu'avait Maximilien. D'une telle masse de gendarmerie, qui était plus que double, il ne tenait qu'à lui d'écraser cette noblesse; il se lança sur elle, la coupa de l'armée, s'acharna à ces 800 hommes bien montés qui le menèrent loin, et il laissa tout le reste... Il avait fait la faute de donner la bataille, il fit celle de l'oublier.

Nos francs-archers, sans général et sans cavalerie, fort maltraités des trois mille arquebuses, vinrent se heurter aux piques des Flamands. Ceux-ci tinrent ferme, encouragés par un bon nombre de gentilshommes qui s'étaient mis à pied, par Romont, par le

---

1. *App.* 249.

jeune duc. Maximilien, à sa première bataille, fit merveille, et tua plusieurs hommes de sa main. La garnison française de Thérouenne venait le prendre à dos, elle trouva le camp sur sa route et se mit à piller. Beaucoup de francs-archers, craignant de ne plus rien trouver à prendre, firent comme elle, laissèrent le combat et se jetèrent aussi dans le camp, fort échauffés, tuant tout, prêtres et femmes... Avec les chariots, ils prirent l'artillerie qu'ils tournaient contre les Flamands; Romont, voyant qu'alors tout serait perdu, fit un dernier effort, reprit l'artillerie, profita du désordre et en fit une pleine déroute. Crèvecœur et sa gendarmerie revenaient fatigués de la poursuite; il leur fallut courir encore, tout était perdu, il ne restait qu'à fuir. La bataille fut bien nommée celle des *Éperons*.

Le champ de bataille resta à Maximilien, et la gloire, rien de plus. Sa perte était énorme, plus forte que la nôtre. Il ne put pas même reprendre Thérouenne. Et il revint en Flandre, plus embarrassé que jamais.

Cette année même, une taxe de quelques liards sur la petite bière avait fait une guerre terrible dans la ville de Gand. Les tisserands de coutils commencent, et tous s'y mettent, tisserands, drapiers, cordonniers, meuniers, batteurs de fer et *batteurs d'huile;* une bataille rangée a lieu au Pont-aux-Herbes [1]. De janvier en janvier, tout un an, il y eut des jugements et des

---

1. *App.* 250.

têtes coupées. On profita de cette émotion, et puisqu'ils avaient tant besoin de guerre, on les mena à Guinegate; ils eurent là une vraie, une grande bataille; ils en revinrent dégoûtés de la guerre, mais toujours murmurant, grondant.

Maximilien, déjà bien embarrassé, recevait de la Gueldre une sommation, celle de rendre enfin ce malheureux enfant que le feu duc avait si injustement retenu, pour les crimes de son père, mais qui, à la mort de ce père, avait droit d'hériter. Nimègue chassa les Bourguignons et, en attendant qu'on lui rendît l'enfant, donna la régence à sa tante. La dame ne manqua pas de chevaliers pour la défendre; les Allemands du nord prirent volontiers sa cause contre l'Autrichien, le duc de Brunswick d'abord qui croyait l'épouser; puis, comme elle n'en voulait pas, le champion fut l'évêque de Munster, brave évêque, qui s'était battu à Neuss contre Charles-le-Téméraire.

Ces gens de Gueldre, n'ayant pas assez de cette guerre de terre, en faisaient une de mer aux Hollandais, leurs rivaux pour la pêche. Plus d'un combat naval eut lieu sur le Zuydersée. Mais les Hollandais se battaient encore plus entre eux. Les factions des Hameçons et des Morues avaient recommencé plus furieuses que jamais; fureur aiguisée de famine; le roi enlève en mer toute la flotte du hareng, et pour comble, les seigles qui venaient de Prusse.

Le coupable en tout cela, au dire de tous, était Maximilien; tout ce qui arrivait de malheurs, arrivait par lui. Pourquoi aussi avoir été chercher cet Allemand?

Depuis, rien n'allait bien. Toutes les provinces à la fois criaient après lui.

Effarouché au milieu de cette meute, n'entendant qu'aboiements, le pauvre chasseur de chamois qui jusque-là ne connaissait pas le vertige, s'éblouit et ne sut que faire. Il avait employé ses dernières ressources, jusqu'à mettre en gage des joyaux de sa femme; son esprit succomba, et son corps, il fut très malade, sa femme au moment d'être veuve.

Tout au contraire prospérait au roi; son commerce d'hommes allait bien, il achetait des Anglais, des Suisses, l'inaction des uns, le secours des autres. Le fier Hastings, posté à Calais pour le surveiller, s'humanisa et reçut pension[1]. Les cantons suisses avaient traité avec Maximilien; mais les Suisses aimaient bien mieux un roi qui payait; ils se donnaient à lui, lui à eux; il se fit bourgeois de Berne. Dès lors, plus d'obstacle en Comté, tout fut réduit, et il put envoyer son armée oisive piller le Luxembourg. Le duché de Bourgogne fut assuré, caressé, consolé; il lui donna un Parlement, alla voir sa bonne ville de Dijon, jura dans Saint-Bénigne tout ce qu'on pouvait jurer de vieux privilèges et de coutumes, et voulut que ses successeurs fissent de même à leur avènement. La Bourgogne était un pays de noblesse; le roi fit de bonnes conditions à tous les grands seigneurs, un pont d'or. Pour être tout à fait gracieux aux gens du pays et se faire des leurs, il prit maîtresse chez eux, non pas une

---

[1]. Voir dans Comines les scrupules d'Hastings, qui ne veut pas donner quittance de cet argent : « Mettez-le dans ma manche », etc.

petite marchande, comme à Lyon, mais une dame bien née et veuve d'un gentilhomme[1].

Parmi tant de prospérités, il baissait fort. Comines, qui revenait d'une ambassade, le trouvait tout changé. Il avait bien désiré cette Bourgogne, et la chose, si aisée en apparence, traîna, et fut même en grand doute. Il avait pâti des obstacles, langui. Qu'on en juge par une lettre secrète à son général, où il lâche ce mot d'âpre passion (qui effraye dans un roi si dévot) : « *Je n'ay autre paradis* en mon imagination que celui-là... J'ay plus grand faim de parler à vous, pour y trouver un remède, que je n'eus jamais *à nul confesseur pour le salut de mon âme*[2] ! »

---

1. Galanteries toutes politiques, comme on peut le conclure d'un mot de Comines (liv. VI, ch. XIII).
2. Lenglet.

CHAPITRE V

Louis XI triomphe, recueille et meurt. (1480-1482.)

Le roi de France, avec ses cinquante-sept ans, déjà maladif et le visage pâle, n'en était pas moins, nous l'avons dit, dans l'affaiblissement de tous, le seul jeune, le seul fort. Tout languissait autour de lui, ou mourait, mourait à son profit.

Dans l'éclipse des anciennes puissances, du pape et de l'empereur, il y eut *un roi*, le roi de France. Il prit deux provinces d'Empire, la Comté, la Provence, et il les garda. Il faillit faire juger le pape. Le violent Sixte IV, ayant tué Julien de Médicis par la main des Pazzi, jetait une armée sur Florence pour punir Laurent d'avoir survécu. Le roi, sans bouger, envoya Comines, arma Milan, et rassura les Florentins dans la première surprise[1]. Il menaça le pape de la Pragmatique et d'un concile qui l'aurait déposé.

---

1. Les Médicis étaient les banquiers des rois de France et d'Angleterre ; ils apparaissent comme garants dans toute grande affaire d'argent, spécialement au traité de Pecquigny. *App.* 251.

La Hongrie, la Bohême, la Castille ambitionnaient son alliance. Les Vénitiens, à son premier mot, rompirent avec la maison de Bourgogne. Gênes s'offrit à lui, et il la refusa, voulant garder l'amitié de Milan.

Le vieux roi d'Aragon, Juan II, s'obstina quinze années à vouloir retirer de ses mains le gage du Roussillon; il mourut à la peine. Et il eut encore le chagrin de voir la Navarre (l'autre porte des Pyrénées) tomber dans les mêmes mains avec son petit-fils, que Louis XI tenait par la mère régente, Madeleine de France.

Il avait eu partout un allié fidèle, actif, infatigable, la mort... Partout elle avait mis du zèle à travailler pour lui, en sorte qu'il n'y eût plus de princes au monde que des enfants, et encore peu viables, et que le roi de France se trouvât l'universel protecteur, tuteur et gouverneur. C'est peut-être alors qu'il fit faire pour le dauphin et tous ces petits princes son innocent *Rosier des guerres*[1], l'Anti-Machiavel d'alors (avant Machiavel).

En Savoie, il avait perdu sa sœur (dont il remerciait Dieu), gagné ou chassé les oncles du petit duc. Lui-même, comme oncle et tuteur, il s'était établi à Montmélian, et il avait pris son neveu en France.

A Florence, il protégeait, comme on a vu, le jeune Laurent; il l'avait sauvé. A Milan, la faible veuve, Bonne, une de ces filles de Savoie qu'il avait mariées et dotées paternellement, n'était régente que par lui;

---

1. *App.* 252.

par lui seul, elle se rassurait, elle et son enfant, contre l'envahissante Venise, contre l'oncle de l'enfant, Ludovic-le-More.

En Gueldre, aussi bien qu'en Navarre, en Savoie, à Milan, le souverain, c'était un enfant, une femme, et le protecteur Louis XI.

En Angleterre, Édouard vivait et régnait ; il était entouré d'une belle famille de sept enfants. Et pourtant, la reine tremblait, voyant tout cela si jeune, son mari vieux à quarante ans, qu'un excès de table pouvait emporter. En ce cas, comment protéger le petit roi contre un tel oncle (qui fut Richard III !), sinon par un mariage de France, par la protection du roi de France, qui partout détestait les oncles, protégeait les enfants ?

Tout étant, autour de la France, malade et tremblant à ce point, ceux du dedans n'avaient à compter sur aucun secours. Le mieux pour eux était de rester sages, de ne pas remuer. Quiconque avait cru aux forces extérieures en avait été dupe. Le Bourguignon appela des troupes italiennes, on a vu avec quel succès. Les Pays-Bas crurent à l'Allemagne, et firent venir Maximilien, qui ne put rien leur rendre de ce qu'ils avaient perdu. Quinze ans durant, la Bretagne invoqua l'Angleterre, et n'en tira point de secours.

Des grands fiefs le seul encore qui eût vie, c'était la Bretagne ; elle vivait de son obstination insulaire, de sa crainte de devenir France, appelant toujours l'Anglais, et pourtant elle en eut peur deux fois. Le roi, tout en poursuivant le grand drame du Nord, de

Flandre et de Bourgogne, ne détourna cependant jamais les yeux de la Bretagne, qui était pour lui une affaire de cœur. Une fois (au moment où il crut avoir rangé son frère en Guyenne), il essaya de prendre le Breton en lui jetant au col son collier de Saint-Michel, comme on prend un cheval sauvage; mais celui-ci n'y fut pas pris.

Louis XI montra une obstination plus que bretonne dans l'affaire de la Bretagne, l'assiégeant, la serrant peu à peu. De temps en temps, quelqu'un en sortait, et se donnait à lui; c'est ce que firent Tanneguy Duchâtel et son pupille, Pierre de Rohan, depuis maréchal de Gié. Patiemment, lentement, en dix ans, le roi fit ses approches. La mort de son frère lui ayant rendu La Rochelle, au midi de Nantes, il saisit Alençon, de l'autre côté. De face, il prit l'Anjou, comme on va voir, et enfin, il hérita du Maine. Vers la fin, il acheta un prétexte d'attaque, les droits de la maison de Blois[1], droits surannés, prescrits, mais terribles dans une telle main. Le duc n'avait qu'une fille; si le dauphin ne l'épousait, il héritait, au titre de la maison de Blois. La Bretagne n'avait qu'à choisir, si elle voulait venir à la couronne, par mariage ou par succession; elle y venait toujours.

Tout en attirant les Rohan, il avait acquis leurs rivaux, les Laval, les affranchissant du duché, les mettant dans ses armées, dans son conseil, leur confiant Melun, une clef de Paris. Gui de Laval, dont plus

---

1. *App.* 253.

tard le fils et la veuve agirent plus que personne pour marier la Bretagne à la France, lui rendit, par sa fille, un autre service moins connu, non moins important.

L'an 1447, le roi René donna à Saumur un splendide et fameux tournoi. Gui de Laval y mena son jeune fils, âgé de douze ans, faire ses premières armes, et sa fille en même temps, qui en avait treize. René, plus fol que jeune, fut pris au lacs. Sa femme, la vaillante Lorraine, qui avait fait la guerre pour lui, et qu'il aimait fort, vit pourtant ce jour-là qu'elle était vieille. La petite Bretonne fit, avec l'innocente hardiesse d'un enfant, le plus joli rôle du tournoi, celui de la Pucelle qui venait à cheval devant les chevaliers, mettait les combattants en lice, et baisait les vainqueurs. Tout le monde prévit dès lors, et René lui-même ne cacha pas trop sa pensée nouvelle : il mit sur son écu un bouquet de *pensées*.

Isabelle mourut à la longue, René fut veuf. Il pleura beaucoup, parut inconsolable. Mais enfin ses serviteurs, ne pouvant le voir dépérir ainsi, exigèrent (c'était comme un droit du vassal) que leur seigneur se mariât. Ils se chargèrent de chercher une épouse, et ils cherchèrent si bien qu'ils en découvrirent une[1], cette même petite fille, Jeanne de Laval, qui était devenue une grande et belle fille de vingt ans. René en avait quarante-sept ; ils le voulurent, il se résigna.

Ce mariage fut agréable au roi, qui fit archevêque de Reims Pierre de Laval, le petit frère de Jeanne.

---

1. « Sembla bien aux barons d'Anjou que Dieu la leur avoit adressée, affin que ilz n'eussent la peine d'aller chercher plus loing. » *App.* 254.

René, au milieu de cette aimable famille française, fut comme enveloppé de la France; il oublia le monde. Il avait dès lors bien assez à faire pour amuser sa jeune femme, et une sœur encore plus jeune qu'elle avait avec elle. En Anjou, en Provence, il menait la vie pastorale, tout au moins par écrit, rimant les amours des bergers, se livrant aux amusements innocents de la pêche et du jardinage; il goûtait fort la vie rurale, comme « la plus lointaine de toute terrienne ambition ». Il avait encore un plaisir [1], de chanter à l'église, en habit de chanoine, dans un trône gothique, qu'il avait fait, peint et sculpté. Son neveu Louis XI aida à l'alléger des soucis du gouvernement, en lui prenant l'Anjou. On hésitait à l'avertir [2]; il était alors au château de Beaugé, fort appliqué à peindre une belle perdrix grise; il apprit la nouvelle sans quitter son tableau.

Il avait bien encore quelques vieux serviteurs qui s'obstinaient à vouloir qu'il fût roi, et qui sous main traitaient avec la Bretagne ou la Bourgogne; mais cela tournait toujours mal: Louis XI savait tout, et prenait les devants. On a vu qu'au moment où ils offraient la Provence au duc de Bourgogne, Louis XI accourut, saisit Orange et le Comtat. René ne se tira d'affaire

---

1. Un autre: de se chauffer l'hiver *à la cheminée du bon roi René*, c'est-à-dire au soleil, proverbe provençal.

2. « Oyant nouvelles que le Roy son nepveu estoit à Angiers, il monta à cheval pour le venir festoyer, ignorant encore ce qui avoit esté faict en son préjudice. Et combien que ses domestiques en fussent bien informez..., etc. Le noble Roy, oyant racompter la perte et dommage de son pays d'Anjou que tant il aymoit, se trouva quelque peu troublé. Mais, quant il eut reprins ses espritz, à l'exemple du bon père Job... » (Bourdigné.)

qu'en lui donnant promesse écrite qu'après lui et son neveu Charles, il aurait la Provence; lui-même il écrivit cet acte, l'enlumina, l'orna de belles miniatures. C'était mourir de bonne grâce, et au reste, il était mort dès la fatale année où il perdit ses enfants, Jean de Calabre, mort à Barcelone, Marguerite, prise à Teukesbury. Il lui restait un petit-fils, René II, mais fils d'une de ses filles, et ses conseillers lui assuraient que la Provence (quoique fief féminin et terre d'Empire) devait, la ligne mâle manquant, revenir à la France[1]. Alors il soupirait et se peignait dans ses miniatures, sous l'emblème d'un vieux tronc dépouillé qui n'a qu'un faible rejeton.

Son neveu et héritier, le roi, avait hâte d'hériter, il ne pouvait attendre : « Il envieillissoit, devenoit malade. » Il se ménageait peu; au défaut de guerre, il chassait; il lui fallait une proie. Seul au Plessis-lez-Tours, il tenait son fils à Amboise sans le voir, et il envoya sa femme encore plus loin, en Dauphiné. Souvent, il partait de bonne heure, chassait tout le jour, au vent, à la pluie, dînant où il pouvait, causant avec les petites gens, avec des paysans, des charbonniers de la forêt. Il lui arrivait, inquiet qu'il était toujours, voulant tout voir et savoir, de se lever le premier et, pendant qu'on dormait, de courir le château; un jour, il descend aux cuisines, il n'y avait encore qu'un enfant qui tournait la broche : « Combien gagnes-tu? » L'enfant qui ne l'avait jamais vu, répondit :

---

[1]. L'habile Palamède de Forbin trouva cette clause dans l'acte de mariage de l'héritière de Provence et du frère de Saint-Louis. Voy. Papon, Dupuy.

« Autant que le roi. — Et le roi, que gagne-t-il ? — Sa vie, et moi la mienne. »

Le marmiton avait parlé fièrement, prenant apparemment ce rôdeur mal mis pour un pauvre... Il ne se trompait pas. Jamais il n'y eut pauvreté plus profonde, plus famélique et plus avide. Apreté de chasseur ou faim de mendiant, c'est ce qu'expriment toutes ses paroles, parfois violentes et âcres, souvent flatteuses, menteuses, humblement caressantes et rampantes... Tant il avait besoin[1] ! besoin de telle province aujourd'hui, demain de telle ville.... Né avide, mais plus avide encore comme roi et royaume, il souffre, on le sent bien, de tous les fiefs qu'il n'a pas encore. La royauté avait en elle l'insatiable abîme qui devait tous les absorber.

On a vu ses âpres commencements avant le *Bien public*, et comment cette faim s'aiguisa par l'obstacle. Tout à coup tout devient facile, les États, les provinces pleuvent, la proie se donne elle-même, le gibier vient prier le chasseur. L'ardeur de prendre se calmera sans doute ?... c'est le contraire. La passion violente, inique, et qui irait contre Dieu, voit le jugement de Dieu se déclarer pour elle ; elle se sent profondément juste, profondément injuste lui paraît tout ce qu'elle n'a pas encore. L'unité du royaume, confusément sentie, comme droit futur, lui justifie tous les moyens. Désor-

---

1. Lire la lettre si humble à Hastings, et le billet si tendre à un de ses serviteurs, M. de Dunois, pour qu'il expédie l'affaire de Savoie : « Mon frère ! mon ami !... » Nulle part peut-être on n'a vu les affaires traitées avec tant de passion. *App.* 255.

mais assez fort pour n'avoir plus besoin de force, pouvant s'adjuger ce qu'il veut, conquérir par arrêt, ce n'est plus un chasseur, il siège comme juge. Sa passion maintenant c'est la justice. Il va toujours juger; point de jours fériés, saint Louis fit justice même au Vendredi saint.

Justice ici mêlée de guerre, et parfois l'exécution avant le procès. Celui d'Armagnac fut abrégé par le poignard. On a vu ceux d'Alençon, de Saint-Pol, de Nemours. Le pauvre vieux René, un roi, fut menacé de contrainte par corps. Le prince d'Orange fut poursuivi, justicié en effigie, pendu par les pieds. Ce formidable duc de Bourgogne n'échappe pas. A peine mort, le Parlement saisit son cadavre. Les procureurs lui prouvent, à ce chevalier mort par chevalerie, que, sous sa belle armure, il eut la foi du procureur; on lui retrouve son billet de Péronne, le fameux sauf-conduit écrit de sa main, on lui établit par rapport d'experts qu'il a juré et qu'il a menti[1].

Le Parlement n'allait pas assez vite dans ces besognes royales. Sans doute il se disait que le roi était mortel, que les grandes familles dureraient après lui, et sauraient bien retrouver les juges. Donc, il ménageait tout. Que le roi fût mécontent ou non, il ne pouvait sévir; on ne coupe pas la tête à une grande compagnie.

Il résulta de là une chose odieuse, c'est que les procès se firent par commissaires, à qui les biens

---

1. *App.* 256.

de l'accusé étaient donnés d'avance, et qui avaient intérêt à la condamnation.

Et de cette chose odieuse, une chose effroyable naquit, une espèce nouvelle, celle des commissaires, qui, créée par la tyrannie pour son besoin passager, voulait durer et besogner toujours, qui, ayant pris goût à la curée, ne chassait plus seulement à la voix du maître, mais s'ingéniait à trouver des proies, et faute d'ennemis poursuivait les amis.

Il y avait deux princes du sang que les autres princes et les grands du royaume accusaient fort, et regardaient comme amis du roi, comme traîtres[1]. L'un était le duc de Bourbon, au frère duquel Louis XI avait donné sa fille. L'autre était le comte du Perche, fils du duc d'Alençon, mais élevé par le roi, et qui en 1468 avait trahi pour lui les Bretons et son père.

Ces deux princes furent la proie nouvelle contre laquelle les commissaires animèrent le roi, et ils n'y trouvèrent que trop de facilité dans le triste état de son esprit. Il se sentait défaillir, et faisait d'autant plus effort pour se prouver à lui et aux autres, par mille choses violentes et fantasques, qu'il était en vie. Il faisait acheter de toutes parts des chiens de chasse, des chevaux, des bêtes curieuses. Il faisait de grands remuements dans sa maison, renvoyant ses serviteurs pour en prendre d'autres. A quelques-uns il ôtait leurs offices, faisait des justices sévères ; il frappait loin et rude.

---

1. C'est ce que disait le duc de Nemours (Voy. son *Procès ms.*) : « Ce mauvais homme, M. de Bourbon, nous a tous trahis. »

Entre autres gens très propres à faire ou conseiller des choses violentes, il avait un dur Auvergnat, nommé Doyat, né sujet du duc de Bourbon, chassé par lui, qui trouva jour pour se venger. Un moine, venu du Bourbonnais, avait remué Paris en prêchant contre les abus, disant hardiment que le roi était mal conseillé[1]. Le roi crut sans difficulté que le duc de Bourbon, cantonné dans ses fiefs, avait envoyé cet homme pour tâter le peuple[2] ; on disait qu'il fortifiait ses places, qu'il empêchait les appels au roi, qu'il était roi chez lui[3]. Louis XI avait encore un grief contre lui, c'est qu'il ne mourait pas. Goutteux et sans enfants, ses biens devaient passer à son frère, gendre du roi; puis, si ce frère n'avait pas d'enfants mâles, ils devaient échoir au roi même. Mais il ne mourait pas... Doyat se fit fort d'y pourvoir. Il se fit nommer par le Parlement, avec un autre, pour aller faire le procès à son ancien seigneur. Il arrive à grand bruit dans ce pays, où depuis tant d'années on ne connaissait de maître que le duc de Bourbon; il ouvre enquête publique, provoque les scandales, engage tout le monde à déposer hardiment contre lui. Au nom du roi, défense aux nobles du Bourbonnais de *faire alliance* avec le duc de Bourbon. Il l'en-

---

1. Jean de Troyes.
2. Il craignait toujours les mouvements de Paris, de l'Université, etc. La fameuse ordonnance pour imposer silence aux nominaux n'a, je pense, aucun autre sens. *App.* 257.
3. Le duc, longtemps ménagé, employé par le roi, pour la ruine des grands, exerçait avec d'autant plus de sécurité sa royauté féodale ; on l'accusait d'exclure certains députés des assemblées provinciales, etc. *App.* 258.

fermait ainsi tout seul dans ses châteaux. Là même il ne fut pas tranquille, on vint lui prendre ses officiers chez lui ; il ne restait qu'à l'enlever lui-même. Son frère, Louis de Bourbon, évêque de Liège, fut tué peu après par le Sanglier, qui, avec une bande recrutée en France[1], prit un moment l'évêché pour son fils.

Ces violences, ces outrages, et que cet Auvergnat, né chez le duc de Bourbon, l'eût foulé sous ses souliers ferrés, c'étaient des choses qu'on ne pouvait faire sans risque. La religion féodale n'était pas tellement éteinte qu'il ne se trouvât, entre ceux qui mangeaient le pain du seigneur, un homme pour le venger. Comines, si bien instruit, dit positivement que la bonne volonté ne manqua pas, que plusieurs eurent envie « d'entrer en ce Plessis, et *dépêcher les choses*, parce qu'à leur avis rien ne se dépêchoit ». De là, la nécessité de grandes précautions ; le Plessis se hérisse de barreaux, grilles, guérites de fer. On y entre à peine. Peu de gens approchent, et bien triés ; c'est-à-dire que de plus en plus, le roi ne voyant plus que tels ou tels, tout absolu qu'il peut paraître, se trouve dans leurs mains. Un accident augmenta ce misérable état d'isolement.

Un jour, dînant près de Chinon, il est frappé, perd la parole. Il veut approcher de la fenêtre, on l'en empêche, jusqu'à ce que son médecin, Angelo Catto,

---

1. Et à Paris même. Un autre frère du duc de Bourbon, l'archevêque de Lyon, serviteur fort docile du roi, n'en fut pas moins dépouillé de son autorité sur Clermont, qui dès lors élut ses consuls.

arrive et fait ouvrir. Un peu remis, son premier soin fut de chasser ceux qui l'avaient tenu et empêché d'approcher des fenêtres.

Entre cette attaque et une seconde qu'il eut peu après, il se donna, dans sa faiblesse, un spectacle de sa puissance. Il réunit à Pont-de-l'Arche la nouvelle armée qu'il organisait. Campée là sur la Seine, elle était à portée de marcher sur la Bretagne ou sur Calais. Elle rompit le projet du Breton, qui offrait sa fille au prince de Galles. Le roi lui avait déjà saisi Chantocé. Il se hâta de demander pardon.

Cette armée était une belle et terrible machine, forte et légère dans son rempart de bois, qu'elle posait, enlevait à volonté. La pâle figure mourante sourit, et se complut dans cette image de force. Elle se sentait là en sûreté; ceux-ci étaient des hommes sûrs, des Suisses[1], ou armés à la suisse. Dans les armes, dans les costumes, rien qui sentît la France; hoquetons de toutes couleurs, hallebardes, lances à rouelle qu'on n'avait jamais vues. Une armée muette, qui ne savait que deux mots: *geld* et *trinkgeld*. Nul mouvement qu'au son du cor. Le roi ne voulait plus d'hommes, mais des soldats; plus de ces francs-archers pillards, qui s'étaient débandés à Guinegate; de gentilshommes encore moins, il leur fit dire de payer au lieu de servir, et de rester chez eux. Plus

---

1. Ce commerce d'hommes, si coûteux à la France, fut encore plus funeste à la Suisse. Des querelles terribles y éclatèrent entre les villes et les campagnes, pour des questions d'argent, de butin, etc. (Tillier.) Stettler dit qu'en 1480, on ne peut rétablir la sûreté des routes qu'en faisant pendre quinze cents pillards.

de Français, ni peuple, ni nobles... Le brillant spectacle de ces bandes égaya peu nos vieux capitaines, qui avaient tant fait pour avoir une milice nationale, et qui à la longue l'avaient formée, aguerrie. Ils sentaient qu'un jour ou l'autre ces Allemands pourraient bien battre ceux qui les payaient, qu'on n'en serait pas maître, et qu'on maudirait alors un roi qui avait désarmé la France.

La France n'était donc plus sûre pour le garder. A qui donc se fiait-il? à un Doyat, un Olivier-le-Diable, à maître Jacques Coictier, médecin et président des comptes, un homme hardi, brutal, qui le faisait trembler lui-même. Deux hommes encore étaient autour de lui, peu rassurants, MM. Du Lude et de Saint-Pierre; l'un, un joyeux voleur qui faisait rire le roi; l'autre, son sénéchal, sinistre figure de juge, qui eût pu être bourreau. Parmi tout cela, le doux et cauteleux Comines, qu'il aimait et faisait coucher avec lui; mais il croyait les autres.

Au retour de son camp, il fut frappé de nouveau, « et fut quelque deux heures qu'on le croyoit mort; il étoit dans une galerie, couché sur une paillasse... M. Du Bouchage et moi (dit Comines), nous le vouâmes à monseigneur saint Claude, et les autres qui étoient présents le lui vouèrent aussi. Incontinent la parole lui revint, et sur l'heure il alla par la maison, mais bien foible... » Un peu remis, il voulut voir les lettres qui étaient arrivées et qui arrivaient de moment en moment : « On lui montroit les principales, et je les lui lisois. Il faisoit semblant de les entendre, et les prenoit en la main, et faisoit semblant de les lire, quoiqu'il n'eût aucune connoissance, et disoit quelque mot, ou faisoit signe des réponses qu'il vouloit être faites. »

Du Lude et quelques autres logeaient sous sa chambre, « en deux petites chambrettes ». C'était ce petit conseil qui réglait en attendant les affaires pressées. « Nous faisions peu d'expéditions, car il étoit maître avec lequel il falloit charrier droit. »

Entre ses deux attaques, on lui fit faire deux choses, délivrer le cardinal Balue que le légat réclamait, et mettre en prison le comte du Perche. Ce procès, œuvre ténébreuse et la plus inconnue du temps, mérite explication.

Le 14 août 1481, on l'arrête et on le met dans une cage de fer, la plus étroite qu'on eût faite, une cage d'un pas et demi de long... Sur quelle accusation? la moins grave, d'avoir voulu sortir de France.

Cette terrible rigueur étonne fort, quand on sait que, peu d'années auparavant, on examina en conseil s'il fallait l'arrêter, que deux personnes lui furent favorables, et que l'une des deux était Louis XI[1]. Pour bien comprendre, il faut savoir de plus que plusieurs conseillers avaient du bien de l'accusé et étaient intéressés à le faire mourir.

Ce malheureux comte du Perche était un de ces enfants que le roi avait élevés chez lui, comme le prince de Navarre et autres, et qu'il avait formés et

1. *App.* 259.

dressés à trahir leurs pères. En 1468, le comte du Perche prit parti contre son père, le duc d'Alençon, et son parent, le duc de Bretagne, en sorte que, détesté des ennemis du roi, il se ferma à jamais le retour, appartint au roi seul. Louis XI, avec qui il avait toujours vécu, le connaissait très bien pour un homme léger, futile, et qui, après « les belles filles », ne connaissait que ses faucons. Il n'en tenait guère compte, lui payait mal sa pension ; de longue date, il avait occupé ses places, et pour ses terres il en disposait, les donnait comme siennes. Sa patience, déjà fort éprouvée par le roi, le fut bien plus encore par ceux qui, ayant son bien et voulant le garder, voulurent avoir sa vie. Pour cela, il fallait, à force d'outrages et de provocations, faire de cette inoffensive créature un conspirateur. Chose difficile ; il craignait le roi comme Dieu. Un de ses serviteurs disant un jour, dans sa chambre à coucher, un mot hardi contre le roi, il eut peur et le gronda fort.

Pour surmonter sa peur, il en fallait une plus forte. On imagina de lui faire arriver des lettres anonymes, où charitablement on l'avertissait que le roi allait le faire tondre, le faire moine... Cela l'effraya fort... Puis d'autres lettres arrivent : le roi va le faire pendre... D'autres encore : il le fera tuer. Ce pauvre diable craignait horriblement la mort, il y paraît dans son procès. Il ne lui vint rien dans l'esprit contre le roi, nulle défense ou vengeance ; seulement, il commença à regarder de tous côtés par où il s'enfuirait... Le plus près, c'était la Bretagne ;

mais c'était un pays hostile où il n'y avait pour lui nulle sûreté. « Si je trouvais à m'embarquer, disait-il, j'irais en Angleterre, ou bien encore à Venise; j'épouserais une bourgeoise de Venise, et je serais riche. »

En l'effrayant ainsi, on tâchait d'autre part d'effrayer Louis XI. Les gens du comte, sa sœur même (bâtarde d'Alençon), rapportaient ou forgeaient des mots qu'il aurait dits, et qu'on interprétait de façon sinistre. On assurait, par exemple, qu'il avait dit à un de ses domestiques : « Ne serais-tu donc pas homme à donner un coup de dague pour moi? »

Quoique le duc de Nemours, qui dénonça tant de gens, n'eût rien dit contre le comte du Perche, Louis XI, de plus en plus défiant, et sans doute bien travaillé par ceux qui y avaient intérêt, finit par croire ce que l'on voulait, et signa une lettre pour avouer Du Lude de tout ce qu'il ferait. Ce qu'il fit, ce fut d'arrêter l'homme sur l'heure, et il le mit dans cette cage étroite où on lui passait le manger avec une fourche. Il l'environna de ses serviteurs à lui Du Lude, et, ce qui est plus choquant à dire, il employait à ce métier de geôlier ou d'espion, sous prétexte d'*amuser le comte*, un enfant qui était son fils.

Du Lude se fit nommer commissaire avec Saint-Pierre et quelques autres; mais il ne put si bien faire que l'enquête ne fût conduite par le chancelier, le prudent Doriole. L'accusé, ayant parlé des lettres anonymes qu'on lui avait écrites, devenait accusa-

Ceur, et probablement embarrassait tel et tel de ses juges. Mais il était faible, variable, facile à intimider; ils lui dirent que *rien ne pouvait tant l'aider* que de dire vrai et *de ne dénoncer personne*, et il se démentit, consentant à faire croire « que c'était lui qui les avait écrites ».

Il montrait du reste assez bien qu'il était dangereux pour lui d'aller en Bretagne, qu'il y était haï. Il ajoutait cette chose, bien forte en sa faveur : « Il n'y a pas d'homme en France qui doive craindre tant que moi la mort du roi. Si le roi nous manquait, il n'y aurait plus personne pour me faire grâce. M. le dauphin serait trop jeune pour rien empêcher, on me ferait mourir. »

Plus il prouvait qu'il n'eût osé aller en Bretagne, et plus le roi pensait qu'il voulait passer en Angleterre, ce qui était plus grave encore. Nulle preuve au reste ni pour l'un ni pour l'autre. La peureuse nature de l'accusé vint au secours des juges. Un homme que Du Lude lui avait donné pour le soigner, qui lui avait inspiré confiance et qu'il faisait coucher avec lui, l'éveille brusquement une nuit et lui dit : « Par le corps de Dieu, vous êtes un homme mort, si vous n'y prenez garde. » Et lui conte qu'un sien frère a entendu les sires Du Lude et de Saint-Pierre dire en se promenant qu'il fallait profiter d'une absence du roi pour le faire mourir... Le prisonnier éperdu prie l'homme, le conjure de lui donner moyen de fuir... Oui, mais d'abord il faut s'assurer s'il peut fuir en Bretagne, si le duc est mieux disposé, il faut *écrire au duc...* Voici une écritoire... — Il écrit, et il est perdu.

Il l'eût été du moins, si par bonheur Du Lude ne fût mort sur ces entrefaites. Le roi qui, sans doute, ne se fiait plus assez à la commission, mit l'affaire dans les mains de son gendre Beaujeu, et de son âme damnée le Lombard Boffalo qui présiderait une commission nouvelle tirée du Parlement (19 mars 1482). Boffalo cependant voyait le roi malade; il savait bien qu'à sa mort il aurait lui-même de grandes affaires au Parlement pour la dépouille du duc de Nemours; il se prêta aux lenteurs calculées des parlementaires, et laissa traîner l'affaire jusqu'à la fin du règne. L'accusé, qui avait fait des aveux maladroits, à se perdre, n'en fut pas moins quitte pour garder prison, en demandant pardon au roi (22 mars 1483).

La fortune semblait prendre un malicieux plaisir, en ces derniers temps, à combler le mourant de grâces imprévues, dont il ne devait pas profiter. A peine il apprenait la mort de Charles du Maine, neveu de René (12 déc. 1482), à peine il entrait en jouissance du Maine, de la Provence, de ces beaux ports de la mer d'Italie... Une nouvelle lui vient du Nord, charmante et saisissante... Elle se confirme : la maison de Bourgogne est éteinte, tout comme celle d'Anjou : la jeune Marie est morte, comme le vieux René. Son cheval l'a jetée par terre, et avec elle tout l'espoir de Maximilien. Blessée de cette chute, elle mourut en quelques jours. Soit pudeur, soit fierté, la souveraine dame de Flandre aurait mieux aimé mourir, si l'on en croit le conte, que de se laisser voir aux médecins ; la fille, comme le père, aurait péri par une sorte de point d'honneur (27 mars 1483)[1].

Maximilien en avait deux enfants. Mais il n'était nullement à croire que les Flamands qui, du vivant de leur dame et sous ses yeux, lui avaient tué ses serviteurs, acceptassent jamais la tutelle d'un étranger. Il avait peu de poids d'ailleurs, peu de crédit. Pendant que la douairière de Bourgogne négociait pour lui à Londres, il écrivait à Louis XI, qui ne manquait pas de montrer ses lettres aux Anglais. Aussi n'avaient-ils nulle confiance en Maximilien. Ils ne voulaient lui donner secours qu'autant qu'il les paierait d'avance. Tout le payement qu'il avait à leur offrir, c'était la gloire, la belle chance de gagner encore des batailles de Créci, de conquérir leur royaume de France... Louis XI parlait moins, et agissait mieux ; il offrait des choses palpables, des sacs d'argent, des écus neufs, des présents de toute sorte, de la vaisselle plate travaillée à Paris.

De longue date, il avait eu cette divination qu'un moment viendrait pour brouiller la Flandre ; il l'avait toujours pratiquée tout doucement, en bas par son barbier flamand, en haut par M. de Crèvecœur. Il

---

[1]. Pontus Heuterus assure que Maximilien ne put jamais entendre parler de Marie sans pleurer. Lorcheimer raconte que Trithême, pour le consoler, évoqua Marie et la lui fit apparaître ; mais cette vue lui fut si douloureuse qu'il défendit au magicien, sous peine de la vie, d'évoquer les morts du tombeau. (Le Glay.)

avait à Gand de bien bons amis, qui touchaient pension ; un Wilhelm Rim entre autres, premier conseiller de la ville, « saige homme et malicieux », et un certain Jean de Coppenole, chaussetier et syndic des chaussetiers, qui, sachant écrire, se fit nommer clerc des échevins, et fut enfin grand doyen des métiers ; c'était un homme très utile.

La première chose qu'ils firent, ce fut de mettre la main sur les deux enfants, sur le petit Philippe et la petite Marguerite (celle-ci encore en nourrice), et de dire que, d'après leur Coutume, les enfants de Flandre ne pouvaient avoir de nourrice que la Flandre même. Le Brabant et autres provinces ayant réclamé, les Flamands promirent de les garder seulement quatre mois ; puis, chaque province les aurait quatre mois à son tour. Mais, le terme arrivé, quand il fallut les rendre, ils déclarèrent qu'ils ne pouvaient s'en séparer, que c'était trop contre leur privilège [1].

Un conseil de tutelle fut nommé, où Maximilien figura pour la forme ; c'était lui plutôt qui était en tutelle. La Flandre et le Brabant le tenaient de court, le traitaient comme un mineur ou un interdit. Ses amis d'Allemagne, jeunes comme lui, et qui n'avaient rien vu de tel en leur pays, lui donnèrent le conseil tudesque de prendre quelques bourgeois récalcitrants et d'en faire exemple ; cela finirait tout... Cela justement le perdit.

1. *App.* 260.

Les Flamands dès lors se donnèrent de cœur au roi, ils se prirent pour lui d'une singulière tendresse; il n'arrivait pas à Gand un messager, un trompette, qu'il ne fût entouré, qu'on ne lui demandât nouvelles de la santé du roi et de monseigneur le dauphin. Ce roi qu'ils avaient tant haï, ils l'estimaient; ils voyaient bien qu'il avait les mains longues, lorsque de l'une il leur prenait encore la ville d'Aire, et que de l'autre il lançait sur Liège ce damné Sanglier.

Rim et Coppenole aidant, ils comprirent que jamais ils ne trouveraient un parti plus honorable pour leur petite Marguerite que ce jeune dauphin qui tout à l'heure allait être roi de France. C'était une bonne occasion de se débarrasser de ces provinces françaises qui sous le feu duc n'avaient servi qu'à tourmenter la Flandre. N'était-elle pas bien assez riche, avec la Hollande et le Brabant? Qu'était-ce que l'Artois? rien qu'un frein pour brider la Flandre; quand le comte n'aurait plus, contre Gand et Bruges, ses nobles chevauchées d'Artois et de Bourgogne, il faudrait bien qu'il entendît raison.

S'il faut en croire Comines, Louis XI eût été heureux de tirer d'eux une bonne cession de l'Artois ou de la Bourgogne. Ils l'obligèrent de les garder toutes deux. S'ils avaient pu encore lui donner le Hainaut et Namur, tous les pays wallons, ils l'auraient fait bien volontiers, tout cela dans l'idée d'avoir désormais des comtes de Flandre paisibles et raisonnables.

Heureux roi! Gâté de la fortune, violenté... « demandant peu et recevant trop... » Ses amis, Rim et Coppenole, vinrent lui apporter ce splendide traité, la couronne de son règne. Ils furent bien étonnés de trouver le grand roi dans ce petit donjon, derrière ces grilles de fer, ces moineaux de fer, ce guet terrible, une prison enfin, si bien gardée qu'on n'entrait plus. Le roi y était consigné; il était si maigre et si pâle qu'il n'eût osé se montrer. Toujours actif du reste, au moins d'esprit. Ce qui restait de plus vivant en lui, c'était l'âpreté du chasseur, le besoin de la proie; seulement, ne pouvant plus sortir, il allait un peu de chambre en chambre avec des petits chiens dressés exprès, et chassait aux souris.

Les Flamands furent reçus le soir, avec peu de lumières, dans une petite chambre. Le roi, qui était dans un coin, et qu'on voyait à peine dans sa riche robe fourrée (il s'habillait richement vers la fin), leur dit, en articulant difficilement[1], qu'il était fâché de ne pouvoir se lever ni se découvrir. Il causa un moment avec eux, puis fit apporter l'Évangile sur lequel il devait jurer. « Si je jure de la main gauche, dit-il, vous m'excuserez, j'ai la droite un peu faible. » Et en effet, elle était déjà comme morte, tenue par une écharpe[2].

Ce mariage flamand rompait le mariage anglais, cette paix faisait une guerre. Mais, comme il était dit

---

1. Il ne pouvait plus déjà prononcer la lettre R.
2. Cependant il réfléchit sans doute qu'un traité juré *de la main gauche* pourrait bien être un jour annulé sous ce prétexte, et il toucha l'Évangile du coude droit, ce qui fit rire les Flamands : « Cubito etiam dextro multum ridicule... » (Pseudo-Amelgardi, lib. XI.)

qu'à ce moment tout réussirait au mourant par delà ses vœux, l'Angleterre ne fit rien. Sa fureur fut pourtant extrême. Répudiée par la France, elle l'était encore par l'Écosse. Deux mariages rompus à la fois, deux filles d'Édouard dédaignées : il s'en consola à table, et tant qu'il y mourut. Louis XI lui survécut. Les tragédies qui suivirent, le mettaient en repos [1].

Tout allait bien pour lui, il était comblé de la fortune... seulement, il mourait. Il le voyait, et il semble qu'il se soit inquiété du jugement de l'avenir. Il se fit apporter les *Chroniques de Saint-Denis* [2], les voulut lire, et sans doute y trouva peu de chose. Le moine chroniqueur pouvait, encore moins que le roi, distinguer, parmi tant d'événements, les résultats du règne, ce qui en resterait.

Une chose restait d'abord, et fort mauvaise. C'est que Louis XI, sans être pire que la plupart des rois de cette triste époque [3], avait porté une plus grave

---

1. Richard III lui écrivit, lui demanda amitié (c'est-à-dire pension), mais le roi, au rapport de Comines « ne voulut répondre à ses lettres, ni ouïr le messager, et l'estima très cruel et mauvais ».

2. La première idée qui se présente, c'est qu'il craignait que les moines n'eussent fait de l'histoire une satire. Il semble pourtant qu'il ait été curieux de l'histoire pour elle-même. Dans l'acte où il confirme la Chambre des comptes d'Angers, il parle avec une sorte d'enthousiasme de ce riche dépôt de documents. *App.* 261.

3. Observation fort juste de M. de Sismondi. Le savant Legrand, parfois un peu simple, parle en plusieurs endroits de la *bonté* de Louis XI. Cela est fort... Néanmoins, Comines assure qu'il détesta la trahison de Campobasso et la cruauté de Richard III. La *Chronique scandaleuse*, qui ne lui est pas toujours favorable, remarque qu'il cherchait à éviter, dans la guerre même, l'effusion du sang, ce qui est confirmé par son ennemi Molinet : « Il aymeroit mieux perdre dix mille escus que le moindre archier de sa compagnie. » — Il n'en est pas moins sûr qu'il fut cruel, surtout dans l'expulsion et le renouvellement des populations de Perpignan et d'Arras. *App.* 262.

atteinte à la moralité du temps. Pourquoi? *Il réussit.* On oublia ses longues humiliations, on se souvint des succès qui finirent; on confondit l'astuce et la sagesse. Il en resta pour longtemps l'admiration de la ruse, et la religion du succès [1].

Un autre mal, très grave, et qui faussa l'histoire, c'est que la féodalité, périssant sous une telle main, eut l'air de périr victime d'un guet-apens [2]. Le dernier de chaque maison resta le *bon* duc, le *bon* comte. La féodalité, ce vieux tyran caduc, gagna fort à mourir de la main d'un tyran.

Sous ce règne, il faut le dire, le royaume, jusque-là tout ouvert, acquit ses indispensables barrières, sa ceinture [3] de Picardie, Bourgogne, Provence et Roussillon, Maine et Anjou. Il se ferma pour la première fois, et la paix perpétuelle fut fondée pour les provinces du centre.

« Si je vis encore quelque temps, disait Louis XI à Comines, il n'y aura plus dans le royaume qu'une Coutume, un poids et une mesure. Toutes les Coutumes seront mises en français, dans un beau livre [4]. Cela coupera court aux ruses et pilleries des avocats; les procès en seront moins longs... Je briderai, comme il faut, ces gens du Parlement... Je mettrai une grande police dans le royaume. » Comines

---

1. La fausse et dure maxime avec laquelle Comines enterre son ancien maître : « Qui a le succès, a l'honneur. » — 2. *App.* 263.

3. Première ceinture du royaume plus importante encore pour sa vitalité et sa durée que la seconde ceinture, les beaux accessoires de Flandre, Alsace, etc.

4. *App.* 264.

ajoute encore qu'il avait bon vouloir de soulager ses peuples, qu'il voyait bien qu'ils étaient accablés, qu'il sentait avoir par là « fort chargé son âme... ».

S'il eut ce bon mouvement, il n'était plus à même de le suivre, la vie lui échappait. Déjà, tant redouté fût-il, il voyait les malveillances qui voulaient se produire ; la résistance commençait et la réaction.

Le Parlement avait refusé l'enregistrement de plusieurs édits, lorsqu'un règlement vexatoire de la police des grains lui donna une occasion populaire de se montrer plus hardiment encore. La récolte avait été mauvaise, on craignait la famine. Un évêque, ancien serviteur de René, que le roi avait fait son lieutenant à Paris, assembla les gens de la ville, et fit voter des remontrances. Le Parlement fit crier dans les rues que l'on commercerait comme auparavant, sans égard à l'édit du roi. S'il faut en croire quelques modernes[1], La Vacquerie, premier président, qui venait à la tête du Parlement apporter les remontrances, tint tête à Louis XI, ne s'émut point de ses menaces, offrit sa démission et celle de ses collègues. Le roi, radouci tout à coup, aurait remercié pour ces bons conseils, et docilement eût révoqué l'édit.

Cette bravoure des parlementaires n'est pas bien sûre. Ce qui l'est, c'est que leurs gens, tout le peuple de robe recommençait dans Paris la maligne petite guerre qu'ils lui avaient faite, au temps du *Bien public*[2]. Leurs imaginations travaillaient fort sur ce

---

1. *App.* 265.
2. C'est, je crois, l'origine de tant de contes sur Louis XI et ses serviteurs,

noir Plessis où on n'entrait plus, sur le vieux malade qu'on ne voyait pas. Ils en faisaient (à l'oreille) mille contes effrayants, ridicules. Le roi, disait-on, dormait toujours, et pour ne pas dormir, il avait fait venir des bergers du Poitou, qui jouaient de leurs instruments devant lui, sans le voir... Autres contes plus sombres : Les médecins faisaient, pour le guérir « de terribles et merveilleuses médecines... ». Et, si vous aviez voulu savoir absolument quelles médecines on entendait, on aurait fini par vous dire bien bas que pour rajeunir sa veine épuisée, il buvait le sang des enfants [1].

Il est curieux de voir comme, à mesure que le roi baisse, le greffier qui écrit la *Chronique scandaleuse*[2], devient hostile, hardi. Après avoir parlé des bergers et des musiciens : « Il fit venir aussi, dit-il, grand nombre de bigots, bigotes et gens de dévotion, comme ermites et saintes créatures, pour sans cesse prier Dieu qu'il ne mourût pas. »

Il s'obstinait à vouloir vivre. Il avait obtenu du roi de Naples qu'il lui envoyât « le bon saint homme » François de Paule; il le reçut comme le pape, « se mettant à genoux devant lui, afin qu'il lui plût allonger sa vie ».

Sauf ces pauvretés et ces bizarreries de malade, il

---

par exemple sur Tristan l'Ermite, fort âgé sous ce règne, et qui probablement agit moins que beaucoup d'autres. Les traditions sur les petites images au chapeau, etc., ne sont pas invraisemblables, quoiqu'elles aient été recueillies d'abord par un ennemi, Seyssel, l'homme de la maison d'Orléans, par un conteur gascon, Brantôme. — 1. *App.* 266.

2. *App.* 267.

avait son bon sens. Il alla voir le dauphin, et lui fit jurer de ne rien changer aux grands offices, comme il l'avait fait lui-même, à son dommage, lors de son avènement. Il lui recommanda d'en croire les princes de son sang (il voulait dire Beaujeu), de se fier à Du Bouchage, Guy Pot et Crèvecœur, à Doyat et maître Olivier. De retour au Plessis, il prit son parti et ordonna à tous ses serviteurs d'aller rendre leurs respects « au Roi ». C'est ainsi qu'il désigna le dauphin.

Tout superstitieux qu'il pouvait être, il ne donna pas grande prise aux prêtres [1], qui ne demandaient pas mieux que de profiter de son affaiblissement. Son évêque, celui de Tours, près duquel il vivait, et dont il avait demandé les prières, en prit occasion pour le conseiller, lui dire qu'il devrait alléger les taxes et surtout amender tant de choses qu'il avait faites contre les évêques. Il en avait, il est vrai, tenu en prison trois ou quatre, Balue entre autres; de plus, fait arrêter le légat à Lyon. Le roi répondit que pour parler ainsi il fallait être bien ignorant des affaires, n'en pas connaître les nécessités, ou plutôt être ennemi du roi et du royaume, vouloir le perdre. Il dicta une lettre au chancelier, forte et sévère, le chargea de réprimander vertement l'évêque et de « faire justice [2] ». Le chancelier fit la semonce, et rappela au prélat que le roi était sacré, tout aussi bien que les évêques, et sacré de la Sainte Ampoule qui venait du ciel.

---

1. Ni aux astrologues, ni aux médecins, quoiqu'il se servît des uns et des autres. *App.* 268. — 2. Duclos, *Preuves.*

La Sainte Ampoule fut le dernier remède auquel le roi s'avisa de recourir. Il la demanda à Reims, et, sur le refus de l'abbé de Saint-Remi, il obtint du pape autorisation de la faire venir[1]. Il avait l'idée de s'oindre de nouveau et de renouveler son sacre, pensant apparemment qu'un roi sacré deux fois durerait davantage.

Il avait bien recommandé qu'on l'avertît doucement de son danger. Ceux qui l'entouraient n'en tinrent compte, et lui dirent durement, brusquement, qu'il fallait mourir. Il expira le 24 août 1483, en invoquant Notre-Dame d'Embrun. Il avait donné en finissant beaucoup de bons conseils, réglé sa sépulture. Il voulait être enterré à Notre-Dame de Cléry, et non à Saint-Denis avec ses ancêtres. Il recommandait qu'on le représentât sur son tombeau, non vieux, mais dans sa force, avec son chien, son cor de chasse, en habit de chasseur.

---

1. Il était alors au mieux avec le pape. Il avait acheté son neveu qui était venu, comme légat, imposer la paix à Maximilien. Autre faveur : « Le pape donne à Louis XI permission de se choisir un confesseur pour commuer les vœux qu'il peut avoir faits. » (*Archives, Trésor des chartes*, J, 463.)

APPENDICE

1 — page 2 — *Louis XI commença par faire arrêter un Anglais, le duc de Somerset,* etc.

Bibl. royale, mss. Legrand, *Preuves,* carton 2, 3, août 1461. Je dois reconnaître ici, je reconnaîtrai souvent, mais jamais assez, tout ce que je dois à la patience de Legrand, dont la volumineuse collection nous permet de voir ce grand règne en pleine lumière. Malheureusement les pièces qu'il a recueillies sont des copies souvent très fautives, dont il faut chercher les originaux, soit dans la précieuse collection Gaignières de la Bibliothèque royale, soit au *Trésor des Chartes,* etc. Pour l'histoire que Legrand a tirée de ces pièces, elle est plus savante qu'intelligente; elle eût pu néanmoins mieux guider Lenglet et Duclos. J'aurais voulu attendre les publications, tout autrement sérieuses, de Mlle Dupont et de M. Jules Quicherat.

2 — page 2, note 2 — *Aux funérailles de Charles VII, Tanneguy Duchâtel mit du sien trente mille écus...*

Thûani Hist., liv. XXVI, ann. 1560. Louis XI les lui fit rembourser en 1470; les mandats subsistent.

3 — page 3 — *Louis XI remet Rouen à la garde de Rouen...*
Dès le 29 juillet fut apportée à Rouen une lettre du roi, qui confiait la garde de la ville, châteaux et palais, à douze notables; les lieutenants de Brezé leur remirent les clefs qu'ils gardèrent jusqu'au 10 octobre, époque des révoltes de Reims, d'Angers, etc. (Communiqué par M. Chéruel.) (*Archives de Rouen,* registres du conseil municipal, vol. VII, fol. 189.)

4 — page 4, note 2 — *M. de Brezé avait à commandement... surtout les évêques de Bayeux et de Lisieux...*

Un de ceux qui poursuivaient Brezé écrit au roi : « Je trouve par information... que ledit sénéchal a esté en la terre du patriarche (*évêque de Bayeux*), et que là il y a esté recélé, et que depuis il s'en est retourné enmy les bois de Mauny, et que là *est venu devers luy ledit patriarche en habit dissimulé*... Maistre Guy parle du mariage du filx de M. de Calabre et de la fille de M. de Charolois, et aussi parle du mariage du filx dudit sénéchalet de la fille de M. de Croy... (Le sénéchal) s'est adressé au maistre d'escole dudit lieu, et lui a dit, comme en confession, qu'il estoit le comte de Maulevrier, et qu'il se estoit eschappé du château de Vernon, mais qu'il ne se vouloit point monstrer, *tant qu'il eust assemblé ses gens...* » (*Bibl. royale*, mss. Legrand, *Preuves*, c. 2; 19 nov. 1461, 9 janvier 1462.)

5 — page 5 — *Les intimes de Louis XI n'étaient rien moins que sûrs...*

Voir les *Preuves* de Duclos, IV, 281. On peut tirer la même induction du rapport d'un agent du roi : « Ledit sénéchal... sçavoit par eulx toutes nouvelles de vostre maison. » (*Ibid.*) *Eulx* veut dire ici le comte du Maine, M. de Chaumont, etc. ; mais eux-mêmes ne pouvaient guère savoir ces nouvelles que par les gens de la maison du dauphin.

6 — page 5 — *La première charge du nouveau règne, c'était l'amitié bourguignonne...*

L'honnête Chastellain avoue lui-même l'insupportable exigence des Bourguignons : « Moult y en avoit des pays du duc qui estoient gens importuns, gens sots et hardis, demandant sans discrétion... pour aulcune privauté que avoient, chaçant ou *vollant* aveucques lui... » (Chastellain, p. 156.)

7 — page 6 — *Thomas Basin, évêque de Lisieux...*

« Écrivain, dit fort bien Legrand (*Hist. ms.*, IV, 9), très envenimé contre Louis XI, et qui, pour ses désobéissances continuelles, fut obligé de se démettre de son évêché. » Sa chronique est celle qu'on connaît sous le nom d'Amelgard ; c'est ce que doit prouver M. Jules Quicherat, dans une dissertation encore inédite. (*Bibl. royale*, mss. Amelgardi, nos 5962, 5963.)

8 — page 7 — *Le sacre de Reims fut le triomphe du duc de Bourgogne*, etc.

Ces détails et tous ceux qui suivent sont tirés de Chastellain. Il s'excuse à chaque instant avec une modestie amusante de parler de ces belles choses; il baisse les yeux hypocritement. Mais on voit bien que le grand chroniqueur est ébloui, comme le peuple...

9 — page 9 — *Le duc de Bourgogne voulut faire hommage au roi de ce qu'il avait au royaume*, etc.

« ... Vous en promets obéissance et service, et non-seulement d'icelles, mais de la duchié de Brabant, de Luxembourg, de Lauthrich, Limbourg, de la comté de Bourgoingne, de Haynault, de Zélande, de Namur et de toutes les terres lesquelles ne sont point du royaulme de France, et que je ne tiens point de vous. » (Jacques Du Clercq, liv. IV, c. xxxii.)

10 — page 13 — *Le roi fit faire au comte de Charolais un voyage triomphant dans les pays du centre...*

Le roi alla jusqu'à lui laisser exercer le droit de grâce. En passant à Troyes, le comte de Charolais donne des lettres de rémission à Pierre Servant qui, le jour précédent, a tué son beau-frère. (*Archives du royaume*, J, registre 198, n° 81.)

11 — page 13 — *Il flatta sa vanité d'une royale entrée dans Rouen...*

Le 19 décembre 1461, notable compagnie va à sa rencontre, de par la ville, ainsi que le roi l'avait avertie. On lui porte trois penchons de vin, l'un de Bourgogne, l'autre de Paris et le troisième de vin blanc de Beaune; de plus, trois draps, l'un écarlate, l'autre pers, le troisième gris, tous trois faits à Rouen... (Communiqué par M. Chéruel, d'après les *Délibérations du conseil de ville, Archives de Rouen*, vol. VII, fol. 197). Le vin ne s'offrait qu'au seigneur. Voy. dans Chastellain l'indignation qu'excitèrent les Croy en se faisant donner le vin à Valenciennes.

12 — page 14 — *Marguerite avait appelé à la Guerre les bandits du Border...*

Il semble que le parti d'Henri VI ait essayé de rejeter sur celui d'York l'odieux de cet appel aux hommes du Nord. « Le conseil privé écrit au nom d'Henri que le roi a connaissance... que le gens du Nord, outrageux et sans frein, accourent pour votre destruction et le bouleversement de votre pays. » (*Rot. Parl.*, vol. V, p. 307-310, 28 janv. 1461.)

13 — page 16 — *Le roi peu inquiet de l'immense armement que l'Angleterre faisait contre lui...*

L'expédition avait été résolue le 13 février. Le 20 mars, Warwick se fait donner les pouvoirs les plus étendus; par exemple, il peut traiter avec toute place de la côte de France, pour en tirer rançon ou tribut : « Auctoritatem quæcumque loca *appatisandi*. » Il peut prendre un fort et le *perdre*, sans avoir à craindre d'être inquiété, ni poursuivi. (Rymer, t. V, 3ᵉ édit., p. 110, 20 mart. 1462.)

Il savait d'avance le jour où Warwick ferait sortir sa flotte...

« Faites que vous ayez achevé devant que le comte de Warwick soit sur la mer, qui *sera le premier jour de may*. » (Lettre de Louis XI, écrite au comte de Foix, avant l'expédition de Roussillon. *Bibl. royale*, mss. Legrand, *Preuves*, c. II.)

14 — page 17 — *Les Catalans, encouragés sous main,* etc.

Le roi lui-même semble l'avouer; il écrit aux Catalans : « Avant (même) la réception de vos lettres, nous avons envoyé par devers vous nostre amé et féal conseiller et maistre de nostre hôtel... qui est l'un de nos serviteurs à qui nous avons plus grande confidence, comme les aucuns de vous savent assez. » Octobre 1461. (*Bibl. royale*, mss. Legrand, *Preuves*, c. II.) Il est probable qu'averti par Juan II, en septembre, de la mort de son fils, il avait espéré s'emparer de tous les États catalans, mais qu'il se rabattit sagement sur le Roussillon.

15 — page 17 — *Reims, Angers, d'autres villes soutinrent que l'édit sur les vins était controuvé,* etc.

Voy. le détail fort naïf dans les lettres de rémission. (*Ordonnances*, XV, 297-301, déc. 1461.)

A Reims, les vignerons, le petit peuple et les enfants pillèrent les receveurs...

« Un tailleur attacha un écrit à la porte du receveur, disant que si la justice de Reims ne cessoit, on brûleroit toutes les maisons que les bourgeois ont à la campagne. » Il semble d'après les autres dispositions que les *enfants* aient tout fait, brûlé le siège et les papiers des élus, dévasté l'hôtel du receveur (*Bibl. royale*, mss. Legrand, c. I, 1461, septembre). — Ceci me rappelait les bizarres et sinistres figures de gamins qui soufflètent Jésus dans les tapisseries du sacre que l'on garde à Reims.

Et ils pendent encore au clocher de la cathédrale, etc.

Voy. les mss. de Rogier, et les *Preuves* de la savante histoire de M. Varin.

16 — page 18 — *Louis XI comptait, en abolissant la Pragmatique, avoir près de lui un légat de Rome*, etc.

Le cardinal évêque d'Arras, pour décider le roi à abolir la Pragmatique, « lui avoit promis que le pape envoieroit un légat en France qui donneroit les bénéfices. » (*Bibl. royale*, mss. Legrand, *Preuves*, c. I.) — Pie II lui écrivait : « Si les prélats et universités désirent quelque chose de nous, c'est à vous qu'ils doivent s'adresser. » (*Pii secundi epist.*), 2 oct. 1461.)

Il exhiba la bulle d'abolition, la lut dévotement, etc.

Tuas litteras... admiratur et osculatur... Intra thesauros suos in aurea arcula recludi jussit, exemplariaque per Galliam totam disseminari. » (*Lettre du cardinal d'Arras au pape*, nov. 1461. Legrand, *ibid*.)

Il crut ou parut croire que son père était damné pour la Pragmatique...

« Et sy dict-on qu'il pleura moult tendrement. » (Jacques du Clercq, liv. IV, c. XXXII.) — « In quo non modo defuncti cineres infamavit, quatenus in se erat, ac sepulchrum, sed et universam pene Gallicanam Ecclesiam hac ignominia percellebat. » (Amelgardus, cité dans les *Libertez de l'Église Gallicane, Preuves*, I, 140. Cf. *Bibl. royale*, Amelgardi mss., n° 5962, 5963.)

17 — page 19 — *Le duc de Bourgogne s'en allait fort mal content*, etc.

Les compagnons de l'exil semblent s'être entendus avec Bureau et autres pour éconduire les Bourguignons : « En la ville de Paris, deux jours avant le partement du Roi, M. de Montauban et le Bastard d'Armignac estoient de plain jour en une allée derrière l'eschançonnerie... Ledit de Montauban dit : Ces Bourguignons cuident... le Roy, ainsi qu'ils l'ont gouverné par de là, mais non feront. Et en oultre dirent que le duc de Bourgogne n'avoit que M. de Ch(arolais) et que pourroit avenir telle chose qu'ils ne seroient pas si grands maistres... Et incontinent appelèrent Mᵉ Jehan Bureau auquel ils dirent : Venez çà; nous autres, bons..., nous avons conclu... Et il leur répondit : Vraiment oui, je serai... » (*Rapport de Jean le Denois dit Trasignies, soi-disant écuyer*, etc. *Bibl. royale*, mss. Legrand, *Preuves*, c. I, 1461 septembre ?). — Le roi donna-t-il au duc de Bourgogne les enclaves du Mâconnais et de l'Auxerrois, lui paya-t-il effectivement les anciennes dettes, comme quelques-uns le disent? J'en croirais plus volontiers Chastellain, selon lequel il ne donna que des paroles.

18 — page 22 et suiv. — *Le duc de Bretagne crut que le roi voulait enlever la douairière de Bretagne, s'approprier son bien...*
Du moins en le donnant à un prince de Savoie, dont il voulait se servir. Legrand s'obstine à en douter, pour l'honneur de Louis XI, malgré Lobineau, XVIII, 678, malgré D. Morice, XII, 78.

Le pèlerin ne voulait pas être troublé dans ses dévotions, etc.
« Que nul, sus peine de mort, ne s'avanchast de le sieuvir. » (Chastellain, p. 189.) — « Pour considération de la grant dévocion que de tout temps nous avons eue à M. Saint Sauveur, lequel nous avons tous jours par cy devant prié et réclamé en tous nos faiz et affaires. » (*Archives du royaume*, J, registre 198, 91, 14 octobre 1461.

De loin suivaient aussi canons et couleuvrines...
Cette artillerie était formidable, à en juger par l'inventaire qu'on en fit l'année suivante : « *Inventaire de l'artillerie du Roy et déclaration des lieux où elle est de présent, fait en aoust 1463* : Et premièrement, à Paris, bombardes : La grosse bombarde de fer, nommée Paris, la volée de La plus du monde, de la Daulphine, de la Réalle, de Londres, de Montreau, la volée Médée, la volée de Jason. Canons : Barbozan, La Hyre (de fer d'une pièce), Flavy, Boniface (de fer de deux pièces), etc., etc. » (*Bibl. royale*, mss. Legrand, *Preuves*, c. I, août 1463.

Sur le chemin, pour tous, bonhomme et facile...
Cette facilité remplit, dans le *Recueil des ordonnances*, de cent à deux cents pages in-folio, et tout n'est pas imprimé à beaucoup près. (*Ordonnances*, XV, p. 137, 212, 332, 360 — 458, 649, etc., etc.)

19 — page 24 — *Le roi d'Aragon n'en pouvait plus...*
Un capitaine de Louis XI lui fait peu après une triste peinture de la détresse de l'Aragonais, même après le secours qu'il reçut : « Je vous certiffie par ma foi que c'est grand'pitié de les veoir, tant sont deffaiz et à pié la plupart. Vous êtes bien en voye d'avoir Roy, Reine et filz sur les bras, se vous ny donnez bon remède. » (Lettre de Garguesalle au Roi de France, *Bibl. royale*, mss. Legrand, c. II, 15 nov. 1462.). — Voy. sur tout ceci Zurita, *Anales de la Corona d'Aragon*, XVII, 39 et seq.

« *Maréchal, écrit Louis XI,* etc.

Il ajoute : « Je voudrois qu'il m'eust cousté dix mille escus, et que j'eusse la possession des deux chasteaux et le roi d'Arragon eust fait son appointement et vous fussiez par deça sains et sauves. » (*Bibl. royale*, mss. Legrand, c. i, 14 août 1462.)

20 — page 25 — *Une lettre que le roi écrit, après sa capture du Roussillon,* etc.

Il écrit à l'amiral : « ... Que, incontinent mes lettres reçues, vous en veniez à Amboise, là où vous me trouverez. Car je m'en vais délibéré de faire bonne chère et de me récompenser de la payne que j'ay eu tout cest yver en ce pays... La Royne d'Angleterre est arrivée... Je vous prie que vous faciez diligence, pour adviser ce que j'aye à faire... Je m'en vais mardi, et picqueré bien. Se vous avez rien de beau à mectre en foire, se le déployez ; car je vous asseure que je m'en voys bien bagué... Je me semble que je n'ay pas perdu mon estoc. » (*Bibl. royale*, mss. Legrand, c. ii, 1462.)

21 — page 26 — *Marguerite promit pour quelque argent,* etc.

Nos Archives du royaume possèdent l'acte : « Nos Margareta, regina... fatemur nos recepisse... vigenti milia libras... ad quorum solutionem... obligamus villam et castrum Calesie... Quam cito rex Angliæ recuperaverit antedictam villam... constituet ibi prædilectum fratrem nostrum comitem Pembrochie, vel dilectum consanguineum nostrum, *Johannem de Foix, comitem de Kendale* in capitaneum, qui jurabit et promittet tradere antedictam villam in manus... cognati nostri Francie infra annum. » Jun. 23, 1462. (*Archives du royaume, Trésor des Chartes*, J, 648, 2.)

22 — page 28 — *Warwick ne pouvait se laver qu'en faisant une guerre heureuse,* etc.

Rien de plus héroïque que cette campagne, à en croire la lettre qu'écrit l'ami d'Édouard, lord Hastings, à M. de Lannoy (l'un des Croy) ; cette lettre est pleine de légèreté et de vanterie : c'est bien le Hastings de Shakespeare. Marguerite, dit-il, est venue avec toute l'Écosse, et il a suffi du comte de Warwick « avec les marchiers seulement... Le roi d'Écosse s'en est enfui, et laditte Marguerite, sans targier, outre la mer, avec son capitaine, sire Piers de Brezé... N'est pas effrayé mon souverain seigneur, cependant estant en ses départs et esbatements en la chasse, sans aucuns doubte ou effrayement... » Depuis, Montaigu, le frère de Warwick, est entré en Écosse, « et a fait la plus grande journée sur eulx que ne fut oye estre faite de plusieurs ans passés, ainsi que je ne me doubte qu'ilz ne s'en repentent, et jusqu'au jour du Jugement. » (*Bibl. royale*, mss. Legrand, *Preuves*, c. II, 7 août 1463.)

Il pratiqua habilement Douglas et Somerset...
Sur l'opposition des deux grands chefs de clans, Douglas tout-puissant dans le Midi, le Lord des îles dans le Nord, le premier lié avec Lancastre, l'autre avec York. Voy. Pinkerton, vol. I, p. 246; lire aussi les *Instructions à messire Guillaume de Menypeny, de ce qu'il a à dire à très haut, très puissant chrétien prince, le Roy de France, de par l'évesque de Saint-Andrieu en Écosse*. L'évêque dit lui-même qu'il fit les fiançailles du fils d'Henri VI et de la fille du roi d'Écosse : « Quasi contre la volonté de tous les grands seigneurs du royaume, lesquels disoient que pour complaire au Roy de France, j'estois taillé de mettre le royaume d'Écosse en perdition... Le roy Henry désiroit, pour la seureté de sa personne, venir en ma place de Saint-Andry, là où il fust bien recueilli, selon ma petite puissance..., et tout ce lui feis pour l'honneur dudit très chrestien Roy de France... lequel m'avoit sur ce très gracieusement écrit et requis, et si, savoye bien que ledit roy Henry n'avoit de quoy me récompenser... Et après toutes ces choses, nous avons entendu comme ledit très chrestien Roy de France avoit prins abstinence de guerre aves ledit roy Édouard, sans que ledit royaume y fust comprins. » (*Bibliothèque royale*, mss. Baluze, n° 475.)

23 — page 28 — *Le roi reprit Perpignan...*
Le roi se fit envoyer les habitants suspects d'avoir commencé la révolte. Il écrit : « Vous pourrez adviser ceux de qui vous avez suspection, et incontinent me les envoyer sous ombre de se venir excuser... et aussi bien de chiefs du peuple que seroient gens de mestier; n'ayez point de honte d'envoyer de vers moy soit paillars ou autres, sous couleur de se venir excuser. » (*Bibl. royale*, mss. Legrand, *Preuves*, c. II, 1463.)

Il menaçait d'occuper la Navarre...
« ... Leur dira qu'ils essayent que le roi d'Aragon soit content qu'ils se viennent *loger en Navarre*... Si ce n'estoit trop le dommage du roy d'Aragon, tâcheront de s'y venir loger. » (*Mémoire pour MM. les comtes de Foix, de Comminges, sénéchal de Poitou, de Monglat et autres chefs de guerre, estant en Aragon de par le roy.* (*Bibl. royale*, *ibid.*, c. I, 1463, janvier?)

24 — page 29 et suiv. — *C'était par un partage que Louis XI eût voulu finir l'affaire de Naples...*

Il avait proposé une sorte de partage du royaume de Naples entre la maison d'Anjou, le neveu du pape et le fils naturel d'Alphonse. Cette combinaison effraya le duc de Milan, qui s'unit au pape, et tous deux, en vrais Italiens, appuyèrent le candidat qui semblait le moins dangereux, le fils naturel. Ce fait curieux n'est, je crois, que dans Legrand ; mais ordinairement il parle d'après les actes. (*Ibid.*, *Histoire*, liv. IV, p. 52.)

Rien ne fait mieux comprendre la situation de l'Italie à cette époque que les *Commentaires* de Pie II. Voir surtout le passage où le pape explique si bien à Côme de Médicis pourquoi Florence aurait tort d'aider les Français contre Ferdinand-le-Bâtard, bien moins dangereux pour l'indépendance italienne. Côme, vieux, goutteux, égoïste, se résigne volontiers à l'inaction, et finit par demander le chapeau de cardinal pour son neveu. (*Gobellini Commentarii*, lib. IV, p. 96.)

Il fit à Sforza cadeau de Savone et de Gênes...

Un agent de Sforza s'était avancé jusqu'à Vienne en Dauphiné et attendait les nouvelles d'Espagne. Il lui écrit, le 10 mai, que le roi de Castille a quitté assez brusquement le roi de France, que tout n'est pourtant pas rompu ; que Louis XI, malgré les affaires de Naples, n'est pas éloigné de traiter avec le duc de Milan, et même de lui céder Savone ; que le duc doit au plus vite désavouer toute relation avec Philippe-de-Savoie, et se faire appuyer du maréchal de Bourgogne auprès du roi. (1463, 10 mai.) Le 28, Sforza suit ce conseil. Le 21 novembre, il prie le duc de Bourgogne et Croy de l'aider auprès du roi pour l'affaire d'Asti ; le 21 et le 23, il écrit au roi même que, lui ayant tant d'obligations pour Gênes et Savone, il donnera au duc d'Orléans deux cent mille ducats pour Asti ; mais il lui faut du temps pour payer. Le 22 décembre, l'ambassadeur de Sforza lui fait savoir qu'il a reçu hier du roi l'investiture de Gênes et de Savone. (*Bibl. royale*, mss. Legrand, *Preuves*, c. II.)

25 — page 30 — *L'Angleterre, la Bourgogne et la Bretagne semblaient près de s'unir...*

C'est le rapport et la créance de messire Guillaume de Menypeny : « Les ambassadeurs d'Écosse ont rapporté que le duc de Bretagne requiéroit (les Anglois), qu'ils luy voulsissent aider de six mille archiers, en cas que le Roy luy feroit guerre, et aussi offroit le duc de Bretagne au roy Édouard que, quand il voudroit venir en

France et y amener armée, il lui donneroit passaige et entrée par toutes ses terres pour ce faire... Et à la parfin, *les Anglois ont accordé audit duc de Bretagne trois mille archiers...* dont le sieur de Montaigu devoit avoir la charge de mille archiers, James Douglas de mille... Le sieur de Montaigu a refusé... pour ce que le comte de *Warwick, son frère, ne veut pas qu'il se désempare du royaume d'Angleterre, s'il ne voit les choses...* (lacune). » Il ajoute ce bruit absurde, que Louis XI, mécontent des Écossais, disait qu'il aiderait les Anglais à les soumettre. (*Bibl. royale,* mss. Baluze, n° 475.)

26 — page 32 — *Le duc de Bourgogne, revenu à Paris, tomba tout d'un coup et se mit au lit...*

Le duc tomba malade au plus tard en janvier (1462). Le 11 mars, le conseil de ville de Mons nomme une députation pour aller le complimenter sur son rétablissement. (*Note de Gachard sur Barante,* t. II, p. 195 de l'édition belge, d'après les *Archives de Mons, deuxième registre aux résolutions du conseil de ville.*) — Cependant, selon Du Clercq, « il fut *plus de demi an* ams qu'il feut guéry; et se tint tousdis la duchesse avec luy; et *la laissa ledict duc gouverner* avecque sondit fils; et par ainsy ladicte duchesse laissa son hermitage. » (Jacques Du Clercq, liv. IV, c. XL.)

27 — page 34 — *Le secrétaire du comte de Charolais, profitant de la haine hollandaise contre les favoris wallons...*

La rivalité normande et bretonne indisposait de longue date les Hollandais et Flamands de la côte contre la France, et par suite contre le gouvernement des favoris français. Voir dans les mss. Legrand, *la Response faicte aux ambaxeurs de M. de Bourgoingne,* juillet 1450.

... *engageait les villes à prendre le fils pour seigneur, du vivant du père...*

Philippe-le-Bon témoigna son mécontentement, en transférant à Bruxelles la Chambre des comptes de la Haye. (*Archives générales de Belgique;* Brabant, n° 3, folio 155, lettres du 24 mai et 22 juin 1463.)

28 — page 35 — *Une petite royauté wallonne aux mains des Croy...*

« Voix couroit par toutes terres que le duc, en ordonnant de son voyage que faire debvoit en Turquie, devoit lessier les pays et seignories de dechà la mer en la main du Roy et en la gouvernance du seigneur de Cymay dessoubs ly, et les pays de Hollande et Zellande en la main du roy Éduard d'Angleterre. » (Chastellain, c. LXXIX, p. 295.)

29 — page 36 — *On avait demandé aux États d'Artois*, etc.
« Il requéroit au pays d'Artois, *dix ans durant*, chacun an deux tailles, avec l'aide ordinaire qu'on prendroit pour la gabelle du sel... Laquelle requestre ne luy feut point accordée, mais on luy accorda lever seulement deux aydes pour ledict an, desquels le comte de Charollois auroit demy ayde pour luy et à son prouffit. » (Du Clercq, liv. IV, c. XLIV.)
Les villes de la Somme, jusque-là ménagées, etc.
« Ledit de Reliac m'a dit qu'on lui a dit que M. de Bourgogne a remis les impositions et quatrième ès païs qu'il tient en gaige qui sont de vostre couronne. » (*Lettre de Veauveau au Roi*, 31 octobre, *Bibl. royale*, mss. Legrand, *Preuves*, c. I.)
Gand ne voulait plus payer...
Les chroniqueurs n'en font pas mention, mais la chose est constatée par celui même qui avait le plus d'intérêt à la savoir, et qui probablement l'avait préparée, je veux dire par Louis XI. D'après ses instructions, le comte de Saint-Pol et autres commissaires chargés du rachat des places de la Somme « se transporteront à Gand... et leur exposeront comment le Roy a été adverty des questions et débats d'entre M. de Bourgoingne et lesdits de Gand, et comment ils se sont *mis en armes* les uns contre les autres, et que jà y a eu de grandes *invasions et voyes de fait*... Et si M. de B... mettoit du tout en rompture et difficulté le fait de restitution des terres de Picardie, ou si M. de B... ne vouloit entendre à la pacification de luy et desdits de Gand, pourront aller par devers lesdits de Gand et leur présenter des lettres closes du Roy, et leur signifier que le Roy a tousjours esté et est prest de leur faire et administrer bonne raison et justice. » (*Instruction du Roy, Bibl. royale*, mss. Dupuy, 762.)

30 — page 38 — *Rachat des villes de la Somme...*
Étienne Chevalier, chargé du payement, écrit au trésorier : « Il a despêché M. l'admiral et moy tant légiérement et à si petite délibération que à grand'peine avons-nous eu loisir de prendre nos housseaulx, et m'a dit que puisqu'il y a bon fonds, il scet bien que ne lui faudriez point et que vous luy presteriez ce que vous aurez, et aussy que nous trouverons des gens à Paris qui nous presteront. Et, pour abréger, c'est tout ce que j'en ai pu tirer de lui, et lui

semble que lesdits 35,000 francs d'une part, et 10,000 d'autre, se doivent trouver en ung pas d'âne. » (Communiqué par M. J. Quicherat.) (*Lettre de Me Estienne Chevalier à M. Bourré, maître des comptes*, 19 mai 1463. Bibl. royale, mss. Gaignières, 373, fol. 92.)

... *Ce pas, c'était de tirer de Notre-Dame les dépôts de confiance...*

« Magnam auri quantitatem pro viduis, pupillis, litigatoribus, aliisque variis causis apud ædem sacram Parisiensem publice ex ordinatione justitiæ Curiarum supremarum regni depositam. » (*Bibl. royale*, mss. Amelgardi, lib. XXI, 121-122.)

31 — page 41 — *En supprimant les élections où dominaient les grands*, etc.

Louis XI, si l'on en croit les parlementaires, leur demanda luimême des remontrances sur les inconvénients de l'abolition : « En obéissant... au bon plaisir du Roi, notre Sire, qui... a mandé puis naguères à sa Cour de Parlement, l'advertir des plaintes et doléances que raisonnablement on pourroit faire... » (*Remonstrances faites au roi Louis XI en 1465 et non en 1461. — Libertez de l'Église Gallicane*, t. I, p. 1.)

32 — page 42 — *Ordre aux gens d'Église de donner sous un an déclaration des biens d'Église...*

Ordonnances, XVI, 45; 20 juillet 1463. Selon Amelgard, il voulait un cadastre exact des biens du clergé, où auraient figuré jusqu'aux plus petits morceaux de terre : *Minimas vel minulissimas partes*, avec les titres de propriété, les preuves d'acquisitions, les rentes qu'on en tirait, etc. (*Bibl. royale*, mss. Amelgardi, lib. I, c. XXII, fol. 123.)

33 — page 43 — *D. Pedro de Portugal vint tâter le Roussillon...*

Ce neveu de la duchesse de Bourgogne se plaignait assez ridiculement à Louis XI de ce qu'il ne laissait pas entrer en Roussillon les Bourguignons et Picards que sa tante et son cousin lui envoyaient. (*Bibl. royale*, ms. Legrand, *Histoire*, liv. VII, fol. 5, 17 février 1464.) Les Catalans, dit-il, voulant se mettre *en république*, il vaudrait mieux leur donner un roi, etc. (*Ibid., Preuves*, 28 février.)

34 — page 43 — *Louis XI allait grand train dans sa guerre d'Église...*

Peut-être cet esprit inquiet qui remuait tout, songeait-il à réformer le clergé, du moins les moines. Dans une occasion il reproche grossièrement aux prêtres « leurs grosses grasses ribauldes ». (Chastellain, c. LXI.) Dès 1462, il autorise son cousin et conseiller, Jean de Bourbon, abbé de Cluny, à réformer l'ordre de Cluny. (*Archives*, registre 199, n° 436, déc. 1462.)

35 — page 43 — *Il ne tint pas au neveu du cardinal que le roi ne prît Avignon...*

« D'autre part, Sire, M. le cardinal, mon oncle, est en grant aage et tousjours maladif, mesmement a esté puis naguères en tel point qu'il a cuidé morir, et est à présumer qu'il ne vivra guère; je fusse voulentiers allé par devers luy pour le voir, et m'eust valu plus que je n'ay gaigné pieça... Je ne sçay, Sire, si vous avez jamais pensé d'avoir Avignon en vostre main, lequel, à mon avis, vous seroit bien séant. Et qui pourroit mettre au service de mondit sieur le cardinal, ou par la main de M. de Foix, ou autrement, quelque homme, de façon qu'il fist résidence avec luy, ne fauldroit point avoir le palais, incontinent que ledit M. le cardinal seroit trespassé. Vous y adviserez, Sire, ainsi que vostre plaisir sera; nonobstant que je parle un peu contre conscience, attendu que c'est fait qui touche l'Église; mais la grant affection que j'ay de vous, Sire, me le fait dire. » 31 août 1464. (*Lettre de Jehan de Foix au Roy. Bibl. royale*, mss. Legrand, *Preuves*, c. I.)

36 — page 45, note 1 — *La mère d'Élisabeth Rivers*, etc.

Voy. Du Clercq, liv. V, c. XVIII. Le comte de Charolais envoya aux noces l'oncle de la reine, frère du comte de Saint-Pol et de la duchesse de Bretagne, Jacques de Luxembourg. Cet oncle, qui avait été élevé en Bretagne et qui était capitaine de Rennes (Chastellain), doit avoir été le principal intermédiaire entre le comte de Charolais, le duc de Bourgogne et l'Angleterre. Les historiens anglais n'ont rien vu de tout ceci.

37 — page 47 — *Louis XI... allant, venant, le long de la Somme, poussant jusqu'à Tournai...*

Tournai se montre singulièrement français, en haine des Flamands et Bourguignons. Trois cents notables en robes blanches reçoivent le roi, lesquelles robes « chascun fit faire à ses dépens, sur lesquelles furent faites deux grandes fleurs de lys de soye et de brodure, l'une sur le lez de devant au costé dextre, et l'autre par derrière... » (*Archives de Tournai*, extrait du registre intitulé : *Registre aux Entrées*.)

38 — page 52 — *Le chancelier Morvilliers demandait*, etc.
Le duc, bien instruit, répondit que le bâtard avait été pris en pays non sujet au roi, qu'il ne savait pas certainement, mais par ouï-dire, quels bruits Olivier avait pu répandre ; quant au moine, il n'en pouvait connaître, n'étant que prince séculier, il respectait l'Église. Puis il ajouta en badinant : « Je suis parti d'Hesdin par un beau soleil, et le premier jour n'ai été qu'à Saint-Pol, ce n'est pas signe de hâte... Le Roi, je le sais bien, est mon souverain seigneur ; je ne lui ai point fait faute, ni à homme qui vive, mais peut-être parfois aux dames. Si mon fils est soupçonneux, cela ne lui vient pas de moi ; il tient plutôt de sa mère ; c'est la plus méfiante que j'aie jamais connue. » (Jacques Du Clercq, liv. V, ch. xv.)

39 — page 52 — *Au départ, le comte de Charolais dit à l'un des ambassadeurs*, etc.
Comines, liv. I, ch. I. On y trouve cette circonstance essentielle, omise dans le procès-verbal des ambassadeurs. (Éd. Lenglet-Dufresnois, II, 417-40.)

40 — page 53 — *L'évêque de Paris ne peut avoir ignoré l'assemblée secrète des seigneurs à Notre-Dame...*
L'un de agents principaux de Louis XI lui écrit ces paroles significatives : « Plust à Dieu que le pape eust translaté l'évesque de Paris en l'evesché de Jérusalem. » (*Preuves de Comines*, éd. Lenglet-Dufresnoy, II, 334.)
Louis XI venait de fermer son Parlement aux évêques...
Le Parlement décida, évidemment sous l'influence du roi, que les évêques « *n'entreroïent point au conseil* sans le congé des Chambres, ou si mandez n'y estoient, excepté les pairs de France et ceux qui par privilège ancien doivent et ont accoustumé y entrer. » (*Archives du royaume, Registre du Parlement, Conseil*, janvier 1462.)
Le roi eut naturellement contre lui tout ce qu'il y avait de conseillers-clercs, etc.
Louis XI, à son avènement, avait ôté les sceaux à l'archevêque de Reims, et avait supprimé deux places de conseillers-clercs. (*Ibid.*, 1461.)

41 — page 54 — *Quand l'Église ne gardait pas ses actes, elle les refaisait en les amplifiant...*

La plupart des actes ecclésiastiques qu'on a taxés de faux et qui sont d'une écriture postérieure à leur date me paraissent être, non précisément faux, mais *refaits* ainsi. Des actes refaits sans contrôle, peut-être de mémoire, devaient être aisément altérés, amplifiés, etc. — Voy. Marini, I, Papiri, p. 2 ; *Scriptores rerum Fr.*, VI, 461, 489, 523, 602, etc.; VIII, 422, 423, 428, 429, 443, etc. Voy. aussi la Diplomatique des Bénédictins et les Éléments de M. Natalis de Wailly, qui, sous ce titre modeste, sont un livre plein de science et de recherche.

42 — page 54 — *Le pape avait envoyé à Louis XI son fameux cardinal grec Bessarion*, etc.

Brantôme, qui rapporte ce fait, n'est pas une autorité grave. Mais nous avons, à l'appui, le témoignage contemporain du cardinal de Pavie (lettre du 20 octobre 1473) : « Regi cœpit esse suspectus, progredi ad eum est vetitus, menses duos ludibrio habitus...; uno atque eodem ingrato colloquio finitur legatio. »

43 — page 54 — *Le roi fit défendre par le pape à l'Université*, etc.

Félibien, *Histoire de Paris*, *Preuves* du t. II, partie III, p. 707. Cette pièce si importante, qui est l'extrait mortuaire de l'Université, ne se trouve pas dans la grande *Histoire de l'Université*, par Du Boulay.

44 — page 58 — *L'Échiquier de Normandie reçut son procureur du roi...*

Le 6 septembre 1463, Louis XI crée et donne à Cérisay, vicomte de Carentan, « l'office de procureur général du Roy en son eschiquier, ès assemblée des estats et conventions, et par tous les sièges et auditoires de son pays de Normandie où il se trouveroit et besoing seroit. » Les avocats et procureurs du Roi près les bailliages se lèvent tous ensemble et protestent, disant « que la création dudit office estoit nouvelle... » A quoi Guillaume de Cérisay répondit « qu'il protestoit au contraire; que ce n'estoit point création nouvelle, mais y en avoit eu anciennement ». (*Registres de l'Échiquier.* Floquet, *Histoire du Parlement de Normandie*, I, 246.)

45 — page 60 — *Si ses hommes volaient trop, on dit qu'il partageait...*

Par exemple, si l'on en croit le faux Amelgard, il aurait partagé avec un certain Bores, qui faisait et expédiait les collations d'office et en tirait profit : « Et communiter ferebatur talium emolumentorum ipsum regem inventorem atque participem fore. » (*Bibl. royale*, mss. Amelgardi, lib. I, c. vii, 108.)

46 — page 63 — *Accusation du comte de Charolais contre Jean de Nevers*, etc.

Les actes ne donnent rien qui s'écarte de la forme banale de ces accusations ; un moine noir, des images de cire baptisées « d'une eau bruiant d'un sault de molin », l'une percée d'aiguilles, etc. (*Bibl. royale*, mss. Baluze, 165.)

47 — page 65 — *Toulouse se crut prise d'assaut, quand elle vit des soudards*, etc.

Les États du Languedoc se plaignent en 1467 de ce que le roi nomme aux charges « des cordonniers, maréchaux et arbalétriers ». (Paquet, *Mémoire sur les institutions provinciales, communales et les Corporations à l'avènement de Louis XI* (couronné par l'Académie des inscriptions.)

48 — page 65 — *Le principe de la seigneurie, ses formules sacramentelles*, etc.

Ces lignes résument les formules allemandes ; elles disent avec plus de poésie ce qui du reste se retrouvait partout. Voy. Grimm, *Deutsche Rechts Alterthümer*, 46. Voir aussi ma *Symbolique du droit, Origines*, etc.

49 — page 66 — *En Dauphiné, Louis XI avait hasardé de défendre la chasse...*

Il évoqua la défense, à l'approche de sa grande crise : « Naguère, par le maistre des eaux et forests... a esté faicte deffense générale audit pays de chasser à aucunes bestes... S'il vous appert que lesdiz nobles ayent de toute ancienneté accoustumé chasser et pescher en nostre dit pays de Dauphiné, que les habitants ayent droit ou leur ait autrefois par nous esté permis de chasser et pescher, moyennant le payement de ladicte rente ou droicts,... permettez et souffrez... » (*Ordonnances*, XVI, I; 11 juin 1463.)

50 — page 66 — *Si l'on en croit deux chroniqueurs hostiles, il aurait ordonné,* etc.

« Unum edixit, quod, sub pœna confiscationis corporis et bonorum..., omnes qui plagas, retia, vel laqueos quoscumque venatorios haberent... baillivis deferrent... Ipse in domo domini de Momorensi... » (*Bibliothèque royale*, ms. Amelgardi, lib. I, xxi, 122.) Chastellain parle comme si l'ordre du roi eût été exécuté; il se sert du mot *harnois* qui indiquerait plus que les instruments de chasse, et il ajoute une circonstance grave, l'*interdiction dez forêts* : « Par toutes villes et pays fit brûler et ardoir et consumer en feu *tous les harnois* du royaulme, et fit *défendre toutes forests* à tous princes et seigneurs, et toutes manières de chasses à qui qu'elles fussent, sinon soubs son congé et octroy. » (Chastellain, p. 215.) — Du Clercq affirme la même chose, mais avec une mesure judicieuse : il dit que le roi « feit *par toute l'Isle de France* et environ brusler tous les rests, etc. Et pareillement, comme on disoit, avoit faict faire par tout son royaulme et *là où il avoit esté ;* et moy estant à Compiègne, en veis plusieurs ardoir ». (Du Clercq, liv. V, ch. i.)

51 — page 67 — *On lit dans les comptes de Louis XI...*

« Au Roy nostre Seigneur, baillé par le sire de Montaigu un escu pour donner à ung pouvre home, de qui ledit Seigneur fist prandre de lui ung chien, au mois de décembre derrenier passé; et ung escu pour donner à une pouvre femme, de qui les lévriers dudit Seigneur estranglèrent une brebis, près Notre-Dame-de-Vire. — Ung escu pour donner à une femme, en récompense d'une oye, que le chien du Roy, appelé Muguet, tua auprès de Blois. — Au Roy encores, baillé par Alexandre Barry, homme d'armes des archiers de la garde pour donner à ung pouvre homme près le Mans, en récompense de ce que les archiers de sa garde avoient gasté son blé, en passant par ung champ, pour eulx aller joindre droit au grand chemin, ung escu. — Au Roy, un escu, pour donner à une pouvre femme, en récompense de ce que ses chiens et lévriers lui tuèrent ung chat près Montloys, à aller de Tours à Amboise. » (Communiqué par M. Eugène de Stadler. *Archives du royaume*, registre des comptes K, 294, fol. 15, 43, 48, 49-50, années 1469-1470.)

52 — page 68, note 2 — *En Louis XI, le méchant homme était parfois un homme...*

Legrand, *Hist. ms.*, IV, 31. Pie II, dans son éloge (il est vrai fort intéressé), énumère toutes les vertus de Louis XI, son *humanité*, etc. Après avoir rappelé son enfance studieuse, ses malheurs, il ajoute : « Audiamus quid agat Ludovicus in paterno solio collocatus. An ludit et choreis indulget, an vino madet, an crapula dissolvitur, an marcet voluptatibus? An rapinas meditatur, *an sanguinem sitit?*... Nihil horum... O beatum Franciæ regnum cui talis rex præsidet! ô felix exilium quod tale remisit præsidium!... » (*Æneæ Silvii Opera*, p. 859, 17 martii 1462.)

53 — page 68 — *D'avoir menacé le droit de chasse, cela suffisait pour perdre Louis XI...*

Le dernier souvenir de la liberté féodale (qui était pourtant la servitude du peuple) s'est rattaché d'une manière assez bizarre au règne qui précéda celui de Louis XI. Charles VII est devenu ainsi le roi de l'Age d'or. Lire les charmants vers de Martial de Paris, charmants, absurdes historiquement : « Du temps du feu Roy », etc.

Au matin, le réveil du cor, etc.

Voy. dans les notes de mon *Introduction à l'Histoire universelle*, la traduction des chansons de chasse, de l'appel des chasseurs, etc. C'est la fraîcheur de l'aube.

54 — page 69, note 1 — *Le sublime chant grec...*

« J'ai traduit ce chant dans une note de mon *Introduction à la Symbolique du droit* (*Origines du droit trouvées dans les formules et symboles*).

55 — page 71 — *Alliance de Louis XI avec le Bohémien et Venise...*

Dans cet acte curieux, les parties contractantes semblent prétendre à faire un triumvirat de l'Europe; elles parlent hardiment pour des alliés qui n'en savent rien, pour leurs ennemis même, Venise pour les Italiens, le Bohémien pour les Allemands, Louis XI pour les princes français. Et ce n'est pas une ligue temporaire : c'est le plan d'une confédération durable qui règle déjà le vote entre les nations et dans chaque nation ; on pourrait y voir une ébauche des fameux projets de République chrétienne, de Paix européenne. (*Preuves* de Comines, éd. Lenglet, II, 431.)

56 — page 71 et suiv. — *Les seuls secours que reçut Louis XI, lui vinrent de Sforza et de Ferdinand-le-Bâtard...*

Les intelligences que le roi entretenait avec Ferdinand, en opposition aux intérêts de Jean de Calabre, furent une des causes de la

Ligue : « Un messager du royaume alloit de par le Roy, lequel au roy Fernand rescrivoit, que de luy ne se donna soulcy au duc Jean, il ne l'aideroit mye. Le messager fut arrestez; on trouva sur luy la lettre, qui de la main du roy Louys estoit signée. » (*La chronique de Lorraine, Preuves* de D. Calmet, III, xxiii). Pierre Gruel, président au Parlement de Grenoble, écrit au roi : « Sire, ce pays du Dauphiné est esmeu pour le retournement qu'ont fait ses seigneurs de Velai, et aussi pour tout ce que le païs de Provence est en armes, et l'on doubte, pour ce qu'ilz ont monseigneur de Calabre comme leur Dieu; combien que avons nouvelles que l'armée du roy Fernand par mer a couru la costière de Provence. » (Communiqué par M. J. Quicherat.) (*Bibl. royale*, mss. Dupuy, 596, 14 septembre 1465.)

Les Italiens de Lyon fournirent des armures aux gentilshommes...

« S'ils ont besoin de harnois et de brigandines, qu'ils en facent bailler par les marchands qui les ont, et le receveur en respondra. » (*Bibl. royale*, mss. Legrand, *Preuves*, 1465.)

Il est probable que les Médicis lui firent passer quelque argent...

Autrement je ne vois pas trop pourquoi il aurait pris ce moment pour parer de nos fleurs de lys les boules des *medici*. Le roi ne donne qu'un motif peu sérieux : « Ayans en mémoire la grande, louable et recommandable renommée que feu Cosme de Medici a eue en son vivant..., et en obtempérant à la supplication et requeste qui faite nous est de la part de nostre amés et léal conseilleur Pierre de Medici. » (*Archives du royaume*, J, registre 194, n° 23, mai 1465.)

57 — page 73 — *Il mit près des troupes des inspecteurs...*

Ils devaient noter les absents, informer le roi et du nombre, et de l'état matériel, et *des dispositions et volontés*. Défense aux capitaines d'affaiblir leurs compagnies, en laissant aller leurs hommes, de profiter sur les absents, de recevoir la paie des soldats sur papier. L'homme d'armes est protégé contre son capitaine, qui ne peut plus lui faire de retenue, l'habitant contre l'homme d'armes qui ne loge plus qu'en payant. Le commissaire des guerres doit faire signer ses rôles par le juge du lieu. (*Ordonnance du 6 juin 1464. Bibl. royale*, Legrand, *Hist. ms.*, VII, 55.)

58 — page 74 — *Son apologie aux villes, aux grands...*

Voy. les lettres, manifestes et discours de Louis XI dans Du

Clercq, liv. V, ch. XXIII, dans les *Preuves* de Comines, édit. Lenglet-Dufresnoy, II, 445, et dans les *Actes de Bretagne*, édit. D. Morice, II, 90.

« *Il a racheté les villes de la Somme*, etc.

Mémoire à dire et remonstrer de par le Roy aux prélats, nobles et villes d'Auvergne : « Ils donnent à entendre au peuple qu'ilz veuillent le descharger de tailles et aydes... Faict bien à considérer ces autres divisions passés, tant du Roy de Navarre, des Maillets (*Maillotins*), et ce qui feut dict et semé par avant l'an 1418... Le peuple depuis s'en trouva deceu... Au regard des tailles et aydes, n'y a esté *riens mis ny creu de nouvel*, qui ne fust du temps du Roy son père. » (*Bibl. royale*, ms. Legrand, *Preuves*, avril 1465.)

59 — page 78 — *L'ordre que le roi mettait dans les troupes*...

« Au regard de son armée, elle n'est pas trop grande, mais pour douze ou treize cents combattans, je croy que oncques homme ne vit le semblable, ne garder plus bel ordre, tant en bataille en forme de chevaucher, que à ne dommaiger point le peuple ; ne il n'y a laboureur qui s'enfuie, ne homme d'Église, ne marchand, et est tout le monde en son ost, comme il seroit en la ville de Paris... Oncques ne fut si gracieuse guerre. » (Lettre de Cousinot au chanchlier. *Bibl. royale*, mss. Legrand, *Preuves*, 24 juin 1465.)

60 — page 81 — *Trahison de Nemours, de l'évêque de Bayeux, de Châteauneuf*...

Legrand (*Hist. ms.*, VIII, 48) tire tout ceci, dit-il, d'une chronique favorable à Dammartin et peut-être trop hostile à ses ennemis. Cette observation ne me paraît pas suffire pour faire rejeter un récit aussi vraisemblable, d'après la connaissance que nous avons d'ailleurs du caractère des acteurs, de l'évêque de Bayeux, de Châteauneuf, etc.

61 — page 84, note 1 — *C'était pour les Bourguignons un voyage de découvertes*...

Voy. les vers cités par Jehan de Haynin (imprimé dans le *Barante* de M. de Reiffenberg, t. VI) :

> De Dommartin en Goalle
> On voit de France la plus belle,
> On voit Paris, et Saint-Denis,
> Et Clermont-en-Beauvoisis ;
> Et qui ung peu plus haut monteroit
> Saint-Estienne de Meaux verroit.

62 — page 85 — *Saint-Pol avait poussé à la guerre pour se faire connétable...*

Les confédérés vouloient « faire un régent, ensemble un connétable. » (Réponse faite par le sieur de Crèvecœur, prisonnier, aux interrogations à luy faites par M. l'Admiral. *Bibl. royale*, mss. Legrand, cartons 1 et 5.)

63 — page 86 — *La dévorante armée du comte de Charolais*, etc.

« Mondit seigneur n'a pas finé, n'y peu avoir d'eux (*de ceux de Paris*) pour un denier de vivres, et se ne fussent ceulx de Saint-Denys, l'on eust eu faute de pain. L'on a grand disette d'aveine... Car il n'est point à croire la compagnie de chevaux qui est en cette armée. Escrit hastivement à Saint-Clou. » (*Preuves* de Legrand, 15 juillet. — Le 14, le comte de Charolais écrit à son père en partant de Saint-Cloud : « Jacoit ce, mon très redouté seigneur, que dernièrement je vous eusse escrit que je ne passerois pas outre ledit passaige de Saint-Clou jusqu'à tant que j'aurois nouvelles de vous, touchant les cent mille escus... dont par plusieurs mes lettres vous ay escrit, espérant que vous aurez pitié de nous tous... » — Il ajoute de sa main : « Nous assemblerons cette semaisne à M. de Berry et à beau cousin de Bretagne ; pour quoy, se, en leur compagnie, le payement nous failloit, sans le dangier qui en pourroit avenir, vous pouvez penser quel deshonneur, esclandre et honte ce seroit, premièrement à vous et à toute la compagnie. » — Autre lettre du même jour à ses secrétaires : « Qu'ils l'avertissent à *tue cheval*, quand ils auront assemblé les cent mille escus. » (*Bibl. royale*, ms. Dupuy, 596, 14 juillet 1465.)

64 — page 88 — *Le roi venait de rendre à Brezé l'autorité en Normandie*, etc.

Chartes du 7 janvier 1465 (communiqué par M. Chéruel). (*Archives municipales de Rouen*, registre V-2, fol. 89.)

... *lui donnant une de ses sœurs pour son fils, avec une dot royale...*

Payement de 4,500 livres acompte, 26 mai 1464. (*Archives du royaume*, 26 mai 1464, K, 70.)

65 — page 89 — *Brezé fut le premier homme tué...*

Justice de Dieu, aidée de Louis XI? Voy. *Amelgard*... J'ai déjà parlé, au tome précédent, de cet important personnage, politique, général, législateur ; du moins il voulait l'être : sous Charles VII, il s'était fait donner un mémoire pour réformer la procédure. Il était poète aussi. (De La Rue, III.) — Voy. à la cathédrale de Rouen le noble tombeau, simple et grave, à côté du monument théâtral de Louis de Brezé, en face du triomphant sépulcre des Amboise. Il y a là deux siècles d'histoire. — L'inscription, qui n'existe plus, est dans M. Deville, *Tombeaux de Rouen*, p. 60.

66 — page 90 et suiv. — *Bataille de Montlhéry*..

Le récit de Comines est bien malicieux : « Environ minuit, revindrent ceulx qui avoient esté dehors, et pouvez penser qu'ils n'estoient point allés loin; et rapportèrent que le Roy estoit logé à ces feux. Incontinent on y envoya d'autres, et se remettoit chascun en estat de combattre, mais la plupart avoit mieux envie de fuir. Comme vint le jour, ceux qu'on avoit mis hors du camp, rencontrèrent un chartier qui apportoit une crusche de vin du village, et leur dit que tout s'en estoit allé... Dont la compagnie eut grant'joie; et y avoit assez de gens qui disaient lors, qu'il falloit aller après, lesquels faisoient bien maigre chère une heure devant. » (Comines, I, 4.)

Les Parisiens se félicitaient d'avoir achevé la victoire...

C'est le triomphant bulletin de la ville de Paris. Lire les deux autres opposés entre eux, mais également triomphants, celui du comte de Charolais (vraiment homérique) (*Preuves de Comines*, édit. Lenglet, II, 484-488) et celui de Louis XI (*Lettres et bulletins des armées de Louis XI, adressés aux officiers municipaux d'Abbeville et publiés par M. Louandre*, 1837, Abbeville).

67 — page 91 — *Les bourgeois obligèrent le roi de garder pour lieutenant Charles de Melun...*

Charles de Melun avait de longue date capté la popularité. « Nous rencontrasmes au droit de l'hostel où pend l'enseigne du Dieu d'amour en la rue Saint-Antoine... (*Maître... demanda :*) Qui nous avoit meus requérir qu'il plust au Roy laisser à Paris messire Charles de Melun, pour lors son lieutenant, attendu qu'il avoit esté délibéré en ladite ville le contraire... A quoy maistre Henry respondit que ce qui en avoit esté faict avoit esté faict cuidans faire le proufit de la ville, pource que ledit Charles de Melun avoit esté moien envers le Roy de faire abattre partie des aydes que ledit sieur prenoit en icelle ville. » (Déposition de maistre Henry de Livres et de Jehan Clerbourg. *Bibl. royale*, mss. Legrand, *Preuves*, juillet, 1465.)

68 — page 92 — *L'on attendit le duc de Calabre et les Lorrains*, etc.

Le bâtard de Vendôme côtoya si bien l'armée du duc de Calabre et du maréchal de Bourgogne, qu'il les empêcha d'entrer en Champagne, et les obligea d'aller passer près d'Auxerre. Il menait avec lui « un couturier qui faisoit les hoquetons blancs et rouges, à 2 écus pièce, et donnoit le douzième audit bâtard (sans doute pour engager sur la route les francs-archers à recevoir cet uniforme royal et à grossir sa troupe). » (*Archives, Trésor des Chartes, Procédures criminelles*, faites par Tristan l'Ermite, J, 950.)

69 — page 93 — ... *de barbares hallebardiers et couleuvriniers suisses*...

Le greffier les appelle des « *Lifrelofres* calabriens et suisses. » (Jean de Troyes, octobre 1465.)

« Estoient communément trois Suisses ensemble, un piquenaire, un coulevrinier et un arbalétrier. (Olivier de La Marche, Collection Petitot, X, 245.)

Aux hocquetons bariolés...

Voir les vitraux de l'arsenal de Lucerne, et tant d'autres monuments.

70 — page 94 — *Les Bourguignons avaient oublié leur fuite à Montlhéry*...

Cependant, au moment même le duc écrivait : « Aux baillis de Courtrai, d'Ypres, d'Hesdin, au trésorier de Boulonnais, et autres officiers, pour la confiscation des biens de ceux qui se sont enfuis à la journée de Montlhéry. » (Compte de la recette générale des finances, 18 sept. 1465. Barante, édit. Gachard, II, 24.)

71 — page 103 — *Le duc de Bourbon entra à Rouen sans coup férir*...

Il semble qu'il y ait eu dans tout cela un reste de patriotisme normand : « Le lendemain que Pontoise fut pris par Loys Sorbier, Lancelot de Haucourt envoia un cordelier de Paris devers madame la grand'sénéchale... Lancelot dit qu'il estoit Normand... avoit fait serment sur l'autel Sainte-Anne à Quetenville. » (*Bibl. royale*, mss. Legrand, *Preuves*, 1465.)

72 — page 107, note — *Les Écossais réclamèrent leur comté de Saintonge*...

Instruction du roi d'Écosse à ses envoyés : « Vous direz que vous doubtez que si on ne fait droict au roi d'Écosse et délivrance de ladicte comté, pourroit estre occasion de plus grant mal... et plus briefvement que on ne cuide. » Suivent des menaces, au cas que le roi de France attaque la duchesse de Bretagne, parente du roi d'Écosse et de la plupart des nobles Écossais. — Un conseiller de Louis XI observe, dans une note qui suit, que le don était conditionnel, etc. Il adresse ce conseil à son maître : « Se vostre plaisir estoit de prendre le duc d'Albanie en vostre service..., n'auroit jamais nul de la nation qui osast riens faire contre vous que l'autre ne le fist pendre, ou luy fist couper la teste incontinent, et par ainsi romperiés toutes les trafiques et petites alliances qu'ils ont en Angleterre, Bretagne et ailleurs. » (*Bibl. royale*, mss. Baluze, 475, 13 nov. 1465.)

73 — page 107 — *Le comté d'Alençon fut ajouté comme accessoire au duché de Normandie...*

Les élus d'Alençon devaient payer à leur duc une pension sur les taxes et aides, montrer aux gens du duc de Normandie ce qui restait et le leur livrer. — Serait-ce à la vieille résistance d'Alençon contre la Normandie que faisait allusion la devise des archers d'Alençon : « Avoient jacquetes où estoit dessus escript de broderie : *Audi partem?* » — Ce qui, je crois, veut dire ici : « Écoutez aussi l'autre partie. » (Jean de Troyes, samedi, 10 août 1465.)

74 — page 108 — *Le duc de Lorraine se fit donner la garde des trois évêchés...*

Du moins, de Toul et de Verdun. Quant à Metz, le roi semble avoir promis verbalement au duc de Lorraine de l'aider à la réduire. On lit dans le projet du traité : « Cent mille escus d'or comptant, pour employer à la conqueste de Naples et de ceulx de Metz. » (*Preuves* de Comines, édit. Lenglet, II, 439.)

75 — page 108 — *Les ligués, en partant, oubliaient la grande question ecclésiastique...*

Le roi, dans une instruction qu'il donne à ses ambassadeurs, près du pape, présente l'abolition de la Pragmatique comme la cause principale de la guerre du *Bien public*. Il prouve par la trahison de l'évêque de Bayeux, qui a terminé cette guerre, qu'il importe infiniment de savoir à qui l'on confie les évêchés. Le roi, dit-il, a, dès son avènement, restitué obédience au Siège apostolique : « Quæ res peperit secretiora in Regem odia et illas flammas incendit, ex quibus ortum est flebile regni incendium...; allicere nitebantur parlamentos, *quasi reducturi Pragmaticam*, fingentes omnes Franciæ pecunias exhauriri... Excusabunt mandatum quoddam publicatum in regno ; illud nempe dolis et fraude Bajocensis episcopi surreptum... ; perfidus apostolicæ Sedi, vulneravit illius auctoritatem, quo tempore... insperatus hostis erupit ac sceleratissimus proditor... Quantopere intersit Regis promotum iri in regno suo prælatos spectatæ et exploratæ in ipsum fidei, jam satis constat ob id quod unius Bajocensis episcopi scelus potuit totam Normanniam et pene regni statum nuper pervetere, ob munitissimas arces, præclara oppida et inexpugnabiles locorum situs quos plerique in Francia prælati possident... Flagitabunt obnixe quatenus in metropolitanis ecclesiis ac excellentioribus episcopatibus eminentioribusque abbatiis... expectare dignetur regias preces. »

De Pragmatique, plus un mot...

La seule mention qu'on en trouve se rencontre dans le projet, et ne se retrouve dans aucun des traités. (Lenglet, II, 249.) Au reste, le plus puissant des confédérés, le comte de Charolais, avait besoin du pape pour l'affaire de Liège. Dans son traité avec le roi, il exige que le roi se soumette, « pour l'accomplissement des choses dessus dictes..., à la cohertion et contrainte de nostre sainct Père le Pape. » (*Ibid.*, 504.)

Point d'États généraux...

Les princes avaient jeté vaguement cette promesse ; on ne la trouve nettement exprimée que dans la sommation adressée par le frère du roi au duc de Calabre. Il veut, dit-il, « oster et faire cesser les aydes, impositions, quatriesme, huitiesme et toutes autres charges, oppressions et exactions, *sur le pauvre peuple*, fors seulement la taille ordinaire des gens d'armes, laquelle aura tant seulement cours jusqu'à ce que par les *Estats du royaume, que brief espérons assembler*..., soit advisé. » (*Preuves* de Comines, édit. Lenglet, II, 45.) Les autres princes s'en tiennent à des expressions plus générales : « *Meus de pitié et compassion du pauvre peuple* », etc. (*Ibid.*, 444.) Ce qui est singulier, c'est qu'ils accusent le roi de *les avoir attaqués*, lorsqu'ils venaient réformer le royaume : « Aucuns induisent le Roy à prendre inimitié... contre les seigneurs de son sang... pour grever et dommager... ainsi que par effect l'a, à son pouvoir, monstré par l'invasion qu'il fist à puissance d'armes le 16e jour de juillet dernier passé à Montlhéry sur nous qui, pour aider à pourvoir au bien du royaume et de la chose publique d'iceluy... venions joindre avec nostre très redouté seigneur monseigneur de Berry, ledit beau cousin de Bretaigne et austres seigneurs du sang. » (*Ibid.*, 490.)

Seulement trente-six notables doivent aviser au Bien public...
« Lesquels avis, délibérations et conclusions, le roi veut et ordonne estre gardez, comme se luy-même en sa personne les avoit faicts ; et d'abondant, dedans quinze jours, il les autorisera... et ne seront baillées par le Roy lettres à l'encontre... et se elles estoient baillées, ne sera obéy. » (*Ibid.*, 514-515.)

76 — page 115 — *Le pot semblait constituer la famille dans nos vieilles coutumes...*
Voy. Laurière, I, 220; II, 171. Michelet, *Origines du droit.* Voy. particulièrement pour le Nivernais : Guy Coquille, *Question 58*; M. Dupin, *Excursion dans la Nièvre*; *Le Nivernais*, par MM. Morellet, Barat et Bussière.

77 — page 116, note 1 — *Quoi de plus français que ce pays Wallon...*
Si les Wallons ont semblé plus musiciens que littérateurs dans les derniers siècles, n'oublions pas qu'au quatorzième Liège eut ses excellents chroniqueurs, Jean d'Outre-Meuse, Lebel et Hemricourt. Voy. dans celui-ci l'amusant portrait de ce magnifique et vaillant chanoine Lebel. Froissart déclare lui-même avoir copié Lebel dans les commencements de sa chronique. — Le dix-septième siècle n'a pas eu de plus savants hommes ni de plus judicieux que Louvrex ; on sait que Fénelon, en procès avec Liège pour les droits de son archevêché, se désista sur la lecture d'un mémoire du jurisconsulte liégeois — De nos jours, MM. Laveleye, Lesbroussart, Polain et d'autres encore ont prouvé que cet heureux et facile esprit de Liège n'en était pas moins propre aux grands travaux d'érudition.

78 — page 116 — *Dès le quinzième siècle, les maîtres de la mélodie ont été les enfants de chœur de Mons ou de Nivelle...*
Voy. Guichardin, *Description des Pays-Bas*; Laserna, *Bibliothèque de Bourgogne*, p. 202-208 ; Fétis, *Mémoire sur la musique ancienne des Belges*, et la *Revue musicale*, 2ᵉ série, t. III, 1830, p. 230.

79 — page 116, note 3 — *Le long de la Meuse, liberté des personnes, ou du moins servage adouci...*
La coutume de Beaumont (qui du duché de Bouillon se répandit dans la Lorraine et le Luxembourg) accordait aux habitants le libre usage des eaux et des bois, la faculté de se choisir des magis-

trats, de vendre à volonté leurs biens, etc. — Au commencement du treizième siècle (1236), le seigneur d'Orchimont affranchit ses villages de Gerdines, *selon les libertés de Renwez* (concessi, ad legem Renwex, libertatem); il réduit tous ses droits au terrage, au cens, à un léger impôt de mouture. Saint-Hubert et Mirwart suivirent cet exemple. — Originaire moi-même de Renwez, j'ai trouvé avec bonheur, dans le savant ouvrage de M. Ozeray, cette preuve des libertés antiques du pays de ma mère. (Ozeray, *Histoire du duché de Bouillon,* p. 74-75, 110, 114, 118.)

Vastes libertés de pâtures, immenses communaux...

Les grands propriétaires qui attaquent les communes aux Ardennes ou ailleurs devraient se rappeler que, sans les plus larges privilèges communaux, le pays fût resté désert. Ils demandent partout des titres aux communes, et souvent les communes n'en ont pas, justement parce que leur droit est très antique et d'une époque où l'on n'écrivait guère. — Vous demanderez bientôt sans doute à la terre le titre en vertu duquel elle verdoie depuis l'origine du monde.

80 — page 171 — *Le pèlerinage de saint Hubert...*

Le pèlerinage de saint Hubert était, comme on sait, renommé pour guérir de la rage. Nos paysans de France, comme ceux des Pays-Bas, allaient en foule, mordus ou non mordus, se faire greffer au front d'un morceau de la sainte étole. Les parents de saint Hubert, qui vivaient toujours dans le pays, guérissaient aussi avec quelques prières. (*Délices des Pays-Bas,* éd. 1785; IV, p. 50, 172.)

81 — page 118 — *Le grand attrait de Liège... L'Anglais Mandeville,* etc.

Comme le disait son épitaphe : « Qui, toto quasi orbe lustrato, Leodii diem vitæ suæ clausit extremum, anno Domini MCCCLXXI. » (Ortelius, apud Boxhorn, *De Rep. Leod. auctores præcipui,* p. 57.)

Une forte et joyeuse vie...

Cette terrible histoire n'en est pas moins très gaie, Voy. Hemricourt, *Miroir des nobles de Hasbaye,* p. 139, 288, 350, etc., etc.

Mélée de travail, de factions, de batailles...

« Défense de violer la demeure des citoyens : En *lansant, ferrant,* ou *jettant* aux maisons, ou personnes extantes en icelles, à peine d'un voiage de S. Jacques. » (*Le Régiment des bastons,* 1422, apud Bartollet, *Concilium juris,* etc., art. 34.) Je dois la possession de ce précieux opuscule, qui donne l'analyse de presque toutes les chartes liégeoises, à l'obligeance de M. Polain, conservateur des archives de Liège.

La base de la cité, son tréfoncier chapitre...

« In stylo curiarum sæcularium *Leod.*, c. v, art. 8, c. xiii, art. 20, et alibi, *seigneurs* TRESFONCIERS dicuntur ii quorum propria sunt decimæ, reditus, census, justitia, prædium, licet alii sint usufructuarii. » — « TREFFONCIERS et lansagers peuvent deminuer pour faute de relief. » (*Cout. de Liège*, c. xv, art. 17.) — « Et est à savoir que cil qui ara suer l'iretage le premier cens, l'on apele le TREFFONS. » (*Usatici urbis Ambianensis*, mss. Ducange verbo TREFFUNDUS.)

... population d'ouvriers mobile et renouvelée...

Hemricourt se plaint (vers 1390?) de ce que le *quart* de la population de Liège, loin d'être né dans la ville, n'est pas même de la principauté. (*Patron de la temporalité*, cité par Villenfagne, *Recherches* (1817), p. 53.)

82 — page 118, note 2 — *Les houillères de Liège...*

Ernst., *Histoire du Limbourg* (éd. de M. Laveleye), l. 119. Voy. aussi le mémoire de l'éditeur sur l'époque de la découverte.

83 — page 119 — *Le chapitre avait lancé sur les nobles le peuple*, etc.

Voir à la suite du *Miroir des nobles de Hasbaye*, le beau récit de la guerre des Awans et des Waroux, si bien préparé par les généalogies qui précèdent, et par la curieuse préface de ces généalogies.

84 — page 119 et suiv., note 2 — *Changements de condition, et alliances de bas en haut et de haut en bas...*

En voici deux prises au hasard. — Corbeau d'Awans (l'un des principaux chefs dans cette terrible guerre des nobles) épouse la fille de « M. Colar Bakenheme, chevalier quy fut sornomeis delle Crexhan, par tant qu'il demoroit en la maison con dit le Crexhan à Liège, en laquelle *ilh avoit longtemps vendut vins* (car ilh est *viniers*), anchois qu'il presist l'ordenne de chevalerie. » — Ailleurs, le très noble et vaillant Thomas de Hemricourt s'excuse d'entrer dans la guerre civile, sur ce qu'il est marchand de vin; et il est visible qu'il s'agit d'un véritable commerce, et non d'une vente fortuite comme les étudiants avaient le privilège d'en faire dans notre

Université de Paris. Ce Thomas « de pluseurs gens estoit acoincteis par tant qu'il estoit *vinir*... Ilh respondit que c'estoit un *marchands* et qu'il pooit très mal laissier sa chevanche por entrer en ces werres... » (Hemricourt, *Miroir des nobles de Hasbaye*, p. 256, 338 et p. 55, 141, 165, 187, 189, 225, 235, 277, 296, etc.)

... d'honorables houillers...

Au commencement du quinzième siècle, époque de la proscription de Wathieu d'Athin, ses amis paraissent être des propriétaires de houillères. Voy. dans M. Polain un récit très net de cette affaire, si obscure partout ailleurs.

On ne voit pas à Liège l'immobile hiérarchie des classes flamandes...

Autre différence essentielle entre les deux peuples : si les révolutions de Liège semblent montrer plus de mobilité, moins de persévérance et d'esprit de suite, que celles de la Flandre, il est pourtant juste de dire qu'en plusieurs points la constitution de Liège reçut des développements qui manquèrent à celles des villes flamandes : par exemple, l'élection populaire du magistrat et la responsabilité ministérielle. Nul ordre de l'évêque n'avait force, s'il n'était signé d'un ministre, auquel le peuple pût s'en prendre. — Je dois cette observation à M. Laveleye, aussi versé dans l'histoire des Pays-Bas en général, que dans celle de Liège.

Dans telle de ses institutions juridiques, elle s'associe les villes secondaires sur le pied d'égalité...

Les vingt-deux institués en 1372 pour juger les cas de force et violence, furent composés de *quatre* chanoines (qui étaient indifféremment indigènes ou étrangers), de quatre nobles et de quatre bourgeois (*huit indigènes liégeois*), enfin de *deux* bourgeois de Dinant et *deux* d'Huy; Tongres, Saint-Trond, et quatre autres villes, envoyaient *chacune un* bourgeois.

Le lien hiérarchique faible entre les villes...

Mélart en donne un exemple curieux. La petite ville de Ciney, qui devait porter ses appels aux échevins d'Huy, finit par obtenir d'en être dispensée. Huy, à son tour, prétend qu'un de ses évêques lui a donné ce privilège, qu'aucun de ses bourgeois ne pût être jugé par les échevins de Liège; et cet autre, qu'ils ne seraient tenus d'aller en guerre (*en ost banni*), à moins que les Liégeois ne les eussent précédés de huit jours. (Mélart, *Histoire de la ville et du chasteau de Huy*, p. 7 et 22.)

... Entre les fiefs ou les familles....

Hemricourt dit qu'à partir de la fin de la grande guerre des nobles (1335), ils négligèrent généralement leurs parents pauvres, n'ayant plus besoin de leur épée. (*Miroir de la noblesse de Hasbaye*, p. 267.)

Chacun d'eux voulait être chef, etc.

« Ils ne voloyent nient que nus deauz awist sor l'autre sangnorie, ains voloit cascuns d'eaz estre chief de sa branche. » (Hemricourt, p. 4. Voir les passages relatifs aux continuels changements d'armes, p. 179, 189, 197, etc. Aussi, dit-il : « A poynes seit-on al jour-duy queis armes, ne queile blazons ly nobles et gens de linages doyent porter. » *Ibid.*, p. 355.)

Les apprentis même ont suffrage...

Hemricourt, *Patron de la temporalité*, cité par Villenfagne. *Recherches* (1817), p. 54.)

85 — page 121 — *En émeute, parfois même en guerre, la femme était terrible...*

Plusieurs passages des *Chroniques de Liège et des Ardennes* témoignent du génie viril des femmes de ce pays, entre autres la terrible défense de la tour de Crèvecœur. (Galliot, *Hist. de Namur*, III, 272.) — « Près Treit, aucunes femmes liégeoises vindrent en habits d'homme, avec les armes, et firent au pays si grandes thirannies qu'elles surmontoient les hommes en excès. » (*Bibl. de Liège*, ms. 180, Jean de Stavelot, fol. 159.)

86 — page 122, note 1 — *Le château du chevalier Radus...*

Jean d'Outre-Meuse, cité par M. Polain, dans ses *Récits historiques.* — Voy. aussi dans le même ouvrage comment ce brave évêque, venant baptiser l'enfant du sire de Chèvremont, fit entrer ses hommes d'armes couverts de chapes et de surplis, s'empara de la place, etc. — « Les Dinantais entre eux divisés à l'occasion de Saint-Jean de Vallé, chevalier, duquel ils furent contraints de destruire la thour et chasteaux. » (*Bibl. de Liège*, ms. 183. Jean de Stavelot, ann. 1464.)

87 — page 123 — *Maëstricht...*

Maëstricht était sous la souveraineté indivise de l'évêque de Liège et du duc de Brabant, comme il résulte de la vieille formule :

  Een heer, geen herr (*un seigneur, point de seigneur*),
  Twen heeren, een heer (*deux seigneurs, un seigneur*).
  Trajectum neutri domino, sed paret utrique.

Voy. Polain, *De la souveraineté indivise*, etc., 1831; et Laveleye, extrait d'un mémoire de Louvrex sur ce sujet, à la suite du tome III de l'*Histoire du Limbourg*, de Ernst.

88 — page 124 — *Le vieux monde (féodal et juriste) appela les Liégeois haï-droits...*

Dans les deux poèmes de la *Bataile de Liège* et les *Sentences de Liège*, ils sont nommés *hé-droits*. (*Mémoires pour servir à l'Histoire de France et de Bourgogne*, I, 375-376.) Les chefs des *haï-droits*, sous Jean de Bavière, sont : un écuyer, un boucher qui avait été bourgmestre, un licencié en droit civil et canonique, un paveur à la chaux. (Zantfliet, ap. Martène, *Ampliss. Collect.*, V, 363.) — Au reste, les ennemis du droit strict trouvaient de quoi s'appuyer dans la loi même, puisque la Paix de Fexhe (1316) portait que les Liégeois devaient être traités par jugement d'échevins ou *d'hommes*, et que le changement dans les lois qui peuvent être ou trop larges, ou trop roides, ou trop étroites, doit être *attempéré par le sens du pays*. (Devez, *Droit public*, t. V des *Mém. de l'Académie de Bruxelles.*)

89 — page 124 — *Le duc de Bourgogne se trouve être le concurrent des Liégeois pour les houilles.*

Il semblerait, d'après les devises, que la guerre de Louis d'Orléans et de Jean-sans-Peur peut se rattacher à la concurrence du charbon de bois et de la houille du Luxembourg et des Pays-Bas : Monseigneur d'Orléans, *Je suis mareschal de grant renommée, Il en appert bien, j'ay forge levée.* — Monseigneur de Bourgogne, *Je suis charbonnier d'étrange contrée, J'ai assez charbon pour faire fumée.* (Bibl. royale, mss. Colbert, 2403, regius 9681-5.)

Pour les draps...

Les tisserands du Liégeois n'étaient pas moins anciens que ceux de Louvain. La *Chronique de Saint-Trond* nous montre des tisserands en 1133, à Saint-Trond, à Tongres, etc. « Est genus mercenariorum quorum officium ex lino et lana tecere telas ; hoc procax et superbum supra alios mercenarios vulgo reputatur. » (*Spicilegium*, II, 704, éd. in-fol.)

Et pour les cuivres...

« Survint une grosse guerre entre les Bourguignons et les Dinantois pour la marchandise de cuivre. » (Bibl. de Liège, ms. 180, Jean de Stavelot, f. 152, verso.)

90 — page 125 — *L'évêque Jean de Heinsberg invoqua l'arbitrage de son archevêque, celui de Cologne, etc.*

Mélart lui-même, si partial pour les évêques, avoue que cette paix a été « infâme, et où l'évesque s'est abaissé trop vilement, blasmé en cela de... s'avoir laissé mettre la chevestre au col. » (Mélart, *Histoire de la ville et chasteau de Huy*, p. 245.)

Et souscrivit à sa sentence, qui ruinait Liège au profit du duc de Bourgogne...

Cet argent venait à point pour cette maison, si riche et si nécessiteuse, dont la recette (sans parler de certaines années extraordinaires, et vraiment accablantes) paraît avoir flotté : de 1430 à 1442, entre 200,000 et 300,000 écus d'or, — de 1442 à 1548, entre 300,000 et 400,000. C'est du moins ce que je crois pouvoir induire du budget annuel qui m'a été communiqué par M. Adolphe Le Glay. (*Archives de Lille. Comptes de la recette générale des finances des ducs Jean et Philippe.*)

91 — page 127, note — *Les La Marche...*
En 1320, Adolphe de La Marche, évêque de Liège, reconnaît recevoir du roi 1000 livres de rentes; en 1337, il donne quittance de 15,000 livres, et promet secours contre Édouard III. En 1344, Engilbert de La Marche fait hommage au roi, puis en 1354, pour 2,000 livres de rentes, qu'il réduit à 1,200 en 1368. (*Archives du royaume, Trésor des chartes*, J, 527.)

92 — page 127 — *Liège se laissa induire par son évêque à combattre La Marche, son allié naturel...*
Sous le prétexte que si Liège n'aidait le duc, il garderait pour lui ces châteaux qui étaient des fiefs de l'évêché. (Zantfliet, ap. Martène, *Ampliss. Coll.*, V, 453. Voy. aussi Adrianus de Veteri Bosco, Du Clercq, Suffridus Petrus, etc.)

L'évêque eut l'idée de relever La Marche...
La Marche se présenta au chapitre pour faire serment le 8 mars 1455; date importante pour l'explication de tout ce qui suit. (*Explanatio uberior et Assertio juris in ducatum Bulloniensem, pro Max. Henrico, Bavariæ duce, epis C. Leod.* 1681, in-4°, p. 121.)

Le Bourguignon fit venir l'évêque et lui fit une telle peur...
Plusieurs disent qu'on le menaça de la mort, qu'on amena un confesseur, etc. Ce qui est sûr, c'est que pour faire croire qu'il était libre, on le fit résigner, non chez le duc, mais dans une auberge : « Hospitium de Cygno. Et juravit quod nunquam contraveniret, sub obligatione omnium bonorum suorum. » (Adrianus de V. Bosco, *Ampliss. Coll.*, IV, 1226.)

Au même moment, il forçait l'élu d'Utrecht de résigner en faveur d'un sien bâtard...

Meyer, si partial pour le duc, dit lui-même : « Metu potentissimi ducis. » (Meyer, *Annal. Flandr.*, f. 318, verso.)

93 — page 128 — *Liège fut peu édifiée de l'entrée du nouveau prélat...*

« Indutus veste rubea, habens unum parvum pileum. » (Adrianus de Veteri Bosco, ap. Martène, *Amplissima Collectio*, IV, 1230.) Comment se fait-il que cet excellent continuateur des *Chroniques de Saint-Laurent*, témoin oculaire et très judicieux, ait été généralement négligé? Parce qu'on avait sous la main, dans le recueil de Chapeauville, l'abréviateur Suffridus Petrus, *domestique* de Granvelle, lequel écrit plus d'un siècle après la révolution, sans la comprendre, sans connaître Liège. Un seul mot peut faire apprécier l'ineptie de l'abréviateur : il suppose que Raes de Linthres fait jurer d'avance aux Liégeois d'obéir au régent quelconque qu'il pourra nommer! Il lui fait dire que ce régent (le frère du margrave de Bade) est aussi puissant que le duc de Bourgogne! etc. — Outre Comines et Du Clercq, les sources sérieuses sont, pour Liège, Adrien de Vieux-Bois; pour Dinant, la correspondance de ses magistrats dans les *Documents* publiés par M. Gachard. La petite ville a conservé ses archives mieux que Liège elle-même. Nous aurons bientôt une traduction d'Adrien, et une traduction excellente, puisqu'elle sera de M. Laveleye.

94 — page 129 — *... De là de grands désordres...*

Moins cruels pourtant que la justice de l'évêque, à en juger par l'effroyable supplice infligé à deux hommes ivres, dont l'un avait proféré des menaces contre l'évêque, l'autre avait approuvé : « Quod factum fuit ad incutiendum timorem, versum fuit in horrorem. » (Adriamus de Veteri Bosco, *Ampliss. Coll.*, IV, 1234.)

Dans la campagne, des garçons de dix-huit ou vingt ans se mettent à juger...

« Qui se vocaverunt *dy Clupslagher*, et fecerunt fieri pro signo unum vagum virum cum fuste in manu, quem ponebant in vexillo, et in pecia papyri depictum portabant, affixum super brachia et pilea sua. » (*Ibid.*, 1242.)

L'évêque vint en hâte, siégea avec les magistrats...

« Sedendo cum eis, juvit dictare, sicut aiebant, sententias. » (*Ibid.*, 1244.)

95 — page 130 — *Louis XI, à peine roi, fit venir les meneurs de Liège, leur fit peur...*

La scène est jolie dans Adrien. De Dinant, on vient dire à Liège qu'il y a à Mouzon beaucoup de gens d'armes français, qu'ils vont envahir le pays. Le capitaine déclare qu'en effet il a ordre d'attaquer, si les Liégeois ne sont avant tel jour à Paris. Les magistrats de Liège hésitent fort à partir. Ils demandent un sauf-conduit, qui leur est refusé. Arrivés près de Paris, tout contre le gibet royal, survient un messager de l'évêque de Liège, qui dit à l'un d'eux, Jean le Ruyt : « O mon cher seigneur, où allez-vous ? retournez, je vous en prie, que voulez-vous faire ? Voilà Jean Bureau qui s'est constitué prisonnier jusqu'à ce qu'il ait prouvé ce dont on vous accuse. — Eh ! quoi ! dites-vous bien vrai ? — Oui, c'est comme je vous dis. » A quoi Jean le Ruyt répliqua : « Ah ! ah ! ah ! Domine Deus ! (*Jérémie.*) Je sais bien qu'il me faut mourir une fois ; le pis qu'il me puisse arriver, c'est de finir à ce gibet. Donc, en avant !... » Le première personne qu'ils rencontrèrent, ce fut Jean Bureau, qu'on leur avait dit s'être constitué prisonnier. Cependant le roi, apprenant leur arrivée, envoie les chercher, une fois, deux fois. Introduits, ils se mettent à genoux, le roi les fait relever. Bérard, l'envoyé des nobles, fit en leur nom une belle harangue. Puis le roi : « Gilles d'Huy est-il ici ? — Oui, sire. — Et Gilles de Mès ? — Sire, me voici. — Et celui que mon père, le roi Charles, a fait chevalier ? — Sire, c'est moi, dit Jean le Ruyt. » Alors le roi leur parla du bruit qui courait, qu'ils avaient promis à son père de le ramener en France. Il chargea Jean Bureau de faire à ce sujet une enquête. — Ils cherchèrent pendant trois jours l'évêque de Liège, et en furent reçus assez mal. Il ne retint avec lui que leur orateur, l'envoyé des nobles. Le lendemain, comme ils entraient au palais du roi, celui qui ouvrait la porte leur dit : « Votre orateur est là, qui parle contre vous. » Cependant le roi les tint pour excusés, et dit qu'on ne parlât plus de rien. Puis il dit à Gilles de Mès : « Voulez-vous que je vous fasse chevalier ? — Mais, sire, je n'ai ni terre, ni fief... » — Voyant ensuite l'avoué de Lers avec un simple collier d'argent : « Voulez-vous la chevalerie ? — Sire, je suis bien vieux. — N'importe ; qu'on me donne une épée. » Il le fit chevalier, et un autre encore. Alors, les envoyés prièrent le roi de prendre la ville en sa sauvegarde. (*Ibid.*, 1247-1250.)

96 — page 131 — *Raes, chevalier et de grande noblesse...*
Raes de Heers ou de Linthres, fils de Charles de La Rivière e d'Arschot, et de Marie d'Haccour, d'Hermalle, de Wavre, etc.

Dans ses armes, avait trois grosses fleurs de lis...

Je suppose qu'il les avait dès cette époque. La fleur de lis se trouve fréquemment dans les armoiries liégeoises. (*Recueil héraldique des bourgmestres de la noble cité de Liège*, p. 169, in-folio, 1720.)

97 — page 134 — *Le duc mourant, on espérait que les Wallons fermeraient leurs places au comte de Charolais, l'ami de la Hollande...*

Où il s'était retiré. Voy. aussi plus haut, p. 32. Cette rivalité éclate partout, spécialement à l'occasion de Montlhéry. Les Hollandais soutinrent, contre les Bourguignons et Wallons, qu'eux seuls avaient décidé la bataille, en criant : *Bretagne!* et faisant croire que les Bretons arrivaient. (Reineri Snoi Goudini *Rer. Batavic.*, l. VII.)

98 — page 138 — *Jean de Nevers avait trompé le roi*, etc.

Dans sa lettre au roi, il montre une confiance extraordinaire : « En Picardie, les sieurs de Crèvecœur et de Miraumont, mes serviteurs... besoignent en toute diligence... J'ay trouvé et trouve moyen de me fortiffier tant de mes amis que d'austres estrangers et de leurs places... Et dedans six jours espère cy avoir *ung nommé* Jehan de La Marche (*ung nommé!* que dirait de ceci l'illustre maison d'Aremberg) qui s'est envoyé offrir à moy, et aussy aucuns députés des Liégeois qui désirent fort à moy faire plaisir. J'ay en cestuy païs de Rethelois de bien bonnes et fortes places, etc. Escript en ma ville de Mézières-sur-Meuse, le 19e jour de mars 1465. » (*Bibl. royale*, mss. Legrand, *Preuves*, c. I.)

99 — page 141 — *Dinant avait fait du métier de battre le cuivre un art qu'on n'a pas surpassé...*

On admire encore à Saint-Barthélemy de Liège les fonts baptismaux où pendant huit siècles tous les enfants de Liège ont reçu le baptême. « Lambert Patras, *le batteur de Dinant*, les fit en l'an 1212. » (Jean d'Outre-Meuse, cité par M. Polain, *Liège pittoresque, ou Description historique*, etc., p. 204-205.) C'est à Dinant que fut fondue, au dix-septième siècle, la statue de bronze que Liège éleva à son bourgmestre Beeckman. (Le même, *Esquisses*, p. 311.)

100 — page 143 — *Quelques compagnons de Dinant passent la Meuse, avec un mannequin aux armes du comte de Charolais*, etc.

Du Clercq, l. V, c. XLV. « Amplissant ung doublet plain de feur, couvert d'un manteau armoiet des armes dudit sieur, et mettant au-desseur un clockin de vache... » (*Documents* publiés par M. Gachard, II, 221, 251. — Voy. aussi *ibid.*, lettres du 5 nov. 1465 et du 23 sept.)

101 — page 145 — ... *Ces noms de bâtard et de fils de prêtre...*

« Pfaffenkind. » Nulle injure plus grave. (Grimm, *Rechtsalterthümer*, 476. Michelet, *Origines du droit.*)

102 — page 147 — *Les Bourguignons restèrent à Saint-Trond, d'où le comte accorda une trêve aux Liégois...*

Quand on connaît la violence de ces princes de la maison de Bourgogne, rien ne frappe plus que la modération de leurs paroles officielles. On y sent partout l'esprit cauteleux des conseillers qui les dirigeaient, des Raulin, des Humbercourt, des Hugonet, des Carondelet. Dans la campagne de France, le comte de Charolais avait toujours assuré qu'il venait seulement conseiller le roi, s'entendre avec les princes. Pourquoi le roi l'avait-il attaqué à Monthléry ? Il s'en plaint dans l'un de ses manifestes. — De même, lorsque les Liégeois défient le duc, comme ennemi du roi, leur allié, il répond froidement : « Ceci ne me regarde pas ; portez-le à mon fils. » Et encore : « Pourquoi me ferait-on la guerre ? jamais je n'ai fait le moindre mal ni au régent ni aux Liégeois. » Voy. Du Clerq, livre V, ch. xxxiii, et Suffridus Petrus, ap. Chapeauville, III, 153.

103 — page 147 — *Liège ne voulait pour rien consentir à livrer ni hommes ni alliés...*

« Concluserunt cives quod neminem darent ad voluntatem... Ministeriales petebant pacem, sed nolebant aliquos homines dare ad voluntatem. » (Adrianus de Veteri Bosco, *Ampliss. Coll.*, IV, 1284.)

104 — page 148 — *Les seigneurs endormaient de paroles Dinant ; tel essayait d'en tirer de l'argent...*

Rien de plus odieux. Jean de Meurs, après avoir d'abord bien reçu l'abbé de Florines, qui vient intercéder, lui prend ses chevaux et le taxe outrageusement à la petite rançon d'un marc d'argent. Louis de La Marche écrit aux gens de Dinant : « Fault acquérir amis, tant par dons que par biaux langaiges, ceulx quy de ce s'entremelleront, récompenser de leurs labeurs. » (*Documents* Gachard, II, 263-264.)

105 — page 151 — « *Dinant pourrait avoir la paix ; c'est elle qui n'en veut pas...* »

Il n'y a pas un mot de cela dans les documents authentiques de

Dinant. Tout porte à croire le contraire. On ne peut faire ici grand cas de l'assertion du Liégeois Adrien, généralement judicieux, mais ici trop intéressé à justifier sa patrie.

106 — page 152 — *Le duc de Normandie avait à peine « épousé sa duché »...*

A l'inauguration du nouveau duc, on renouvela toutes les formes anciennes : l'épée, tenue par le comte de Tancarville, connétable *hérédital* de Normandie, l'étendard que portait le comte d'Harcourt, maréchal *hérédital*, l'anneau ducal que l'évêque de Lisieux, Thomas Basin, passa au doigt du prince, le fiançant avec la Normandie. (*Registres du chapitre de Rouen*, 10 déc. 1465, cités par Floquet, *Hist. du Parlement de Normandie*, I, 250.)

107 — page 152, note 2 — *Le duc de Bourbon s'était montré l'un des plus acharnés contre le roi...*

Voy. ses instructions à M. de Chaumont : « Que Monseigneur et les autres princes... se gardent bien d'entrer dans Paris... De nouvel, avons sceu par gens venans de Paris l'intention que le Roy a de faire faire aucun excès ou vois de fait... Le Roy a faict serment de jamais ne donner grace ou pardon... mais est délibéré de soy en venger par quelque moyen que ce soit, voire tout honneur et seureté arrière mise. » (*Bibliothèque royale*, ms. Legrand, *Preuves*. 12 oct. 1465.) Quant à la haine des Bretons, il suffirait, pour la prouver, du passage où ils veulent jeter à la mer les envoyés de Louis XI : « Velà les François ; maudit soit-il qui les espargnera ! » (*Actes de Bretagne*, éd. D. Morice, II, 83.)

108 — page 153 — *Le roi souriait et disait : « Vous n'avez point failli... »*

« Les gens de nostre bonne ville de Rouen... nous ont remontré que ladicte entrée fut faicte par nuyt et à leur desceu et très-grant desplaisance, et si soubsdain qu'ils n'eurent temps ne espace de pouvoir envoyer devers nous pour nous en advertir. » (Communiqué par M. Chéruel, d'après l'original, aux *Archives municipales de Rouen*, tir. 4, n° 7, 14 janvier 1466.)

Il excepta un petit nombre d'hommes, etc.

Où Désormeaux prend-il cette folle exagération ? « Il périt presque autant de gentilshommes par la main du bourreau que par le sort de la guerre. »

Il fallut un grand mois pour que le comte de Charolais pût s'occuper des affaires de Normandie...

Le comte de Charolais y envoya Olivier, qui raconte lui-même sa triste ambassade : « Si passay parmy Rouen, et parlay au Roy, *qui me demanda où j'alloye...* » (Olivier de La Marche, liv. I, ch. xv.)

109 — page 158 — *Les trésoriers du roi, sommés par lui de payer l'impossible, lui dirent*, etc.

« Au soir, le Roy me parla et se coroussa de ce qu'on ne vouloit faire délibérer selon son imagination, et je lui diz que j'avois oy dire à MM. qu'il perdroit son peuple... » (Lettre de Reilhac à M. le contrerolleur, maître Jehan Bourré. *Bibl. royale*, mss. Legrand, 22 septembre 1466.)

110 — page 159 — *C'était mettre entre les mains du duc de Bourbon la moitié du royaume...*

Les étrangers semblent dès lors mettre le duc de Bourbon au niveau du roi : « Contentione suborta inter regem Francie et J. ducem Borbonii ex uno latere, et Karolum Burgundie ex altero. » (*Hist. patriæ Monumenta*, I, 642.)

111 — page 159, note — *Ces Bourbons*, etc.

Le fameux : *Qui qu'en grogne*, qu'on attribue aussi aux ducs de Bretagne, fut dit (vers 1400 ?) par Louis II de Bourbon, contre les bourgeois qui s'alarmaient de la construction de sa tour. (*Ibid.* II, 201.)

112 — page 163 — *Louis XI marie les Saint-Pol...*

Historiæ patriæ Monumenta, Chronica Sabaudiæ, ann. 1466, t. I, p. 639.

... *Confiant au connétable les clefs de Rouen...*

Ses lieutenants reçurent effectivement les clefs du château, du palais, de la tour du pont (Communiqué par Chéruel. *Archives municipales de Rouen. Délibérations*, vol. VII, fol. 259-260.)

113 — page 164 — *Tel, renvoyé de l'un à l'autre*, etc.

Registres de Mons, cités par M. Gachard, dans son éd. de Barante, t. II, p. 255, n° 2.

114 — page 164 — *Un premier chant de l'alouette, les enfants de la Verte tente...*

Voy. plus loin, p. 176, 178, et les *Documents* Gachard, II, 435 ; sur la *Verte tente* de Gand en 1453, Monstrelet, éd. Buchon, p. 387. Sur les *Galants de la feuillée* en Normandie, Legrand, *Histoire ms.*, livre IX, fol. 87-88, ann. 1466. Cf. mes *Origines du droit* sur

115 — 166 — *En partant de Namur, le comte de Charolais écrivit au roi une lettre furieuse*, etc.

Duclos, *Preuves*, IV, 279. Il s'agissait de rendre le roi odieux, il lui écrit peu après que les sergents du baillage d'Amiens *oppriment le peuple*, qu'il faut en choisir de meilleurs, que le roi confirmera : « Et avec ce, ferez grant bien et soulaigement *au pouvre peuple.* » (*Bibl. royale*, mss. Baluze, 9675. D, 15 oct. 1466.)

116 — page 167 — *Dans la batterie du cuivre, la forme naissait immédiatement sous la main humaine...*

Pour apprécier la supériorité de la *main* sur les moyens mécaniques, lire les discours, pleins de vues ingénieuses et fécondes que M. Belloc a prononcés aux distributions de prix de son École. L'*École gratuite de dessin*, dirigée (disons mieux, créée par cet excellent maître), a déjà renouvelé, vivifié dans Paris tous les genres d'industrie qui ont besoin du dessin : orfèvrerie, serrurerie, menuiserie, etc. Sous une telle impulsion, ces métiers redeviendront des arts. (Note de 1844.)

117 — page 168 — *Cette jeunesse turbulente était d'autant plus hardie qu'elle n'était pas du lieu...*

« Savoir faisons... Nous avoir esté humblement exposé de la partie de Estienne de La Mare, *dynan*, ou potier darain, simple homme, chargié de femme et de plusieurs enfans, que comme environ la Chandeleur qui fut mil ccc, iiiixx et cinq ; icelluy suppliant *se feust louez* et convenanciez à un nommé Gautier de Coux, *dynan*, ou potier derrain, *pour le servir jusques à certain temps*, lors à venir, et parmi certain pris sur ce fait, et pour payer le vin dudit marchié... » (*Archives, Trésor des Chartes*, reg. 159, pièce 6, lettre de grâce d'août 1404.)

118 — page 168 — *Plusieurs de ceux qui avaient délivré les coupables, les reprirent*, etc.

Lettre de Jehan de Gerin et autres magistrats de Dinant, 8 nov. 1465. *Documents* Gachard, II, 336.

119 — page 171 — *Après la Piteuse paix, lorsque les hommes se taisaient, les enfants se mirent à parler...*

Voir le détail, si curieux, dans Adrianus de Veteri Bosco, *Ampliss. Collectio*, IV, 1291-2.

120 — page 176 — *Les bourgeois et batteurs en cuivre purent enfin se livrer...*

Un auteur, très partial pour la maison de Bourgogne, avoue que les batteurs en cuivre abrégèrent la défense : « Ad hanc victoriam tam celeriter obtinendam auxilium suum tulerunt fabri cacabarii. » (Suffridus Petrus, ap. Chapeauville, III, 158.)

Le comte entra, précédé des tambours, etc.

« Cum tubicinis, *mimis* et tympanis. » (Adrianus de Veteri Bosco, ap. Martène, IV, 1295. Voir aussi plus haut, p. 176, note 1.)

121 — page 178 — *... Ceux qui avaient prononcé des blasphèmes contre le duc, la duchesse,* etc.

Un auteur assure qu'au commencement du siège, Madame de Bourgogne, se faisant scrupule d'une vengeance si cruelle, vint elle-même intercéder. Mais l'épée était tirée, ce n'était plus une affaire de femme. On ne l'écouta pas. Je ne puis retrouver la source où j'ai puisé ce fait.

Les gens de Bouvignes en désignèrent huit cents...

Le moine Adrien se tait sur ce point, sans doute par respect pour le duc de Bourgogne, oncle de son évêque. Jean de Hénin (à la suite de Barante, éd. Reiffenberg) dit effrontément : « Je ne sçay que à sang froid on aye tué nelluy. » — Mais Comines (édit. de mademoiselle Dupont, liv. II, ch. i, t. I, p. 117), Comines, témoin oculaire, et peu favorable aux gens de Dinant, dit expressément : « Jusques à *huict cens*, noyés devant Bouvynes, à la grant requeste de ceux dudict Bouvynes. » — Je trouve aussi dans un manuscrit : « Environ *huict cens*, noyés en la rivière de Meuse. » L'auteur ne s'en tient pas là ; il prétend que le comte « mit à mort femmes et enfants ». *Bibliothèque de Liège. Continuateur,* de Jean de Stavelot, ms. 183, ann. 1466.

122 — page 179 — *Si le comte de Charolais ordonna le feu...*

Jacques Du Clercq tâche d'obscurcir la chose pour lui donner quelque ressemblance avec la ruine de Jérusalem, et faire croire que « ce estoit le plaisir de Dieu qu'elle fust destruite ».

123 — page 180, note — *Sac de Dinant...*

J'ai rencontré aussi les vers suivants, sotte et barbare plaisanterie de vainqueurs, que je ne rapporte que pour faire connaître le goût du temps : « Dynant, ou soupant, Le temps est venu Que le tant et quant que t'as, mis avant Souvent et menu, Te sera rendu, Dynant, ou soupant. » (*Bibliothèque de Bourgogne,* ms. 11033.)

Quelques malheureuses femmes s'obstinaient à revenir...

« Les femmes mesmes quy y alloient pour trouver leurs maisons ne sçavoient cognoistre... Tellement y feut besoigné que quatre jours après le feu prins, ceux qui regardoient la place où la ville avoit esté pooient dire : Cy feut Dynant ! » (Du Clercq, liv. V, ch. LX-LXI.) En 1472, le duc autorisa la reconstruction de l'Église de Notre-Dame *au lieu appelé Dinant*. (Gachard, *Analectes Belgique*, p. 318-320.)

Le sage chroniqueur de Liège dit...

« Non inveni in toto Dyonanto nisi altare S. Laurentii integrum, et valde pulchram imaginem B. V. Mariæ in porticu ecclesiæ suæ, etc. » (Adrianus de Veteri Bosco, ap. Martène, IV, 1296.)

Ce qui étonne en lisant ces comptes funèbres...

« Unes patrenostres de gaiet, où il a des patrenostres d'argent entre deux... une paire de gans d'espousée... un boutoir à mettre espingles de femmes... » — Puis il passe à autre chose : « Item un millier de fer... Item un millier de plomb. » (*Recepte des biens trouvez en ladite plaiche de Dinant. Documents* Gachard, II, 381.)

124 — page 184 — *Saint-Pol s'adressa à l'honneur du comte de Charolais...*

Comines. — « Agente plurimum et pro miseris interveniente comite Sancti Pauli. » (Amelgard. *Ampliss. Coll.*, IV, 752.)

125 — page 188 — *Louis XI reçut Warwick*, etc.

« Was receyvid into Roan with procession and grete honour into Our Lady chirch. » (Fragment, édité par Hearne à la suite des *Th. Sprotti Chronica*, p. 297.) L'auteur a reçu tous les détails de la bouche d'Édouard IV : « I have herde of his owne mouth. » (*Ibid.*, p. 298.)

Au moment où il apprenait la mort de Philippe-le-Bon...

Rien de plus mélancolique que les paroles de Chastellain : « Maintenant c'est un homme mort. » etc. Elles sont visiblement écrites au moment même ; on y sent l'inquiétude, la sombre attente de l'avenir.

126 — page 192 — *Émeute de Gand*, etc.

Lire le récit de Chastellain, plus naïf, mais tout aussi grand que les plus grandes pages de Tacite. — Cf. les détails donnés par le *Registre d'Ypres*, et par celui de *la Colace de Gand*, ap. Barante-Gachard, II, 275-277. — Voy. aussi *Recherches sur le seigneur de La Gruthuyse*, et sur ses mss., par M. Van Praet, 1831, in-8.

Malgré l'autorité de Wiellant, j'ai peine à croire que deux hommes tels que Comines et Chastellain, témoins de ces événements, se soient trompés de deux ans sur l'époque de la soumission. Je croirais plutôt que Gand se soumit et demanda son pardon dès le mois de décembre 1467, qu'elle ne l'obtint qu'en janvier 1469, et que l'amende honorable n'eut lieu qu'au mois de mai de la même année.

127 — page 193 — *Dans le traité de 1465, les Bourguignons n'avaient rien oublié...*

« Renonçons à tous droits, allégations exceptions, deffenses, previléges, fintes, cautelles, à toutes récisions, dispensations de serment... et *au droit disant que général renonciation ne vault, se l'espécial ne précède.* » (Lettre qu'on fit signer aux Liégeois le 22 déc. 1465. *Documents* Gachard, II, 311.)

128 — page 194 — *Pour hâter le secours du roi*, etc...

« Iverunt super collem de Lottring, et *acceperunt possessionem* pro comite Nivernensi et rege Franciæ. Similiter in Bollan et circum, et sequenti die in Herstal. » (Adrianus de Veteri Bosco, *Ampliss. Coll.*, IV, 1309, 23 jul. 1467). — Le roi semble avoir tâté Louis de Bourbon à ce sujet : « Et pour ce qu'il estoit nécessaire de savoir le vouloir de ceulx de la cité, et s'ils se voudroient par mondit seigneur (de Liège) *soumettre à vous.* » (Lettre de Chabannes et de l'évêque de Langres au roi. *Bibl. royale*, mss. Legrand, *Preuves*, ann. 1467.) — C'est là sans doute la véritable raison pour laquelle les Liégeois refusent d'envoyer au roi ; ils craignent de s'engager. L'excuse qu'ils donnent est bien faible : « La raison si est qu'il at en ceste cité très petit nombre de nobles hommes... » (*Bibl. royale*, mss. Baluze, 675 A, fol. 21, 1ᵉʳ août 1467.)

129 — page 197 — *Louis XI avait exempté Paris de taxes, malgré le terrible besoin d'argent où il était...*

« Ordre au trésorier du Dauphiné de payer à Dunois, etc.; aux gens de l'Auvergne de payer au duc de Bretagne, etc.; à ceux du Languedoc de payer au duc de Bourbon, etc. 1466-1467. » (*Archives du royaume*, K. 70, 27 février et 4 oct. 1466, 14 janvier 1467.)

130 — page 201, note — *Dans l'armée des Liégeois*, etc.

Dammartin, que Meyer y fait venir avec quatre cents hommes d'armes, six mille archers ! (*Annales Flandr.*, p. 341), n'avait pas bougé de Mouzon. Le bailli de Lyon, fort embarrassé à Liège, faisait tout au monde pour le faire venir ; sa lettre au capitaine Salazar (*Bibl. royale*, mss. Legrand, *Preuves*) est bien naïve : « Se nul inconveniant leur sorvient, y diront que le Roy et vous et moy qui les ay conseglez, an somes cause... Les gens d'armes seront plus ayses icy que là, et tout le pays s'apreste vous fere très grand chière, etc. »

131 — page 207 — *Sentence du duc sur Liège... plus de loi*, etc.

Documents Gachard, II, 447. — Adrien, ordinairement fort exact, ajoute : « Et modum per dominum ducem et dominum episcopum ordinandum. » (*Ampliss. Coll.*, IV, 1322.)

132 — page 208, note — *Le peuple perd le privilège de danser dans l'église...*

« Sera abolie l'abusive coustumme de tenir les consiaux en l'église de Saint-Lambert, du marchiet de plusieurs denrées, des danses et jeuz et aultres negociations illicites que l'on y a accoustumé de faire. » (*Documents* Gachard, II, 453.)

133 — page 210 — *Sur le triste monument furent gravés des vers*, etc.

C'est la traduction de l'inscription latine donnée par Meyer, fol. 342. Voir la très-plate inscription française dans D. Plancher et Salazar. (*Histoire de Bourgogne*, IV, 358.)

134 — page 213 — *Le duc Charles visita le trésor de son père...*

Selon Olivier de La Marche : Quatre cent mille écus d'or, soixante-douze mille marcs d'argent, deux millions d'or en meubles, etc. En 1460, Philippe-le-Bon avait ordonné à ses officiers de rendre leurs comptes dans les quatre mois qui suivaient l'année révolue (*Notice* de Gachard sur les anciennes Chambres des comptes, en tête de son inventaire.) En 1467-68, le duc Charles crée une Chambre des domaines, règle la comptabilité, en divise les fonctions entre le receveur et le payeur, etc. (*Archives générales de Belgique*, reg. de Brabant, n° 4, fol. 42-46.)

135 — page 213 — *Le règne des Comtois*, etc.

Ce que nous disions ici des ministres de la maison de Bourgogne contraste avec le remarquable esprit de mesure qui caractérise la Franche-Comté. A portée de tout, et informés de tout, les Comtois eurent de bonne heure deux choses, savoir faire, savoir s'arrêter.

Savants et philosophes (Cuvier, Jouffroy, Droz), légistes, érudits et littérateurs (Proud'hon et ses collègues de la Faculté de Paris, Dunod, Weiss, Marmier), tous les Comtois distingués se recommandent par ce caractère. Nodier lui-même, qui a donné l'élan à la jeune littérature, ne l'a pas suivie dans ses excentricités. — Les devises franc-comtoises sont modestes et sages : Granvelle, *Durate*; Olivier de La Marche, *Tant a souffert*; Besançon, *Plût à Dieu*. — J'attends beaucoup, pour l'étude de la Franche-Comté, des documents qu'elle publie dans ses excellents mémoires académiques, et de la savante et judicieuse histoire de M. Clerc.

Ces familles de légistes se poussaient à la fois dans la robe et dans l'épée. Un Carondelet est tué à Montlhéry, un Rochefort y commande cent hommes d'armes ; en récompense, il est fait maître des requêtes ; plus tard, il devient chancelier de France. Son père avait eu ses biens confisqués *pour une petite rature* qu'il fit à son profit dans un acte. Le faux n'est pas rare en ce temps. Cf. le fameux procès du bâtard de Neufchâtel, *Der Schweitzerische Geschichtforscher*, I, 403.

136 — page 215, note 1 — ... *au chapitre de l'ordre de la Toison d'or, une ordonnance*, etc.

Voy. le texte dans Reiffenberg, *Histoire de la Toison d'or*, p. 50.

137 — page 216 — *Le roi convoqua les États généraux...*

La relation du greffier Prévost, imprimée dans les collections (Isambert, etc.), se trouve plus complète dans un ms. de Rouen ; les dates et certains détails y sont plus exactement indiqués. On y voit un seul bourgeois porter la parole au nom de plusieurs villes. (Communiqué par M. Chéruel, d'après les ms. des *Archives municipales de Rouen*.)

138 — page 216 — *Que l'offre eût été faite*, etc.

Dépêche de Menypeny au roi (Legrand, *Hist. de Louis XI*, ms. de la *Bibl. royale*, liv. XI, p. 1, 16 janvier 1468). Voy. aussi Rymer, 3 août.

139 — page 219 — *Mariage du duc avec Marguerite d'York...*

« When they were both in bedde... » (Fragment publié par Hearnes, à la suite des *Th. Sprottii Chronica*, in-8°, 1719, p. 296.)

Le tournoi fut celui de l'arbre ou péron d'or...

Olivier de La Marche lui donne les deux noms; à la fin de la fête, le *péron* d'or est jeté à la mer.

Aux intermèdes, parmi une foule d'allusions, etc.

Rien de plus magnifique et de plus fantasque (voy. Olivier), parfois avec quelque chose de barbare ; par exemple le duc portant son écu « couvert de florins branlants » ; par exemple le couplet brutal : « Faites-vous l'âne, ma maîtresse ? » — La tour que le duc bâtissait en Hollande ne manqua pas de se trouver à la fête de Bruges; du plus haut de la tour, par un jeu bizarre, des bêtes musiciennes, loup, bouc ou sanglier, sonnaient, chantaient aux quatre vents. — Autre merveille et plus étrange (féerie hollandaise ou anglaise?) : la bête de l'océan du Nord, la baleine, entre et nage à sec. De son ventre sortent des chevaliers, des géants, des sirènes ; sirènes, géants et chevaliers combattent et font la paix, comme si l'Angleterre finissait sa guerre des deux Roses. Le monstre alors, ravalant ses enfants, nage encore et s'écoule.

140 — page 220 — *... s'ébranla des Ardennes une foule hideuse*, etc.

« Inermes ac nudi, sylvestribus tantum truncis et fundis lapidibusque armati. » (J. Piccolomini, *Comment.*, lib. III, p. 400, et apud Freher, t. III, p. 273.)

Le chanoine Robert Morialmé...

« Magister Robertus habebat nomen, quod ipse scripsisset litteras, nomine domini, fugitivis de Francia *quod redirent*, quia omnes dicebant quod fuissent remandati. » (Adrianus de Veteri Bosco, *Coll. ampliss.*, IV, 1337.)

Le légat eut grand'peur...

« Capillorum et barbarum promissione, sylvestrium hominum instar. » (Piccolomini, ap. Freher., II, 274.)

141 — page 227 — *... avec d'Urfé...*

Voy. le curieux livre de M. Bernard sur cette spirituelle et intrigante famille des d'Urfé.

142 — page 229 — *Humbercourt, retiré à Tongres avec l'évêque*, etc.

« In fine Augusti dicebatur scripsisse litteras ut apponerent diligentiam ad custodiendum passagia. » (Adrian., *Ampliss. Coll.*, IV, 1328.)

Le duc savait, avant l'entrevue de Péronne, etc...

Le duc se plaignait dès lors de ce que « les Liégeois fesoient mine de se rebeller, à cause de deux ambassadeurs que le Roy leur avoit envoyez, pour les solliciter de ce faire... A quoy respondit Ballue que lesdictz Liégeois ne l'oseroient faire. » Comines, édit. Dupont, I, 151.) Ceci ne peut être tout à fait exact. Ni le duc, ni Balue ne pouvaient ignorer que les Liégeois étaient *rebellés* depuis un mois. Ce qui reste du passage de Comines, c'est que le duc savait parfaitement, avant de recevoir le roi, que les envoyés du roi travaillaient Liège. — Les dates et les faits nous sont donnés ici par un témoin plus grave que Comines en ce qui concerne Liège, *par Humbercourt lui-même,* qui était tout près, qui en faisait son unique affaire, et qui a bien voulu éclairer le moine chroniqueur Adrien sur ce que Adrien n'a pu voir lui-même : « Dominus de Humbercourt, *ex cujus relatu* ista scripta sunt. » (*Amplis. Coll.,* IV, 1338.

Humbercourt prévit, etc.

Deux fois il demanda une garde : « Petivit custodiam vigiliarum... Iterum misit. » (*Ibid.,* 1334.)

143 — page 235 — *Le duc dit au roi : « Ne voulez-vous pas bien venir avec moi à Liège... »*

Le faux Amelgard, dans son désir de laver le duc de Bourgogne, avance hardiment contre Comines et Olivier, témoins oculaires, que ce fut le roi qui demanda d'aller à Liège : « Et de hoc quidem minime a Burgundionum duce rogabatur, qui etiam optare potius dicebatur, ut propriis servatis finibus de ea re non se fatigaret. » (Amelgardi *Excerpta, Ampliss. Coll.,* IV, 757.

144 — page 236 — *La première lettre du roi semble fausse,* etc.

On a eu soin de la faire dater du jour où le roi arrivait et était encore libre, du 9 octobre. On lui fait dire que les Liégeois *ont pris* l'évêque ; il fut pris le 9 à Tongres, on ne pouvait le savoir le 9 à Péronne. La lettre dit encore que le traité *est fait;* il ne fut fait que le 14.

145 — page 237 — *Le légat sauva l'évêque.*

A en croire l'absurde et malveillante explication des Bourguignons, ce légat, qui était vieux, malade, riche, un grand seigneur romain, n'aurait fait tout cela que pour devenir évêque lui-même. Cette opinion a été réfutée par M. de Gerlache.

C'était la vie qu'on voulait cette fois...

N'oublions pas que le duc avait lui-même rappelé Humbercourt, qu'il avait laissé venir les bannis lorsqu'il pouvait, avec quelque cavalerie, les disperser à leur sortie des bois ; nous ne serons pas loin de croire qu'il désirait une dernière provocation pour ruiner la ville.

Ce n'étaient pourtant que six cents hommes, etc.

On varie sur le nombre : « Quatre cents hommes portant la couleur et livrée du duc. » (*Bibl. de Liège,* ms. Bertholet, n° 183, fol. 465.)

146 — page 239 — *Prise et destruction de Liège...*

Dans tout ceci, je suis Commines et Adrien de Vieux-Bois, deux témoins oculaires. Le récit de Piccolomini, si important pour le commencement, n'est, je crois, pour cette fin, qu'une amplification.

147 — page 241 — *Trois mois après, on voyait encore...*

C'est le témoignage d'Adrien. Pour Angelo, il me paraît mériter peu d'attention ; son poème est, je crois, une amplification en vers de l'amplification de Piccolomini. Il fait dire à un messager « qu'il a vu noyer *deux mille* personnes, égorger *deux mille* ». L'exagération ne s'arrête pas là : « Monsterus escrit qu'en la cité furent tuez 40,000 hommes, et 12,000 femmes et filles noyeez. » (*Bibl. de Liège,* ms. Bertholet, n° 183.)

148 — page 243 — *Le duc crut que la violation du sauf-conduit lui ferait peu de tort...*

Les Français même en parlent assez froidement. Gaguin seul articule l'accusation d'un guet-apens prémédité : « Vulgatum est Burgundum diu cogitasse de rege capiendo et inde in Brabantiam abducendo, sed ab Anthonio fratre ejus notho dissuasum abstinuisse. » (R. Gaguini, *Compendium,* ed. 1500, fol. 147). La *Chronique* qui prétend traduire Gaguin (voy. le dernier feuillet), n'ose pas donner ce passage. (*Chronique Martiniane,* fol. 338-339.)

149 — page 245 — *Chapitre IV : Péronne, Destruction de Liège...*

Un mot, pour finir, sur les sources. Je n'ai pas cité l'auteur le plus consulté, Suffridus ; il brouille tout, les faits, les dates ; il suppose qu'il y avait dans Liège des troupes françaises pour la défendre contre Louis XI. Il croit que si Tongres fut surprise, c'est qu'on y fêtait, dès le 9, la paix qui ne fut conclue que le 14, etc., etc. (Chapeauville, III, 171-173.) Piccolomini est important, tant qu'il suit le légat, témoin oculaire; il est inutile pour la fin. L'auteur capital pour Péronne est Comines, pour Liège Adrien, témoin oculaire (éclairé d'ailleurs *par Humbercourt*), qui écrit sur les lieux, au moment où les choses se passent, et qui donne toute la série des dates, jour par jour, souvent heure par heure. N'ayant pas connu cet auteur, et ne pouvant établir les dates, Legrand n'a pu y rien comprendre, encore moins son copiste Duclos, et tous ceux qui suivent.

150 — page 248 — *On avait vu Warwick mener la fiancée du duc dans Londres...*

« Rode behynde the erle of Warwick. » Fragment d'une Chronique contemporaine, publiée par Hearne, à la suite des *Thomæ Sprotii Chronica*, 1719, p. 296.)

151 — page 249 — *Le moment semblait bon pour s'étendre du côté de l'Allemagne...*

Voy., entre autres ouvrages, l'*Esquisse des relations qui ont existé entre le comté de Bourgogne et l'Helvétie*, par Duvernoy (Neufchâtel, 1841), et les *Lettres sur la guerre des Suisses*, par le baron de Gingins-la-Sarraz (Dijon, 1840).

152 — page 250, note 1 — *Le roi voulut forcer le duc de Bretagne d'accepter son ordre nouveau de Saint-Michel...*

Sur la fondation de cet ordre, rival de la Toison et de la Jarretière, voy. *Ord.*, XVII, 236-256, 1er août 1469, et Chastellain, cité par M. J. Quicherat, *Bibliothèque de l'école des Chartes*, IV, 65.

153 — page 251, note 1 — *On mit Balue en cage*, etc.

Au reste, on n'avait pas attendu sa chute pour le chansonner (Ballade et caricature contre Balue, *Recueil des chants historiques* de Leroux de Lincy, II, 347). Pour effrayer les plaisants, il fit ou fit faire une chanson, où l'on sent la basse cruauté du coquin tout-puissant; le refrain est atroce : « On en fera du civet aux poissons. » (*Bibl. du roi*, ms. 7687, fol. 105, cité dans la *Bibliothèque de l'École des Chartes*, t. IV, p. 566, août 1843.)

On a cru à tort qu'il avait inventé ces cages; il n'eut que le mérite de l'importation. Elles étaient fort anciennes en Italie : « Et post paucos dies conducti fuerunt in palatio communis Veronæ, et in *gabiis* carcerati. » *Chron. Veronense*, apud Murat., VIII, 624,

ann. 1230.) — « Posuerunt ipsum in quadam *gabbia de ligno.* »
(*Chron. Astense,* apud Murat. XI, 145.) — « In cosi tenebrosa, è
stretta gabbia rinchiusi fummo. » (Pétrarcha, part. I, son. 4.) —
Même usage en Espagne : « D. Jacobus per annos tres et ultra in
tristissimis et durissimis carceribus fuit per regem Aragonum, et
in gabia *ferrea,* noctibus et diebus, cum dormire volebat, reclusus. »
(*Vetera Acta de Jacobo ultimo rege Majoricarum,* Ducange,
verbo GABIA.) — On conserve encore la cage de Balue dans la porte
forteresse du pont de Moret. (*Bulletin du Comité historique des
arts et monuments,* 1840, n° 2, rapport de M. Didron, p. 50.)
Cette cage était placée à Amboise, dans une grande salle qu'on voit
encore.

154 — page 251 — *Warwick fait brusquement épouser sa
fille aînée à Clarence...*
Rien de plus curieux ici que le témoignage de Jean de Vaurin.
Warwick vint voir le duc et la duchesse, « qui doulcement le
recoeilla ». Mais personne ne devinait le but de la visite. Il semble
que le bon chroniqueur ait espéré que le grand politique, par
vanité, ou pour l'amour des chroniques, lui en dirait davantage :
« Et moy, auteur de ces cronicques, désirant sçavoir et avoir
matieres véritables pour le parfait de mon euvre, prins congié au
duc de Bourgoigne, adfin de aller jusques à Callaix, lequel il me
ottroia, pource qu'il estoit bien adverty que ledit comte de Warewic
m'avoit promis que, si je le venois veoir à Callaix, qu'il me feroit
bonne chière, et me bailleroit homme qui m'adrescheroit à tout ce
que je voldroie demander. Si fus vers lui, où il me tint IX jours en
me faisant grant chière et honneur, mais de ce que je quéroies me
fist bien peu d'adresse, combien qu'il me promist que se, au bout
de deux mois, je retoùrnoie vers luy, il me furniroit partie de ce
que je requeroie. Et au congié prendre de luy, il me défrea de tous
poins, et me donna une belle haquenée. Je veoie bien qu'il estoit
embesongnié d'auculnes grosses matières; et c'estoit le mariage
quy se traitoit de sa fille au duc de Clarence... lesqueles se partirent, V ou VI jours après mon partement, dedens le chastel de
Callaix, où il n'avoit guères de gens. Si ne dura la feste que deux
jours... Le dimence ensievant, passa la mer, pour ce qu'il avoit eu
nouvelles que ceulx de Galles estoient sur le champ à grant puissance. » (Jean de Vaurin (ou Vavrin) sire de Forestel, ms. 6759.
Bibl. royale, vol. VI, fol. 275.) Dans les derniers volumes de cette
Chronique, Vaurin est contemporain, et quelquefois témoin oculaire. Ils méritent d'être publiés.

155 — page 252 — *Il suffit, pour prendre Édouard, d'un prêtre, du frère de Warwick...*

Édouard aimait ses aises et était dormeur, il fut pris au lit : « Quant l'archevesque fut entré en la chambre où il trouva le Roy couchié, il luy dit prestement : Sire, levez-vous. De quoy le Roy se voult excuser, disant que il n'avoit ancores comme riens reposé. Mais l'archevesque... lui dist la seconde fois : Il faut vous lever, et venir devers mon frère de Warewic, car à ce ne pouvez vous contrester. Et lors, le Roy, doubtant que pis ne luy en advenist, se vesty, et l'archevesque l'emmena sans faire grant bruit. » (*Ibid.*, fol. 278.) Dans la miniature le prélat parle à genoux (fol. 277).

156 — page 252 — *Une lettre du duc de Bourgogne trancha la question...*

« Le duc de Bourgoigne escripvit prestement au mayeur et peuple de Londres ; si leur fist avec dire et remonstrer comment il s'estoit alyez à eulx en prenant par mariage la seur du roy Édouard, parmy laquele alyance, luy avoient promis estre et demourer à tousjours bons et loyaulx subjetz au roy Édouard... et s'ilz ne luy entretenoient ce que promis avoient, il sçavoit bien ce qu'il en devoit faire. Lequel, maisre de Londres, aiant recheu lesdites lettres du duc, assambla le commun de la Cité, et là les fist lire publiquement. Laquele lecture oye, le commun respondy, comme d'une voye, que voirement vouloient-ilz entretenir ce que promis lui avoient, et estre bons subjetz au roy Édouard... Warewic, faignant qu'il ne sceust riens desdites lettres, dist un jour au roy que bon serroit qu'il allast à Londres pour soy monstrer au peuple et visiter la royne sa femme... » (Vaurin, fol. 278). L'orgueil national semble avoir décidé tous les chroniqueurs anglais à supprimer le fait si grave d'une lettre menaçante et presque impérative du duc de Bourgogne. Ce qui confirme le récit de Vaurin, c'est que le capitaine de Calais fit serment à Édouard, *dans les mains de l'envoyé du duc de Bourgogne*, qui était Comines (édit. Dupont, I, 236). Le *Continuateur*, de Croyland, p. 552, attribue uniquement l'élargissement d'Édouard à la crainte que Warwick avait des Lancastriens, et au refus du peuple de s'armer, s'il ne voyait le roi libre. Polydore Virgile (p. 657), et les autres après lui, ne savent que dire : l'événement reste inintelligible.

157 — page 253 — *Grand établissement des Warwick, et tel qu'il faisait face à la royauté...*

Je crois avoir lu sur le tombeau d'un de ces Warwick, dans leur

chapelle ou leur caveau : *Regum nunc subsidium, nunc invidia.*
Je cite de mémoire.

158 page 254, note 1 — *Ce nom de Robin,* etc.
« A cap'tain, whom thei had named *Robin* of Riddisdale. » (*The Chronicle Fabian* (in-folio, 1559), fol. 498. Vaurin a tort de dire : « Ung villain, nommé Robin Rissedale. » (*Bibl. royale*, ms. 6759, fol. 276.)
Sur le cycle de ballades, sur les transformations qu'y subit le personnage de Robin Hood, voy. la très intéressante dissertation de M. Barry, professeur d'histoire à la Faculté de Toulouse.

159 — page 255 — *L'ordinaire de Warwick...*
Stow (p. 421) a recueilli ces traditions. Voy. aussi Olivier de La Marche, II, 276.

160 — page 257 — *Le nom de Warwick était dans toutes les bouches...*
« Solem excidisse sibi e mundo putabant... Illud unum, loco cantilenæ, in ore vulgi... resonabat. » (Polyd. Vergil., p. 659-660.)

161 — page 259 — *La fuite du frère du duc de Bourgogne...*
Et celle d'un Jean de Chassa, qui porta contre le duc les plus sales, les plus invraisemblables accusations. Voy. surtout Chastellain.

162 — page 261 — *Les gros marchands empêchèrent Warwick d'envoyer des archers à Calais...*
Deux mille le 18 février, et jusqu'à dix mille qu'il aurait conduits en personne. Lettre de l'évêque de Bayeux au roi. Warwick ajoute un mot de sa main pour confirmer cette promesse. (*Bibl. royale*, mss. Legrand, 6 février 1470.)

163 — page 262, note — *Édouard partit de Flessingue,* etc.
« With II thowsand Englyshe men. » — Fabian est plus modeste : « With a small company of Fleminges and other... a thousand persons. » (P. 502.) — Polyd. Vergilius, p. 663 : « Duobus millibus contractis. » — « IX. C. of Englismenne and three hundred of Flemynges. » (Warkworth, 13.)
Avec cela Édouard emportait la parole de son frère Clarence, etc...
On avait envoyé en France une dame au duc de Clarence pour

l'éclairer sur le triste rôle qu'on lui faisait jouer. Comines est très fin ici : « Ceste femme n'étoit pas folle », etc.

La source la plus importante est celle où personne n'a puisé encore, le manuscrit de Vaurin. L'anonyme anglais, publié en 1838, par M. J. Bruce (for the Cambden Society), n'en est qu'une traduction ancienne, il est vrai; c'est, mot à mot, Vaurin, sauf deux ou trois passages qui peut-être auraient blessé l'orgueil anglais. Par exemple, le traducteur a supprimé les détails du passage d'Édouard à York : il a craint de l'avilir en rapportant tant de mensonges. Le récit de Vaurin n'en est pas moins marqué au coin de la vérité. Son maître, le duc de Bourgogne, étant ami d'Édouard, il ne peut être hostile. Voy. surtout folio 307. Glocester y paraît déjà le Richard III de la tradition; pour sortir d'embarras, il n'imagine rien de mieux qu'un meurtre : « Et dist... qu'il n'estoit point aparant qu'ils peussent partir de ceste ville sans dangier, sinon qu'ils tuassent illec en la chambre... »

164 — page 263 — *Warwick défait à Barnet...*
Entre les versions contradictoires, je choisis la seule vraisemblable : Montaigu avait déjà fait tout le succès d'Édouard, en le laissant passer. — « The marquis Montacute was prively agreid with king Edwarde, and had gotten on king Eduardes livery. One of the erle of Warwike his brether servant, espying this, fel upon hym, and killed him. » (Warkworth, p. 16 (4°, 1839). Leland, *Collectanea* (édit., 1774), vol. II, p. 505.)

165 — page 263 — *Mort d'Henri VI et de son fils...*
Ces événements ont été tellement obscurcis par l'esprit de parti et par l'esprit romanesque, qu'il est impossible de savoir au juste comment périrent Henri VI et son fils; il est infiniment probable qu'ils furent assassinés. Warkworth (p. 21) ne dit qu'un mot, mais terriblement expressif : *A ce moment, le duc de Glocester était à la Tour.* Que la présence de Marguerite ait pu embarrasser Glocester et l'empêcher d'y tuer son mari, comme M. Turner paraît le croire, c'est une délicatesse dont le fameux bossu se fût certainement indigné qu'on le soupçonnât. — Avant de quitter les Roses, encore un mot sur les sources. Les correspondances de Paston et de Plumpton m'ont peu servi. Je n'ai fait nul usage du bavardage de Hall et Grafton, qui, trouvant les contemporains un peu secs, les délayent à plaisir; pas davantage d'Hollingshed, qui a dû peut-être son succès aux belles éditions *pittoresques* qu'on en fit, et dont Shakespeare s'est servi, comme d'un livre populaire qu'il avait

sous la main. — Une source peu employée est celle-ci : *The poetical work of Levis Glyn Gothi, a celebrated bard, who flourished in the reigns of Henri VI, Edward IV, Richard III and Henri VII.* (Oxford, 1837.)

166 — page 265, note 1 — *Charles VIII était né le 30 juin 1470...*

Je ne vois, à partir de cette époque, aucune année où son père aurait trouvé le temps d'écrire pour lui le *Rosier des guerres.* Ce livre élégant, mais plein de généralités vagues, ne rappelle guère le style de Louis XI. Il est douteux que celui-ci, en parlant de lui-même à son fils, ait dit : « Le noble roy Loys unziesme. » Voy. les deux mss. de la *Bibl. royale.*

167 — page 266 — *Le duc de Guyenne avait convoqué le ban et l'arrière-ban...*

La France et la Guyenne étaient déjà comme deux États étrangers, ennemis. Voy. le procès fait par Tristan l'Ermite à un prêtre normand qui revenait de Guyenne. (*Archives du royaume*, J, 950, 25 février 1371.)

Il ne voulait pas être lieutenant...

Son sceau n'est que trop significatif. On l'y voit assis avec la couronne et l'épée de justice : *Deus, judicium tuum regi da, et justitiam tuam filio regis*, ce qui doit se prendre ici dans un sens tout particulier; *judicium* peut signifier *punition*. Voy. *Trésor de numismatique et glyptique*, planche XXIII.

168 — page 267 — *Louis XI n'était pas incapable de la mort de son frère...*

Cependant, ni Seyssel ni Brantôme ne sont des témoins bien graves contre Louis XI; tout le monde connaît l'historiette du dernier, la prière du roi à la bonne Vierge, etc. M. de Sismondi reste dans le doute. — Il ne tient pas au faux Amelgard qu'on ne croie que Louis XI empoisonnait aussi les serviteurs de son frère. (*Bibl. royale*, Amelgard, ms. II, xxv, 159 verso.)

Le roi et le duc jouaient en attendant, à qui des deux tromperait l'autre, etc.

Ici Comines est bien habile, non seulement dans la forme (qui est exquise, comme partout), mais dans son désordre apparent. Quand il a parlé de la grande colère du duc, de l'horrible affaire de Nesle, etc., il donne la cause de cette colère, qui est de n'avoir pu escroquer Amiens. — Sur Nesle, voy. *Bulletins de la Société d'histoire de France*, 1834, partie II, p. 11-17.

169 — page 269 — *On conte que le duc entra à Nesle à cheval, et dit aux siens*, etc.

D'autres lui font dire, quand il sort de la ville et la voit en feu, ces mélancoliques paroles (presque les mêmes que celles de Napoléon sur le champ d'Eylau) : « Tel fruit porte l'arbre de la guerre! »

170 — page 270 — *Jeanne Lainé au siège de Beauvais...*

Comines qui était au siège, mais parmi les assiégeants, ne sait rien de cet héroïsme populaire. Il n'est guère constaté que par les privilèges accordés à la ville et à l'héroïne. (*Ordonnances*, XVII, 529.)

171 — page 273, note — *L'œuvre de Chastellain...*

MM. Buchon, Lacroix et Jules Quicherat en ont exhumé les lambeaux. — L'autre Bourguignon, Jean de Vaurin, me manquera aussi désormais ; il s'arrête au moment où le rétablissement d'Édouard porte au comble la puissance du duc de Bourgogne. La dernière page de Vaurin est un remerciement d'Édouard à la ville de Bruges (29 mai 1471).

172 — page 274 — « *Le roi, dit le duc, est toujours prêt* »...
Documents Gachard, I, 222. Comines fait aussi, par trois fois, cette observation.

173 — page 274 — *Le duc s'en prenait surtout à la malice des Flamands...*

Depuis qu'il avait été leur prisonnier, il les haïssait. Quand ils firent amende honorable, le 15 janvier 1469, il les fit attendre « en la nege plus d'une heure et demi ». (*Documents* Gachard, I, 204.)

174 — page 277, note — *Les instructions du roi à ses ambassadeurs*, etc.

Bibl. royale, mss. Baluze, 165, 17 mai, et dans les papiers Legrand, carton de l'année 1470. Ces papiers contiennent un autre pamphlet, fort hypocrite, sous forme de lettre au roi, contre le duc, qui « dimanche dernier... a prist l'ordre de la Jarretière : Hélas! s'il eust bien recogneu et pansé à ce que tant vous humiliastes que, *à l'instar de Jésus-Christ qui se humilia envers ses disciples*, vous qui estes son seigneur, allastes à Peronne à luy, il ne l'eust pas fait, et croy que (soulz correction) dame vertu de Sapience lui deffault... » (*Bibl. royale*, mss. Gaignières, n° 2895, communiqué par M. J. Quicherat.)

175 — page 278 — *Dès son avènement, le duc essaya de régulariser ses finances...*

Archives générales de Belgique, Brabant, I, fol. 108, mandement pour contraindre les officiers de justice et de finance à rendre compte annuellement, 7 déc. 1470.

176 — page 278 et note 2 — *Une grande ordonnance militaire, qui résumait toutes les précédentes.*

Les *Ordonnances* de 1468 et 1471 sont imprimées dans les *Mémoires pour l'Histoire de Bourgogne* (4°, 1729, p. 283); celle de 1473 se trouve dans le *Schweitzerische Geschichtforcher* (1817), II, 425-463, et dans *Gollut*, 846-866.

177 — page 279 — *Le souverain de la Hollande, triste portier du Rhin*, etc.

Les Allemands félicitent la Hollande du limon que lui apporte le Rhin. La Hollande répond que cette quantité énorme de vase, de sable (plusieurs millions de toises cubes, chaque année), exhausse le lit des rivières et augmente le danger des inondations. Voy. le livre de M. J. Op den Hoof (1826), et tant d'autres sur cette question litigieuse. La Prusse revendiquait la libre navigation *jusqu'en mer;* la Hollande soutenait que le traité de Vienne porte : *jusqu'à la mer*, et elle faisait payer à l'embouchure. Constituée en 1815 le geôlier de la France, elle a voulu être le portier de l'Allemagne; c'est pour cela qu'on l'a laissé briser. — Ce royaume n'ayant point la base allemande qui l'eût affermi (Cologne et Coblentz), ne présentait que deux moitiés hostiles. L'empire de Charles-le-Téméraire avait encore moins d'unité, moins de conditions de durée.

178 — page 281 — *Le royaume de Bourgogne*, etc.

Je dois cette note à l'obligeance de feu M. Maillard de Chambure, archiviste de la Côte-d'Or, qui l'avait trouvée dans un ms. des Chartreux de Dijon.

179 — page 282 et note 1 — *Le duc de Gueldre et son père...*

Voy. l'*Art de vérifier les dates*, III, 184, qui est ici l'ouvrage du savant Ernst, et, comme on sait, fort important pour l'histoire des Pays-Bas.

180 — page 283 — *Charles-le-Téméraire trouva tout simple d'enlever le jeune René de Vaudemont, etc.*

Non sans contestation cependant, au moins pour constater le droit de choisir : « Entrèrent en division de sçavoir pour l'advenir qui estoit celuy qui debvoit estre prince et duc du pays. Les uns disoient : M. le bâtard de Calabre... Les autres disoient : Non, nous manderons au vieux roy René... Non, disoient les autres, il n'est mye venu, ny aussy de la ligne, que à cause de madame Ysabeau, sa femme. Ils dirent : Qui prendrons-nous donc ?... » (*Chronique de Lorraine. Preuves* de D. Calmet, p. XLVII.)

La personne du duc était peu en Lorraine...

Il y paraît aux *Remontrances* (si hardies) *faictes au duc René II sur le reiglement de son estat*, à la suite du *Tableau de l'Histoire constitutionnelle du peuple lorrain*, par M. Schütz. Nancy, 1843.

181 — page 284 et suiv. — *Metz devait être honorée de l'entrevue du duc et de l'empereur...*

Le duc fait savoir au roi d'Angleterre « que les princes d'Alemaigne, en continuant ce que nagaires ils ont mis avant touchant l'apaisement des différan d'entre le roy Loys et mondit seigneur... ont miz suz une journée de la cité de Mez, au premier lundi de décembre, et ont requis ledit roy Loys et mondit seigneur y envoyer leur députés, instruiz des droits que chascun deulx prétend. » (*Archives communales de Lille*, E, 2 ; sans date.)

L'entrevue eut lieu à Trèves...

Voir Comines, les *Preuves* dans Lenglet, les *Documents* Gachard, Diebold Schilling, etc.

Déjà les ornements royaux étaient exposés, etc.

M. de Gingins affirme hardiment contre tous les contemporains, qu'il ne s'agissait pas de royauté (p. 158). Voy. ce qu'en dit l'évêque de Lisieux, qui était alors à Trèves. (Amelg., *Exc.*, *Amplissima Collectio*, IV, 767-770.)

182 — page 287 — *Terreur de l'Alsace à l'approche du duc...*

Schreiber, *Taschenbuch für Geschichte und Alterthum in Suddeutschland*, 1840, p. 24, d'après le greffier de Mulhouse.

183 — page 287 et suiv. — *Hagenbach...*

Olivier de La Marche, II, 227. Selon Trithème : « Ex *rustico* nobilis », selon d'autres, d'une famille très *noble*. Bâtard peut-être, cela concilierait tout.

Page 287, note 3 — *Berne et Soleure l'accusaient*, etc.

La bataille de Morat; brochure communiquée par M. le colonel May de Buren. — Tillier, *Hist. de Berne*, II, 204.

Page 288, note 1 — *Il disait aux gens de Mulhouse*, etc.

Diebold Schilling, p. 82. *Ros garten*, qu'on a toujours mal entendu ici, est une allusion à l'*Heldenbuch;* il signifie la cour des héros, le rendez-vous des nobles, etc.

Page 289 — *Il somma la riche ville de Bâle*, etc.

Sur cette affaire, la chronique la plus détaillée est celle de Nicolas Gering, que possède en ms. la *Bibliothèque de Bâle* (2 vol. in-fol., sur les années 1473-1479). Je dois cette indication à l'obligeance de M. le professeur Gerlach, conservateur de cette bibliothèque.

Page 290 — « *Quelle belle chose que chacun puisse* », etc.

Telles sont à peu près les paroles que lui fait dire son savant apologiste, M. Schreiber, et qu'il a probablement tirées de quelque bonne source.

184 — page 290 — *Depuis trente ans que le roi avait connu les Suisses,* etc.

Tout ceci est exposé avec beaucoup de netteté, d'exactitude (matérielle), dans le très érudit et très passionné petit livre de M. le baron de Gingins-la-Sarraz. Descendu d'une noble maison toute dévouée à la Savoie et au duc de Bourgogne, il a pris la tâche difficile de réhabiliter Charles-le-Téméraire et d'en faire un prince doux, juste, modéré.

185 — page 293 — *On contait de Hagenbach des choses effroyables...*

Schreiber, 43. Je me suis servi aussi, pour la chute d'Hagenbach, d'une *Chronique manuscrite* de Strasbourg, dont le savant historien de l'Alsace, M. Strobel, a bien voulu me communiquer une copie.

Mort de Hagenbach...

La complainte est dans Diebold... Je ne connais pas de plus pauvre poésie.

186 — page 295 — *Siège de Neuss...*

Lœhrer, *Geschichte der stadt Neuss*, 1840; ouvrage sérieux et fondé sur les documents originaux. Voir aussi une *Histoire manuscrite du siège de Nuits*. (Bibliothèque de Lille, D. H. 18.)

Pour la séduire, le duc avait été jusqu'à offrir à Neuss...
Chronicon magnum Belgicum, p. 411. Loehrer, p. 143.

187 — page 296 — *Le vieux René aurait promis la Provence au duc de Bourgogne...*

Les objections de Legrand à ceci (*Hist. ms.*, liv. XIX, p. 50), ne me paraissent pas solides. Voy. plus bas.

188 — page 297 et note 1 — *Projets du duc en Italie...*

Instruction à M. de Montjeu, envoyé devers la seigneurie de Venise et le capitaine Colion. (*Bibl. royale*, mss. Baluze, et la copie dans les *Preuves* de Legrand, carton 1474.)

189 — page 301 — *Les Anglais avaient préparé un immense armement*, etc.

Voir Rymer, et le détail dans Ferrerius, Buchanan, etc. Voy. aussi Pinkerson, sur le Louis XI écossais.

190 — page 304 — *Le 30 juin, il n'y avait encore que cinq cents hommes à Calais...*

Louis XI écrit, le 30 juin : « A Calais, il y a quatre ou cinq cents Anglais, mais ils ne bougent. » (*Preuves* de Duclos, IV, 428.)
Et le 6 juillet, l'armée avait passé...

Ce qui me porte à le croire, c'est que le roi d'Angleterre, qui certainement ne dut passer que des derniers, passa le 5 juillet et reçut le 6 la visite de la duchesse de Bourgogne, sa sœur. Comines dit lui-même qu'il avait cinq ou six cents bateaux plats ; il est probable qu'il se trompe en disant que le passage dura trois semaines. (*Ibid.*)

191 — page 305 — *... Le duc de Bourbon, alors général du roi du côté de la Bourgogne*, etc.

Le duc étant malade, ce ne fut pas lui qui gagna la bataille, comme le prouve un arrêt du Parlement, 1499, cité par Baluze, *Hist. de la maison d'Auvergne*.

192 — page 306 — *Le roi garnit Dieppe et Eu...*

Eu devait être défendu, mais si Édouard passait en personne, *dépêché*, c'est-à-dire brûlé. Ceci prouve que le roi connaissait parfaitement d'avance le projet du connétable d'établir les Anglais *dans une ou deux petites villes* de la côte. (*Preuves* de Duclos, IV, 426-429, lettre du roi, 30 juin 1475.)

193 — page 307 — *Le roi prit pour héraut « un varlet ».*

Et non *un valet*, comme on l'a toujours dit pour faire un roman de cette histoire. D'autres ne se contentent plus du *valet*, ils en font un *laquais*. — Le récit de Comines, admirable de finesse, de mesure, de propriété d'expression, méritait d'être respecté dans les moindres détails (sauf les changements qu'impose la nécessité d'abréger). — Il fut étonné, non de la condition, mais de la mine de l'envoyé (p. 349).

194 — page 309, note 1 — *Il n'était guère sorti de plus grande armée d'Angleterre...*

Édouard fit en partant cette bravade : « Majorem numerum non optaret ad conquærendum per medium Franciæ usque ad portas urbis Romæ. » (Croyland, *Continuat.*, p. 558.)

195 — page 311 — *Les Aragonais rentraient dans Perpignan...*

Zurita, *Anal. de Aragon*, t. IV, lib. xix, c. xii. Voir aussi l'*Histoire ms.* de Legrand, fort détaillée pour les affaires du Midi, l'*Histoire du Languedoc*, etc.

Page 311, note 2 — *Une lettre du comte de Foix au roi*, etc.

Bibl. royale, mss. Legrand, carton de 1470, lettre du 27 septembre.

Page 311, note 3 — *Le cardinal d'Alby*, etc.

Bibl. royale, mss. Gaignières, 2895, communiqué par M. J. Quicherat.

Page 311 — *On fit espérer un arrangement à Armagnac...*

Le caractère bien connu de Louis XI porte à croire qu'il y eut trahison. Cependant, la seule source contemporaine qu'on puisse citer pour cet obscur événement, c'est le factum des Armagnac eux-mêmes contre Louis XI, présenté par eux aux États généraux de 1484. Tout le monde a puisé dans ce plaidoyer. Voy. *Histoire du Languedoc*, liv. XXXV, p. 47. Quant à la circonstance atroce du breuvage que la comtesse *fut forcée de prendre, dont elle avorta et dont elle mourut deux jours après*, elle n'est point exacte, au moins pour la mort, puisque trois ans après elle plaidait pour obtenir payement de la pension viagère que le roi lui avait assignée sur les biens de son mari. (*Arrêts du Parlement de Toulouse* du 21 avril et du 6 mai 1476, cités par M. de Barante.)

196 — page 312, note — *L'anneau ducal*, etc.

Registres de l'Échiquier, 9 novembre 1469. Une ancienne

gravure représente cette cérémonie. (*Portefeuille du dépôt des mss. de la Bibliothèque royale.* Floquet, *Parlement de Normandie*, I, 253.)

197 — page 316, note — *Saint-Pol était l'auteur du plan*, etc.
Le connétable avait dit qu'il y avait « douze cents lances de l'ordonnance du roi qui seroient leurs ». (*Bibliothèque royale*, fonds Cangé, ms. 10,334, f. 248-251.) Selon un témoin, le duc de Bourbon aurait répondu à ces propositions : « Je fais veu à Dieu que sy je devois devenir aussi pauvre que Job, je serviray le Roy du corps et de biens et jamais ne l'abandonneray, et ne veult point de leur alliance. » (*Bibliothèque royale, fonds Harlay*, mss. 338, p. 130.) — Voir le Procès ms. aux *Archives du royaume*, section judiciaire, et à la *Bibliothèque royale*.

198 — page 316, note 2 — *Exécution de Saint-Pol...*
Voy. la complainte. Je me rappelle avoir vu une lettre de rémission accordée par le roi à un archer de Saint-Pol pour le meurtre d'un prêtre ; il y détaille toutes les circonstances aggravantes, de manière à faire détester l'homme puissant qui arrachait une grâce si peu méritée. (*Archives du royaume, registres du Trésor des Chartes.*)

199 — page 316 et note 3 — *Le duc de Bourgogne entra dans Nancy...*
Voy. dans Schulz (*Tableau*, etc., p. 82) la « Requeste présentée par les Estats du duché de Lorraine, à Charles, duc de Bourgogne. » J'y trouve cette noble parole : « Et si ledict duché n'est de si grande extendue que beaucoup d'autres pays, *si a de la souveraineté en soy, et est exempt de tous autres.* »
Depuis son échec de Neuss, etc.
« Zu schmach und abfall ganzer Teutchen nation. » (Diebold Schilling, p. 130.)

200 — page 317 — *Il s'était arrêté à Bruges*, etc.
Lire en entier ce discours, vraiment éloquent, d'autant plus irritant. (*Documents Gachard*, I, 249-270.)
« *Mangeurs des bonnes villes...* »
Les Flamands appelaient souvent les gros bourgeois, *Mangeurs de foie*, « Jecoris esores. » Voy. notre tome V, ann. 1436, et Meyer, fol. 291.

201 — page 319 — *Les Flamands avaient donné de l'argent...*

Le chiffre total des recettes et dépenses que M. Edward Le Glay me communique (d'après les *Archives de Lille*) n'indique pas d'augmentation considérable, parce qu'il ne donne que l'ordinaire. L'extraordinaire était accablant. Outre *les droits sur les grains et denrées* qu'il établit en 1474, trente mille écus qu'il leva pour le siège de Neuss en 1474, il déclara, le 6 juin de cette année, que tous ceux qui tenaient des fiefs non nobles auraient à venir en personne à Neuss, ou *à payer le sixième* de leur revenu (*Archives de Lille*). En juillet, il demanda le *sixième de tous les revenus* en Flandre et en Brabant. La Flandre refusa, et il n'obtint par menaces que 28,000 couronnes comptant, et 10,000 ridders par an, pendant trois ans. (Communiqué par M. Schayez, d'après les *Archives générales de Belgique*.)

202 — page 324 — *Les Suisses avaient mis la main sur Vaud*, etc.

Les enclavements et enchevêtrements des fiefs dans les pays romains sont très nettement expliqués par M. de Gingins.

203 — page 326 — *Un bourgeois de Constance*, etc.
Mallet, X, p. 50. Voy. aussi Berchtold, *Fribourg*, I, 367.

204 — page 327 — *Les nobles entraient dans les abbayes des bouchers, tanneurs*, etc.

Voy. Bluntschli, Tillier, II, 455, sur ces corporations, la *chambre au singe*, la chambre au fou, etc., sur la *noblesse de fenêtres*, ainsi nommée parce que pour constater son blason récent, elle le mettait dans les vitraux qu'elle donnait aux églises, aux chapelles et chambres de confréries. Les Diesbach, qui avaient été marchands de toile, obtinrent de l'empereur de substituer à leur humble *croissant* deux *lions* d'or. Les Hetzel, de bouchers qu'ils étaient, *devinrent chevaliers*, etc. (Tillier, II, 484, 486.)

205 — page 329 et note 1 — *Siège de Granson...*

Hugues de Pierre, chanoine et chroniqueur en titre de Neufchâtel, p. 27. (*Extraits des Chroniques*, faits par M. de Purry, Neufchâtel, 1839. Voy. aussi ce qu'en ont donné Boyve, *Indigénat Helvétique*, et M. F. Du Bois, *Bataille de Granson, Journal de la Société des antiquaires de Zurich*.) Que ne puis-je citer ici les dix pages que M. de Purry a sauvées ! Dix pages, tout le reste est perdu... Je n'ai rien lu nulle part de plus vif, de plus français.

Le duc laissa faire les gens du pays, etc.

Voy. surtout Berchtold, *Fribourg*, I. — Gingins excuse le duc, et veut croire qu'il était absent, parce que ce jour même *il alla* à trois lieues de là. Les deux serviteurs du duc, Olivier et Molinet, s'inquiètent moins de la gloire de leur maître, ils disent tout net qu'il les fit pendre.

206 — page 329 et suiv. — *Bataille de Granson...*

Cette bataille, fort obscure jusqu'ici, devient très claire dans l'utile travail de M. Frédéric Du Bois (*Journal des antiquaires de Zurich*), qui a reproduit et résumé toutes les *Chroniques*, Hugues de Pierre, Schilling, Etterlin, Baillot et l'*Anonyme*. Le chanoine Hugues, qui était tout près et qui a eu peur, est le plus ému; il tressaille d'aise d'en être quitte. Les braves qui ont combattu, Schilling et Etterlin, sont fermes et calmes. L'*Anonyme*, qui écrit plus tard, charge et orne à sa manière. Voy. le ms. cité par M. F. Du Bois, p. 42.

Page 330 — *Les lances des Bourguignons avaient dix pieds de longueur*, etc.

Observation essentielle que me communique le savant et vénérable M. de Rodt, qui traitera tout ceci en maître dans le volume que nous attendons. Je lui dois encore plusieurs détails puisés dans le récit ms. d'un témoin oculaire, l'ambassadeur milanais, Panicharola.

Page 331 — *Du camp même partit le cri : Sauve qui peut...*
Récit ms. de Panicharola (communiqué par M. de Rodt).
Il périt...
Six cents Bourguignons, et vingt-cinq Suisses, selon les Alsaciens. (*Chronique ms. de Strasbourg* (communiquée par M. Strobel).

207 — page 332 — *Le duc avait perdu à Granson*, etc.

État de ce qui fut trouvé au camp de Granson, 1790, 4°. M. Peignot en a donné l'extrait dans ses *Amusements philologiques*.

Note 1 — Voir Jean-Jacques Fugger, *Miroir de la maison d'Autriche*.

208 — page 332, note 4 — *Mathieu conte que René*, etc.

Du temps de Mathieu, on voyait encore cet emblème en relief dans une chaire de l'oratoire de René, à Saint-Sauveur d'Aix.

209 — page 333, note 1 — *De là la fameuse histoire*, etc.

M. de Gingins le rectifie très bien. Sur la guerre des foires de Lyon et de Genève, voy. *Ordonnances*, t. XV, 20 mars, 8 octobre 1462, et t. XVII, novembre 1467.)

210 — page 333 — *Louis XI prit deux maîtresses*, etc.

« En soy retournant dudit Lyon, fist venir après luy deux damoiselles dudit lieu jusques à Orléans, dont l'une estoit nommée la Gigonne, qui aultrefois avoit esté mariée à un marchant dudit Lyon, et l'autre estoit nommée la Passe-Fillon, femme aussi d'un marchant dudit Lyon. Le roi maria Gigonne à un jeune fils natif de Paris, et au mary de la Passe-Fillon donna l'office de conseiller en la Chambre des comptes à Paris. » (Jean de Troyes, p. 40-41.)

211 — page 334 — *A peine si le duc laissait approcher son médecin*, etc.

Comines place cette maladie trop tard. Il est bien établi par Schilling et autres contemporains qu'il l'eut à Lausanne, c'est-à-dire *après le premier revers*.

212 — page 335 — *Ce n'était pas chose facile de réunir les Suisses*, etc.

Dès le commencement, en 1475, Berne eut beaucoup de peine à entraîner Underwald. En 1476, les habitants même de la campagne de Berne se décidèrent difficilement à prendre part à cette expédition de Morat qui promettait peu de butin. (Stettler, *Biographie de Bubenberg*. Tillier, II, p. 289.)

213 — page 336 — *La campagne avait horreur de ses Italiens*, etc.

On en avait brûlé dix-huit à Bâle, comme coupables de sacrilèges, de viols, etc., d'hérésies monstrueuses : « Ce qui fut non seulement agréable à Dieu, mais bien honorable à tous les Allemands, comme preuve de leur haine pour telles hérésies. » (Diebold Schilling, p. 144.)

214 — page 336 — *Les habits rouges d'Alsace arrivèrent...*
Strasbourg et Schelestadt en rouge (Strasbourg rouge et blanc, selon le ms. communiqué par M. Strobel), Colmar rouge et bleu, Waldshut noir, Lindau blanc et vert, etc. (*Chant sur la bataille d'Héricourt*, dans Schilling, p. 146.)

Avec eux le jeune René...

La *Chronique de Lorraine* (*Preuves*, de D. Calmet, p. LXVI-LXVII), contient des détails touchants, un peu romanesques peut-être, sur la misère du jeune René, entre son faux ami Louis XI et son furieux ennemi, sur son dénuement, sur l'intérêt qu'il inspirait, etc.

215 — page 338 — *Bataille de Morat...*
Les deux vaillants greffiers de Berne et de Zurich, qui combattirent et écrivirent ces beaux combats, Diebold et Etterlin, en ont le souffle encore, la sérénité magnanime des forts dans le péril. — Voy. Tillier, Mallet, etc. Guichenon (*Histoire de Savoie*, I, 527) dit à tort que Jacques de Romont commandait à Morat l'avant-garde des Bourguignons.

Il y avait à peu près même nombre de chaque côté...
C'est l'opinion commune, celle de Comines. Le chanoine de Neufchâtel dit que les Suisses avaient quarante mille hommes. M. de Rodt, d'après des données qu'il croit sûres, leur en donne seulement vingt-quatre mille.

Le duc, n'ayant ni le bâtard ni Romont, etc.
Si l'on adopte ce chiffre moyen entre les versions opposées.

Page 340, note 1 — *Le chant de Morat...*
Ce chant naïvement cruel du soldat ménétrier (Veit Weber, qui lui-même a fait ce qu'il chante) ressemble peu dans l'original à la superbe poésie (moderne en plusieurs traits) que Koch, Bodmer, et en dernier lieu Arnim et Brentano, ont imprimée : *Des Knaben Wunderhorn* (1819), I, 58. MM. Marmier, Loeve, Toussenel, etc., ont traduit dans la *Revue des Deux Mondes* (1836), et autres recueils, les chants de Sempach, Héricourt, Pontarlier, etc., qu'on retrouve dans divers historiens, principalement dans Tschudi et Diebold.

216 — page 341 — *Enlèvement de la duchesse de Savoie...*
Pour croire, avec M. de Gingins, que cet enlèvement était concerté entre le duc de Bourgogne et la duchesse elle-même, afin de ménager les apparences à l'égard du roi, il faut oublier entièrement le caractère du duc.

217 — page 342 — *Les États de Dijon ne craignirent pas de déclarer que c'était une guerre inutile*, etc.
Courte-Épée et Barante-Gachard, II, 525. La recette, sans y comprendre la monnaie ni les aides, s'était élevée dans les seules années dont nous ayons le compte (1473-4) à 81,000 livres. (Communiqué par M. Garnier, employé aux Archives de Dijon.)

218 — page 343, note 1 — *La Zélande s'était révoltée contre les taxes*, etc.

Documents Gachard, II, 270. « En 1474, le clergé de Hollande refusa d'une manière absolue de rien payer de ce que le duc demandait, etc. (Communiqué par M. Schayez, d'après les *Archives générales de Belgique*.)

219 — page 345 — *A tout cela il ne disait rien...*

Il n'est pas exact de dire qu'il ne fit rien. Voy. les lettres violentes qu'il écrivait, celle entre autres au fidèle Hugonet, où il le menace de reprendre sur son bien l'argent qu'il a employé à payer les garnisons, que les États devaient payer. (*Bibl. royale*, mss. Béthune, 9568.)

220 — page 347, note 1 — *Adrien de Bubenberg reçut du roi...*

Der Schweitzerische Geschichtforscher, VII, 195. Le biographe de Bubenberg croit à tort qu'il reçut le collier de Saint-Michel. (Observation de M. J. Quicherat.)

221 — page 347, note 3 — *Un ours apprivoisé, dont René était suivi...*

Preuves de D. Calmet, p. xciii. L'ours est bien moins courtisan dans un récit plus moderne, qui gâte la scène : « Donna deux ou trois coups de patte d'une telle roideur... » (*Discours des choses avenues en Lorrraine. Schweitzerische Geschichtforscher*, V, 129-131.)

222 — page 348, note 1 — *A Bâle, au moment de partir*, etc.

Dialogue de Joannes et de Ludre, source contemporaine et capitale pour cette époque. La *Bibliothèque de Nancy* en possède le précieux original (qu'on devrait imprimer); la *Bibl. royale* en a une copie dans les cartons Legrand.

223 — page 349 — *Le duc soutenait (à l'Espagnol) que*, etc.

« Il ne s'en use point en nos guerres, qui sont assez plus cruelles que la guerre d'Italie et d'Espagne, là où l'on use de ceste coustume. » (Comines, V, ch. vi, t. II, p. 48.)

Il chargea son factotum Campobasso, etc.

La *Chronique de Lorraine*, contraire à toutes les autres, prétend que Campobasso voulait le sauver : « Dict le comte de Campobasso : Monsieur, il a faict comme loyal serviteur... Le duc, quand il vit que ledict comte ainsi fièrement parloit, le duc armé estoit, en ses mains ses gantelets avoit, haulsa sa main, audict comte donna ung revers. » (*Preuves* de D. Calmet, p. xcm.) Il ne faut pas oublier que Campobasso étant devenu par sa trahison un baron de Lorraine, le chroniqueur lorrain a dû s'en rapporter à lui sur tout cela.

224 — page 349 — *Campobasso s'était offert au roi*, etc.
Il offrait ou de le quitter en pleine bataille, ou de l'enlever quand il visitait son camp, enfin de le tuer. C'était, dit Comines, une terrible ingratitude. Le duc l'avait recueilli, déjà vieux, pauvre et seul, et lui avait mis en mains cent mille ducats par an, pour payer ses gens comme il voudrait. Il l'avait réduit, il est vrai, après l'échec de Neuss ; mais depuis, il s'était plus que jamais livré à lui ; au siège de Nancy, Campobasso conduisait tout. L'insistance extraordinaire qu'il mettait dans l'offre de tuer son maître devint suspecte au roi, et il avertit le duc. Comines aurait bien envie de nous faire croire ici à la délicatesse de Louis XI : « Le Roy, dit-il, eut la mauvaistié de cet homme en grant mespris. »

225 — page 350 — *La Hollande, sur le bruit de la mort du duc*, etc.
Note communiquée par M. Schayez, d'après les *Archives générales de Belgique*.

226 — page 351, note 2 — *L'Italien Galeotto*, etc.
On le confond souvent avec Galliot Genouillac, gentilhomme du Quercy, qui, sous Louis XII et François Ier, fut grand maître de l'artillerie de France. (Observation de M. J. Quicherat.)

227 — page 351 — *Bataille de Nancy*...
Je tire tous ces détails des deux témoins oculaires, l'aimable et vif auteur de la *Chronique de Lorraine*, qui semble avoir écrit après l'événement, et le sage écrivain qui (vingt-trois ans après) a consigné ses souvenirs dans le *Dialogue de Joannes et de Ludre*. Le premier (*Preuves* de D. Calmet) est jeune évidemment, d'un esprit un peu romanesque ; il met en dehors et ramène sans cesse son amusante personnalité ; c'est toujours lui qui a dit, qui a fait... Il tâche de rimer, tant qu'il peut, et ses rimes naïves valent parfois les rudes chants suisses, conservés par Schilling et Tschudi. — Quant à l'auteur du *Dialogue*, M. Schütz en a cité un fragment assez long, dans les notes de sa traduction de la *Nancéide*. Ce

poème de Blarru est aussi une source historique, quoique l'histoire y soit noyée dans la rhétorique ; rhétorique chaleureuse et animée d'un sentiment national, parfois très touchant.

228-229-230 — page 355 — « *René les mena voir le duc de Bourgogne* », etc.

René institua une fête à Nancy en souvenir de sa victoire ; on y exposait l'admirable tapisserie (voy. les gravures dans M. Jubinal) ; le duc venait trinquer à table avec les bourgeois, etc. (Noël, *Mémoires pour servir à l'Histoire de Lorraine*, cinquième mémoire, d'après l'*Origine des cérémonies qui se font à la fête des Rois de Nancy*, par le P. Aubert Rolland, cordelier.)

231 — page 356 — *S'il fut ainsi regretté de l'ennemi*, etc.

Molinet, II, 124. Voy. le portrait, de main de maître, qu'en a fait Chastellain et que j'ai cité plus haut ; comparer celui que donne un autre de ses admirateurs, Thomas Basin, évêque de Lisieux (le faux Amelgard), cité par Meyer. (*Annales Flandriæ*, p. 37.)

Deux grands et aimables historiens, Jean de Muller et M. de Barante, ont raconté tout ceci avec plus de détail. Ils ont voulu être complets, et ils le sont trop quelquefois. J'ai mieux aimé m'attacher à un petit nombre d'auteurs contemporains, témoins oculaires ou acteurs. Muller a le tort de donner parfois, à côté des plus graves témoignages, les *on-dit* de la *Chronique* scandaleuse et autres, peu informées des affaires de Suisse et d'Allemagne.

232 — page 360, note 1 — *Comines, naturellement suspect à Louis XI en cette affaire...*

Généalogie ms. des maisons de Comines et d'Hallevin, citée par M. Le Glay, dans sa *Notice*, à la suite des *Lettres de Maximilien et de Marguerite*, II, 387.

233 — page 360 — *Louis XI fit valoir, dans chaque province qu'il envahissait, un droit différent...*

Lire une sorte de plaidoyer en faveur de la succession féminine, sous le titre de *Chronique de la duché de Bourgogne* : « Pour obéir à ceux qui sur moy ont auctorité, j'ay recueilli, etc. Et requiers que, se je dis aulcuns points trop aigrement au jugement des gens du Roy, ou trop lâchement au jugement du conseil de mesdits seigneur et dame, qu'il me soit pardonné ; car nageant entre deux, j'ai labouré, etc. » (*Bibl. de Lille*, ms. E. G., 33.)

234 — page 362 — *Les Gantais jugèrent leurs magistrats*, etc.

Journal du tumulte (*Archives de Belgique*), publié par M. Gachard (*Preuves*, p. 17). Académie de Bruxelles, *Bulletins*, t. VI, n° 9. On voit dans ce journal que ces notables avaient accepté, en 1469, au nom de la ville, le droit le plus odieux : confiscation, proscription des enfants des condamnés, la dénonciation érigée en devoir, etc.

235 — page 363, note 2 — *Réaction à Liège...*

Recueil héraldique des bourgmestres de la noble cité de Liège, avec leurs épitaphes, armes et blasons, 1720, in-fol., p. 170. En tête de ce recueil se trouve une précieuse carte des *bures des mahais* de la ville de Liège ; c'est la Liège *souterraine*.

236 — page 367 — *On comblait les Gantais de privilèges*, etc.

Pour tout ceci, nous devons beaucoup à la polémique de MM. de Saint-Genois et Gachard ; le premier, Gantais, préoccupé du droit antique et du point de vue local ; le second, archiviste général et dominé par l'esprit centralisateur. M. Gachard a réuni les textes, donné les dates, etc. Son mémoire est très instructif. Cependant, il dit lui-même que Gand venait d'être rétablie dans son ancienne constitution, que tout droit contraire avait été aboli ; dès lors, le *wapeninghe*, le jugement, la condamnation de Sersanders et autres, sont *légaux ;* quant à Hugonet et Humbercourt, la légalité fut violée en ce qu'*ils n'étaient pas bourgeois de Gand*, et les Gantais venaient de reconnaître qu'ils n'avaient pas juridiction sur ceux qui n'étaient pas bourgeois. — Hugonet et Humbercourt, quoique accompagnés d'autres personnes, avaient été en réalité *les seuls* ambassadeurs *autorisés ;* la reddition d'Arras, loin d'être *un acte opportun*, comme on l'a dit, devait entraîner celle de bien d'autres villes, de tout l'Artois.

237 — page 369, note 1 — *Droit primitif des jugements armés*, etc.

Voy. ma *Symbolique du droit*. Cf. les jugements du Gau et de La Marche. Tout cela dès les temps de Wielant, de Meyer, etc., n'est déjà plus compris. Combien moins des modernes !

238 — page 371 — *Mademoiselle priait les mains jointes...*

« Met aller hertem... met weenenden hoghen. » (*Chroniques*

ms. d'Ypres, Preuves de M. Gachard, p. 10.) Voy. sur ce ms. la note de M. Lambin. (*Ibid.*)

239 — page 372 — *On dit qu'Humbercourt en appela au Parlement de Paris...*

« Certaines appellations sur ce interjetées par ledict seigneur de Humbercourt en la cour de Parlement. » (*Lettres royales* du 25 avril 1477, publiées par mademoiselle Dupont, Comines.)

240 — page 375 et note 2 — *Maximilien d'Autriche...*

Molinet, II, 94-97. Fugger (*Miroir de la maison d'Autriche*) fait entendre qu'il y eut enquête contradictoire sur la question de savoir s'il était beau ou laid. On peut en juger par le portrait où on le voit armé, et où de plus il est reproduit au fond comme un chasseur poursuivant le chamois au bord du précipice. Voy. surtout son *Histoire en gravures*, par Albert Durer, si naïve et si grandiose.

Il ne savait pas le français...

Avertissement de M. Le Glay, p. xii, et Barante-Gachard, II, 577.

241 — page 376 — *Mademoiselle répondit*, etc.

Comines, t. VI, ch. ii, t. 179. Olivier de La Marche, avec son tact ordinaire, fait dire hardiment à la jeune demoiselle : « J'entens que M. mon père (à qui Dieu pardoint) consentit et accorda le mariage du *fils de l'empereur et de moy*, et ne suis point délibérée d'avoir d'autre que le fils de l'empereur. » (Olivier de La Marche, II, 423.)

Mademoiselle vint au banquet...

Registre de la collace de Gand, Barante-Gachard, II, 576.

242 — page 377 — *Le roi écrivait: « Nous autres jeunes... »*

« Messieurs les comtes, écrivait-il à ses généraux qui pillaient la Bourgogne, vous me faites l'honneur de me faire part, je vous remercie; mais, je vous supplie, gardez un peu pour réparer les places. » Ailleurs : « Nous avons pris Hesdin, Boulogne et un château que le roi d'Angleterre assiégea trois mois sans le prendre. Il fut pris de bel assaut, tout tué. » Ailleurs, sur un combat : « Nos gens les festoyèrent si bien, qu'il en demeura plus de six cents, et ils en amenèrent bien six cents dans la cité... tous pendus ou la tête coupée. » Mais son grand triomphe est Arras : « M. le grand maître, merci à Dieu et à Notre-Dame, j'ai pris Arras, et m'en vais à Notre-Dame de la Victoire ; à mon retour, je m'en irai à votre quartier. Pour lors, ne vous souciez que de me bien guider, car j'ai tout fait par ici. Au regard de ma blessure, c'est le duc de Bretagne qui me l'a fait faire, parce qu'il m'appelle toujours *le roi couard*. D'ailleurs, vous savez depuis longtemps ma façon de faire, vous m'avez vu autrefois. Et adieu. » (Voy. *passim*, Lenglet, Duclos, Louandre, etc.)

243 — page 380 — *Il était difficile au roi de se remettre au prince d'Orange*, etc.

Voy. De La Pise, *Histoire des princes d'Orange*, Jean II, ann. 1477.

244 — page 385 — *Tournai en fit une villonade*, etc.

> La Vierge peut demeurer nue,
> Cet an n'aura robbe gantoise...
> Son corps (*celui du duc*) fut d'enterrer permis
> En mon église la plus grande,
> Ce joyel des Flamens transmis
> A Notre-Dame en lieu d'offrande ;
> En lieu de robe accoustumée
> La Vierge a les pennons de soye
> Et les étendards de l'armée...
> (POUTRAIN, *Hist. de Tournai*, I, 293.)

245 — page 387 — *L'envoyé du roi nous dit même qu'il fut en danger...*

Le duc de Clèves l'en avertit. « Non tuto diutius his in locis diversari posse. » (Gaguinus, CLVIII, in-fol., 1500.)

Mais enfin Maximilien vint à Gand...

Fugger, *Spiegel des Erzhauses OEsterreich*, p. 858. Ce que disent Pontus Heuterus et le *Registre de la Collace*, du riche cortège, doit s'entendre des princes qui accompagnaient Maximilien, et ne contredit en rien ce qu'on a dit de sa pauvreté.

246 — page 387 — *La garnison du roi à Tournai lui gagna une petite bataille...*

Le roi écrit à Abbeville le triomphant bulletin : « Pour ce que nous désirons sur toutes choses les trouver sur les champs, vinsmes... pour les assaillir audit Neuf Foussé qu'ilz avoient fortifié plus de demy an, mais la nuit, ilz l'abandonnèrent... Les (*nôtres les*) ont rencontrez en belle bataille rangée... tuez plus de iv mille.. (13 août). » (*Lettres et Bulletins de Louis XI*, publiés par M. Louandre, p. 25, Abbeville, 1837.)

247 — page 388 — *Le duc de Nemours continua à agir en ennemi...*

Si MM. de Barante et de Sismondi avaient pris connaissance du *Procès du duc de Nemours* (*Bibliothèque royale*, fonds Harlay et fonds Cangé), ils n'affirmeraient pas « que le duc n'avait rien fait depuis 1470 et que tout son crime fut d'*avoir su* les projets de Saint-Pol. » Ils ne le compareraient pas à Auguste de Thou, mis à mort pour *avoir su* le traité de Cinq-Mars avec l'étranger. — L'ordonnance du 22 décembre 1477 (calquée sur les anciennes lois impériales), par laquelle le roi déclare que la non-révélation des conspirations est crime de lèse-majesté, ne fut point appliquée au duc de Nemours, et, comme la date l'indique, ne fut rendue qu'après sa mort. (*Ordonnances*, XVIII, 315.)

Page 390 — *Ses enfants auraient été placés sous l'échafaud*, etc.

Les contemporains n'en parlent point, même les plus hostiles. Rien dans Masselin : *Diarium Statuum generalium* (in-4°, Bernier, 236).

248 — page 394 — *Le roi écrivit à Dammartin*, etc.

Au grand désespoir de Dammartin. Voy. sa belle lettre au roi (Lenglet, II, 261.) La *Cronique Martiniane* (Vérard, in-fol.), si instructive pour la vie de Dammartin à d'autres époques, ne me donne rien ici ; elle se contente prudemment de traduire Gaguin, comme elle le dit elle-même.

249 — page 396 — *Guinegate, bataille des Éperons...*

Voy. *passim* : Comines, l. VI, ch. vi; Molinet, t. II, p. 199; Gaguinus, fol. clix.

250 — page 397 — *Une guerre terrible dans la ville de Gand...*

Barante-Gachard, II, 623, d'après le *Registre de la collace de Gand* et les *Mémoires* inédits de Dadizeele, extraits par M. Voisin dans le *Messager des Sciences et des Arts*, 1827-1830.

251 — page 401 — *Sixte IV ayant tué Julien de Médicis*, etc.

Il ne s'en cache nullement dans sa réponse à Louis XI. (Raynaldi,

Annales, 1478, § 18-19.) Les Médicis avaient pour eux le petit peuple, contre eux l'aristocratie. M. de Sismondi ne l'a pas senti assez.

Le roi rassura les Florentins...

Au reste, les Florentins avaient toujours tenu nos rois « pour leurs singuliers protecteurs ; et, en signe de ce, à chacune fois qu'ils renouvellent les gouverneurs de leur seigneurie, *ils font serment d'estre bons et loyaux à la maison de France.* » (Lettre de Louis XI, 1478, 17 août. Lenglet, III, 552.) Voy. à la suite l'*Avis sur ce qui semble à faire* au concile d'Orléans, septembre.

252 — page 402 — *Le Rosier des guerres...*
Paris, 1528, in-folio, Bordeaux, 1616. Voy. les deux mss. de la *Bibl. impériale.*

253 — page 404. — *Le roi acheta les droits de la maison de Blois...*
D. Morice, III, 343. Daru, 54. *Archives de Nantes*, arm. A, cassette F. Cf. D'Argentré.

254 — page 405 et note 1 — *Les serviteurs de René exigèrent que leur seigneur se mariât,* etc.
Histoire agrégative des Annalles et Cronicques d'Anjou, recueillies et mises en forme par noble et discret missire Jehan de Bourdigné, prestre, docteur ès droitz. On les vend à Angiers. (1529, in-folio ; CLII, verso.)

255 — page 408, note — *La lettre à Hastings et le billet à M. de Dunois...*
Ces deux lettres, si caractéristiques, ont été publiées, pour la première fois, par mademoiselle Dupont. (Comines, II, 219, 221.)

256 — page 408 — *On retrouve le sauf-conduit écrit de la main du duc de Bourgogne...*
Si l'on veut récuser le témoignage de M. de Crèvecœur, on ne peut guère suspecter celui d'un homme aussi loyal que le grand bâtard, frère du duc, ni celui de Guillaume de Cluny, qui ne quitta le service de Bourgogne que malgré lui et pour ne pas périr avec Hugonet. Voy. Lenglet, IV.

257 — page 411, note 2 — *Le roi craignait toujours les mouvements de l'Université*, etc.

Voy. les articles, fort spécieux, qu'ils lui présentèrent, mais dans le moment le moins favorable, dans-la crise de 1473. (Baluze, *Miscellanea* (éd. Mansi), II, 293.)

258 — page 411 et note 3 — *Le duc de Bourbon*, etc.

Quant à son mariage et celui de son frère, voy. les pièces dans l'*Ancien Bourbonnais*, par MM. Allier, Michel et Batissier.

Page 412 et note 1 — *Son frère Louis de Bourbon*, etc.

Jean de Troyes, XIX, 105. Molinet, II, 311. Ozeray, *Histoire de Bouillon*, 151.

Un autre frère...

Sur l'affranchissement de cette ville, lire Savaron, et les curieux extraits que M. Gonod a donnés des *Registres du consulat*, au moment de la visite de Doyat, sous le titre de : *Trois mois de l'histoire de Clermont en* 1481.

259 — page 415 et suiv. — *Procès du comte du Perche...*

Le comte du Perche dit qu'avant le voyage du roi à Lyon, « il y avoit eu douze personnes au conseil du Roy, dont tous avoient esté d'oppinion que ont pransist luy qui parle, fors le Roy et Mons. de Dampmartin, lequel Dampmartin avoit dit au Roy qu'il n'y a homme qui, quant il savoit que le roy le vouldroit faire prandre ou destruyre, qu'il ne mist peine de se sauver... Le dit qui parle n'avoit qui tenist pour lui, fors le Roy et ledit de Dampmartin... Luy qui parle, estoit bien tenu au Roy, car il n'avoit eu amy que luy et le dict seigneur de Dampmartin. » (*Procès ms. du comte du Perche* (copie du temps), fol. VI, verso ; *Archives du royaume, Trésor des Chartes*, J, 949.)

Page 415 — *Du Lude le mit dans une cage étroite*, etc.

« Il avoit esté mis à Chinon dans une caige de fer d'un pas et demy de long en laquelle il fut environ six jours sans en partir, et luy donnoit-on à menger avecque une fourche ; et par après les dicts six jours, on le tiroit hors de la caige, pour menger, et après, estoit remis en la caige, ou il est demeuré par ung yver l'espace de XII sepmaines, à l'occasion de quoy il a une espaulle et une cuisse perdue, et a une maladie à la teste dont il est en grand danger de mourir. » (*Archives, ibid.*, fol. 170.)

Il ajoutait cette chose, bien forte en sa faveur...

« N'y a homme au royaume de France qui fut plus desplaisant que luy du mal, ni de la mort du Roy, car quant le Roy seroit failly, il n'aroit plus à qui recourir pour lui faire grâce. » (*Archives, ibid.*, fol. 57.)

Page 418 — *Un homme que Du Lude*, etc.

« Commençoit à soy endormir. Il le tira deux ou trois fois par la chemise, tellement que il se tourna et demanda qu'il y avoit... » (*Ibid.*, fol. 70 et fol. 195.)

Page 419 — *L'accusé n'en fut pas moins quitte*, etc.

Et non 1482, comme le met à tort l'*Art de vérifier les dates*.

260 — page 421 — *Wilhelm Rim et Jean de Coppenole*, etc.

Voy. *passim* les notes de Barante-Gachard, fort instructives et tirées des actes.

261 — page 424, note 2 — *Dans l'acte où le roi confirme la Chambre des comptes d'Angers*, etc.

Voy. Dupuy, *Inventaire du Trésor des Chartes*, II, 61, et l'*Art de vérifier les dates*. (Anjou, 1482.)

262 — page 424, note 3 — *Il n'en est pas moins sûr qu'il fut cruel*, etc.

Le fait suivant me semble atroce : Avril 1477, Jean Bon ayant été condamné à mort « pour certains grans cas et crimes par luy commis envers la personne du Roy... laquelle condampnacion fut despuis, du commandement dudict seigneur, en charité et miséricorde, modéré, et condampné ledit Jean le Bon seulement à avoir les yeux pochés et estains », il fut rapporté que le dit Jean Bon voyait encore d'un œil. En conséquence de quoi Guinot de Lozière, prévôt de la maison du roi, par ordre dudit seigneur, décerna commission à deux archers d'aller visiter Jean Bon, et s'il voyait encore « de lui faire parachever de pocher et estaindre les yeux ». (Communiqué par MM. Lacabane et Quicherat. L'original se trouve dans le vol. 171 des *Titres scellés de Clairambault*, à la *Bibl. royale*.)

263 — page 425 — *La féodalité eut l'air de périr d'un guet-apens...*

Lire les touchantes complaintes d'Olivier de La Marche sur la maison de Bourgogne; de Jean de Ludre sur la maison d'Anjou (*Ms. de la Bibliothèque de Nancy*), etc., etc. J'y reviendrai à l'occasion de la réaction féodale, sous Charles VIII.

264 — page 425 — « *Toutes les coutumes seront mises en français, dans un beau livre...* »

Dans une lettre à Du Bouchage, il exprime les mêmes idées, et veut, pour comparer, qu'on lui cherche les *coutumes* de Florence et de Venise. (*Preuves* de Duclos, IV, 449.)

265 — page 427 — *S'il faut en croire quelques modernes*, etc.
L'autorité la plus ancienne, celle de Bodin, n'est pas fort imposante. (*République*, l. III, ch. IV.) Rien dans les *Registres du Parlement*.

266 — page 427 — *On disait que pour rajeunir sa veine épuisée*, etc.
On a dit aussi du pape Innocent VIII, comme de beaucoup d'autres souverains, qu'il essaya de guérir par la transfusion du sang. — « Humano sanguine, quem ex aliquot infantibus sumptum hausit, salutem comparare vehementer sperabat. » (Gaguinus, f. CLX, verso. Pour le pape, voy. le *Diario di Infessura*, p. 1241, ann. 1392.)

267 — page 427 — *Le greffier qui écrit la Chronique scandaleuse devient hostile, hardi*, etc.
Par exemple, il lui fait dire au dauphin « qu'il n'eût été rien du tout sans Olivier-le-Daim ». (Jean de Troyes, édition Petitot, XIV, 107.)

268 — page 428, note — *Louis XI ne donna pas grande prise aux astrologues ni aux médecins...*
Pour les astrologues, malgré la tradition recueillie par Naudé (Lenglet, IV, 291), d'autres anecdotes (l'âne qui en sait plus que l'astrologue, etc.) feraient croire qu'il s'en moquait. Quant aux médecins « il estoit enclin à ne vouloir croire le conseil des médecins ». (Comines, l. VI, ch. VI.) Les dix mille écus par mois donnés à Coictier s'expliquent par *l'or potable* et autres médecines coûteuses. Coictier peut-être ne recevait pas tout comme médecin, mais comme président des comptes, et pour de secrètes affaires politiques.

FIN DU TOME SIXIÈME.

TABLE DES MATIÈRES

LIVRE XIII.

                                                                                        Pages.

CHAPITRE I. *Louis XI* (1461-1463).................... 1

1461. Il change les grands officiers, les sénéchaux, baillis, etc..... 3
       Sacre de Louis XI........................ 7
       Maison de Bourgogne; le duc à Paris............. 9
       Maison d'Anjou......................... 14
       Révolutions d'Angleterre.................... 15
       Révolutions d'Espagne..................... 16
       Pauvreté du roi; il abolit la Pragmatique........... 18

1462. Il occupe le Roussillon,..................... 24
       neutralise l'Angleterre,..................... 25

1463. et règle les affaires d'Espagne................. 29

CHAPITRE II. *Louis XI, ses tentatives de révolution* (1462-1464)... 32

1462. Il profite de la lutte des Croy et de Charolais,......... 33
       pour racheter les villes de la Somme............. 37
       Il menace la féodalité et le clergé,............... 38
       le duc de Bretagne,...................... 39
       le duc de Bourgogne, qui s'appuie sur l'Angleterre...... 43

1464. Rupture, accusation d'enlèvement............... 51
       Assemblée secrète à Notre-Dame,................ 53
       irritation du clergé, des nobles, du Parlement,....... 54
       esprit novateur du roi,..................... 58
       il essaie d'abolir le droit de chasse, etc............ 66

LIVRE XIV.

	Pages
CHAPITRE I. *Contre-révolution féodale : Bien public* (1465)	70
1465. Isolement du roi.	*ibid.*
Son apologie aux villes, aux grands.	73
Mars. Désertion de son frère, chute des Croy.	76
Mai. Il accable Bourbon, trahison des Armagnac,	78
Trahisons de Maine, Nevers, Brezé, Melun	82
16 juillet. Bataille de Montlhéry.	88
Les ligués devant Paris, leurs divisions	95
Août. Le roi en Normandie, Paris presque livré.	98
Diversion de Liège.	101
27 septembre. Rouen livré.	103
Octobre. Le roi subit le traité de Conflans, perd la Normandie, etc.	105

LIVRE XV.

CHAPITRE I. *Louis XI reprend la Normandie, Charles-le-Téméraire envahit le pays de Liège* (1466-1468).	111
Industrie de Liège et Dinant; commerce avec la France; esprit français.	113
Libertés de Liège,	117
génie niveleur; les *hai-droits*	124
Rivalité politique et commerciale des sujets du duc de Bourgogne, qui fait son neveu évêque de Liège	128
Troubles fomentés par la France,	130
les modérés se retirent; violence de Raes	131
1465. Liège s'adresse aux Allemands,	136
21 avril, au roi de France.	138
Liège et Dinant défient le duc,	140
Octobre, sont abandonnées par Louis XI.	144
Décembre. *Piteuse paix* de Liège.	153
1466. Janvier. Louis XI reprend la Normandie.	*ibid.*
CHAPITRE II. (*Suite.*) *Sac de Dinant* (1466).	155
1466. Comment le roi regagna les maisons de Bourbon,	158
d'Anjou, d'Orléans, et le connétable de Saint-Pol	160
Charles-le-Téméraire menace Dinant.	166

TABLE DES MATIÈRES

	Pages
La *dinanderie*	167
Les bannis de Liège à Dinant, la *Verte tente*	169
18 août. Dinant assiégée,	175
27-30, saccagée, brûlée	177

CHAPITRE III. *Alliance du duc de Bourgogne et de l'Angleterre. Reddition de Liège (1466-1467)* 183

Négociations de Charolais avec Édouard, de Warwick avec Louis XI.	186
15 juin. Mort de Philippe-le-Bon, avènement de Charles, et révolte de Gand.	189
Misère et anarchie de Liège.	192
Le duc de Bourgogne prend des Anglais à sa solde.	195
26 juin. Le roi arme Paris.	196
28 octobre. Le duc bat les Liégeois à Saint-Trond.	201
Soumission de Liège.	203
Novembre. Entrée du duc et sa sentence sur Liège.	206

CHAPITRE IV. *Péronne. Destruction de Liège (1468).* 211

1468. Projets du duc de Bourgogne, ses finances, etc.,	213
équivoque sur les mots *aide* et *fief*.	214
Avril. Les princes appelant l'Anglais, le roi convoque les États généraux.	216
Le duc épouse Marguerite d'York.	217
10 septembre. Le Breton se soumet au roi (Ancenis); les bannis rentrent à Liège.	221
Le roi, craignant une descente anglaise, traite avec le duc,	224
9 octobre. { et va le trouver à Péronne, où il est prisonnier	226
{ Les Liégeois vont prendre leur évêque à Tongres	231
Le roi signe le traité de Péronne,	234
et suit le duc à Liège.	237
31 octobre. Prise et destruction de Liège.	240
Le roi rentre en France.	242

LIVRE XVI.

CHAPITRE I. *Diversions d'Angleterre. Mort du frère de Louis XI. Beauvais (1469-1472).* 246

1469. Humiliation de Louis XI et de Warwick	248
Le duc s'engage dans les affaires d'Allemagne.	249
10 juin. Le roi (malgré la trahison de Balue) éloigne son frère du duc, en lui donnant la Guyenne.	*ibid.*

	Pages
11 juillet. Warwick marie sa fille à Clarence	251
Trois rois dans la main de Warwick	252
Ses deux rôles, impossibles à concilier	256
1470. Mai. Il est obligé de se retirer en France	ibid.
Septembre. Il marie sa fille au fils de Marguerite d'Anjou, et rentre en Angleterre; Édouard en Hollande	259
1471. Février. Le roi reprend Amiens, etc.	ibid.
Mars. Le duc renvoie Édouard en Angleterre	262
Avril, mai. Warwick défait à Barnet, Marguerite à Teukesbury	263
Péril de la France, projets de partage	265
1472. 24 mai. Mort du frère de Louis XI	267
Juin-juillet. Invasion du duc de Bourgogne, qui échoue devant Beauvais	270

CHAPITRE II. *Diversion allemande* (1473-1475) 274

Violence du duc; il accuse les Flamands	275
Discorde de son empire; besoin d'unir, de centraliser, d'arrondir	278
Projet de rétablir le grand royaume de Bourgogne	280
Dissolution de l'empire d'Allemagne, et surtout du Rhin	281
1473. Août. Le duc s'adjuge la Gueldre	282
Son entrevue avec l'empereur	284
Novembre. Il se fait nommer avoué de Cologne,	286
Décembre, et occupe les places frontières de Lorraine	ibid.
Il visite ses possessions d'Alsace	ibid.
Tyrannie d'Hagenbach	287
1474. Soulèvement de l'Alsace, soutenu de l'Autriche, des Suisses et de la France	293
2 janvier. Traité du roi avec les Suisses	ibid.
Mai. Mort d'Hagenbach; traité du duc avec l'Angleterre	ibid.
19 juillet. Guerre de Cologne, siège de Neuss,	295
Novembre, les Suisses envahissent la Comté	297
1475. Mars, mai. Le duc, attaqué par la France et l'Empire,	300
26 juin, lève le siège de Neuss	302

CHAPITRE III. *Descente anglaise* (1475) 303

Juillet. Les Anglais ne sont reçus, ni par le duc, ni par Saint-Pol.	304
29 août. Le roi les décide à traiter (Pecquigny)	308
Punition d'Armagnac (1473),	312
et de Saint-Pol,	313
19 décembre, livré par le duc et exécuté	316
Le duc maître de la Lorraine	317
Sa colère contre les Flamands	ibid.
Ses projets sur les états du Midi	322

LIVRE XVII.

	Pages
CHAPITRE I. *Guerre des Suisses : batailles de Granson et de Morat* (1476)	324

1476. État de la Suisse,	325
de la Savoie, de Vaud et de Neufchâtel	327
3 mars. Le duc battu à Granson	330
Louis XI à Lyon	332
Le duc, malade à Lausanne, relevé par la Savoie, etc.	334
10 juin, assiège Morat,	336
22 juin, est battu devant Morat	339

CHAPITRE II. *Nancy. Mort de Charles-le-Téméraire* (1476-1477)... 341

Le duc n'obtient rien de ses sujets	342
Sa mélancolie	343
22 octobre. Il assiège Nancy	346
René loue une armée suisse,	347
1477, 5 janvier, et bat le duc de Bourgogne,	351
qui est tué.	353

CHAPITRE III. *Continuation. Ruine du Téméraire. Marie et Maximilien* (1477) ... 357

Le roi saisit la Picardie et les Bourgognes.	359
Février. Troubles de Flandre	361
Hugonet, Humbercourt, Crèvecœur.	ibid.
4 mars. Le roi se sert d'eux pour avoir Arras	366
31 mars. Marie essaye de sauver Hugonet et Humbercourt,	370
3 avril, exécutés.	373
27 avril. Son mariage, conclu avec Maximilien.	376

CHAPITRE IV. *Obstacles aux progrès du roi. Défiances. Procès du duc de Nemours* (1477-1479) ... 377

Efforts du roi pour assurer Boulogne, Arras, etc.	378
4 mai. Il perd et reprend Arras.	382
Le Flamand Olivier, envoyé en vain à Gand	384
27 juin. Tournai défendu.	ibid.

18 août. Revers du roi; mariage de Maximilien et de Marie..... 387
4 août. Mort du duc de Nemours; ses révélations........... ibid.

1478. Les Anglais menacent Louis XI, l'arrêtent au nord,....... 393
et les Suisses s'éloignent de lui................ ibid.
Il abandonne le Hainaut et Cambrai 394

1479. Il réforme l'armée, éloigne Dammartin.............. ibid.
7 août. Guinegate, *bataille des Éperons*............. 396
Troubles des Pays-Bas..................... ibid.
Le roi se relève, regagne les Suisses, contient les Anglais.... 399

CHAPITRE V. *Louis XI triomphe, recueille et meurt (1480-1483).*.. 401

1480. Louis XI survit à la plupart des princes voisins; .... ibid.
il domine ou menace tous les grands fiefs : Bretagne,...... 403
Anjou, Provence...................... 404
Louis XI malade, défiant; procès par commissaires 407

1481. Procès du duc de Bourbon................... 410
Troupes étrangères...................... 413
Procès du comte du Perche.................. 415
12 décembre. Mort de Charles du Maine; le roi hérite du Maine et de la Provence....................... 419

1482. 27 mars. Mort de Marie de Bourgogne............ 420
23 décembre. Les Flamands donnent sa fille au dauphin; traité d'Arras, qui confirme les acquisitions de Louis XI........ 422
Résultats de ce règne..................... 424

1483. La réaction commence du vivant de Louis XI. Remontrances du Parlement............................ 426
25 août. Sa mort........................ 429

APPENDICE............................... 431

FIN DE LA TABLE DU TOME SIXIÈME.

IMPRIMERIE E. FLAMMARION, 26, RUE RACINE, PARIS.

OEUVRES COMPLÈTES

DE

J. MICHELET

ÉDITION DÉFINITIVE, REVUE ET CORRIGÉE

DÉTAIL DE L'ŒUVRE COMPLÈTE

Histoire de France (Moyen âge, Temps modernes, Révolution, XIXe siècle).	26 vol.
Vico.	1 vol.
Histoire romaine.	1 vol.
L'Oiseau. — La Mer.	1 vol.
Luther (Mémoires).	1 vol.
Le Peuple. — Nos Fils.	1 vol.
Le Prêtre. — Les Jésuites.	1 vol.
La Montagne. — L'Insecte.	1 vol.
L'Amour. — La Femme.	1 vol.
Précis d'histoire moderne. — Introduction à l'Histoire universelle.	1 vol.
La Bible de l'Humanité. — Une année du Collège de France (1848).	1 vol.
Les Origines du Droit. — La Sorcière.	1 vol.
Les Légendes du Nord. — La France devant l'Europe.	1 vol.
Les Femmes de la Révolution. — Les Soldats de la Révolution.	1 vol.
Lettres inédites adressées à Mlle Mialaret (Mme Michelet).	1 vol.
TOTAL.	40 vol.

Prix de chaque volume 7 fr. 50.
(Envoi franco contre mandat ou timbres).

www.ingramcontent.com/pod-product-compliance
Lightning Source LLC
Chambersburg PA
CBHW051137230426
43670CB00007B/843